汉语肢体动词发展史研究

——以六组基本词为中心

杨荣贤 著

清华语言学博士丛书

中西書局

图书在版编目(CIP)数据

汉语肢体动词发展史研究：以六组基本词为中心／杨荣贤著.—上海：中西书局，2017.12
(清华语言学博士丛书)
ISBN 978-7-5475-1282-1

Ⅰ.①汉… Ⅱ.①杨… Ⅲ.①汉语—身势语—动词—研究 Ⅳ.①H146.2②H026.3

中国版本图书馆 CIP 数据核字(2017)第 136366 号

汉语肢体动词发展史研究

——以六组基本词为中心

杨荣贤 著

责任编辑 郎晶晶
装帧设计 梁业礼
出版发行 上海世纪出版集团
中西書局(www.zxpress.com.cn)
地　　址 上海市陕西北路 457 号(200040)
印　　刷 上海肖华印务有限公司
开　　本 890×1240 毫米 1/32
印　　张 11.625
版　　次 2017 年 12 月第 1 版 2017 年 12 月第 1 次印刷
书　　号 ISBN 978-7-5475-1282-1/H·065
定　　价 48.00 元

总　序

近二十年来，我国博士生培养事业有了很大进展，在各个领域都培养出了一大批优秀的博士生；在语言学领域也是这样。这些新培养出来的博士生，大多视野开阔，思想敏锐，既有扎实的专业基础，又有强烈的创新意识，是我国语言学事业继往开来的生力军。博士论文和出站报告是他们刻苦攻读、悉心研究所取得的成果，有些优秀的博士论文达到了学术前沿的水平，体现了语言学研究的新思路、新成就。面对这些学术新人和学术新成果，我们由衷地感到高兴。

众所周知，一门学问要能生根，要能茁壮地成长发展，必须不断挖掘和发现新的材料，必须不断进行理论更新，必须不断涌现大批新的研究人员。语言学是一个既古老又相对年轻的学科。中国是拥有语言富矿的国家，汉语历史悠久，语言多种多样；有优良的语言研究传统，新的语言研究成果不断涌现。现在由于国力日益强盛，更引发各国青年人学习汉语的热潮。这对我国语言学科发展来说，既是一种机遇，又是一种挑战。只要我们两岸三地语言学同仁合力研究，让我国语言学科走到世界学术的尖端，这是可望也可及的目标。正是从这一思想出发，并为了使得这些学术新成果更快地和读者见面，为了帮助这些新人更迅速地成长，以便为语言学注入新的活力，我们创办了这个《清华语言学博士丛书》。现在计划每年出版一辑，每辑选收1—5种两岸三地语言学博士的优秀论文、出站报告和其他著作。我们希望《丛书》能聚集一批优秀的年轻学者，这些年轻人将来能带领中国的语言学迈着稳健的步伐前进。

《清华语言学博士丛书》创办以来，得到了两岸三地语言学界同仁和有关单位的大力支持。很多著名的语言学家担任了顾问和编委，很多博士生踊跃投稿，很多专家不辞辛劳负责审稿。清华大学提供了经费，上海中西书局负责出书。大家的热忱支持进一步坚定了我们办好《清华语言学博士丛书》的决心，我们一定使之成为展示我国语言学新思想、新成果的平台，成为语言学新苗茁壮成长的园地。

希望大家对《清华语言学博士丛书》不断提出意见和建议。让我们共同努力，把《清华语言学博士丛书》办好！

蒋绍愚

2013年6月

目　录

第四章 “扔”类上肢动词的发展

第五章 “捆”类上肢动词的发展

第六章 “踩”类下肢动词的发展

第七章 “走”类下肢动词的发展

结 语

表格目录

第一章

概　论

第一节　研究对象

本书讨论汉语基本词[①]发展的历史。在汉语的词汇系统中，各词的地位是不平等的。有的词位于整个词汇系统的核心部分，成为构成该词汇系统的基础。20 世纪 50 年代，斯大林（1953）《马克思主义与语言学问题》阐发了基本词的地位与特性："语言的词汇中的主要东西就是基本词汇，其中也包括成为它的核心的全部根词。基本词汇比起语言的词汇来小得多，可是它的生命却长久得多，它在千百年的长时期中生存着，并且为构成新词提供基础。"斯大林著作发表以来，我国学者围绕基本词问题的讨论一直没有中断。问题涉及基本词的本质特征等诸多方面。

1. 基本词

1.1　含义

长期以来，人们主要从基本词在语言词汇构成中的地位与作用对其进行界定。夏征农主编《大辞海・语言学卷》："词汇中最主要最稳定的部分，以所有的根词为其核心。……全民通用，历史悠久，并

① 文中的基本词既指基本词的个体，也指基本词个体的集合——基本词汇。"基本词汇"是通行的称谓，李荣（1952）曾主张用"基本字汇"，但遭到了反对。石安石（1999）建议使用"基本语汇"。我们采用"基本词汇"的说法。

且是构造新词的基础。"此外,也有学者从语言词汇系统之外去探寻基本词的内涵。符淮青(2004):"基本词汇是从古代到现代,在实际运用中必不可少的词,它们表达的是对于人们交际最不能缺少的概念。"也就是说,基本词是关涉人类日常生活中最必需的事物概念的能指。人类对世界的认知是通过范畴化、概念化并借助词汇来加以反映的。基本词就是表达与人类日常生活密切相关的最基本的概念和范畴的词。人类对世界的概括、认知体现出层级性,其中概括度介于具体与抽象之间的范畴——基本层次范畴是最重要的认知对象①。基本层次范畴在语言中表现为基本层次范畴词。该层次的词表示日常生活最基本的概念,往往简短、常用、独立于特定语境、比较中性,这些词语在语言史上产生的时代一般也较早,是儿童语言习得最早掌握的词。(张敏,1998:60)基本词主要源于基本层次范畴。因此,我们可以综合语言词汇系统内部与人类认知等多方面因素来认识基本词的含义。基本词,就是表示人类生活中最必需的事物概念的词。它具有稳固性强、使用普遍、构词能力强等特点,是各种语言词汇系统中的主要词汇。基本词汇是人类认知世界时最先造出来的词。(李如龙,2011)

1.2 地位

每一个词都有其时代性和地域性。② 综合词汇发展演变的时空因素,汉语词汇的构成是有层级差异的。基本词以其历史悠久、普遍行用、能产等特性而居于汉语词汇的中心地位。俞理明(2008、2014)多次提出汉语词汇的分层思想,其核心意思:词汇内部分为四个层面,呈环靶状结构,具体为:构成词汇主体的基本层、常用层以及形成词汇周边部分的局域层和边缘层。图示如下③:

---

① 人类概念层级中最重要的不是较高层的范畴如"动物、家具、交通工具",也不是较低层的如"波斯猫、扶手椅、敞篷跑车",而是位置居中的"猫、椅子、汽车",由于这个层次的范畴在人类认知中的基本地位,它们被称作基本层次范畴(basic-level categories)。(张敏,1998,页59)

② 参汪维辉(2005c)。

③ 俞理明《词汇历史研究中的宏观认识》,《江苏大学学报》,2008年第3期。

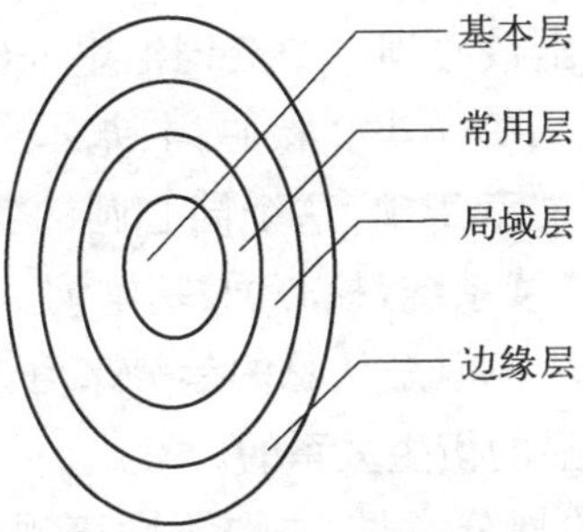

俞理明(2008)分析指出,基本层和常用层是词汇中全民通用的部分,适用于各种人群和场合,能够满足一般交际的需求,构成词汇的主体部分。基本层的词汇成分是经过长期使用稳定下来的,而常用层的词汇成分在稳定性方面有所欠缺。在历史的发展中,词汇的这些层面间是有交流的。基本层的词汇成分如果失去了稳定性或常用性就会进入常用层、局域层、边缘层;常用层的词汇成分随着长期的使用如果具有了稳定性也会进入基本层,反之如果不具有常用性会进入局域层、边缘层;局域层、边缘层随着长期的使用如果具有了稳定性和常用性也会进入常用层、基本层。

可见,处于词汇系统中心的基本层次中的词汇无疑是基本词汇。

李如龙(2011)也阐明了汉语词汇的多元系统,并提出了对汉语词汇分级划分的具体方法,图示如下①:

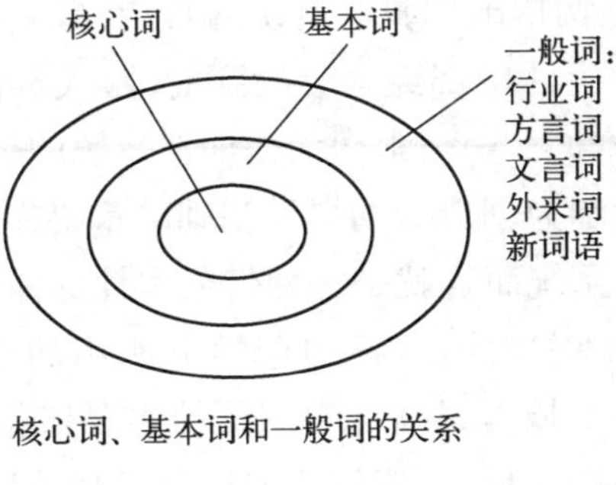

核心词、基本词和一般词的关系

① 李如龙《论汉语词汇的多元系统》,《江苏大学学报》,2011年第1期。

此文从基本词中又分出核心词。一般词汇里分出了行业词、方言词、文言词、外来词、新造词等小类。核心词、基本词和一般词构成了一个同心圆结构系统。文章指出，这个同心圆的各个环之间并没有断然的界线，而是一种连续系统，核心词、基本词、一般词之间有时并不能确切地加以划分。……但是从总的趋势来看，核心词、基本词和一般词之间是存在着明显的衍生关系的。

俞、李二位先生的划分意见，主要不同表现为，俞理明先生特地分出了常用词汇层。这与传统意义上汉语词汇被二分为基本词汇与一般词汇的分法有着明显的不同。增加位于基本层与局域层之间的常用层，直观地显示了各词汇层之间的差异及汉语词汇层级转化的基本面貌，这是符合语言发展事实的。李如龙先生的同心圆结构系统突出了基本词汇中核心词的地位，强调词汇之间的衍生关系。

综上，基本词处于汉语词汇的中心地位，成为构成该词汇系统的基础。

1.3 术语

本书用基本词来称述所研究的对象。与此相关的术语还有常用词、核心词、根词等。

常用词 汉语词汇史领域中的常用词研究已取得重要进展。所谓常用词，李宗江(1999：3/2016：4)指出："具体说是指那些代表词汇的核心而其发展变化可以决定词汇发展面貌的词。"汪维辉(2000a：11—12)强调指出："我们所说的常用词，主要是指那些自古以来在人们的日常生活中都经常会用到的、跟人类活动关系密切的词，其核心就是基本词。……常用词是词汇系统的核心部分，它起着保证语言的连续性和为创造新词提供基础的重要作用。……常用词的变化对整个词汇系统而言就是一种带根本性的深层次变化。"文章指出："本书所说的'常用词'，跟词汇学上所用的概念含义有所不同。……使用频率不是本书确定常用词的主要依据，更不是唯一依据……有些词虽然很常用，但跟词汇的历时更替关系不大，也不在我们的讨论范围之内。"汪维辉(2007a)重申了目前词汇史领域中的常用词研究的大致范围:“可以先从核心部分做起,比如斯瓦迪士(M. Swadesh)的100基本词,没有人会不承认它们是常用词……暂时先不管外延到底有多宽,可以边做边思考。空谈无益,只有扎下去研究一个个具体的词,讨论才有可能深入。”

可见,目前词汇史领域中的常用词研究,其范围集中在常用词的核心即基本词部分,研究对象往往具有历时替换关系。

与此同时,“常用词”也是词汇学上的一个重要概念。其含义有别于词汇史领域的常用词。刘叔新(2005)认为:“常用词语只依据较高的使用频率而定,不论其历史的长短。有相当一部分常用词,由于有长久的历史,就也是基本词语。”符淮青(2004:163—164)与其看法一致:“常用词就是当代社会生活中最常用的词。……常用词的确定完全根据词在最流行的书刊上运用的频率。”词汇学领域中的常用词研究在儿童语言习得、对外汉语教学等方面日益加强。以上二者尽管在“普遍性”等方面有相通性,但各自的内涵、外延都存在较大差异,因此,我们认为,词汇史领域中“代表词汇的核心而其发展变化可以决定词汇发展面貌的”常用词,以基本词加以称述更为明确。这样,既可以从称谓上与词汇学上的常用词区分开来,不致引起误解,也更容易直观反映研究对象的本质属性及其在汉语词汇系统中的重要地位。另外,词汇学上以使用频率高为主要特征的常用词,经过时间的过滤生存下来之后,在获得稳定性的同时,也进入了基本词范围。因此,词汇史领域内的常用词研究属于基本词研究范围。

核心词 如上文所述,目前词汇史领域中的常用词研究的范围集中在100—200基本词,也就是基本词的核心部分。因此论者又有以核心词对研究对象加以称述的。核心词这一概念源自西方语言学界。徐颖(2010:11)①、翟颖华(2012)相继对核心词的来源进行了

---

① 徐文指出,20世纪90年代,英国语言学家Carter Ronald第一次提出“核心词汇(nuclear vocabulary)”这一概念。……所谓“核心词汇”是指在某一语言中在交际或信息传递过程中起重要作用的、最为常用的、生成能力最强的一批词语。

探考。汉语研究中，学者们对核心词的认识，如李如龙(2011)：“核心词是词汇的最小内核，往往是最早出现、表示人类生活中最重要的概念，也是最常用的原始词。基本词和一般词大多是由核心词衍生而来的。”赵世举(2014)：指出：我们把词汇系统的核心部分——常用度高、分布面广、稳定性强、流通域宽、组合力强的那些词叫做“核心词”。可见，核心词属于汉语词汇的核心，是基本词的一部分，其表达人类生活的核心概念，在常用度及组合能力方面较基本词更强。因此，核心词与基本词的含义有同有异。另外，从核心词研究的既有成果来看，其往往将核心词作为亲属语言比较的基础。如按照核心词中关系词的比例确定同源语言亲缘关系的远近。核心词也就是各亲属语言中在原始母语中假定共有的词。核心词研究的主要方法，如同族词的系联等有别于汉语基本词的研究。因此，本书不以核心词称述所研究的对象。

根词　位于基本词核心部分具有很强构词能力的词，词形上往往是单音节词。符淮青(2004：158)：“那些能够构成新词的属于基本词汇的词就是根词。”

基本词　由于基本词范围的确定是一件复杂的工作，无论是理论上还是在具体操作手段上都还处在不断探索的阶段，因此，有人对基本词这一称谓提出质疑，甚至有人主张取消基本词汇概念。周行(2002)：“‘基本词汇’是一个内涵不清、外延不明，缺乏现实基础的概念，它对语言研究和语言教学的意义微乎其微，宜于用‘基本语素’的概念取而代之。”黎明，邹哲承(1996)：“基本语素和常用词这两个概念是有益的。……基本词汇这一概念应从教材和教学活动中消失。”杨同用(2003)：“既然‘基本’一词含义不十分明确，也就没必要非得以它命名某一类词汇、语素或字并把它固定化为一个基本概念，我们完全可以根据教学、研究或应用的需要对词、语素或字分门别类，比如，高频词、低频词，成词语素、非词语素，单音字、多音字等……我们认为，基本词汇就是重要的、主要的词汇……没必要把它当做一个固定语，强加给它几条标准，更没必要把它作为词汇学中的一个最基本的概念。”孔凡涛(2005)：“基本词汇不是一个专业的语言学术语，其三个特点的阐释缺乏理据，实践中也难于操作，不应再作为高校语言学和现代汉语教材中重要名词要求学生掌握。”不言而喻，我们要讨论的是汉语词汇的构成及各层级间的关系，而以上诸如基本语素等术语的改换并未解决问题。汉语研究中，基本词/基本词汇的称谓已约定俗成，其基本范围也是可以划定的。因此，沿用基本词这一术语来指称我们的研究对象并无不可。

要之，我们认为汉语词汇的主体或核心部分是常用词。常用词的核心是基本词，而位于基本词核心部分的是根词，几者之间的关系如下：

汉语语汇$\overset{\text{核心}}{\text{——————}}$常用词汇$\overset{\text{核心}}{\text{——————}}$基本词汇$\overset{\text{核心}}{\text{——————}}$根词

为了显示常用词等在汉语词汇中的主体地位，以上衍生关系也可图示如下：

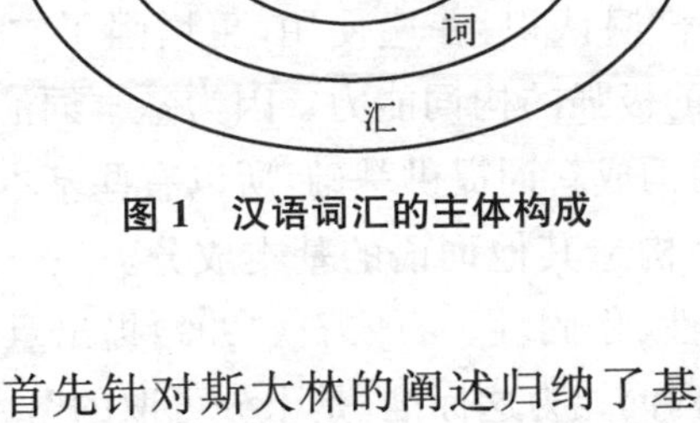

图1　汉语词汇的主体构成

1.4　特征

李荣(1952)首先针对斯大林的阐述归纳了基本词汇的主要特征：(1) 是日常用字。(2) 生命长久。(3) 是语言构成新词的基础。李向真(1953)就基本词汇历时漫长、作为构成新词的基础等特点再次进行了申说。而孙常叙(1957)却认为基本词汇“长时期的历史稳定性、构成新词的基础的能力”这些性能不能作为判定基本词汇的标准,基本词汇之所以成为语言词汇里的主要东西,在于它是语言词汇里独立不倚的非依存性质。这一说法随之遭到了谢晓安(1958)等人的质疑。王力(1958/1980)《汉语史稿》第四章“汉语基本词汇的形成和发展”一节通过对名词中基本词的考察指出,“汉语的历史很长,它的基本词汇可以追溯到几千年以前”,所以“汉语的基本词汇是富于稳固性的;多数的基本词有了几千年(或者是几百年)的寿命”。周祖谟(1959)指出“因为基本词汇包含着词汇中最古老、最必需的一部分词,这些词所表示的都是极其重要的概念,对于生活在任何社会发展阶段的人都是必需的。……不管任何人,生在任何时代,没有它就不行”,故基本词汇具有很大的稳固性。稍后,刘叔新(1964)阐明了“在基本词汇与一般词汇之间,存在着的是它们在历史长短上和使用是否普遍上的差别”。[①] 张世禄(1986)归纳了基本词的三种性质:第一种是它的全民性。……是全民族的人所普遍认识、普遍使用的;不分地区,不分行业和社会地位……它的全民性又是和常用性密切联系的,基本词不但为全民族所普遍使用而且经常使用。第二种是它的稳固性。基本词的生命长久,在千百年的长时期中生存着,所以它和语法构造是语言的基础,共同构成语言本身的稳固性。……由于基本词汇的这种稳固性,所以大部分的基本词经千百年长时期而不变,为全民族的人所普遍认识、普遍使用,更增强了它的全民性和常用性。第三种是它的极强的构词能力。因为基本词汇包括成为它的核心的全部根词,为构成新词提供基础,所以有些基本词具有极强的构词能力,经常作为构造其他词语的基本成分。……这样更加增强和显示了它的常用性、稳固性。石安石(1999)提出重新审视基本词汇问题,认为“坚持构词能力这标准,是十分可取的”,主张“在强调全民

---

① 刘叔新(2005)再次重申了这一看法。

常用性和稳定性的同时强调构词能力”。符淮青(2004)也强调“在三个标准中,构词能力是最重要的一个标准”。

为直观起见,我们可选取几种代表性意见加以比较:

表1 基本词的特征

	基本词的特征				
	稳定性	能产性	普遍性	常用性	原生性/不依存性
李荣 1952	生命长久	构成新词的基础		日常用字	
孙常叙 1957/2006					不依存性
王力 1958/1980	富于稳固性				
周祖谟 1959	稳固性				
潘允中 1989	历史稳固性	构词能力	全民性		
刘叔新 1964/2005	历史悠久		使用普遍		
张世禄 1986	稳固性	极强的构词能力	全民性		
周 荐 1987	历史是否悠久		使用范围是否广泛		
苏培成 1995	历史悠久		普遍使用		
石安石 1999	稳定性	构词能力	全民	常用	
符淮青 2004	稳固性	构成新词的基础	普遍性		
李如龙 2011	稳定性	能产性	全民性	常用性	原生性

表1显示,稳定性(历史悠久)作为基本词的主要特征,几乎没有争议。能产性是否能反映基本词的特性,见仁见智。苏培成(1995)持否定看法:“词的能产性要受许多条件的制约,而且能产性和全民常用性并不总是一致的。现代汉语中的助词‘的’使用频率最高,而它的能产性却很低。”刘叔新(2005):“有无能产性,不应看成区分基本词汇和一般词汇的一个依据。……基本词汇的所谓能产性特征或成为构造新词的基础的特性,都是不能成立的。”而石安石、符淮青等先生却

认为能产性是基本词最本质的特征。符淮青(2004：161)："在三个标准中，构词能力是最重要的一个标准。有很强的构词能力，说明它是稳固的，因为它构成那么多词，要在一个长时期中才能陆续完成。构词能力强，有稳固性，往往又显示它的普遍性。"据初步考察，基本词在汉语词汇史的发展演变中，其能产性强弱参差。第三，基本词汇应当具有社会普遍使用的特征。因为作为表达人类生活必需的基本概念的词汇形式，基本词理当不分地域、年龄、阶层等限制，而为全民所用。因此，稳定性、普遍性是基本词最主要的特征。孙常叙(1957/2006)认为最能代表基本词特征的是它独立不依的非依存性。所谓非依存性，李如龙(2011)认为就是原生性。也就是说，基本词汇是人们认知世界时最先造出来的词，而不是由其他词分解或合成或比附、类推而来的。正因为这个特点，它往往可以用来说解其他词语，在辞书里用作"元语言"。其实，这种原生性也就反映出基本词行用的悠久历史以及滋生新词的能力。

与此同时，人们正在为如何根据以上特征来辨识或者从汉语词汇中划分出基本词问题苦恼。究竟要具备上述几个特征才算基本词？从基本词的含义我们知道，它所表达的是人类生活中的主要事物、概念，这一所指本身就不会是昙花一现的，所以表达这些事物、概念的能指也会相对稳定，从而为全民熟悉，行用于日常交际。基本词因其行用时间长而获得了历时的身份。当然，随着人类生活的不断发展演进，有的事物成为过往，表达这一基本概念的词汇形式也就随之消亡。有的概念亘古不变，反映出来的词汇形式也一仍其旧。有的事物概念没有改变，而称呼这一事物概念的名称发生了变化——概念改变名称，也就是说表达同一概念的词汇形式发生了新旧更替。总之，基本词必须具有相对的稳定性。汪维辉(2008)考察发现，基本词的稳固性表现在："1. 寿命长。2. 变化慢。3. 借用难。"基本词在相对漫长的使用过程中，一直行用于大众的日常交际，而非偶见于高文典册。因此，词汇史领域确定一个词的基本词身份是有据可循的。①

1.5　范围

基本词的范围可从不同的角度来认识。一是在汉语词汇史某一阶段的词汇系统中，究竟有多少基本词。一是具体而言，哪些词可获得基本词的地位。关于前者，正如上文所引述的俞理明、李如龙等先生的意见，在汉语词汇的构成系统中，各级词汇之间并非泾渭分明，互有交替、增减，因此没有一个绝对的量化结果。随着历史的发展，各个时代基本词的数量可以有一个大致的范围，但并不相等。如张志毅(2008)："近七八十年，围绕基本词汇提出的基本词数量不等：少则有100、200、500、850，多则2 000、3 000、4 000、8 000等。现在，有人在100—200词内做扎实研究，这是属于根词研究；有人在7 000—8 000词内研究，这是属于常用词研究。把1 500—2 000作为基本词汇的基本量，可能较为合理。这些定量分析，都有利于推进基本词汇研究。"至于哪些词可获得基本词的地位，问题集中在虚词是否应当归入基本词。20世纪50年代，在针对斯大林《马克思主义与语言学问题》的讨论中，林焘(1954)提出，"虚词虽然最常用，但是只能在'语法构造'的范围内来研究，不能归入基本词汇"。赵振铎(1959)发表了相反的意见。我们认为，基本词不仅包括实词也涉及虚词。近十来年，有学者已经对相关词类的虚词进行了有价值的研究，如李宗江(1999)对部分基本副词的产生及更替演变过程进行了深入的研究。

2. 基本词史

王力(1958/1980)，蒋绍愚(1989/2005a)，张永言、汪维辉(1995)等学者大力倡导重视汉语词汇发展历史的研究。基本词是构成汉语词汇系统的主体。20世纪晚期，尤其是张永言、汪维辉《关于汉语词

---

① 有学者已积极深入地探讨基本词的划分问题，如苏新春(1994)提出了字根分析法、训释词分析法、构词能力鉴定法、词频统计法等可操作手段来鉴别基本词。

汇史研究的一点思考》发表以来，汉语历史词汇学领域日渐加强的常用词演变研究，就是基本词发展历史的研究。既有成果或着眼于某一历史时期基本词的面貌，或打通时代界限，对基本词进行通史式研究。21世纪初，汪维辉相继撰文，明确以基本词为研究对象。如汪维辉《撰写〈汉语100基本词简史〉的若干问题》(2004b)、《〈老乞大〉诸版本所反映的基本词历时更替》(2006a)等。

因此，随着研究条件的不断改善以及词汇研究理论和方法的不断丰富，基本词史的研究已经成为可能。本书旨在探讨六组关涉肢体的基本动词的发展历史。选择基本动词作为研究对象，是因为动词语义的丰富复杂性使其一直成为汉语词汇语法研究的焦点之一。而关涉肢体的基本动词更是与人类日常生产、生活息息相关，考察这部分词的发展变化无论对反映汉语词汇的基本面貌还是人类基本生活情况均具有重要意义。

3. 本书所研究的基本词

本书以关涉肢体的六个基本动词为研究对象，包括以肢体作为实施动作行为所凭借的工具以及肢体本身发出的动作两类动词。前者是躯干部位的"背(bēi)""挑(tiāo)"，后者分别为上肢动词"扔""捆"与下肢动词"踩""走"。具体而言，本文不仅要探明以上对象自身音形义的发展历史，更重要的是要全面考察汉语史上表达"背负""担挑""投掷/抛弃""捆绑""踩踏""行走"等概念所使用的词汇形式及其发展演变的基本事实与内在规律。

具体选词，我们主要依据语言年代学的创始人斯瓦迪士的基本词表①，这一词表的选词宗旨是："'语素项目必须是世界共同的、非文

---

① 我们主要参照斯瓦迪士(M.Swadesh)1952年提出的200词表、1955年提出的100词表。陈保亚《论语言接触与语言联盟》(1996)把斯氏200词表分为高阶(由100词表组成)与低阶(源自斯氏200词表除去高阶词剩下的部分)。陈著发现，高阶词比低阶词更为稳定。

化方面的、容易辨认的广阔的概念在多数语言中有一个单词可以对应的’,也就是选择一些与不同的生活环境、不同的物质文化条件无关、不易受另一语言影响的基本词根语素。”(徐通锵,1991:414)所以尽管这一词表还存在不少争议,却仍然得到了国际上的普遍认可。我们选取了词表中的“走”“扔”“捆”。同时为弥补词表的不足,根据研究目标,我们又补充了下肢动词“踩”以及躯干动词“背(bēi)”“挑(tiāo)”。之所以补充这几个动词,是因为它们所表达的概念是千百年来就存在于人类的生产、生活之中,在词形的选择上都经历了竞争更替而最终成为现代汉语的基本词。而且,它们作为基本词的条件也可以通过不同的量化手段得到验证,如“背(bēi)”字,石安石(1999:183)从《现代汉语词典》(并参考《常用构词词典》)随意抽出了词条较多的以B打头的词和词素2 700个,然后按照基本词汇的条件选出了174个,“背(bēi)”就属于这6%的基本词汇中的一员。

第二节 研究现状

据上文第一节中所讨论的研究对象可知,目前词汇史领域中的常用词研究主要集中在对一部分基本常用词,即基本词进行的研究。因此,基本词研究现状涉及的对象包括汉语词汇史领域中的常用词研究以及以基本词为题的研究两个方面的内容。

1. 词汇史领域的常用词研究

1.1 研究概貌

关于早期汉语常用词历史演变研究的主要成果,汪维辉(2000a:5—6)已有概括。汪著(2000a:8—10)追溯了始自20世纪40年代王力先生首倡的“词汇史”研究,继至90年代初蒋绍愚先生的相关成果。此后,汪维辉(2007a)又进一步总结了《关于汉语词汇史研究的一点思考》(张永言、汪维辉,1995)一文发表后十年间常用词研究的主要成果,其中包括李宗江(1999)《汉语常用词演变研究》、汪维辉(2000a)

《东汉—隋常用词演变研究》两部专著以及多篇论文，发现此期常用词研究的主要特点是：研究范围不断拓展，由断代到通史，由实词到虚词，由单音词到复音词；研究逐步向纵深推进，由注重事实描写到描写与解释相结合，由单纯的历时演变研究到历时演变与共时分布相结合，由单个词研究到语义场研究；相关的理论探讨也有所加强。

经初步考察，从1996年至2000年这五年间，词汇史领域的常用词研究，除汪维辉、李宗江二位先生的著作外，成果并不多见。① 而进入21世纪以来的15年，可以说，常用词研究已成为词汇史研究的重头戏，成果丰硕。以常用词为专题研究的著作陆续出版，如丁喜霞(2006)《中古汉语常用并列双音词的成词和演变研究》、谢智香(2013)《汉语手部动作常用词演变研究——以〈世说新语〉语料为中心》等。不以常用词为专题但涉及常用词研究的著作更多，如董志翘(2000)《〈入唐求法巡礼行记〉词汇研究》、汪维辉(2007b)《〈齐民要术〉词汇语法研究》等。以常用词研究为专题的博士论文已逾十余篇，②硕士论文近70篇，③单篇论文近200篇，④涉及专书、断代、通史

---

① 此期除汪维辉(1997)《东汉魏晋南北朝常用词演变研究》外，尚未见硕、博士论文以常用词为选题的。单篇论文仅十来篇。李宗江(1997a/1997b)《"也"的来源及其对"亦"的历时替换》、《"进"对"入"的历时替换》；董志翘(1998)《再论"进"对"入"的历时替换——与李宗江先生商榷》；汪维辉(1998a/1998b/1999)《常用词历时更替札记》、《几组常用词历史演变的考察》、《"舟—船""木—树"的历时替换》、《汉语基本词汇历时替换二例》；萧红(1999)《再论"也"对"亦"历时替换的原因》；徐流(1996)《从汉语词汇史角度论"为"与"搞"》等。

② 如白云(2005)《汉语五类常用动词比较研究》、雷冬平(2006)《近代汉语常用双音虚词演变研究及认知分析》、张庆庆(2007)《近代汉语几组常用词演变研究》、杨世铁(2007)《先秦汉语常用词研究》、于飞(2008)《两汉常用词研究》、李顺美(2011)《〈老乞大〉〈朴通事〉常用词汇研究——以〈老朴集览〉为中心》等。

③ 如王彤伟(2004)《〈史记〉同义常用词先秦两汉演变浅探》、白利利(2005)《"睡觉"类常用词的历史演变》、朱莹莹(2007)《手部动作常用词的语义场研究》、邱丽佳(2010a)《先秦至隋几组常用词的演变研究》、黄成(2011)《上古汉语三组常用词演变研究》、周晓维(2013)《〈论衡〉单音常用词研究》、李慧(2014)《汉语"睡眠"、"清醒"义常用动词的演变研究》等。

④ 如李宗江(2002)《汉语重复副词的演变》、徐时仪(2004)《玄应〈众经音义〉所释常用词考》、殷晓杰(2010)《"面"与"脸"的历时竞争与共时分布》、陈亦文(2010)《名量词"棵"的历史变迁》、贝罗贝，刘华丽(2013)《汉语"等待"义动词历时考察》、刘宝霞，张美兰(2013)《近代汉语"丢弃"义常用词的历时演变与地域分布》、张美兰(2013a)《明初汉语常用词新旧质素的兴替变化——以〈训世评话〉为中心》、丁喜霞(2013)《汉语常用词的演变模式初探》等。

等不同角度的常用词研究。

回顾常用词研究成果，其主要集中在两个方面，一是梳理常用词在各个历史时期词汇形式的新旧更替，即表达同一概念的能指形式的变化。目前常用词研究主要集中在这一方面。据初步统计，历史上发生过历时更替关系的常用词，已有近200组得到了不同程度的描写。具体范围主要涉及名词、动词、形容词，以及量词及多类虚词的演变事实。另一方面，常用词词义演变的问题逐渐受到关注。①

1.2　主要成就

作为汉语词汇史的核心课题——常用词演变问题②所取得的成就令人欣喜，也实属不易。为了促进该课题的进一步研究，不断推进汉语历史词汇学向前发展，现简述相关要点。

1.2.1　词汇更替的研究

(1) 替换标准　江蓝生序汪维辉(2000a)《东汉——隋常用词演变研究》(以下简称《研究》)一书指出："书中对常用词演变自身规律的探求，对常用词历史演变基本类型的归纳以及对判断新词替换旧词的标准的设定等，都很有见解，多所创获。"王云路，方一新(2002)也给予评价："该书……既提供了进行这一难度很大的研究工作的范例，又清晰地呈现出东汉至隋阶段常用词演变的基本面貌。……采用定性分析与定量分析相结合的方法，使研究结论稳妥可靠。……本书采用典型例句和统计资料相配合的方法来研究，在每组词下都列举较多的典型例句，并对一些重要的著作和词语用法作了调查统计，从资料中见差异，考察演变轨迹。"以上评介为我们阅读《研究》作了很好的导引。书中对汉语常用词研究方法的总结值得重视。如新

① 闫从发(2005)《常用词义项演变研究举隅》、和谦(2007)《古汉语常用词意义演变个例研究》、郭晓妮(2009)《汉语常用词多义义场的历史演变初探——以动词"提"为例》、李小华(2009)《"僵"之"仆倒"和"僵硬"义演变更替及相关问题》、邱丽佳(2010b)《"腹"与"肚"词义的断代演变》、杨明泽(2010)《常用词"伪、假"之意义演变研究》、赵涵茜(2011)《常用词词义扩大与缩小的认知语义研究》等。

② 参汪维辉(2000a：1)。

词替换旧词的判断问题。《研究》指出："一般而言，判断的标准主要有三个：1. 统计数据，2. 组合关系，3. 新旧词在典型语料中的使用情况。"《研究》对以上各条标准进行了具体阐述。这些标准，后来成为大家进行常用词研究的基本指导方向及具体操作手段。当然，常用词的演变，"个性"参差，如何有效利用以上标准也需不断探索。如《汉语"站立"义词的现状与历史》（汪维辉、秋谷裕幸，2010a）一文，作者在深入考察大量语料的基础上仍无法依据统计资料对"站"替换"立"的具体时间做出判断。这时作者选用了朝鲜人李边所编的汉语教科书《训世评话》以及写成于 1491 年的哈铭《正统临戎录》两种典型语料，弥补了统计资料的不足，得出了可靠的结论：至迟到 15 世纪中后期"站"在某些方言中已经完成了对"立"的替换。

除以上标准，张美兰（2013b）提出以同义异文材料作为汉语常用词历时研究的旁证材料，有助于厘清词汇新旧替换的线索。

（2）纵横结合的研究思想

汪维辉（2000a：21）曾展望："结合现代方言来研究历史上的常用词变迁，是一个行之有效的办法，也是一片有待开辟的广阔天地。"随着语义学相关理论的引进，尤其是语义场理论在汉语词汇研究领域的逐步应用，汉语常用词研究的系统性得到了前所未有的加强。在此基础上，学者们不断探索，针对汉语词汇发展演变的实际，将常用词发展的历史与其在现代汉语方言中的共时分布特点有机结合，全方位考察常用词发展演变的来龙去脉。那么，历时演变与共时分布具体该怎样结合？汪维辉（2003a）《汉语"说类词"的历时演变与共时分布》（以下简称《分布》）一文是有关常用词研究的具有开拓性质的一篇力作。"说类词"的发展脉络纷繁复杂。以往主要按词的义位为线索展开讨论的方法，难以揭开"说类词"的真正面纱。从哪儿入手？首先，《分布》从语义结构入手，通过全面考察具体句法环境中与"说类词"共现成分的语义特点，结合句法、语义关系，条分缕析，深入挖掘"说类词"发展演变的基本事实。同时，文章又始终精细入微地参照每一个词的不同义位进行观察。在此基础上,《分布》讨论了现代汉语方言“说类词”的分布。具体参照《现代汉语方言大词典》(2002)和《汉语方言词汇》第二版(1995),并结合作者的调查。总之,《分布》将研究对象的用法和意义有机结合,深入而清晰地揭示了“说类词”发展演变的脉络。其次,《分布》立足于词汇、词义发展演变的系统性,着眼于“说类词”的历史演变与共时分布这一宏观视角,从言说语义场的上位词入手,纵横结合,深入准确地发掘了“说类词”演变的基本事实,揭示了语言事实发展的内在规律。

我们看到,因《分布》一文的示范,此后常用词演变研究,渐趋由单一考察词汇的历时更替过程,发展为结合历时演变与共时分布以全面考察语言事实的阶段。

(3) 语言事实的描写

对语言事实进行深入准确地描写是常用词研究工作的重中之重。回顾常用词的演变研究,最初的成果主要着眼于各组常用词主导词的演变更替过程的梳理。之后学者们坚持系统性观点,从语义场入手,纵横结合,统观每一组常用词发展的始末。不断向前推进的是,有学者已立足于透彻地研究每一组词,视野所及包括研究对象的最初所指、始见书证、纷繁的用字情况,以及最接近事实的词汇更替等诸多方面。如汪维辉、秋谷裕幸(2010a)《汉语“站立”义词的现状与历史》、汪维辉、秋谷裕幸(2014a)《汉语“闻/嗅”义词的现状与历史》、汪维辉(2014b)《说“脖子”》、汪维辉(2009b)《“遐—迩”与“远—近”》[①]、真大成(2012)《关于常用词“腿”的若干问题》等。关于常用词演变事实的描写,汪维辉(2007a)主张:“有必要对常用词演变的基本描写模式做出总结,以便建立一个大家都能遵行的规范。从词目的选定、语料的选择、例句的确认、统计数据的使用到演变过程的描写、演变规律的总结等等,都有一些原则需要确定下来,也有不少技术性

① 此文为上古汉语常用词的历时替换提供了一个样本。

问题需要探讨。”对此，汪维辉、胡波(2013)已身体力行着手研究，如《汉语史研究中的语料使用问题——兼论系词“是”发展成熟的时代》指出：“语料的分析至少应该包括这样四个方面：一是确认有效例证，二是剥离口语成分，三是分析统计资料，四是重视典型语料。”关于如何有效地进行资料统计的问题，汪维辉、胡波(2013)引用并高度评价了李战(1997)《〈红楼梦〉中的“便”和“就”》的统计思路和方法。

此外，有关常用词演变研究的相关问题，学者们也有一些概论性的阐述。如王云路《中古常用词研究漫谈》(2000)、《中古汉语词汇史》(2010)；徐时仪《古白话词汇论稿》(2000)、《近代汉语词汇学》(2013)；蒋绍愚《近代汉语研究概要》(2005b)等。

令人欣喜的是，因为一批学者的辛勤探寻、整理，汉语常用词研究具备了更加便捷的条件。我们不仅具有了较高质量的语料库，同时还陆续获得了一批优质语料，尤其是汉语教科书等。如汪维辉(2005a)编纂《朝鲜时代汉语教科书丛刊》(全四册)，汪维辉、远藤光晓、朴在渊、竹越孝(2011)编《朝鲜时代汉语教科书丛刊续编》(全二册)等。因此，常用词研究可资引用的语料不仅包括传统的中土文献、佛经、道藏、出土文献资料等，还涉及域外典籍、汉语教科书。这必将推进汉语常用词的研究。

1.2.2 词义演变的研究

词义是词汇研究的核心内容。汉语词汇有关词义的研究无论是实例描写还是理论探索都取得了显著成绩。常用词领域的词义研究其实伴随着常用词研究一直就在进行。讨论常用词词汇的更替往往涉及对相关词语词义演变发展的讨论。然而，以常用词词义为专题的研究是近十年的事情。常用词因其相对稳定及行用的广泛性，其词义甚为丰富。因此，对常用词词义的发展进行深入研究，最有助于发现汉语词汇发展演变的特点与规律。如何展开常用词词义发展演变的研究？蒋绍愚先生导夫先路，辛勤耕耘，先后发表了《汉语颜色词的历史演变》(2004)、《汉语词义和词汇系统的历史演变初探——以“投”为例》

(2006a)、《汉语“天”的意义的演变》(2006b)、《打击义动词的词义分析》(2007)、《词义演变三例》[①]等。以上成果着眼于词义和词汇演变的系统性,理论性强,分析深透。其中《汉语词义和词汇系统的历史演变初探——以“投”为例》最具示范性,值得借鉴。文章抓住“投”的基本意义,把“投”的各个意义放到相应的概念域(conceptual domain)中,分析其概念要素(conceptual components)。文章指出,“概念域”是一个层级结构(hierarchical structure)。构成“投”基本意义的概念要素有诸如核心要素、运动的驱动者、运动的主体、运动途径、运动的方式、运动的起点、运动的终点等。文章以概念场为背景考察词汇系统。把词的各个义位放到概念场的各个概念域中,从而观察出,处于同一个概念域中的各个义位具有同位关系,和处于上位/下位概念域中的义位具有上位/下位关系,这样,这些义位就构成了一个系统。而一个词的各个义位又是互相关联的,所以词汇也构成一个系统。同时,处于同一个概念域中的成员是互相关联的,概念域也是互相关联的。不但处于上下位关系的概念域互相关联,就是不属于同一层级关系的概念域,有的也会互相关联。这样,不仅可以考察词汇在不同历史时期的变化,还有助于考察各词汇成员的分布在不同历史时期的变化。《打击义动词的词义分析》也是以概念场为参照背景,运用“概念要素分析法”进行了深入分析。

1.3 主要缺憾

由于常用词研究工作本身的难度,再加上研究者自身素养的差异,常用词研究还存在诸多需要继续努力的地方。一是对既有研究动向及相关成果关注不够。有相当一部分研究撞题,所选词目、研究角度、考察的语料相同,结论基本一致,包括一批学位论文。其实,有的词目已经有了较高质量的研究,可因关注不够以致被重复考察,这无疑会造成资源的浪费。二是对待一组词目的研究有嫌草率。“常

---

① 载蒋绍愚《汉语词汇语法史论文续集》,商务印书馆,2012,页222—248。此文讨论了三种不同类型的词义演变,深入掘发了词义演变的原因。

见的问题有：语料选择不当；统计资料一锅煮，不作具体分析；例句有问题；描写粗略；语言事实认定失当；等等。……特别是如何正确利用电子语料库，已经成为这一领域（也包括整个汉语史研究）一个亟待解决的关键性问题。……如果对检索结果不作细心的甄别、核对和分析，拿来就用，必然会导致研究结果的粗疏甚至错误。而这样的情况眼下恰恰是司空见惯的。”（汪维辉，2007a）有的研究对词义不作细致分辨，义位的认定失当。因此，在这样的前提下统计出的数据，也就没有多大实际价值。三是研究态度有显急躁。此项工作，无论是掘发语言事实发展演变的规律，还是进行相关的理论探讨，都需要心平气和，遵从事实，不急躁，不武断。其中的道理，前辈学者一再相勉：

“词汇史研究中，描写是第一位的，解释是第二位的。只有在对词汇演变的史实作出充分而可靠的描写的基础上，才有可能解释演变的模式、原因和机制等等。……我们必须充分估计描写工作的重要性和难度，采取十分审慎和细心的态度来处理文献语料，在语言事实的发掘和清理上下大工夫，以求得尽可能合乎事实真相的结论；而不能舍本逐末，真相未明就急急忙忙地去总结什么规律。特别是在现阶段，扎扎实实地把一批常用词的演变史实描写清楚是首要之务。”（汪维辉，2007a）“汉语史的基础研究是对汉语历史演变的语言材料做全面的调查、细致的描写和深入的分析。这方面的工作必须加强，没有扎实的材料，就谈不上汉语史研究。”（蒋绍愚，2005c）“考察词汇系统的历史演变，是一个非常庞大的工程。词汇系统非常复杂，而且我们现在对词汇系统及其历史演变知之甚少，所以要研究汉语整个词汇系统的历史演变，至少在目前还无从谈起。我们只能从局部做起，局部的研究做好了，对词汇系统及其历史演变的认识就会加深，而且，通过局部研究成果的积累，可以逐步向整个研究前进。”（蒋绍愚，2006a）“因为从个别案例出发，多加积累，就能更清楚地看到语言演变的多样性，而且通过丰富多样的案例，也可以从‘个性’中发现‘共性’，同样可以概括出语言演变的规律。而且，经过深入的研究，也许能找出为什么某个词能发生演变，而其它同类的词不能发生演变的原因。”①

---

①　蒋绍愚《词义演变三例》，载《汉语词汇书法史论文续集》，商务印书馆，2012，页222—248。

2. 基本词史研究

基本词史的研究,并非另起炉灶。其研究缘起,上文第一节已作了简要概括。基本词史是在常用词研究的基础上进行的一项工作。着眼于研究对象在汉语词汇构成中的重要地位,以及研究范围的大致明确,我们以基本词史为题。主要成果:

项目:汪维辉,① 汉语 100 基本词简史("新世纪优秀人才支持计划"资助项目。教育部"教技函[2005]35 号"档)、② "汉语基本词历史研究"[教育部人文社科重点研究基地重大项目(2005 年 5 月—2010 年 10 月)]等。

论文(或提要):汪维辉《关于基本词汇的稳固性及其演变原因的几点思考》(2008)、《汉语史上基本层次范畴"上位化"现象初探》(2010b);吕传峰(2006)《汉语六组"涉口"基本词演变研究》、赵川兵(2010)《近代汉语五组涉"手"类词演变研究》等。

第三节 研究意义

1. 基本词史研究的意义

"每个词都有它自己的历史。"(布龙菲尔德,1980:411)吕叔湘(1993)谈道:"汉语词汇发展史很重要,要好好研究,要总结词汇发展的规律。"蒋绍愚(2000)也指出:"汉语历史词汇的主体工程是汉语历史词汇学",包括对"各个时期汉语词汇系统的描写以及汉语词汇系统历史演变的研究",以及对在历史研究的基础上概括出来的"汉语词汇历史演变的规律以及其它有关理论问题的研究"。基本词作为汉语词汇的核心,研究其发展演变的历史自然就具有更重要的意义。概括起来说,主要表现在这几个方面:

(1) 基本词史的研究是汉语词汇史研究的重心。

汪维辉(2004b)一再强调,"基本词是词汇系统的核心,具有稳固性、全民性、能产性等特点，是词汇史研究的重要对象。把100—200个基本词的历史演变过程描写清楚，是汉语词汇史学科在现阶段的一项基本任务，对现代汉语词汇、方言史和亲属语言比较等也具有重要意义”。“要把汉语历史词汇的研究从语文学转向语言学，就应该首先把一批基本词汇的历时发展轨迹和规律弄清楚。”（汪维辉，2006a）可见，追溯并深入细致地研究汉语基本词形成及其发展的历史，探寻其演变的基本规律，不仅是汉语词汇史研究的基本任务，更直接关乎科学的汉语词汇史的建立。此项工作的意义正如入矢义高（2004）在《中国口语史的构想》一文就建立口语史的意义所言，“应就每一个词语进行研究……这也许是一项干不完的研究工作。可是如果不完成这项工作，口语史的构想也许不可能实现。但通过这样一个一个词的研究，在或进或退的反复中总会获得一些成熟的想法”。

（2）基本词史研究有助于词义演变理论的探讨。

基本词与人类日常生活息息相关，其悠久的历史与使用的广泛性决定了其词义的丰富复杂性，因此对基本词汇词义发展的特点、规律进行探索，无疑有助于总结汉语词义发展的一些规律性特点。我们将系统梳理六组基本词从古至今的词义内容，追溯各词相关义位发展演变的基本情况，辨析义位之间的内在联系，从而探寻词义变化的基本诱因。

（3）基本词史的研究可为方言尤其是方言史的研究提供有价值的数据。

有学者早已将基本词作为方言分区的标准，罗杰瑞（1995：161—162）在采用“既照顾到历史的深度，又反映现在方言之间的关系”的10条方言分区标准中，“用‘站’或‘站’的同源词”“用‘走’或‘走’的同源词”作为方言分区的相关条件。汪维辉（2003a）研究指出，“‘说类词’在现代方言中的分布与罗杰瑞的三分法基本吻合”。并得出诸如“共时分布是历时演变的结果”等有价值的结论。近年，汪维辉主张从基本词的角度对汉语官话基础方言的变迁进行追索、验证。这是很有意义且较有操作性的一项工作。如吕传峰(2006)研究,“喝”在北方官话区取代“吃”和“饮”的过程大致是:元朝时表示“把液体或流食咽下去”义的“喝”字开始使用,作为一个北系方言词,在18世纪中叶以前一直没有竞争优势,18世纪中叶以后发展迅速并在19世纪末20世纪初成为喝类语义场中的主导词。对此,汪维辉(2008)认为,“喝”取代“吃”……直接的动因都是通语的基础方言的变动。在近代汉语阶段,通语的基础方言经历了几次大的变动:西安(唐)—开封(北宋)—杭州(南宋)—北京(元)—南京(明至清)—北京(清后期/19世纪中叶以后)。

总之,将基本词史与方言史的研究相互结合,具有良好的研究前景。

(4) 基本词史的研究对古籍整理、辞书编纂以及判定古籍语料价值的高低都具有重要作用。

利用常用词(不乏基本词)对古籍的真伪、时代以及语言性质等方面进行考辨,前修时贤在这方面已进行了成功的探究,如徐复(1958)、梅祖麟(1984)、柳士镇(1989)等。汪维辉(2000c)认为:“从语言角度鉴定古籍年代,词汇也应该是一项重要的依据,至少跟语法现象有着同等的价值,甚至可能比语法方面的证据更可靠,因为一般来说,词汇比语法变得快,时代性更强。”汪维辉曾选取八卷本《搜神记》中有代表性的词汇成分,来推断其语言时代。如“割麦”,“割”是个基本词。“‘割’虽是个很古老的词,割的对象也可以是多种,但唐代以前一般却不施于庄稼及其它草本植物。把长着的庄稼或草类收割下来,通用的词是‘刈’。‘刈’与‘割’也是一对有更替关系的历时同义词。……‘割’取代‘刈’当是较晚的事,非但唐以前未见‘割麦/割稻/割禾/割草……’的用例,在唐代文献中也很难见到。李商隐《题李上謩壁》:‘嫩割周颙韭,肥烹鲍照葵。’这样的例子在唐代是罕见的,而且这个‘割’跟‘烹’对文,很可能还是指‘切’。唐人常说的仍是‘刈’……直到敦煌文还是如此……宋代禅宗语录中有这种‘割’字,如《景德传灯录》卷10‘前池州南泉普愿阐释法嗣’：‘汝见大唐天子还自种田割稻否？’《从容庵录》：‘你道大唐天子还割茅刈草否？’‘刈’与‘割’对文同义，一文一白。……不难看出，在用词上八卷本比敦煌本更为晚近。”（汪维辉，2001）又如汪维辉（2009b）《“遐—迩”与“远—近”》研究发现，《周易》的古经部分与“远”对举的是“迩”，但到了《系辞》部分则“近”也可以和“远”对举或连文了，这说明《系辞》的创作年代确实要晚于古经。又如“迩”与“近”在《逸周书》各篇中分用划然，反映出其各篇语言的时代差异。基本词作为判定语料价值高低的标准，汪维辉（2000a）指出：“一些基本的常用词必定经常性地出现在各种文体中，这就有了可比性，衡量语料反映口语程度的高低就有了客观可靠的标准。只要需要，完全可以用量化的方法作出相当准确的估价。”如汪维辉（2004a）。

高质量的词典编纂与基本词的研究更是密切相关，无论是文献的引用还是义项的确立等方面都与之有关，尤其是辞典释义的准确性更离不开对基本词的考察研究。如《大字典》[①]“走”字条以汉张衡《西京赋》“走索上而相逢”、《礼记·玉藻》“走而不趋”以及《木兰辞》“两兔傍地走”等例作为“步行，脚交互向前迈动”义项的书证，就值得商榷。从我们考察的情况看，唐以前“走”字单用表“行走”义的典型用例罕见。又如“背(bēi)”的“用脊背驮”义，《大字典》首引《广雅·释诂四》：“背，负后也。”如果了解了基本词“背(bēi)”字“背负”义产生时代不早于唐代的语言事实，此类引例的错误就可避免。相应地还可纠正此类文献解读上的失误，如上引《广雅·释诂四》例，正确解读应为“晚、殿、背、尾、负，后也”，王念孙《广雅疏证》：“负与背，古声相近，故皆训为后。”

2. 基本肢体动词研究的意义

原型范畴理论认为，人类基本行为发源于感官与肢体，是人类认

---

① 下文凡引用《汉语大字典》《汉语大词典》均简称《大字典》《大词典》，合称“二大典”。

识世界的原初行为，反映了最基本的认知范畴。例如手、脚、眼、耳、口等动作行为必定反映最基本的范畴。（江荻，2008）而实词中动词的词义和用法可以说是最复杂的。肢体动词作为动词中的一个小类自然有其自身的特性。

（1）首先，作为客观事物的肢体各部位联系紧密，反映在表达这些部位动作行为的词语中其词义之间的不可分割性。如人的肩、背、臂膀难以截然分开，因此，涉及这些部位的用词像“背”“挑”“扛”“挎”甚至“提”等往往可以指称多个部位的动作。研究这部分动词有助于启示我们从认知角度考察词义演变的内在规律。

（2）其次，肢体动作是人类举手投足之间即可发生的，这类动作所涉及的诸如动作行为的起点、终点、方向、途径、速度、目的、行为主体、用力大小等区别性特征尤为丰富，因此考察这部分动词还有助于我们探讨肢体动词与一般行为动词之间的区别以及肢体动词进一步抽象化为一般动词的过程。如肢体动作“投掷”与一般行为“抛弃”之间的区别与联系。

（3）据我们初步考察，除本课题涉及的对象外，现代汉语普通话中还有一大批如“拿”“割”“站”“跑”等基本肢体动词都晚至近代才产生，对这部分动词作相对封闭的考察，探讨其产生的动因，总结其内在规律，无疑会为汉语词汇史的分期以及官话基础方言的变迁提供一些有价值的线索。

第四节　方法与材料

本书以汉语历史上六组关涉肢体行为概念的基本动词为研究对象，包括以肢体作为实施动作行为所凭借的工具以及肢体本身发出的动作两类动词。具体而言，要完成以下任务：

（1）探明各词的来源，简要梳理各考察对象音形义发展的历史。

（2）描写各词所属语义场中主导词之间竞争更替的历时过程，掘发导致变化的动因。

(3) 考察六个词所表达的基本概念在现代汉语方言中的用词情况。

(4) 分别清理各研究对象历史词义与方言词义的引申脉络，总结肢体动词词义演变的特点。

(5) 比较各考察对象自身演变的历史事实与现代汉语方言的共时分布现象；比较各考察对象之间变化发展的异同。总结基本肢体动词演变更替的规律。比较通语与方言、汉语词汇与民族语言之间的异同。

总之，本课题将对基本肢体动词这样一个相对封闭的考察范围进行个案研究，始终贯彻“纵横结合”“时空结合”的研究思想，力求客观、准确地揭示研究对象的基本事实。

为完成以上任务，本文拟采用以下思路：

1. 理论与方法

我们将始终坚持“词汇是一个系统”的观念，并以此为出发点去探索基本词研究所应当运用的理论和方法。关于词汇的系统性，周祖谟(1959)指出，“词汇和语法构造一样，也是成体系的”。黄景欣(1961)从系统性角度给词汇进行界定，认为“一种语言的词汇是由该种语言的一系列具有一定形式、意义和功能特征的互相对立、互相制约的词汇单位……构成的完整体系”。80年代，张永言(1982：58)再次强调：“任何一个词无论在语言里或言语里都不是孤立的，而是跟别的有关的词彼此联系着的；语言的词汇不是词的偶然的堆积，而是构成一定的体系；每当一个新词或新义加入语言的词汇体系，它就要跟词汇里已有的相关的词或词义相互影响，从而导致词义的变化。”

作为词汇史的研究，究竟该如何贯彻系统性的思想？蒋绍愚(2005a)对此已作了深入阐述。本课题拟借鉴如下语言学理论及研究方法：

1.1 研究理论

(1) 现代语义学及语义场理论

词义是词汇研究的核心。如何走出传统词义研究中"原子主义"的困境,转而从系统的角度全面深入地关注我们的研究对象,这是现代词汇研究正在探索的问题。现代语义学"语义场"理论的提出,为我们打开了一扇研究的大门。蒋绍愚对利用语义场理论进行汉语词汇研究进行了可贵的探索,为汉语历史词汇的研究作出了重要贡献。(参蒋绍愚 2005a 等)这一充分体现系统性思想的"语义场"理论日益受到词汇研究者的重视,解海江、张志毅(1993),吕东兰(1998),崔宰荣(2001),杜翔(2002),谭代龙(2008)等的相关研究成果可参。其次,现代语义学提出了"义位""义素"等重要概念(参利奇 1987、Lyons 2000 等)。"义位""义素"分析思想的提出,无疑增强了词义分析的可操作性,尤其是"义素分析法",更具有"以简驭繁"(蒋绍愚,2005a:24)的作用。利用相关理论分析汉语事实的重要著作有贾彦德(1999)等。

为了全面考察六个词所表达的基本概念在历史上所有的用词情况及其发展演变的内在动因,我们将充分利用语义场理论、吸收义素分析的合理思想进行研究。以期既对研究对象作宏观把握,又注重对个体的微观解剖。

(2) 认知语言学理论

张敏(1998:201—205)就运用认知语言学理论来解决汉语研究问题发表了自己的看法,"认知语言学的路子看来与汉语研究有很高的适配性。第一,认知语言学高度强调语言科学的经验性质,重视从经验事实个别地归纳语言里的规律,而不是用运算或演绎的方式推导出个别语言的规则系统。第二,认知语言学提供的主要是一套观念和取向,而不是严格构造出来的形式规则系统。……我们在运用它来研究汉语的时候,即使想生搬硬套,也无可依傍,因此不容易出现用汉语例子套在现成结论之上的情况。第三,认知语言学在形式和意义之间，着重于意义，强调概念结构的中心地位”。认知语言学有关“范畴化的原型理论”“基本层次概念”“认知的‘显著度’”以及“概念隐喻和隐喻概念系统”等理论有助于加强我们的研究。总之，人类的大多数思维都是在基本层次上进行的，因此对表达这一层次概念的基本词汇进行研究尤为重要。

1.2　研究方法

鲁国尧(2003a)指出：“凡研究必有方法，而且方法往往多种多样。……笔者以为研究汉语史的最佳方法，或者最佳方法之一是‘历史文献考证法’与‘历史比较法’的结合。”鲁先生认为既然拥有“汗牛充栋”的传世文献与“源源而出”的出土文献，“中国的汉语史学者，更应该理直气壮地将‘历史文献考证法’列为汉语史研究方法的首位”。鲁先生将“历史文献考证法”用于方言史的研究，成功地考证出了通泰方言泰州点中“二”“儿”“耳”由[zɿ]音变为[ɚ]或[ə]的大致时间。至于“历史比较法”，其目的是通过比较两种或几种方言或亲属语言的差别，找出相互间的语音对应关系，确定语言间的亲属关系和这种亲属关系的亲疏远近，然后拟测或重建原始母语或母方言的形式。它是历史语言学中研究语音变化的有效方法。尽管这种有着西方学术背景的方法存在着诸多局限，但是如果将其与“历史文献考证法”有机结合，在汉语史研究领域是大有用武之地的。鲁先生的《泰州方音史与通泰方言史研究》(2003b)《“颜之推谜题”及其半解》(上、下)(2002/2003c)等便是二者有机结合的重要学术成果。

王力(1980：17)认为：“谈到语言史的研究方法，不能不谈到历史比较法，因为历史比较法是语言的历史研究的重要方法之一。”进行比较的目的正如梅耶(1957：1)所言：“一种是从比较中揭示普遍的规律，一种是从比较中找出历史的情况。”随着汉语史研究的不断深入，“历史比较法”的方法论意义已远远超出其本身所含括的范围。

我们针对基本词的特点以及所要达到的目标，拟采用“历史文献考证法”与“历史比较法”，并将二者有机结合用于本课题的研究。

对于汉语基本词史的研究来说，首先依赖的是大量文献数据，只有通过“前瞻”的方式钩稽浩繁载籍[①]，才能弄清其基本历史面貌，尤其是对词语音义演变情况的考察。同时，语言演变的痕迹或发展的最终结果还需要沉积在现代汉语中的各种方言现象加以验证。正如徐通锵(1991：5—6)所说：“汉语的方言异常分歧，对汉语史的研究来说，这是得天独厚的有利条件。方言或亲属语言的差别往往能反映语言的发展线索，只要我们深入调查，挖掘隐藏在语言中的歧异，加以比较，一定会发现语言发展的一些规律性现象。把汉语方言的活材料和历史上遗留下来的文字、文献的死材料紧密地结合起来，这是汉语史研究的一条有效途径。”可见，进行不同时期历史文献之间、历史文献与方言之间以及各方言之间语言差异的比较，甚至汉语与少数民族语言、汉语与印欧语之间的比较无疑是全面系统探明基本词发展变化的必经之路。

要之，基本词史的研究应当将历史文献的考察分析与共时方言的调查比较有机结合，注重基本词发展演变的系统性。在此基础上，我们将充分吸收近年来常用词演变研究的方法论成果，做到定性、定量分析的有机结合、组合搭配考察与语境差异分析的有机结合。

2. 步骤与材料

2.1 研究步骤

(1) 确定研究对象

随着研究条件的不断改善以及词汇研究理论和方法的不断丰富，本课题的研究已经成为可能。选择基本动词作为研究对象，是因为动词语义的丰富复杂性使其一直成为汉语词汇语法研究的焦点之

---

① 徐通锵(1991：6)指出：过去研究汉语史主要有“前瞻”与“回顾”两种途径，前者主要是通过考察书面材料、排比不同时期的历史文献、找出其间的差异，从而沿着历史追踪语言的演变过程。对于拥有大量历史文献的汉语词汇史研究来说，采用“前瞻”的方式是很适宜的。

一。而关涉肢体的基本动词更是与人类日常生产、生活息息相关，考察这部分词的发展变化无论对反映汉语词汇的基本面貌还是人类基本生活情况均具有重要意义。

我们的具体选词依据主要是语言年代学的创始人斯瓦迪士的基本词表（包括 200 词表与 100 词表），基本词表的选词宗旨是："'语素项目必须是世界共同的、非文化方面的、容易辨认的、广阔的概念，在多数语言中有一个单词可以对应的'，也就是选择一些与不同的生活环境、不同的物质文化条件无关、不易受另一语言影响的基本词根语素。"（徐通锵，1991：414）所以尽管这一词表还存在不少争议，却仍然得到了国际上的普遍认可。

我们选取了词表中的"走""扔""捆"。同时，我们又根据汉语的特点补充了下肢动词"踩"以及躯干动词"背（bēi）""挑（tiāo）"。之所以补充这几个动词，一是因为它们所表达的概念是千百年来就存在于人类的生产、生活之中，在词形的选择上都经历了竞争更替而最终成为现代汉语的基本词。而且，它们作为基本词的条件也可以通过不同的量化手段得到验证，如"背（bēi）"字，石安石（1999：183）从《现代汉语词典》（并参考《常用构词词典》）随意抽出了词条较多的以 B 打头的词和词素 2 700 个，然后按照基本词汇的条件选出了 174 个，"背（bēi）"就属于这 6％的基本词汇中的一员。二是为了形成全书框架，弥补斯氏词表在语义场方面的不足。尽管如此，我们目前的工作主要是抽样考察，选词考虑具有历时替换关系。

（2）明确重点、难点

如何研究基本词？清理史实、总结规律，这是总的要求。本课题的首要任务就是清理六个词及相关对象的历史事实。具体包括词义演变、新旧成分的历时更替、现代汉语方言分布情况与历史现象的比较分析。要完成这一任务，我们所面临的困难有：① 语料的处理。基本词史的研究离不开大量语料的调查收集，尤其是要全面系统地再现基本词在历史上出现的组合关系以及弄清词语可能存在的所有义位,必须进行大规模的语料调查。随着近年来大型汉语史电子语料库的基本建立,这项工作的开展已经成为可能,我们从事这项工作的手段已经大大优于前辈学者。但是,如何甄别庞杂语料的优劣?如何对时代、作者等存有争议的语料进行处理?如何选取口语性较强的语料,并进一步筛选口语性语料中由后人掺入的"异质"成分?诸如此类的问题,都是本项研究工作首先面临的难题。② 词义的认定。动词词义尤为纷繁复杂,要准确地进行词义的划分并非易事,如"扔"的"抛掷"义与"丢弃"义的区分?对于词义古今有别的词语,其古义与今义的判定有无形式上的标志?如"走"字,其"跑"义与"行走"义的界限究竟何在?诸如此类的问题都是必须下功夫进行深入思考的。③ 方言材料的利用。造成现代汉语方言差异的因素相当复杂。是历史发展造成的时间层次上的差异,还是方言之间的渗透,抑或是通语对方言的影响等等,这些问题都会影响我们对词汇性质的认识。历史方言的判断更为困难。总之,我们只有尽可能利用既有方言尤其方言史的研究成果去进行一些力所能及的处理。

2.2 研究材料

本课题的研究将主要利用汪维辉建立的电子语料库、中国基本古籍库(北京爱如生公司研制)、文渊阁四库全书电子版(上海人民出版社、迪志文化出版社有限公司,1999)、汉籍全文检索系统(第二版)(袁林、张宇策划组织)、四部丛刊电子版(北京书同文数字化技术有限公司)、二十五史全文检索系统(南开大学组合数学研究中心、天津永川软件技术有限公司联合开发)等多种语料库。调查的范围涉及先秦至现、当代的包括翻译佛经在内的大量语料。因篇幅所限,此不详列。

因为基本词史研究工作本身的复杂性,以上语料库我们仅作为调查语言现象的主要线索。凡是能搜寻到原始文献的语料(如各类文献的影印本等),文中用例我们均依据原始文献核对一过。因为"传世古籍一经后人传抄翻刻,便打上了抄者或刻者所在时代的烙印，而不能反映古籍作者当时用字的实况”（张涌泉，2010：393）。同时，我们也充分利用诸如汪维辉（2005a）编纂《朝鲜时代汉语教科书丛刊》（全四册）等汉语教科书。涉及基本词书写形体的复杂性时，我们全部依据原始文献（影印本或汉语教科书①）对相关词目的使用情况进行手工检索。

① 刘君敬（2011）《唐以后俗语词用字研究》：“一般而言，教科书编写的目的是为了语言（含文字）教学，自然是以编写时的实际语言为依据，用字也必然符合当时的实际情况。跟其它材料相比，它们能够更好地反映编写时代的实际用字情况。因此这一批材料弥足珍贵。”

第二章

“背(bēi)”类躯干动词的发展

“背(bēi)”是现代汉语普通话中表示“(人)用脊背驮”义的基本动词。就笔者视野所及,目前还未见专文对躯干动词“背(bēi)”的音义演变的历史加以研究。① 本章拟从以下几方面对“背(bēi)”加以考察:1)“背”字阴平一读的产生;2)“背”对“负”的历时替换;3)“背类词”在现代汉语方言中的共时分布。

第一节 “背”字阴平一读的产生

“背”,《说文·肉部》:“脊也,从肉北声。”其音大徐本《说文》引《唐韵》“补妹切”,今音 bèi。“背”字上古音和中古音的拟音分别为 puək/puɒi⊃②,读合口。“背”字在现代汉语普通话中有平、去两读,读开口 bēi、bèi。那么,“背”字语音发展的具体情况如何?“背”大约在什么时候分化出了平声一读?

1. 历代字书、韵书对“背”字语音的著录

表 2 显示,(1) 历史上“背”字因词义不同,读音有清(帮母)、浊(並母)之别。清音主要表“脊背、堂北”等名词义,浊音一读主要表由

---

① 孙玉文(2002)《“背”音变构词所反映出的原始词和滋生词音义关系的两种值得注意的现象》一文从音变构词的角度对“背”字音义转化的现象进行了讨论,认为:(1) 一个原始词可以产生表示同一概念的两个不同的滋生词;(2) 原始词本身及其滋生词都可以发展出相同或相近的词义。

② 此上古、中古拟音引自郭锡良《汉字古音手册》(增订本),商务印书馆,2010。

“脊背”义引申出的“背对、背靠”及由“背对、背靠”义进一步引申出的“违背、舍弃；孤负”等动词用法。“背”字读音的清浊差异，前人早有论述。马建忠《马氏文通》“动字辨音五之二”：“‘背’字，去读补妹切，‘补’声促，名字，脊也。又‘堂北’。《诗·卫风·伯兮》：‘言树之背。’又薄昧切，‘薄’声舒，外动字，违也，弃也。《书·太甲》：‘既往背师保之训。’此以声之舒促而用异者。”丁声树(1981：“例言”10)认为像“背”这种因意义不同而有两读的现象，“其实也应该认为不同的‘字’或‘词’”。因此，作为名词“背(bèi)”的孳乳字，动词“背(bēi)”的声母当为清音。《汉语方音字汇》(2003)正是将“背负”义的“背”与“脊背”的“背”在中古的音韵地位同视为“蟹摄合口一等去声队韵帮母”。(2)“背”字的声调分化甚为晚近。从表2可知，唐至明末以来，“背”字主要读去声。① 出版于1626年，由西方传教士所写而用于拼音的汉字字汇《西儒耳目资》，对“背”字时音的记录仍只有去声一读。

表2 历代字书、韵书对“背”字语音的著录

文献	语音[p]	词义	语音[b]	词义
《一切经音义》	杯妹反	脊背	蒲来/贝反	北也、后也；违背、舍弃
《经典释文》	必/布/补内反	脊背，背部	蒲妹/步对反	背对着、违背、背弃
《广韵》	补妹切	脊背	蒲昧切	弃背，又姓
《集韵》	补妹切	脋也	蒲昧切	违也
《大广益会玉篇》	补对切	背脊	步内切	
《增修互注礼部韵略》	补妹切	身北、堂北，又负	蒲妹切	违也、弃也、负也、反面也
《五音集韵》	补妹切	脊背	蒲昧切	弃背；又姓也
《龙龛手镜》	北昧反	脊背也	蒲昧反	弃背也；又姓

① 关于“背”字读为入声的情况，文献中亦有著录。宋吴棫《韵补》：“入声‘五质’韵：‘背’，弃也。《毛诗》：‘既之阴女，反予来赫，民之无极，职凉善背。’”明张自烈《正字通》：“背，邦妹切……又质韵音必。《大雅》‘……职凉善背’，叶克、力。”故清江永《古韵标准》云：“背：蒲昧切。又去入二音。……入声：必墨切。按：背从北故亦有北音。”

续 表

文 献	语音[p]	词 义	语音[b]	词 义
《古今韵会举要》	补妹切	脊也。又身北、堂北;又负也	蒲妹切	违也、弃背、孤负也、反面也
《中原音韵》	齐微韵·去声			
《蒙古字韵》	四支韵·帮母		四支韵·並母	
《洪武正韵》	邦妹切	身北、堂北;又负也	步昧切	反面也
《韵略易通》	西微韵 去声			
《西儒耳目资》	百伪切(poĕi)			
《音韵正讹》	本音贝	背脊也。又呼倍,负也	並母 “背”	悖逆
《字汇》	邦妹切	身北,又姓。又堂北曰背	步昧切	违也,弃也,孤负也,反面也

2. “背”字阴平调的产生

2.1 今人所编辞书对“背”字音义的著录

表3 今人所编辞书对“背”字表背负义用法音义的著录

辞 书	义 项	注音	始 见 书 证
《辞源》(1981)	用背驮负……引申为负担	bēi	未引
《辞海》(1999)	掮在肩背负荷。……引申为负担	bēi	未引
《大字典》(1993)	负荷,用脊背驮	bēi	李商隐《李贺小传》“背一古破锦囊”文
《大词典》(1990—1993)	用脊背驮	bēi	李商隐《李长吉小传》“背一古破锦囊”文
《简明古汉语字典》(1993)	负;负荷	bèi	唐罗邺《雁》“早背胡霜过戍楼”诗
《王力古汉语字典》(2000)	负荷(后起义)	bēi	李商隐《李贺小传》“背一古破锦囊”文

表3除《简明古汉语字典》外，其余辞书均按今音 bēi 对其加以注音。那么，前者的处理方式是否就不对呢？从表2可知，直到明末都未见字书、韵书著录“背”字平声一读。实际口语中“背”是否有平声一读呢？既然今人所编主要辞书都引唐诗(文)为始见书证，且注音 bēi，我们不妨通过唐诗的平仄情况对表背负义的“背”字在唐代的声调加以分析，以期考察“背”字的读音是否随词义发生了同步变化。参见表4：

表4 唐诗中表背负义的“背”字用例的平仄情况

诗　　歌	平　仄	备　注
罗邺《雁》诗(七绝)： 早**背**胡霜过戍楼，又随寒日下汀洲。	仄仄平平仄仄平，平①平仄仄仄平平	此为前两句： “背”为仄声
刘兼《登楼寓望》七律： 凭高多是偶汍澜，红叶何堪照病颜。 万叠云山共远恨，一轩风物送秋寒。 **背**琴鹤客归松径，横笛牛童卧蓼滩。	平平仄仄仄平平，仄仄平平仄仄平。 仄仄平平平仄仄，平平仄仄仄平平。 平平仄仄平平仄，仄仄平平仄仄平。	此为前三联： “背”字可平可仄
杜光庭《山居三首》(一作郑遨诗)五绝： 荷竿寻水钓，**背**局上岩棋。	平平平仄仄，仄仄仄平平	此为前两句： “背”字可平可仄
王建《寄杨十二秘书》七律： 初移古寺正南方，静是浮山远是庄。 人定犹行**背**街鼓，月高还去打僧房。	平平仄仄仄平平，仄仄平平仄仄平。 仄仄平平平仄仄，平平仄仄仄平平。	此为前两联： “背”字可平可仄
《赠胡僧》五律： 瘦形无血色，草屦着行穿。 闲话似持咒，不眠同坐禅。 **背**经来汉地，袒膊过冬天。	平平平仄仄，仄仄仄平平。 仄仄平平仄，平平仄仄平。 平平平仄仄，仄仄仄平平。	此为前三联： “背”字可平可仄
《边思》七律： 汉将边方**背**辘轳，受降城北是单于。	仄仄平平仄仄平，平平仄仄仄平平。	此为前两句： “背”字可平可仄
薛能《赠普恭禅师》七绝： 一日迢迢每一餐，我心难伏我无难。 南檐十月绳床暖，**背**卷真经向日看。	仄仄平平仄仄平，平平仄仄仄平平。 平平仄仄平平仄，仄仄平平仄仄平。	“背”字可平可仄

可见，唐诗中表背负义的“背”字并无平声一读的典型用例。《简明古汉语字典》将“背”字“负荷”义隶属 bèi 音，这是尊重语言事实的

① “平、仄”字加下划线表示此字可平可仄，下同。

处理办法。那么,“背”字阴平一读大致产生于何时呢?

2.2 文献对“背”字阴平调的著录

从目前所见到的材料来看,19 世纪 40 年代(清道光年间)《音韵逢源》记录了“背”字平声(bēi)和去声(buèi)两读。19 世纪 50 年代记录北京话的《语言自迩集》(威妥玛,2002)“音节总表”也记录了“背”字平声与去声两读。不过,这只是我们目前所见文献中的最早情况,至于口语中“背”字阴平调的产生时间应当更早。由《音韵逢源·序》“惜其不列入声,未免缺然。问之则曰:‘五方之音,清浊高下各有不同。当以京师为正(按:下划线系笔者所加)。其入声之字或有作平声读者,或有作上去二声读者,皆分隶于三声之内。’”可知,“背”字阴平一读也自然是京师正音。

3. 现代汉语方言中表背负义的“背”字读音的分化

现代汉语方言中,济南、南昌、宁波、梅县、广州、阳江、厦门、潮州、福州等地,表背负义的“背”仍读去声。可见,“背”字的读音至今仍未完全分化,尤其是吴语、闽语、粤语等南方方言,而北方话中背负义的“背”已基本读为阴平。

要之,汉语中表背负义的“背”字阴平调的分化大致始于北方,且甚为晚近。“背”字音、义分化的情况反映出词义与语音变化的不同步现象,词义的分化往往更早。

第二节 “背”(bēi)对“负”的历时替换①

表示“用脊背驮”义的词,汉语史上主要用“负”和“背(bēi)”②。

---

① 文中表“背负”义的“背”在不致引起歧义的情况下不再标注读音。

② 历史上表达这一概念的词还有馲、擔(简化作“担”)、保、竭、勮等。“馲”,《广韵·歌韵》:“馲负。”清毛奇龄《越语肯綮录》:“以肩负物曰馲。”“馲”音义与“驮”同。“擔”,《说文》作“儋”,云:“何也。”段玉裁注:“儋,俗作擔。……统言之则以肩、以手、以背、以(转下页)

现代汉语吴语、徽语等方言中也说“驮”，粤语、平话说“孭”，温州、潮洲、梅县等南方话中还有一批有音无字的词。“负”和“背”作为表达这一概念的主导词，曾有过历时替换关系。下文拟对二者竞争替换的过程及内在动因加以考察。

“负”是由脊背的“背”孳乳产生的动词，表示“用脊背驮”的意思。“背”(bèi)与“负”也因此成为一对同源词存在于上古与中古汉语中。“负”在上古和中古的读音分别为“bǐwə(並母之部)”与“bǐəu(並母有韵)”①，它与脊背的背读音相近，二者声母並帮旁纽，韵母之职对转。《说文·贝部》：“负，恃也。”这是“负”字的引申用法。“负”在上古就有“用脊背驮”的意思，《诗·大雅·生民》：“恒之穈芑，是任是负。”孔颖达疏：“以任、负异文，负在背，故任为抱。”《释名·释姿容》：“负，背也，置项背也。”又《释车》：“负，在背上之言也。”可见，作为名词“背”(bèi)的滋生词，“负”字的本义为“背负”。

动词“背(bēi)”也是由脊背的背滋生出来的，因而在表“背负”这一义位上与“背(bèi)”构成了一对新的同源词。动词“背(bēi)”产生于近代，“背”字后来又产生了一个增旁字“揹”，如《清平山堂话本·西湖三塔记》：“说罢，宣赞闭了眼，卯奴揹了。”《跻春台·亨集·吃得亏》：“儿的父自去投监卡，娘揹儿进城去看爷。”②不过，“背”在文献中

(接上页)首皆得云儋也。”“擔”表“背负”义，如《三国志·魏志·三少帝纪》：“民王简负擔熙丧。”“负擔熙丧”指“背负着郑熙的尸体”。又三国吴支谦译《菩萨本缘经》：“王擔负溺人，至死不放。”(卷下，T3/67b)(引文据日本《大正新修大藏经》。T 指《大正藏》。标注体例是：斜杠前的数字表示册次，斜杠后的数字表示页码，页码后的英文字母表示栏次。此例表示该书第 3 册，第 67 页，中栏。下文同。)“保”，《说文·人部》：“保，养也。”“养”并不是“保”的本义。“保”的古文字形“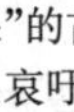”表示一个人把孩子背在背上。《尚书·召诰》：“夫知保抱携持厥妇子，以哀吁天。”句中“保”“抱”并提，故唐兰(1981：58—59)、裘锡圭(1988：145)均认为此“保”字是“负子于背”之义。而《说文》所说的“保养、保护”义则是其引申用法。“竭”，《礼记·礼运》“迭相竭也”郑玄注：“竭，犹负载也。”孔颖达疏：“负为背负。”“劻”，《集韵·仙韵》：“劻，负物也。”

① 文中凡涉及上古、中古拟音除特别说明外，均引自郭锡良《汉字古音手册》增订本(商务印书馆，2010)。

② 此 2 例引自周志锋《大字典论稿》，浙江教育出版社，1998，页 311。

的用例并不多见。后来“揹”废而“背”行。裘锡圭(1988：245)认为这是一种“文字的合并”现象，他指出：“有些分化字在使用了一段或长或短的时间之后，回头并入了自己的母字。……‘揹’并入了‘背’。”

“背(bēi)”由产生到全面替换“负”，大致经历了晚唐五代、两宋、金元几个阶段。

1. “背(bēi)”的产生及其在中晚唐五代时期的基本情况

汉语中表“背负”义的“背”较早见于晚唐五代作品。现列举部分用例：

(1) 人定犹行背街鼓，月高还去打僧房。(王建《寄杨十二秘书》，《全唐诗》卷300)

(2) 南檐十月绳床暖，背卷真经向日看。(薛能《赠普恭禅师》，《全唐诗》卷561)

(3) 背经来汉地，袒膊过冬天。(周贺《赠胡僧》，《全唐诗》卷503)

(4) 如今汉地诸经本，自过流沙远背来。(刘言史《病僧》二首之一，《全唐诗》卷468)

(5) 荷竿寻水钓，背局上岩棋。(郑遨《山居》三首之一，《全唐诗》卷855)

(6) 汉将边方背辘轳①，受降城北是单于。(刘沧《边思》，《全唐诗》卷586)

(7) 野迴鸦随笠，山深虎背囊。(张蠙《送南海僧游蜀》，《全唐诗》卷702)

(8) 背琴鹤客归松径，横笛牛童卧蓼滩。(刘兼《登楼寓望》，《全唐诗》卷766)

(9) 背霜南雁不到处，倚棹北人初听时。(郑谷《越鸟》)，《全唐诗》卷675)

(10) 早背胡霜过戍楼，又随寒日下汀洲。(罗邺《雁》二首之一，

① “辘轳”指“辘轳剑”，一种剑名，剑首以玉作辘轳形为饰，故名。

《全唐诗》卷 654）

(11) 雁背岳阳雨，客行江上春。（马戴《送韩校书江西从事》，《全唐诗》卷 556）

(12) 云栱承跗逦，羽葆[①]背花重。（温庭筠《长安寺》，《全唐诗》卷 577）

(13) 拢云髻，背犀梳，焦红衫映绿罗裾。（李珣《南乡子》，《全唐诗》卷 896）

(14) 祭之已了，角束夫骨，自将背负，□□□□，来（下缺）。（《敦煌变文校注》卷 1“孟姜女变文”）[②]

(15) 背一古破锦囊，遇有所得，即书投囊中。（李商隐《李贺小传》，《全唐文》卷 780）

(16) 又遁而之释，背笈箧，怀笔牍，挟海溯江，独行山水间。（《柳宗元全集》卷 25《送文郁师序》）

同期，在一些较接近口语的唐人小说中也出现了“背”字用例：

(17) 唯用一驴，衣与书悉背在上，不暇乘，但驱而行。（唐包湑《会昌解颐录》“张卓”，出《旧小说》（乙集），《太平广记》卷 52“张卓”条引）

(18) 见有老父乘青驴，四足白，腰背鹿革囊，颜甚悦怿，旨趣非凡。（唐牛僧孺《玄怪录》，《太平广记》卷 83“张佐”条引）

(19) 书生故问，具言前验，今应有人背着，琵琶所以潜隐。（唐皇甫氏《原化记》，《太平广记》第 315 卷“画琵琶”条引）

(20) 其囊橐悉皆差夫背负……至则有一二人背笼而前，将隐入笼内。（五代范资《玉堂闲话》“南州”，出《旧小说》（丙集），

---

① “羽葆”指帝王仪仗中以鸟羽联缀为饰的华盖。《汉书·韩延寿传》：“建幢棨，植羽葆。”师古曰：“羽葆，聚翟尾为之，亦今纛之类也。”《晋书·石季龙载记下》：“因而游猎，乘大辂，羽葆，华盖，建天子旌旗。”

② 文中有关“变文”的统计数据采自《敦煌变文集新书》（因为有电子本可以利用），但文中直接引用“变文”例句者均以《敦煌变文校注》核对一过。

《太平广记》卷483“南州”条引)

综观上引诸例,晚唐五代时期,“背”字的用法呈现出如下特点:

(1)“背”涉及的行为主体与承受对象复杂,“背”字义域较宽。

表5 唐五代与“背”共现的行为主体与承受对象

主体	人	老者、孟姜女、秘书郎、禅师、胡僧、钓翁、人、鹤客、渔师、汉将、染家、贩盐人、小奚奴、夫等。
	物	羽葆、南雁、虎、驴等。
对象	物	笈箧、街鼓、笼、犀梳、镳铲、琴、局、绢、衣与书、花、霜/胡霜、雨/岳阳雨、经/真经/经本、囊橐、囊/锦囊/古破锦囊等。

表5显示,第一,“背”的行为主体主要是人,也有物,包括有生命和无生命之物。当行为主体为物时,“背”的语义侧重点有所不同。如作为有生命的物来说,“驴”(例17)所施行的动作“背”意为“驮负,驮载”;而“虎”(例7)发出的动作“背”可理解为“背负”义,这是隐喻用法。例(12)作为无生命之物的“羽葆”亦能“背负”,典型的隐喻用法,诗句中“承”“背”同义对举。至于例(9)、(10)、(11)中“雁”所涉及的“背霜、背雨”,其中的“背”当为“背负”的引申义“顶着、冒着”,这是说“雁”用身体的主要部位——背部去承受风、霜、雨、雪等自然之物对它的影响,这些对象实际上为不可背之物,故作引申义理解。“背”的这一用法与“负”是一脉相承的,如“眇眇负霜鹤”(南朝宋鲍照《冬至》)、“负雪出深涧”(吕温《赠友人》,《全唐诗》卷370)、“那堪更遣负寒霜”(《敦煌变文校注》卷1“张淮深变文”)。甚至“星”亦可言负,如宋林駉《古今源流至论续集》卷8“禄秩下”:“负星戴月于巡警之役。”第二,“背”的承受对象主要是物,晚唐五代时期还未见承受对象是人的典型用例。物的种类有:器物用具,如笈箧、街鼓、笼、犀梳、镳铲、琴、局、书、经/真经/经本;衣物包裹,如囊/锦囊/古破锦囊、囊橐、绢、衣;自然之物,如霜/胡霜、雨/岳阳雨、花等。其中“背犀梳”(例13)中“背”字又可理解为“戴,顶”,意为将犀梳插戴于头上。

（2）从地域分布来看，“背”的覆盖面较广。

表6 晚唐五代时期使用“背”字的作者籍贯

姓　名	籍　贯	姓　名	籍　贯	姓　名	籍　贯
刘　沧	山　东	郑　邀	河南滑县	薛　能	山西汾阳
刘言史	河北南部	刘　兼	西　安	柳宗元	山西运城
周　贺	河南洛阳	温庭筠	山西祁县	马　戴	山　西
王　建	河南许昌	郑　谷	江西宜春	张　蠙	安徽贵池
李商隐	河南荥阳	牛僧孺	甘肃灵台	罗　邺	江苏苏州

表6列举了公元8至10世纪诗文中使用动词“背”的大部分作者的籍贯。从地域上看，南北方人氏均有，北方作者的覆盖范围更广。这种情况如果用现代汉语方言分区的结果来衡量，其分布似乎有明显的方言差异，其实据游汝杰（2004：137—138）可知，北方话作为一个大方言区的概念到唐宋时代才逐渐明确，而南方方言地理格局在南宋奠定之后才长期稳定。因此，从总体上来说，“背”进入不同地域并无明显的时间差异。这一特点为其快速替换旧词提供了有利条件。

（3）从语法功能上来看，“背”主要作谓语动词，同时还可充当连动短语的一个成分（主要是前项），如“背来”（例4）、“背局上岩棋”（例5）等，充分体现了“背”的谓词性特点。对于由名词“脊背”的“背”滋生的动词来说，“背（bēi）”字谓词性功能的不断增强也是其语法功能不断成熟的重要标志。

（4）从文体种类来看，“背”的分布范围广泛，有唐诗（例1—例12）、五代词（例13）、变文（例14）、唐文（例15、例16）、笔记（例17—例20）等。

要之，“背”始见于中晚唐文献，义域较宽，不仅表“人或动物用脊背驮”义，还涉及某些物体对自然之物的承受、负荷状态，甚或表“顶戴”义。“背”的地域覆盖范围广。

2. 两宋期间，“背”字词义和用法的新发展

到了宋代，动词“背”仍只见于一些较接近口语的作品中，如笔记

(例21—例23)、话本小说(例24)、道教文献(例25)、禅宗语录(例26—例28)以及诗文(例29),用例仍不多见。但较之晚唐五代,宋代“背”字的用法有新的变化。现列举主要用例:

(21) 掌武先选骁锐救急,人背神符一道。(《北梦琐言》卷11“高太尉骈请留蛮宰相事”)按:《太平广记》卷190“南蛮”条引作“人人背神符一道”。

(22) 每遇府中飨军宴客,先呈百戏,王生腰背一船,船中载十二人。(又逸文卷2“王俳优劼”)

(23) 有一装村妇者入场,与村夫相值。各持棒杖,互相击触……其村夫者以杖背村妇出场毕……又有以十余小旗,遍装轮上而背之出马,谓之“旋风旗”。(《东京梦华录》卷7“驾登宝津楼诸军呈百戏”)

(24) 打迭个包儿,交与老王背了,分付二姐看守家中。(《错斩崔宁》,引自《京本通俗小说》)

(25) 建节持幢,负背钟鼓,在吾前后左右。(《云笈七籤》卷25“北极七元紫庭秘诀”)

(26) 问:“如何是上座家风?”师曰:“三脚虾蟆背大象。”(《五灯会元》卷11“镇州谈空和尚”)按:又见卷13“育王弘通禅师”。

(27) 遮畜生一人背一面古镜,摘山僧稻禾。(《景德传灯录》卷16“雪峰义存禅师”,T51/328a)

(28) 苍苍秋痕,青天固可背负。(《宏智禅师广录》卷9,T48/116a)

(29) 樵跻踏云归旧径,渔蓑背雨向前溪。(王安石《次韵平甫村墅春日》,《王荆文公诗笺注》卷三十)

由上引用例可以看出,宋代“背”字无论在词义还是组合搭配上都有对前代用法的继承,如例(23)“又有以十余小旗,遍装轮上而背之出马”,其中的“背”意为“驮载”,例(29)“渔蓑背雨”中“背”的用法已见于晚唐五代。组合搭配上,行为主体同时涉及人和物,动作的承受对象仍以物为主，同时又有了“背神符”（例 21）、“背镜”（例 27）的用法。不过，这一时期新产生的一些用法更值得重视。

（1）“背”字的组合能力有了新的扩展，谓词性功能进一步增强。

前文所引例（19）表明，“背”在唐代就能与当时新产生的动态助词“着”搭配。到了宋代，“背”又能与北宋大量出现的新兴动态助词“了”搭配（例 24），“背着”“背了”均为新成分之间的组合，这是新词独具的活力。同期文献中的“负”不具有这类用法。同时，“背”还与助动词“可”直接组合充当谓语，如“可背负”（例 28），这是“背”作为动词的又一显著标志。

（2）“背”“负”二字连文，出现了新的变化。我们知道，唐以前见于文献的大量“背”“负”连文往往表示“以背负物”之意，“背”充当实施动作行为所凭借的工具，故“背负”是一偏正关系的句法组合。到了唐代，这类组合仍很普遍，不过，此时的“背负”组合出现了可作偏正与并列结构两种理解的情况，即“背”可理解为动词，如柳逢《嘲染家》“背负十柴归”（《全唐诗》卷 870）等，这为“背负”最终成词创造了条件。上引例（28）“青天固可背负”中的“背负”，能与助动词“可”组合作谓语，词义更为概括抽象。发展至此，“背”的动词性用法已更趋成熟，“背”“负”二字也已经过较长时期语法位置上的线性组合，这些条件都为“背负”最终凝合成词创造了条件。不过，由于此时“背”字是否有阴平一读有待考证，故“背负”是否成词仍难确定。

不过，宋代“背”字在用量上仍不及“负”，而且“负”字在其已有的用法中，仍体现出较强的影响力，如“挑囊负钵”（《五灯会元》卷 19“保宁仁勇禅师”）、“负重担轻”（《张协状元》第 8 出，《永乐大典戏文三种》）等组合，“负”与新兴的口语词“挑”以及常用的“担”字互文。当然正如上文所述，“负”的保守性也是很突出的。如南宋儒家语录《朱子语类》中，“负”用作“背负”义虽有 7 例，但均为旧有组合，如“负戴”（2 例）、“负薪”（2 例）、“负芒刺”（1 例）等，或纯系引用，如“子路之负米”（暗引）、“见豕负涂，载鬼一车”（明引）。“负”字的这些局限性无疑会阻碍它的继续发展，从而导致新成分取而代之。宋代二者用例情况见表 7：

表7 宋代“负”“背”表背负义的用例①

	《三朝北盟会编》	《北梦琐言》	《东京梦华录》	《五灯会元》	《朱子语类》	《张协状元》
负	1	4	1	25	7	2
背		2	2	2		

总之,宋代“背”字的用法在前代的基础上获得了重要发展,表现为组合功能进一步增强,动词性用法更趋成熟,语义范围进一步扩展。这无疑为其尽快取代“负”字奠定了良好的基础。

3. 金元时期,“背”对“负”的替换

金元时期,表背负义的“背”在口语中已替换“负”而成为“背负语义场”的主导词。而表示此义的“负”则主要出现在一些旧有组合中,且用例锐减以致已不能与“背”相比。“背”字表现出了更强的组合功能,主要跟诸如“着”“了”等近代产生的新成分组合,口语色彩鲜明。二者使用情况见表8:

表8 金、元时期“负”“背”表背负义的用例②

	董西厢	元代卷	平 话	新校元刊
负	1		1	1
背	1	1③	1	7

“负”“背”之间的文白差异我们还可通过成书于元末的《南村辍耕录》加以比较。其中二者表“背负”义的用例为6∶3。6例“负”的搭

① 《张协状元》出自《永乐大典戏文三种校注》(钱南扬,1979)。下文同。

② 下述文献的全称分别为:“董西厢”指《西厢记诸宫调》;“元代卷”包括《孝经直解》《新编五代史平话》《小孙屠》《鲁斋遗书》《吴文正集》《元典章·刑部》《宣和遗事》以及元代白话碑数种;“平话”指《新刊全相平话三国志》与《新刊全相平话武王伐纣书》两种(《元刊全相平话五种校注》);《新校元刊》指《新校元刊杂剧三十种》。

③ 此例见于《小孙屠》第十四出〔北曲端正好〕。引自《近代汉语语法资料汇编》元代明代卷之《小孙屠》。全书同。

配情况是：褓负(1)、负版(2)、窃负(1)、负母(2)，其中“褓负”“负版”为固有搭配，“窃负”则是典型的旧成分之间的组合，2 例“负母”虽系单用，但同时期其他文献则用“背”，如狄君厚《晋文公火烧介子推》第三折“您孩儿鸦背着母亲行”，又第四折“道他曾巴巴劫劫背着主公，波波碌碌践红尘”。《南村辍耕录》中的 3 例“背”则全系单用，1 例见于卷 4“发宋陵寝”：“林故为杭丐者，背竹箩，手持竹夹，遇物，即以夹投箩中。”另两例见于卷 25“院本名目·诸杂院爨”下的两个院本名目“背箱伊州”“背鼓千字文”中。同样，《西厢记诸宫调》《新刊全相三国志平话》《新校元刊杂剧三十种》中分别出现的 1 例“负”与《南村辍耕录》中“负”字用法一样，或系旧有组合，或为保守的文言用法。综上所述，分布于南、北方文献中(前者如《小孙屠》《南村辍耕录》，后者如《新校元刊杂剧三十种》)的“背”，无论是与新成分的组合能力还是表“背负”义的用例数，都比“负”更具有竞争优势。我们认为，在当时的口语中，“背”已经取代“负”成为“背负语义场”的主导词，这种情况一直持续到现代汉语。现代汉语中基本没有“负”单用表“背负”义的用法。

虽然如此，像“背”“负”这样一对新旧成分，即使到了全面替换阶段，二者用例数的差距仍不十分明显，那么认为新、旧成分替换已经完成是否具有充分的说服力？这也正是本文所思考的一个问题。我们知道，受具体内容的限制，不同基本词在文献中出现的频率是不一样的。从我们对金元时期大量语料的调查情况来看，“背(bēi)”就是用例数不多的典型例子。对于这类情况的处理，汪维辉(2000a：403—404)在提出判断新词替换旧词的三个标准(包括：统计数据、组合关系、典型语料中的用词情况)时强调指出：“统计法也有不足之处，一是假如所研究的词本身出现频率不太高，统计数据往往就说明不了什么问题……在这种情况下，我们仅据统计数据就无法得出合乎实际的结论，必须借助其它方法，如……根据典型语料中新旧词的使用情况来考察等。”从上文我们对新成分“背”字组合情况以及在元代典型口语性语料《新校元刊杂剧三十种》中的情况来看，“背”的语法功能远强于“负”。即使在《南村辍耕录》这类口语性并不十分突出的文献中，“负”也已基本进入构词层面，在表“背负”义上其语法功能已停止发展。为了全面观察二者替换完成后的表现，我们对元末明初文献《水浒全传》中二者表“背负”义的情况进行了调查，“背”与“负”的比例为 83∶10，10 例“负”有 7 例是沿用旧有说法“负荆”，1 例“担囊负笈”系固定组合，1 例“背负”(此例中“负”为构词语素)，另 1 例组合为“将肩来负钱”。可见到了元末明初，“背”也已全面替换“负”，口语中二者的替换理当更早。因此我们认为，至晚到元末，“背”已在口语中全面替换“负”成为“背负语义场”的主导词。

小结：汉语中“以脊背驮”义先后用“背(bèi)”的两个滋生词“负”与“背(bēi)”加以表达。“背”始见于中晚唐时期的口语性文献，地域分布较广。发展至宋代，动词性功能渐趋成熟，组合搭配上表现出新的活力。至迟到元末，“背”已在口语中全面替换“负”而成为“背负语义场”的主导词。

4. “背(bēi)”替换“负”的原因初探

本节旨在对汉语中表达“用脊背驮”这一基本概念的新旧形式更替的原因进行初步分析，以期了解基本词发展演变的一些特点。“负”从上古产生一直到元代以前始终处于“背负语义场”主导词的地位，但终于在元代被晚唐五代兴起的“背”所替代。其中主要的原因恐怕还在于“负”自身表义上存在的不足。

(1)“负”由一个表达基本层次概念的词发展成一个上位词，造成了在表达“以脊背驮”义上缺乏明晰性。

从“负”字的来源看，它是由“背”(脊背)孳乳产生，表示“用脊背驮”义，与“背”构成“工具与动作”的同源关系，本义为“背负”，这是“负”作为语言符号最早获得的含义。然而，“负”作为一个借助肢体而实施动作行为的词，它的词义与肢体自然存在必然联系。“脊背”作为人体的重要受力部位，与腰、肩、颈项、手甚至胸腹等相关部位都存在必然的关联。由于这些客观对象之间本身就缺乏明确的界限，反映在词义上，表达这些部位动作的词语必然也存在词义上的交叉重叠现象。“负”的词义特点充分反映了这一点。随着使用的逐步广泛，其词义覆盖范围不断扩大，涉及除脊背以外的其他部位的动作，可表示“背负”“担荷”“扛运”“顶戴”“抱持”甚至“携带”等多种含义：

① “担荷”义：《法苑珠林》卷 27 引《冥祥记》：“提篮负担，若类田人。”（《钩沉》442[①]）。《广韵·有韵》：“负，担也。”故“负”字较早就与“担”“荷”成了同义词。

② “扛抬”义：《续谈助》卷 4 等引《小说》：“力不能负干戈。”（《钩沉》83，又见《张良书》）王绩《采药》：“腰镰戊己月，负锸庚辛日。”（《全唐诗》卷 37）

③ “顶戴”义：《战国策·楚策四》“负辕不能上”鲍彪注：“负，所戴也。”宋孔平仲《南卒》：“负甲则俯偻，荷戈不能趋。”“负甲”即披戴铠甲。

④ “抱负”义：《左传·桓公六年》：“以太子生之礼举之：接以太牢，卜士负之。”“卜士负之”杨伯峻注：“占卜士人之吉者使抱负此子。”《淮南子·说林》“负子而登墙”高诱注：“负，抱也。”

⑤ “驴、马等牲畜或机械驮载物体”义：《吕氏春秋·应言》：“以绛、窌、安邑令负牛书与秦，犹乃善牛也。”[②]唐慧琳《一切经音义》卷 76：“负驮，驴马负物也。”

⑥ “携带、持拿”义：《论语·乡党》：“凶服者式之。式负版者。”何晏集解引孔安国曰：“负版者，持邦国之图籍。”《史记·孔子世家》：“孔子方负杖逍遥于门。”这类用法中“负”字词义已高度概括，因此，它常常与含义抽象的携、持、载等词连文或共现统表“负荷”义，如《左传·哀公八年》“景伯负载，造于莱门”、唐元结《至慈》“如负如持”（《全唐诗》

---

① 指见于《古小说钩沉》页 442，下文所引《钩沉》用例之后的数字均指页码。

② 《吕氏春秋新校释》引文：陈昌齐曰：“‘负牛’当作‘牛负’。言使牛负书耳。《淮南·道应训》‘王寿负书而行’。”……俞樾曰：“正文注文‘牛’字并当在‘负’字之上，今‘牛负’字倒，义不可通。”奇猷案：“陈、俞说是。”（陈奇猷《吕氏春秋新校释》，上海古籍出版社，2002，页 1228）

卷 240)、陆龟蒙《彼农二章》“以负以载”(《全唐诗》卷 630)等。

由此看来,“负”既可作为表达“以脊背驮”这一概念基本层次上的词使用,又可作为“用身体承载物体”义的上位词使用。尽管汉语中“一个多义词可以既是上位词又是下位词……比如普通话的‘菜’,既可作菜肴的总称(上位词),又可专指蔬菜(下位词)”(汪维辉,2003a),但表义的明晰性对于一个表达人类基本动作的肢体动词来说则显得至关重要。不仅是因为这类词使用得尤为广泛、频繁,具有迫切的交际需要,而且从人类认知的角度来说,不同层次的动作其表义的具体性也是不同的。人类对客观世界分类的结果往往形成一个层级系统,而“人类概念层级中最重要的不是较高层的范畴如‘动物、家具、交通工具’,也不是较低层的如‘波斯猫、扶手椅、敞篷跑车’,而是位置居中的‘猫、椅子、汽车’,由于这个层次的范畴在人类认知中的基本地位,它们被称作基本层次范畴(basic-level categories)。”(张敏,1998: 59)也就是说,人类往往是从具有完形特性的中间层面开始,向更高或更低层面认识世界的。“动作也可以构成上位范畴、基本范畴和下属范畴等级,产生了不同等级的动词,如 move、walk、stride,consume、eat、munch 即是两组三个不同范畴等级上的动词,上位范畴词属概括词,基本范畴词属中性词,下属范畴词往往突出动作的某一具体属性,从而获得更具体的含义。”(赵艳芳,2000: 58)现代汉语中,背、挑、扛、戴等都是与人们日常生活密切相关的具有区别特征的基本层次概念,古汉语中却可用一个“负”字加以统一指称。对于行为动词“负”来说,表“以脊背驮”义时属于基本层次的概念,所以当其作为上位词在缺乏语境提示的情况下,我们往往难以知晓它的确切含义。以下各例就可作不同理解。《吕氏春秋·自知》:“百姓有得钟者,欲负而走,则钟大不可负。”八卷本《搜神记》卷 8:“适见自外者负盐一囊,约百许斤,于是命负盐者送出。”以上例中“负”既可理解为背(脊背)负,也可理解为肩扛。又如《三国志·吴志·陆瑁传》:“加以单步负粮,经远深入,贼地多马,邀截无常。”其中“负”作背(脊背)负、肩担均可。又如《礼记·曲礼下》"某有负薪之忧"孔颖达疏:"负,担也。"而李白《笑歌行》有"扣角行歌背负薪"之说(《全唐诗》卷166)。尽管"负"在表"承载物体"义上基本功能还是表背负义,但由于存在上述各项指称内容,所以其表意方式自然会给人们的交际带来不便,因此表义相对明确的"背(bēi)""挑"等成分取而代之就只是时间早晚的问题。

(2)"负"字词义的快速引申导致了"以脊背驮"义在其整个词义系统中渐居次要地位。如上文所述,由于"负"滋生于"背",而"背"字所含[+背对(靠)着]的语义特征诱发了"负"将朝着"违背;背弃"的方向引申,从而造成了对"负"字本义所处空间的挤占。我们对"负"从上古至元代表背负义的情况进行了初步调查,结果如表9:

表9　上古至近代"负"表"背负"义的情况①

上古		《诗经》	《论语》	《左传》	《国语》	《韩非子》	《吕氏春秋》	百分比
		2/3	2/2	9/14	2/5	6/16	8/10	**58%**
中古		《史记》	《论衡》	《三国志》	《世说新语》	《齐民要术》	《古小说钩沉》	百分比
		21/113	10/62	14/98	4/21	1/6	13/29	**19%**②
近代	唐代	《六祖坛经》	《王梵志诗》	《变文》	《行记》	《祖堂集》	《全唐诗》③	百分比
		0/2	0/5	12/68	1/1	2/38	42/271	**15%**
	宋代	《会编》	《北梦琐言》	《梦华录》	《五灯会元》	《朱子语类》	《张协状元》	百分比
		0/1	4/28	1/1	16/146	3/69	2/17	**9.9%**
	金元	《董西厢》	《元代卷》	《话本》	《平话》	《新校元刊》	《校订元刊》	百分比
		1/1	0/9	0/3	1/24	1/40		**3%**

(/前为表"用脊背驮"义的次数,/后为动词用例数④。上引文献全称同表7、表8)

---

① 表9中,《变文》指《敦煌变文集新书》,《行记》指《入唐求法巡礼行记》,《会编》指《三朝北盟会编》,《梦华录》指《东京梦华录》,《话本》指《勘皮靴单证二郎神》(元)、《闹樊楼多情周胜仙》(元)两篇,《校订元刊》指郑骞《校订元刊杂剧三十种》。其余文献全称同表8。

② 为列表方便起见,两汉的情况不单独分开。

③ 此数据系《全唐诗》1—100卷、401—500卷、801—900卷的统计结果,选取这几部分的目的是,它大体上代表了初中唐以及晚唐五代不同时段的情况。

④ 因动词用法是"负"字的基本语法功能,其他如名词用法少见,故作这样的统计是能反映"负"的实际情况的。

汪维辉(2000a：413)总结了常用词替换的内部原因:“从内部原因来看,词汇系统可能存在着一种自我调节机制,通过词义的分担来不断求得系统内新的平衡。一个词随着使用的频繁往往会引申出许多新的义项,词义负担不断加重,表义的明晰性受到影响,这时就会把某些义项卸给其它词。”具体到每一个词来说,哪些义位将被“卸载掉”？其具体的淘汰过程又如何？我们只有通过对旧有成分的剖析才能清晰地看到被替换义位“衰落”的过程。上表显示,在上古表“用脊背驮”义是“负”的首要功能。到了两汉,“负”字的各种动词用法已基本出现,因此词义出现了一次明显的重新分配,“负”字的本义用法所占比例有了明显下降。整个中古基本保持了这种状况。到了唐代,用例继续减少,从统计结果来看,虽然还有 15％的使用频率,但“负”与其他成分的组合已基本限于固有搭配,从《全唐诗》的情况来看,半数以上是“负薪”“负笈”等几类旧有组合,其使用频率的下降与功能的衰退几乎同时显现出来。有鉴于此,我们可以预测,“负”字在表达这一义位上的时间不可能持续长久。那么,“用脊背驮”这一概念又是怎样得到有效表达的呢？一方面,“驴、马等牲畜用脊背驮”义被新起的“驮”字分担了一部分,而唐以前基本未见用于此义的“驮”;另一方面,新成分“背”的出现也是降低“负”字使用频率的一个原因。另外,在中古的汉译佛经中,“担”还较为活跃地用于表达“用脊背驮”义。到了宋代,“负”字表“用脊背驮”义也主要限于固有搭配,难以与新兴语法成分组合,表明它在这方面的功能继续呈衰落之势。从其不足 10％的使用频率来看,表“背负”义的用法已退居“负”字整个词义系统的次要地位,而其“违背,辜负”“承担,担负”等引申用法却取得了中心地位。也就是说,从历时的过程来看,“负”字的本义用法非但没有随着长期使用有所加强,反而在不断衰退,这一趋势注定了新成分在这一义位上取而代之的必然结局。

另外,“负”字的语音变化与加速其“偏离”本义的进程也有一定关系。从表 9 来看,“负”字在表达“背负”义上从宋代就迅速衰退,到元代几乎彻底从口语中退出，这期间“负”字的语音变化恐怕也是一个因素。据唐作藩(2013)：“负”上古、中古均属并母字，大约从中晚唐起，北方一些方言里轻唇音开始从重唇音中分化出来。这种分化的基本条件是：合口三等韵前变为轻唇，否则仍读重唇。“负”中古虽属“有”韵(“尤”韵上声)为开口字，但后来唇音字转入了虞韵，所以也符合分化的条件，故分化为“奉”母字。后来非、敷、奉合流，统读为[f](这大约是公元十一二世纪，即元代以前的事)，从而与“背”(脊背)在读音上产生分化。同时，唐代新起的“背(bēi)”与“背”(脊背)构成了新的滋生关系，加速了“背”在这一领域迅速占据“负”的主导地位。

综上所述，汉语史上，在“背负语义场”的两个主导词中，旧词“负”由一个表达基本层次概念的词通过词义的引申发展成了上位语义场内的主导词，造成了表义的模糊性；同时众多的引申义位逐步成为其词义系统的中心，而本义则处于无足轻重的地位；加上“负”与“背”(脊背)语音上的分化等多方面的原因，致使其最终被新成分“背(bēi)”所取代。晚唐五代兴起的“背”以稳健的步伐一步步发展成为“背负语义场”中的主导词，并一直持续到现代汉语中。

第三节 “背类词”在现代汉语方言中的共时分布

“背类词”在历史上的用词情况不太复杂，晚唐五代以前主要用“负”，至晚唐五代“背(bēi)”由名词“背(bèi)”滋生出来，至迟到元末明初取代“负”成为“背负语义场”的上位词并沿用至今。其间，“驮”由“牲口负物”义引申进入该语义场。“驮”表背负义集中见于明清文献，且呈现出一定的地域性。现代汉语方言中，“背”作为上位词行用于广大地区。南方方言中，由于词义区分细微及词语来源有别，故用词情况较复杂。

1. 基本情况

表 10 “背类词”在现代汉语方言中的分布①

	哈尔滨	北京	济南	牟平	洛阳	西安	西宁	银川	乌鲁木齐	成都	贵阳	柳州	武汉	徐州	扬州	南京
背	+	+	+	+	+	+	+	+	+	+	+	+	①+	+	①+	+
驮					+		+			+			②+	+	②+	
其他												扛				
	合肥	绩溪	忻州	太原	万荣	长沙	娄底	双峰	南昌	黎川	萍乡	于都	梅县	丹阳	苏州	崇明
背	①+		+	+	+	+	+	+	②+	+	+	+	①+	+	+	+
驮	②+	+							①+							+
其他						[illegible]				ko^{35}	p‘ai^{13} pa^{13}		② pa^{11} 掼②			
	上海	杭州	宁波	金华	温州	建瓯	福州	厦门	潮州	雷州	海口	广州	东莞	阳江	南宁	
背	+	+	+	+	①+			①+	①+							
驮	+	+														
其他		扛			② ga^{24}	①骑 ② mai^{44}	mai^{242}	② iaŋ^{11} p‘ãĩ^{33}	② ia^{35}	ma^{33} huk^{5}	担	孭	孭	孭	孭	

［说明］:(1) 由于词典编纂目的和收词原则所限,哈尔滨、洛阳、西宁、银川、乌鲁木齐、柳州、徐州、南京、忻州、娄底、黎川、上海、杭州、金华、海口、东莞 16 个点未见“背”单用表背负义的用法。但我们根据“背”字组合情况认为,柳州、忻州、娄底、黎川表背负义是要说“背”

① 语料主要来源于李荣主编《现代汉语方言大词典》6 卷本(下文简称《现大》)、北京大学中文系语言学教研室编《汉语方言词汇》第二版(下文简称《方词》)。下文同。

② 张维耿主编《客家话词典》(1995):“‘掼(kuan^{44})’① 背:~书包(背书包)/佢~等包袱出远门(他背着包袱出远门)② 怀孕。”

的。② 另外我们对部分方言点的情况进行了调查，**哈尔滨**（哈尔滨师范大学富金壁先生见告："背负"义哈尔滨说"背"，包括斜挎包裹也说"背"。但单肩背包裹说"挎"。用肩承负物体也可说"驮"。笼统指称肩、背负物，也可说"驮"，如：你怎么把它弄来的？我把它驮来的。）、**银川**（调查属兰银官话区的宁夏灵武人刘鸿雁博士知悉，表"背负"义说"背"。）、**洛阳**（调查洛阳人田艳知悉，洛阳话中现只说"背"，不过《洛阳方言词典》还收了"驮"表背负义的情况，故一并收入。）、**西宁**（青海民族学院纳顺英先生见告，西宁话背负义说"背"，如果所背负的是重物也可说"驮"。《西宁方言词典》收"驮柴娃"的说法。）、**乌鲁木齐**（调查出生并在乌鲁木齐长大的侯风云博士知悉，表背负义说"背"。如果用肩负包等物，"挎""背"都说，可以说"背书包""挎包"。）、**徐州**（调查徐州人赵天为博士知悉，背负义说"背"。而徐州沭阳人李娟博士告知，沭阳话中，"背人"说"驮"，负重物或包等，说 kuai⊃。）、**南京**（调查南京人陈叙博士知悉，表背负义说"背"。）、**上海**（调查上海人沈丹凤硕士知悉，上海人表"以背负人"时多说"驮"，而负重物、负包说"背"。）、**杭州**（调查杭州临安人真大成博士知悉，杭州话中表背负义时，"背""驮"都说。另《杭州方言词典》收有"背纤""背榜""背末梢"等"背"字组合。）、**金华**（托孙宜志教授调查金华人，知悉金华说"背"，不说"驮"。）、**海口**（海南大学方言研究所辛世彪先生见告，海口表背负义的词说"ta[23]"，阴平，其本字就是"担"。）、**东莞**（托陆华博士调查东莞籍学生，知悉东莞市主要说孭，而东莞农村说孭、背。）(2) 有的方言点用词前标注①②者，是根据《方词》中各方言点用词的先后排序加注的，以便于观察各词在方言中的使用频率。以后各章均例此。

大致上说，47 个方言点在用词上呈现出如下特点：

(1) 上位词的使用

第一，"背"作为上位词，行用于南北广大地区。从目前调查的结果来看，有 36 个点说"背"，占调查范围的 76%。其中除徽语、闽语、粤语、平话地区外，其余方言中均要说"背"。闽语所调查的 6 个点中，目前只有厦门、潮州两地说"背"。从词义范围来看，"背"涉及的对象有人、物（包括各类轻重物品及各式用包），行为方式包括徒手及借助筐子、背篓、口袋等其他工具，关涉的肢体部位有脊背、肩膀、手臂等。

第二，其他方言区的上位词。徽语中"驮"（方言词典作"佗"）是背负义的上位词，如歙县话的"佗"，"① 佢佗姆看戏/② 佢佗哩一百

---

① 其中方言词典未收"背"单用表背负义的方言有：**柳州**（但"背"字组合有"背带""背榜＝扛榜""背药罐子"等，故我们认为柳州点应当是说"背"的）、**忻州**（"背"有"背窑：往窑内背砖瓦坯子或往外背烧制成的砖瓦""背榜""背掂：① 走弯路② 浪费""背工：多费工夫""背红板凳：考试名列末名""背黑锅"等组合，"背"在组合中用法灵活，故上表收列"背"）、**娄底**（"背"字组合有"背犁：①（牛）挽犁。② 比喻生活困苦，如牛负重""背黑锅""背榜""背红榜""背冤枉蔸子：① 代人受过。② 遭到诬陷"等，"背"在组合中的用法较为灵活，故我们认为娄底话是说"背"的）、**黎川**（笔者据《江西方言志》中"背新娘"的说法黎川说"背新人"，故认为黎川口语中也应当说"背"）。

斤谷上街”。福州话的“mai^{353}”，用于“背物”，如“这事计感动了玉皇大帝，伊就派两只神仙下凡给这两呇山腧（mai^{242}）去”①；雷州话的“ma^{33}”，如“ma^{33}依团小孩/ma^{33}包袱/前世 ma^{33}汝包袱去”；粤语、平话用词特殊，说“孭”，如南宁“孭细文崽/孭一袋米”、广州“孭仔/孭枪”。

（2）下位词的使用

下位词主要限于所背对象的不同，如“背人”与“背包/枪/篮子”等用词不同。部分方言“背部或颈上负人”用下位词。用“驮”，如扬州“这们大的霞子还要人驮啊”；崇明“外甥驮娘舅外甥背舅舅/驮勒颈骨里(让小孩)骑坐在脖子上”；上海“身浪驮勒一个小人”；南昌“你走不动，我来驮你”等。黎川用“ko^{35}”，如“ko^{35}伢儿去街上猥玩儿”。萍乡用“pa^{13}”，如“把支伢妹仔孩子pa^{13}到背上”；或用“p‘ai^{13}”，如“把伢妹仔 p‘ai^{13}到背上”。以及温州的“ɡa^{24}”、厦门的“iaŋ^{44}”、潮州的“ia^{35}”、建瓯的“mai^{44}”。表“背枪/包/篮子”等的下位词，用“擓（k‘uai^{11}）”，如长沙“② 背；挎：擓书包/擓篮子”。用“p‘ai^{13}”，如萍乡“背；挎：p‘ai^{13}到书包/p‘ai^{13}起个驳壳枪”。用“掼（kuan^{44}）”，如梅县“① 背：掼书包（背书包）/佢掼等包袱出远门（他背着包袱出远门）”。如果动作涉及“肩”部，还有单肩、双肩之别，如雷州的“huk^{5}”表示用一个肩背：伊长常 huk^{5}骹粪箕在巷上抽猪屎他经常背着一只粪箕在小巷里拾猪粪。台湾闽南方言单肩背说“p‘ãi⊇”，双肩背说“āi⊇”。

（3）平行词的使用。

所谓平行词是指两个或多个成员间不具有上下位关系，只是在使用频率、使用者的年龄层次等方面有一定差异。如柳州“背”“驮”义域相当；洛阳“背”与“驮”均可用于负物、负人，但现在年轻人已基本不说“驮”。

---

① 见《福建省志·方言志》“闽东方言：福州话”。

2. 主要来源

现代汉语方言中“背类词”的用词情况虽相对简单，但其成员进入“背负语义场”的途径并不单一。大致有这样几种情况：(1) 源于词汇系统内部的孳乳发展。“背(bēi)”作为该语义场的上位词是由名词“背(bèi)”孳乳分化而来，并早在元末明初就奠定了它在该语义场的主导地位。(2) 来自词义系统内部引申的结果。“驮”表(人)用脊背负物义系由“牲口负物”义经词义引申扩展的结果。词义由“以肩负物”义扩展为“以肩背负物”。长沙的“摙”则由“以肩负物”义扩展为“以肩背负物”。海口的“担”，“担”字本义指用肩负物，词义扩大指以肩、背负物，此类用法由来已久。(3) 源于少数民族词汇的沉积。壮语背负义说“ma，mi，me”、毛南语说“ma”，①因此，闽语建瓯话的“mai44”、福州话的“mai242”、雷州话的“ma33”；粤语广州、阳江话的“孭”；南宁平话的“孭”等与邻近少数民族语言具有密切的关系。袁家骅(2001：179)说：“两广地区早期土著所操的语言属于壮侗语系统。现在粤方言某些与壮语共同的特点，可能是早期壮侗语在粤方言里留下的痕迹。”(4) 来源暂不清楚的，如黎川的“ko35”、建瓯的“骑(kuɛ42)”以及闽南话如厦门的“iaŋ11”、粤东闽语如潮州的“ia35”。另外，赣语如萍乡的“pa13”、客家话如梅县的“pa11”与普通话的“背”也具有同源关系。

3. 词义问题

3.1　“驮”字词义的发展

(1) 历史文献中的“驮”。“驮”字《说文》未收。《说文新附・马部》：“驮，负物也。”《玉篇・马部》：“驮，马负貌。”《集韵・戈韵》：“驮，马负物。”又《个韵》：“驮，畜负物也。”又《泰韵》：“驮，马畜负物也。”可

① 参刘镇发(1998)。

见,“驮”字造字本义为马负物,词的本义即为牲口负物。表人以背负物义,《说文·人部》:“佗,负何也。”“佗”字造字本义当为人以背负物。朱骏声通训定声:“佗,本训谓人负物,故畜产载负亦曰佗。”《玉篇·人部》:“凡以驴马载物谓之负佗。”《六书故·人一》:“佗,背负曰佗。”《汉书·赵充国传》:“以一马自佗负三十日食。”颜师古注:“凡以畜产载物者皆为佗。”在牲口负物义上,《说文·人部》“佗”字条段注及朱骏声通训定声视“驼”“驮”为“佗”之俗字。文献中“驮”字通行,而“佗”表以背负物义罕见。后“驮”由牲口负物义引申为凡以脊背负物之称。人以脊背负物的用法,早见于宋代,如:

(1) 却见一个后生……身穿直缝宽衫,背上驮了一个搭膊,里面却是铜钱。(《错斩崔宁》)

(2) 只是昨夜丈夫回来,吃得半酣,驮了十五贯钱进门。(同上)

到明代中叶,“驮”字此种用法较集中见于具有南方方言背景的文献中。如《西游记》中“驮”表人以脊背负重的用例甚至多于“背(bēi)”,见表11:

表11 《西游记》中“背(bēi)”与“驮”的使用

		背	驮
主 体	人	24	85
	物	0	26
对 象	人	11	95
	物	13	16

明代其他文献中的“驮”字用例:

(3) 背着卢俊义一直望东边行走。不到十数里,早驮不动。(《水浒全传》61回)

(4) 年方五岁……襄敏公分付一个家人王吉,驮在背上。(《二刻

拍案惊奇》卷5)

(5) 天未明亮,因见一人背驮一大囊行走。(又卷39)

(6) 只见沙滩上乱柴二捆,……眼见得这捆柴,是宋郎驮来的。(《警世通言》卷22)

(7) 正是法海禅师,背驮衣钵,手提禅杖,原来真个才到。(又卷28)

(8) 见他老夫老妻自来搀扶,一个小厮与他驮了竹箱。(《醒世恒言》卷10)

(9) 洪大工驮了尸首,大娘将灯照出门去。(《雨窗集·错认尸》,引自《清平山堂话本校注》,页348)

(10) 便将行囊背到他家……姊姊道:"你身子懒得,何不叫外甥驮去。"(《型世言》第23回)

不过,到了清代,表人以脊背负物义的"驮"例并不多见。

(2) 现代汉语方言中"驮"的词义

"驮"字词义继续引申发展,由以背负物义引申为"肩扛""手提/抱"等义。表肩扛义,如建瓯"驮米/驮枷";表"拿,用手或用其他方式抓住、搬动(东西)"义,如杭州"格本书请你驮拨我"、宁波"驮东西/驮来驮去"、金华"我忘记来驮了"等。表搂抱义,如温州"驮娒娒"、绩溪"驮妹"均指抱在胸前。徽语中"驮(佗)"可用于表"扛、背、抱"等多种含义。① 此外,"驮"还进一步引申出更抽象的负债、负荷义。

3.2 "背"字在方言中的词义

综合各地用法,"背"字主要义项有:① (人)用脊背驮。② 用肩挎。③ 用肩扛;上举。④ 用绳子背在肩上拉车、船等。⑤ 提;拎。⑥ 搬。⑦ (动物)用嘴叼东西。⑧ 承受;担负。⑨ 负债。⑩ 指超常量的消耗、浪费。

---

① 参孟庆惠(2005)。

表 12　现代汉语方言中“背”字义项①

地点＼词项	①	②	③	④	⑤	⑥	⑦	⑧	⑨	⑩	地点＼词项	①	②	③	④	⑤	⑥	⑦	⑧	⑨	⑩
哈尔滨	+										丹阳	+	+			+		+			
济南											崇明	+							+	+	
牟平	+										上海										
徐州	+										苏州										
扬州											杭州										
南京											宁波	+	+		+			+	+	+	
武汉											温州			+							
成都	+									+	金华										
贵阳	+										长沙	+							+		
柳州											娄底										
洛阳											南昌										
西安	+							+			萍乡	+					+		+		
西宁											黎川										
银川											于都	+									
乌鲁木齐											梅县										
万荣	+										厦门	+									
太原											雷州					+					
忻州											海口										

[说明] 由于方言词典漏收，有些点无“背”字表背负义的用法，故这些点“背”字义位空缺。

表 12 显示：(1) 总体上看，南方话如湘语、赣语、吴语、闽语等方言中“背”的词义较之北方方言丰富，用法灵活，义域更为宽泛。

---

①　方言词典中宁波点“背”字义项有①、②、⑦。此外，汪维辉先生(宁波人)见告，“背”还有义项④、⑧、⑨，故一并收入。

(2)“背”字词义延伸的途径：近引申义主要通过改变区别性义素，远引申义来自区别性义素与次要义素的同时改变。“背负”义位的义素构成是[＋人][＋用脊背][＋承负][物或人]，其中[＋承负]是类义素，也是中心义素。[＋用脊背]是限定性或区别性义素，其余义素可看作次要义素。引申义位②、③、④的义素构成是[＋人][＋用肩膀][承负][＋物或人]；义位⑤、⑥的义素构成是[＋人][＋用手臂][承负][＋物体]；义位⑦的义素构成是[＋动物][＋用嘴][＋承负][物体]；义位⑧、⑨的义素构成是[＋人][＋思想/精神上/经济上][承负][压力、债务]；义位⑩的义素构成是[＋人或物][＋耗费][物资等]。具体引申途径如下：

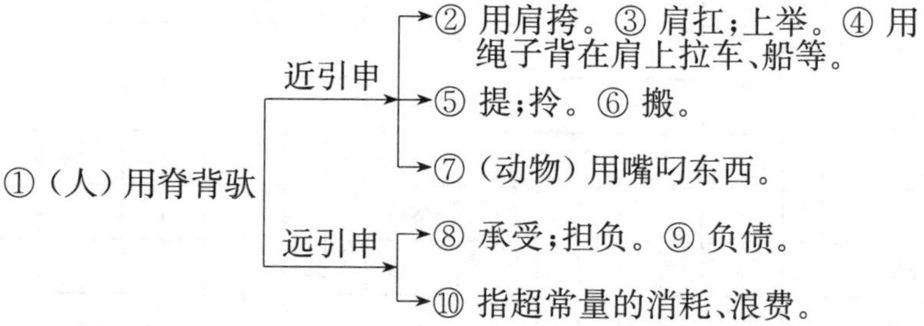

3.3 从现代汉语方言中“背类词”的用法看肢体动词的表意特点

汉语史上，表背负义的主导词“负”由背负义逐渐引申出肩挑、肩扛等引申义，致使表意的明晰性受到影响，最终导致被表义明确的“背”“挑”取而代之。动词“背”的来源决定了它在“背负”义上具有更强的指称性和更典型的表意特点。然而随着长期使用，在以口语为基础的现代汉语方言中，“背”又走上了与当初“负”相同的词义发展道路，引申出“挑”“挎”“搬”等多种用法。可以说，在这些方言中，“背”似可看作肩、背、手等部位表承载义的一个上位词。“驮”也具有相同的用法。类义词“扛”在柳州、杭州等方言中也可用于表背、挑、抱等义。我们该如何看待这种词义演变现象？

人类认知是推动词义演变的重要动力之一。人类对自身肢体部位的认识历来存在指称上的模糊性。“身体各部分的名称是‘意义转移的古典战场’。在各种语言里,这类名称有许多是游移不定的,很容易从身体的一个部分或一个器官转移到另一部分或另一个器官:拉丁语 cox 的意义是‘臂部’,但爱尔兰语里和它对应的 coss 却用来指‘脚’;……法语的 bouche‘嘴’来自拉丁语的 bucca,原是面颊的意思。如此等等。”(房德里耶斯,1992: 227)人类肢体如颈项、脊背、肩膀、手臂之间更是不可截然分开,这就意味着指称这些部位动作的词语之间的区别性义素在边界成员中将被弱化甚至忽略。因此,这些词语的词义之间就具有不可分割性。像汉语中“负”“背”的这种用法,在人类诸多语言中都是存在的:

表 13 关涉肩、背、上肢等部位的动作在不同语言中的指称情况

义 位	汉语	英 语	法 语	德 语	日 语
人用脊背驮	背	carry(提,抱,背,扛)	porte(提,扛,背,抱)	tragen(提,拎,抱,挎,扛,捎,背,挑)	せおう/おんぶする
扁担等两头挂上东西,用肩支起来搬运	挑	carry	porter	tragen	かつぐ(背、挑、扛)
用肩膀承担物体	扛	carry	porter	schultern(扛,背)	かつぐ/になう
① 胳膊弯起来挂住或钩住东西 ② 把东西挂在肩头、脖颈或腰里	挎	carry	porter	tragen	かける(手腕、肩)挎 ぶらさげる(腰挎)
垂手拿着(有提梁、绳套之类的东西)	提	carry	porter	tragen	さげる

上述类义词中,汉语、日语表义倾向于细致而作了基本的区分,像英语、法语等印欧语中基本是以更具抽象特征的词统一指称,这是汉语与印欧语的区别。通过对“背类词”的考察,我们知道,现代汉语

不同方言中也存在词义分类的不同层级，有的方言在表达相关概念时词义区分细微，而有的方言在词义的指称上更具概括性。而且，汉语中随着肢体部位亲疏远近的不同，词义之间的区别也有程度的不同。背、挑、扛、挎的词义更为接近。

普通话中是否会产生类似现代汉语方言中“背类词”的词义演变现象？“背”字词义将朝着怎样的方向发展？我们将进一步关注。不过，可以肯定的是，词语之间区别性义素越明显、越多，词义的基本界限就愈明晰。“背”的来源及“挑”的[＋扁担等两头挂上东西][＋用肩膀][＋支起来]等区别性义素决定了“背”与“挑”的词义区分是明确的。

第三章

“挑(tiāo)”类躯干动词的发展

作为现代汉语普通话中表示“扁担等两头挂上东西，用肩膀支起来搬运”义的基本动词，“挑(tiāo)”是近代才产生的。本章拟首先通过考察“挑”字音义演变情况以探明表肩挑义的“挑”字的来源。在此基础上，我们将重点讨论历史上表达肩挑义这一基本概念的主导成分“荷”“担”“挑”之间的历时更替情况及内在动因。最后简要分析“挑类词”①在现代汉语方言中的共时分布情况，从而进一步考察“挑(tiāo)”字的词义演变特点。

第一节　表肩挑义的“挑”字来源

1. “挑”字音义概说

“挑”字甲、金文不见，《说文·手部》：“挑，挠也。”段注：“下文云‘挠者，扰也’。扰者，烦也。挑者，谓拨动之。《左传》云‘挑战’是也。”按许慎的说解及段玉裁的注释，“挑”字此义当为“用言语或行动去刺激对方以引起某种行动”义。又《说文·手部》：“抉，挑也。”段注：“抉者，有所入以出之也。”“挑”即“挖抉、拨动”。可见，到《说文》时代，此二义当为“挑”字的常用义。从文献用例看，《说文》所释

① 我们把汉语中表示“扁担等两头挂上东西，用肩膀支起来搬运”义的这类词称为“挑类词”。

当为"挑"字在东汉时更为普遍的用法。"挑"的本义为"拨动、挖取"。从唐宋以后字书、韵书著录的情况来看,"挑"字此二义的读音并不相同。"挑"之"用言语或行动去刺激对方以引起某种情绪"义,文献中又偶作"誂"。《说文·言部》:"誂,相呼诱也。"段注:"(誂),后人多用挑字。"《战国策·秦策一》:"楚人有两妻者,人誂其长者。"姚宏注:"《后语》作'挑'。"《广雅·释诂一》"誂,诱也"王念孙疏证:"挑,与誂通。"王力(1997:213)云:"'誂'是'挑'的分别字,别于以手挑拨的'挑'。"不过,分别字"誂"在文献中并不多见,"挑逗、戏弄"义主要作"挑"。下面拟简要介绍历代字书、韵书对"挑"字音义的著录。

1.1 唐宋以来字书、韵书关于"挑"字音义的著录①

表 14 唐宋以来字书、韵书、辞书对"挑"字音义的著录

	挑/拨动	挖出、抉取	杖荷、肩挑	戏弄、呼诱	挑战	支起、悬挂	挑选	挑剔
《经典释文》					徒了切 tiǎo			
《慧琳音义》		体遥反 tiāo						
《宋跋本王韵》	吐雕切 tiāo			徒了切 tiǎo				
《唐韵》	土凋切 tiāo							
《广韵》	吐凋切 tiāo			徒了切 tiǎo	徒了切 tiǎo			
《大广益会玉篇》	他尧切 tiāo				徒了切 tiǎo			

① 下表中"挑"字词义主要就字书、韵书中著录的情况作一大致区分,并未完全按义项排列。

续 表

	挑/拨动	挖出、抉取	杖荷、肩挑	戏弄、呼诱	挑战	支起、悬挂	挑选	挑剔
《集韵》	他雕切 tiāo			徒了切 tiǎo				
《增修互注礼部韵略》	他雕切 tiāo	他雕切 tiāo	他雕切 tiāo	徒了切 tiǎo	徒了切 tiǎo			
《龙龛手镜》	土凋切 tiāo				徒了切 tiǎo			
《古今韵会举要》	他雕切 tiāo	他雕切 tiāo	他雕切 tiāo	徒了切 tiǎo	徒了切 tiǎo			
《洪武正韵》	他雕切 tiāo	他雕切 tiāo	他雕切 tiāo	土了切 tiǎo	土了切 tiǎo			
《正字通》	他雕切 tiāo		他雕切 tiāo	他雕切 tiāo	他雕切 tiāo			
《康熙字典》	他雕切 tiāo	他雕切 tiāo	他雕切 tiāo	土了切 tiǎo	土了切 tiǎo			
《中华大字典》	他雕切 tiāo	他雕切 tiāo	他雕切 tiāo	徒了切 tiǎo	徒了切 tiǎo	他雕切 tiāo	他雕切 tiāo	
《辞源》	徒了切 tiǎo	吐雕切 tiāo	吐雕切 tiāo	徒了切 tiǎo		徒了切 tiǎo	吐雕切 tiāo	
《简明古汉语字典》	tiǎo (旧 tiāo)	tiāo		tiǎo	tiǎo	tiǎo	tiāo	tiāo
《王力古汉语字典》	tiǎo	tiāo	tiāo	tiǎo		tiǎo		
《大字典》	tiǎo	tiǎo	tiāo	tiǎo	tiǎo	tiǎo	tiāo	tiāo
《大词典》	tiǎo	tiǎo	tiāo	tiǎo	tiǎo	tiǎo	tiāo	tiāo

[说明] (1) 上表中有反切的注音是笔者根据反切推出的读音,无反切的直接引用原书的注音。上引“徒了切”推成今音当为 diào,然而包括“二大典”等今人所编纂的辞书均读为“tiǎo”。从上表来看,《洪武正韵》注为“土了反”即“tiǎo”,这是否反映出从《洪武正韵》之后“挑”字“徒了切”一读始读为“土了切”我们不得而知。如果在此之前“徒了切”即读为“tiǎo”,那么这种“浊上未能

变去”的原因又是什么？今人对这种现象有所讨论，李荣（1982）就“窈窕”中“窕”字反切为“徒了切”读为 tiǎo 的原因进行了推测：“大概是误解反切所造成的。‘窕’徒了切，‘徒’字 t-声母，‘了’字-iao 韵上声，t-加上-iǎo，这就成了 tiǎo。”田范芬（2003）据此推断“挑”字的情况与“窕”同。此种看法姑备一说。(2)“二大典”个别注音下加横线表示该音所对应的词义并未在二典中单独列为义项。[①]

表 14 显示，(1)“挑”之“拨动；挖出、抉取”义从《慧琳音义》一直到《正字通》均音 tiāo[②]；而“二大典”注为 tiǎo。《现代汉语词典》第 7 版（以下简称《现汉》）“用细长的东西拨”注为 tiǎo。(2)“杖荷、肩挑”义。严格说来，“杖荷”与“肩挑”义之间仍有差异，前者强调实施动作行为所凭借的外在工具，“荷”既可表肩挑也可表肩扛义。后者重在动作行为实施所涉及的肢体部位，“挑”词义明确。但考虑到二者词义发展上的联系，故列在一起。从目前掌握的情况来看，《增韵》最先著录“挑”的“杖荷”义，这是对唐宋时期“挑”字词义发展情况的真实反映。之后直到明代《正字通》才明确指出“又俗谓肩荷曰挑”，即指明了“挑”表示一种肩部动作，此义读 tiāo，古今一致。(3)“挑战；挑逗（戏弄）”义。从《经典释文》一直到《古今韵会举要》均音“徒了切”，推成今音当为 diào。元代《中原音韵》《蒙古字韵》“挑”亦均有“透母平声”和“定母上声”两读。(4)“支起、悬挂”义。此义唐代已见，然而唐宋以来的字书、韵书对此音义未见著录，今人读为 tiǎo。(5)“挑选”义。此义晚至五代才产生，今音 tiāo。(6)“挑剔”义。几乎晚至清代中叶才出现，今音 tiāo。

总之，“挑”之“拨动；挖出、抉取”义与“挑战；挑逗（戏弄）”义自古就存在读音差异，二者声母清浊、声调平仄均有不同，折合成今音前

---

① 本文只考察“挑”字常用动词用法的音义情况，至于“挑”作形容词、名词或与别的成分构成的联绵词的情况因与本文的讨论关系不大，故暂不加以考虑，如《诗》“挑兮达兮”中的“挑”，《释文》“他羔反（音 tāo）”。毛传：“往来相见貌。”又《庄子·大宗师》：“登天游雾，挠挑无极。”注：“宛转循环貌。”《集韵·萧韵》：“挑，田聊切，挠挑也。”又《荀子·强国》：“其服不挑。”（以上为“挑”的形容词用法）“挑”作名词的情况，如《仪礼·有司彻》“二手执挑匕枋以挹揞注于疏七”注：“挑谓之歃，读如或舂或抌之抌，字或作挑者，秦人语也。”

② 郭锡良《汉字古音手册》“挖取”义正注音“tiāo”。

者为 tiāo,后者为 tiǎo。对以上词义进行初步归并,“挑”字所属义项的古今读音比较如下:

1.2 “挑”字古今音义对比

表 15 “挑”字常见义位的古、今音对照

	① 挖出、抉取、拨动	② 挑战、挑逗/戏弄	③ 悬/支挂	④ 杖荷、肩挑	⑤ 挑选、拣择	⑥ 挑剔
古音	tiāo	tiǎo		tiāo		
今音	tiǎo	tiǎo	tiǎo	tiāo	tiāo	tiāo

据此检测现代有关辞书对“挑”字的注音我们发现,辞书对“挑”字某些义位的注音甚为随意。如“弹奏弦乐器的一种指法”义,《辞海》音 tiāo,而《辞源》音 tiǎo,一循古音,一采今读,意见不一。此义《王力古汉语字典》指出:“这里‘挑’字读平声。”而《简明古汉语字典》则隶于 tiǎo 音下。又如“挖出、抉取”义,《辞源》引《淮南子·人间》“婴儿过之则挑其卵”及《搜神记》卷 14“历时,医为挑治”例,注音 tiāo,而《大字典》同引《淮南子·人间》例,则注为 tiǎo。由上文介绍可知,古代“挑”表具体动作行为的挖出、抉取、拨动义时,读为平声,而表抽象的以言语去刺激对象以使其做出反应义时读为上声。今人则将隶属于义项①、②、③的“挑”均读为 tiǎo。不难发现,义项①、②、③中均隐含[+向上]这一义素。而其余义项④、⑤、⑥则读为 tiāo。

2. “挑”字的词义发展及表肩挑义的“挑”字的来源

历史上“挑”字主要词义之间至今是否存在内在联系?“挑”字诸多义项至今是否还保持着词的同一性?表肩挑义的“挑”字来源又如何?

2.1 “挑”字词义的引申发展

“挑”字主要义项的引申途径如下:

① 挖出、抉取、拨动 →② 挑战、挑逗(戏弄)
→③ 用竿子等东西的一头把物体支挂起来 → ④ 杖荷、肩挑
→⑤ 挑选、拣择
→⑥ 挑剔

以上义项的词义构成及其之间的关系简析如下：

① 挖出、抉取、拨动：[＋用手/尖状/细长工具][＋(先向下)(再向上)用力][＋取出/移动][＋物体]

② 挑战、挑逗(戏弄)：[＋用言语/行动][＋刺激][＋对方][＋引起冲突/情绪等]

③ 悬挂、支举：[＋用竹竿等细长物的一头][＋把物][＋挂/支起]

④ 杖荷、肩挑：[＋扁担等][＋(两头)挂上][＋东西][＋用肩][＋支起来][＋搬运]

⑤ 选择、挑选：[＋从若干人/物中][＋找出][＋适合要求的成员]

⑥ 挑剔：[＋过分严格地][＋在细节上][＋找出][＋毛病]

其中义项①与义项②之间系词义由具体向抽象的转移，二者在凭借的工具、涉及对象、动作行为的结果等方面已经不同。共同的义素是[＋拨动]，义项②同时隐含了义素[＋向上]。义项①与义项③之间也是词义之间的转移，二者所凭借的工具、行为方向基本相同，只是动作行为的方式、目的不同，方式的不同，一为用工具直接作用于物以移动，一为将对象附于工具之上以撑、举。义项③也隐含了义素[＋向上]。义项③与义项④之间既有词义的缩小同时词义又发生了转移。义项④所凭借的工具较义项③更复杂，行为目的也更为复杂。义项①与义项⑤、⑥之间词义也存在具体与抽象之别，由关涉肢体的动作转为了一般的客观行为，不过，二者的结果都是为了使对象从……出来。[①]

---

① 表选择义的“挑”字来源，章炳麟《新方言·释言》引《淮南子·要略》“所以洮汰涤荡至意”高诱注“洮汰，濇也”，指出：“故凡简择皆云洮汰。今人谓简择曰挑，本是洮字，唯洮米作本字耳。”(章太炎，1999)此说恐不可据。

2.2 “挑”字主要义位的归属

所谓义位的归属，就是指以上义位是否保持了词的同一性问题。隶属以上各义位的“挑”字读音及词义的亲疏关系均有所不同，因此今人所编辞书对“挑”字各义位的归属进行了处理。以“古今贯通”著称的“二大典”主要依据“挑”字读音上的差异，将今音 tiǎo 的义项①、②、③归为一词，今音 tiāo 的义项④、⑤、⑥归为一词。《现汉》分词的结果与“二大典”基本相同，同时又进一步将义项④隶属于“挑²”，义项⑤、⑥隶属于“挑¹”。以上划分着眼于词语音、义上的差异，从共时层面来看无可厚非。然而从历时角度看，义项①、③、④三者无论在读音还是词义联系上，都有隶属于一词的充分理由。而且这样归并，更有利于我们追溯表肩挑义的“挑”字的来源。不过，今人大概为了别义，将义项①、③读为上声、而将义项④读为阴平，所以由于语音的分化，几者在归属上也就发生了分化。那么，义项⑤、⑥与义项④又能否隶属于一词呢？正如上文所述，从历时的角度看，几者之间来源相同。从共时的角度看，义项④是一个关涉肢体的基本动词，而义项⑤、⑥已抽象化为一般的客观行为动词，彼此之间的直接联系已不分明，故从分、从合均可。

2.3 表肩挑义的“挑”字来源

概括地说，表肩挑义的“挑”源于“挑”字本义“挖抉、拨动”引申的结果。借助尖状或细长工具直接作用于物，按一定方向用力使物移动，自然可引申为将物附于细长物上用力向上支挂起来，再进一步引申为将挂在条状物上的东西支于肩膀以搬运。蒋绍愚(2005a：272)在讨论“义位的结合关系”时举例说：“现代汉语中说‘一个和尚挑水喝，两个和尚抬水喝’，‘挑’和‘抬’是有区别的。但在唐以前，这两种动作都叫‘担’……后来，‘挑’和‘抬’分成两个义位，但并没有形成新词。因为‘挑’和‘抬’这两个词原来就有，只不过‘挑’原来是‘拨’的意思，‘抬’原来是‘举’的意思。……新产生的义位‘挑’(一人肩扛)和‘抬’(两人肩扛)只是和这两个旧词原有的义位结合在一起，使旧词产生了新义。”我们对表“肩挑”义的“挑”所隶属词语的考察印证了蒋先生的结论。表

“肩挑”义的“挑”与表“拨动”义的“挑”是存在音义联系的。

2.4 “挑”字主要义位的产生及存在时间

为了能全面了解“挑”字以上义位的具体产生及行用时间，现对此作一简要交代。

表 16 “挑”字主要义位的产生

义 位	语义结构	文献用例	存在时间
① 挖出、抉取、拨动	[+用手/尖状/细长工具][+(先向下)(再向上)用力][+取出/移动][+物体]	**挑**鼠穴，探涤器。(《墨子·非儒下》)|大人过之则探鷇，婴儿过之则**挑**其卵。(《淮南子·人间》)|又以箭镞，**挑**出灯炷。(隋阇那山崛多译《佛本行集经》卷59，T3/927c)	战国迄今
② 挑战、挑逗(戏弄)	[+用言语/行动][+刺激][+对方][+引起冲突/情绪等]	请**挑**战，弗许。(《左传·宣公十二年》)|必贿而招之，媒而**挑**之。(《列子·杨朱》)|既还，乃向所**挑**之妇也，夫妻并惭。(刘歆《西京杂记》卷6)	春秋迄今
③ 悬挂、支举	[+用竹竿等细长物的一头][+把物][+挂/支起]	为甚竿头**挑**着定。(黄冠道人《歌》，《全唐诗续补遗》卷11)|见一蛇，以杖**挑**起……以刀芟为两段。(《五灯会元》卷7“玄沙师备禅师”)|游人往往以竹竿**挑挂**终日关扑所得之物而归。(《东京梦华录》卷7)	唐代迄今
④ 杖荷、肩挑	[+扁担等][+(两头)挂上][+东西][+用肩][+支起来][+搬运]	没底篮儿杖头**挑**。(吕岩《步步高》，《全唐五代词》副编卷三)|肩**挑**日月横街去。(契此《偈》，《全唐诗续拾》卷45)|大凡**挑**囊负钵……也须是具行脚眼始得。(《碧岩录》卷7，T48/196c)	唐代迄今
⑤ 挑选、拣择	[+从若干人/物中][+找出][+适合要求的成员]	虑久困于生灵，而选**挑**其死士。(李严《笏记》，《全唐文》卷847)[①]|禁中旧有丝鞋局，专**挑**供御丝鞋。(《老学庵笔记》卷二)|特差他到昭德，挑选精兵一万。(《水浒全传》94回)	五代迄今
⑥ 挑剔	[+过分严格地][+在细节上][+找出][+毛病]	你敢**挑**宝姐姐的短处，就算你是个好的。(《红楼梦》第20回)|教你吃个脑满肠肥，省得你又要**挑**长**挑**短的说话。(《品花宝鉴》第58回)	清代迄今

[说明] 囿于文献，义位①的产生时间较引申义位②要晚。具体语用中，恐不应当如此。

---

① 此例录自五代后蜀何光远《鉴诫录》卷一：“十年对垒，万阵交锋。虑久困于生灵，乃选挑其死士。才过汶水，缚王彦章于马前；旋及夷门，斩朱友贞于楼上。”

第二节 “荷”“担”“挑”的历时替换

汉语中表示“扁担等两头挂上东西,用肩膀支起来搬运”义的系列词——“挑类词”属于基本词汇的范畴。历史上“挑类词”成员的主要差异是方言用词与通语用词的不同。据初步统计,其成员大致有:攍(嬴、摱)①、膂(旅)②、撜(橙)/艂(幐)③、揭(竭、桀、擖、搩)④、

---

① “攍”,《方言》卷七:“儋也。……齐楚陈宋之间曰攍。……南楚或谓之攍。”郭注:“《庄子》曰:‘攍粮而赴之。’”《广雅·释诂三》“攍,担也”王念孙疏证:“《释言》云:‘攍,负也。’《庄子·胠箧篇》:‘嬴粮而趋之’,嬴与攍通。”《庄子·庚桑楚》“南荣趎嬴粮,七日七夜至老子之所”成玄英疏:“嬴,裹也,担也。”《荀子·议兵》“嬴三日之粮,日中而趋百里”杨倞注:“嬴,负担也。”《汉书·刑法志》“冠冑带剑,嬴三日之粮”师古曰:“嬴,谓担负也,音盈。”《类篇·手部》:“攍……或从盈。”“攍”“嬴/羸”“摱”并音 yíng,在表“肩挑”义上“嬴/羸”与“攍”系古今字,“攍”与“摱”为异体字。

② “膂”,《方言》卷七:“儋也。”郭注:“担者用膂力,因名云。”膂字,古通作旅,《尚书·秦誓》“旅力既愆”、《诗·小雅·北山》“旅力方刚”并以“旅”为“膂”。《广雅·释诂三》“旅,担也”王念孙疏证:“旅,各本讹作挔,……《广韵》:‘旅俗作㧼。’㧼与挔字形相近。……挔字明是俗旅字之讹。”“膂”,音 lǚ。

③ “撜”,《广雅·释诂三》:“担也。”“艂”,《方言》卷七“儋也”。郭璞注:“今江东呼儋两头有物为艂。”“艂”,王念孙疏证引《方言》作“幐”,云:“今江东呼儋两头有物为幐。《后汉书·儒林传》云:‘制为幐囊。’撜、幐、縢并通。”钱绎笺疏:“艂、撜、縢、滕、幐,字异声义并同。”“橙”,《集韵·隥韵》:“负担也。或从手。”“撜”“艂”“橙”今音 dèng,“幐”“縢”“滕”今音 téng。

④ “揭”,《说文·手部》“高举也”。由此引申为扛、担等义。《广雅·释诂三》“揭,担也”王念孙疏证:“揭者,《说文》:‘竭,负举也。’《礼运》‘五行之动,迭相竭也’郑注云:‘竭犹负戴也。’成二年《左传》‘桀石以投人’杜预注云:‘桀,担也。’《庄子·胠箧篇》‘负匮揭箧担囊而趋’《释文》引《三仓》云:‘揭,举也。担也。负也。’揭、竭、桀并通。《众经音义》卷三引《广雅》:‘何、揭,担也。’今本脱揭字。”《庄子·达生》:“昭昭乎若揭日月而行也。”成玄英疏:“犹如担揭日月而行于世也。”又《天道》“又何偈偈乎揭仁义”成疏:“揭,担负也。”慧琳《一切经音义》卷三“担揭”条注:“《说文》作‘竭’,同。其谒反,负举也。《左传》‘竭石以投人’注云:‘竭,担也。’”今按:“竭”“揭”音近义通,当为同源关系。《说文·豕部》:“豖,彘也。竭其尾,故谓之豕。”王筠《说文句读》“竭”字下云:“按豕尾小,负于背上而翘然以举。”可见,竭为负举,揭为高举。《广雅·释诂一》“揭,举也”王念孙疏证:“竭与揭通,凡物之上举者谓之揭。……举物谓之揭,负物亦谓之揭。”“揭”表“负举、担负”义上古共 9 例,但正如上引“揭箧”“揭日月”“揭仁义”“桀石”等例,“揭(桀)”所含[+上举]的词义特征突出,或“持举”或“标举”,故表“肩负”义只是更为抽象的引申用法。“擖”,《广韵·月韵》其谒切:“担擖物也,本亦作揭。”《集韵·月韵》其谒切:“担也。”现代汉语金华方言中“肩挑”义多说“擖”,也说“担 ta^{33}”。(《现代汉语方言大词典》页 5851。下文简称《现大》)“搩”,《类篇·手部》:“担也。”《集韵·薛韵》:“擖,担也。亦从桀。”“擖”“搩”今音 jié,二者在表“肩挑”义上为异体字。

摃[①]、摙(辇)[②]、荷(何、贺、抲、抲)、负、担(儋、檐、檐)、肩、挑等数十个。其中各成员使用的范围、时间及其在“担挑语义场”中的地位并不一致。有的如“攍(嬴)”“膂(旅)”等主要为古代的方言成分,后世已废弃不用;有的如“揭”“负”等只是表引申义时为“担挑语义场”的成员,所以很快失去竞争力而退出使用。从古到今,汉语“挑类词”的主导成员几经更替,上古主要用“荷”,西汉至明代以前“担”一直处于核心地位,明初以迄现代汉语普通话中“挑”又占据主导地位。本节拟对几者的竞争更替过程加以考察。

为行文方便起见,下文将按上古、中古、近代三个时间段进行讨论。

1. 上古“荷(何)”与“担”的产生[③]

西汉以前的上古汉语里,表达“肩挑”义的成员有嬴(攍)、揭、负、担(儋)、荷(何)几个。“嬴”见于战国中晚期文献《庄子》《荀子》[④],用法单调,仅见“嬴粮/嬴三日之粮”的固定搭配。据《方言》卷七“齐楚陈宋之间曰攍”,可知到了西汉“嬴(攍)”使用范围向南向北均有所扩展。东汉文献如《汉书》虽仍偶见使用,但仅为“嬴粮”之类的旧有组合,功能上没有什么发展,故下文不赘。“揭”之“担负”义当由其本义“高举”引申而来,上古以至中古都见少量用例,但用法单一,往往不

① “摃”,《集韵·讲韵》“扛”字条:“山东谓檐荷曰摃。或作扛。虎项切。”《类篇·手部》:“扛,又虎项切,山东谓荷担曰扛。”清樊腾凤《五方元音》:“摃,担荷也,俗作夯。”“摃”即肩担之义。《大字典》依《集韵》“摃、扛”异体,注音 kánɡ。

② “摙”,慧琳《一切经音义》卷 64“负摙”注引《淮南子》:“摙,载也。……《玉篇》或作辇,亦通。”又卷 79“负摙”注引许慎注《淮南子》:“摙,担也。”玄应《一切经音义》卷 11“负摙”注:“摙,今皆作辇也。”《淮南子·人间》:“再鼓,负辇粟而至。”高诱注:“辇,担也。”《南史·何远传》:“盛夏,远患水温,每以钱买人井寒水。不取钱者,则摙水还之,其它事率多如此。”“摙”,《广韵·狝韵》“担运物也”。

③ 上古表“肩挑”义的成员有嬴(攍)、揭、负、担(儋)、荷(何)几个。除“担”“荷”外,其余四者用例少见,而且它们在表“肩挑”义上也未能获得进一步发展,故下文不详细讨论。

④ 庄子名周,宋之蒙(今河南商丘县东北)人。宋在战国时属魏,魏都大梁,因又称梁。荀子系战国后期赵(今山西北部、河北西部和南部一带)人。

能单独使用。“负”字在上古未见表“肩挑”义的典型用例。《说文·贝部》“恃也”，这是它的引申用法。“负”由脊背的背孳乳产生，表示“用脊背驮”的意思。“负”字由本义又可引申为“肩担，担负”义。《广韵·有韵》：“担也，荷也。”《集韵·有韵》：“负，一曰荷也。”上古“负”字主要表“背负”义。偶见“背负”“肩挑”义两可的用例，如《礼记·曲礼上》：“夫礼者，自卑而尊人，虽负贩者，必有尊也。”“负贩”理解为“背(担)货贩卖”均可。不过，根据“负”在上古的词义特点及在文献中的出现频率，此例我们不作“肩挑”义理解。另外《左传·庄公二十二年》“而免于罪戾，弛于负担”例中，“负”可以理解为“担负、承担”，但这是比喻用法。《释文》：“担，丁暂反。”下面简要分析“荷(何)”“担”在上古的情况。

1.1 荷

“荷”字本指芙蕖叶，《说文·艹部》：“荷，芙蕖叶。”“荷”表“担负”义系“儋何”之“何”的假借。“何”字古文字形有、、等，象人“肩荷一物”①。《说文·人部》：“何，儋也。”段玉裁注：“何俗作荷，犹佗之俗作驼、儋之俗作擔也。……凡经典作荷者皆后人所窜改。”《广韵·哿韵》“何，胡可切”，音 hè。清朱珔《说文假借义证》：“古担负字作‘何’，今作‘荷’，读上声。……‘荷’为‘何’之假借。”经传或作“何”，或作“荷”。“儋何”之“何”又作“抲”“抲”。《集韵·哿韵》：“荷，《博雅》：‘儋也。’或作抲，亦省。”“抲”，《广韵·歌韵》：“担抲，俗。”《方言》作“贺”，卷七：“贺，儋也。自关而西陇冀以往谓之贺，凡以驴马駞驼载物者，谓之负佗，亦谓之贺。”“贺”与“何”通，亦通作“荷”，三者音义同。总之，“何”为正字，“荷”为“何”之假借字。“抲”“抲”为“何”之俗字。“贺”为“何”之方言用字。

从目前掌握的材料来看，“荷”在文献中较早见于《易·噬嗑》：

---

① 裘锡圭(2013)：“‘何’的表意初文象人肩荷一物，后来荷物人形简化为一般的‘人’旁，象所荷之物的形符‘’改成形近的‘可’，就成为从‘人’‘可’声的形声字了。”

“上九，何校灭耳，凶。”[①]孔颖达疏：“何谓担何。……何担枷械灭没于耳。”《释文》引王肃注云：“何，担也。”“何校灭耳”即肩项荷戴刑具，遭受伤灭耳朵的刑法。“何”即“荷戴”。

上古文献中“荷(何)”表“肩挑”义的用例仅2见：

(1) 子产曰：“古人有言曰：‘其父析薪，其子弗克负荷。’”(《左传·昭公七年》)杜预注：“荷，担也。”按：此“负”“荷”连文，即背负肩挑之义。

(2) 何鼓谓之牵牛。(《尔雅·释天》)[②]

上古单用的“荷(何)”字往往表“用肩项荷戴或扛举”之义，如“彼候人兮，何戈与祋”(《诗·曹风·候人》)、“何蓑何笠，或负其糇”(《诗·小雅·无羊》)，《传》皆云：“何，揭也。”段玉裁曰：“揭者，举也。戈、祋手举之，蓑、笠身举之，皆担义之引申也。”[③]又《论语·宪问》：“有荷蒉而过孔氏之门者。”疏：“荷，担揭也。”朱熹集注：“荷，担也。”今按：“荷”即肩扛。《左传·昭公二十一年》：“厨人濮以裳裹首，而荷以走。”《墨子·公孟》：“应孰辞而称议，是犹荷辕而击蛾也。”按：“荷

① 有学者考证，《周易》“八卦的出现和六十四卦的创成，当在西周以前的颇为远古的年代……《周易》经传的创作经历了远古时代至春秋战国之间的漫长过程，是‘人更多手，时历多世’的集体撰成的作品。”(参黄寿祺、张善文，2001。)

② 此例有异文。宋监本《尔雅》郭注作“河鼓谓之牵牛”(参周祖谟，2004)，《尔雅注疏》本作“何鼓谓之牵牛”。邢疏：“李巡云：‘何鼓、牵牛皆二十八宿名也。’孙炎曰：‘何鼓之旗，十二星，在牵牛北也。或名为何鼓，亦名牵牛。’如此文则牵牛、何鼓一星也。……案《汉书·天文志》：‘牵牛为牺牲，其北河鼓。……’亦以牵牛、河鼓为二星。郭云：‘今荆楚人呼牵牛星为檐鼓。檐者，荷也。’顺经为说，以时验而言也。”“何”，阮校：“单疏本、雪窗本、注疏本同。《石经考文提要》引至善堂九经本亦作何。惠栋云：‘何，石经补字改作河。’按：唐石经元刻作‘何’，后刮磨作‘河’。《释文》：‘何，郭胡可反。’……注以‘何’为‘荷’，训作‘檐’，是郭本不作‘河’。考《史记》、《汉书》作‘河鼓’，《诗》正义引李巡、孙炎注同。盖《尔雅》本作‘河’，郭氏私定为‘何’，唐石经用郭注本。改为‘河’，则非。”(《十三经注疏》，中华书局影印，1980，页2609、2613)郝懿行《义疏》：“今南方农语犹呼此星为扁担，盖因何鼓之星，中丰而两头锐下，有担何之象，故因名焉。自《史记》误以何鼓、牵牛为二星，释《尔雅》者因之而误也。”(《尔雅义疏》，上海古籍出版社，1983，页778)我们认为“何鼓”之星当因其形制得名，郭注、郝疏可采。

③ 《说文·人部》“何”字条，段注。

辕”即肩项负荷着驾车木。“荷”还表示更为抽象的“持拿”义，如《墨子·明鬼下》：“庄子仪荷朱杖而击之，殪之车上。”《吕氏春秋·异用》：“孔子荷杖而问之曰：‘子之公不有恙乎？’”“荷”之“担荷”义又引申为“负担，承受”，如《诗·商颂·玄鸟》“百禄是何”，又《长发》“何天之休”“何天之龙”，《传》：“何，任也。”《笺》云：“谓担负。”可见，“荷”在上古的词义范围甚宽，包括肩挑(扛)、项负、手持及其引申义“担负”等。同时从上引诸例来看，上古“荷(何)”大致出自具有河洛、齐鲁一带方言背景的文献。

1.2　担

表“担负”义的“担”由“擔”简化而来。“担”，《广雅·释诂三》：“击也。”王念孙疏证：“担者，《说文》‘笪，笞也。’……笪，与‘担’同。”《广韵·旱韵》：“笞也，多旱切。”今音 dǎn。“担”还可用为表“负举”义的“揭”，《集韵·薛韵》：“揭，举也，或作担，丘杰切。”今音 jiē。可见“担”字古代与“以肩担负”义无关，古代此义用“儋(擔)”。后“担”亦可用同“擔”，清翟灏《通俗编·杂字》：“担，俗以此为‘擔负’之‘擔’。”“擔”后来简化为“担”，于是“擔负”之“擔”与“击打、负举”义的“担”同形，二者归并为“担”。[①] 因此，本书表“擔负”义的“擔”写作“担”。“担”字较早见于《国语》，《齐语》载：“负、任、担、荷，……以周四方。”韦昭注：“背曰负，肩曰担。任，抱也。何，揭也。”上古汉语中“担”字主要表宽泛的“以肩任物”义，与“以背任物”的“负”相对待而言。凡

---

① “擔”之初文为“儋”，《说文·人部》：“儋，何也。”徐锴系传：“儋，此即儋何字。”段玉裁注：“儋，俗作擔，统言之则以肩、以手、以背、以首皆得云儋也。”“儋”之初文杨树达认为当为冘，他认为此字的甲骨文字形象人荷擔以手持擔木之形。(《积微居小学述林》卷五《文字初义不属初形属后起字考》“二十冘儋”)。我们尚未能找到独体“冘”字的甲骨文字形，不过可从“冘”作为部件构成的合体字的甲骨文字形中窥知大概，如“沓”字之甲骨文字形为“”，从字的上端基本能看出“象人荷擔以手持擔木之形”。杨说有理。“擔”，《广韵·谈韵》都甘切：“擔负曰擔。”今音 dān。又《阚韵》“都滥切”，音 dàn，谓所负也。《左传》“弛于负擔”。《集韵·谈韵》：“儋、擔，都甘切，《说文》：‘何也。’或从手。”又《阚韵》：“擔、檐、甔，都滥切，负也，或从木，亦作甔。”《广雅·释诂一》：“檐，举也。”王念孙疏证：“儋、擔、檐并通。”另“穛”，同“擔”。《字汇补·禾部》：“穛，音义与擔同。”

借助肩部的动作如扛、挑等均可用"担",义域宽于今之"挑"字。上古所见用例:

(3) 负书担橐,形容枯槁。(《战国策·秦策一》)

(4) 负书担橐,触尘埃,蒙霜露。(又《赵策一》)

(5) 将为胠箧、探囊、发匮之盗而为守备……然而巨盗至,则负匮揭箧担囊而趋。(《庄子·胠箧》)

上引《国语·齐语》例"负、任、担、荷"并举,韦注指明了各动作涉及的肢体部位"背负、肩担、怀抱、手举(提)"。其中"肩担"包括涉及肩部的挑、扛等动作。至于"担橐"之"担"的方式当为"扛"即搭在肩上。据黄金贵(2001:175)考证,古之橐分"有底""无底"二制。"无底橐"系"一张皮革等袋料,置物而席卷之,两端一扎,即成。它难于一人提、背或两人扛,故不便携带,与囊一样也只宜车载、贮置"。而"有底橐"是"两端封底,中间开口,两头盛物,若此,小者正便于折其中而肩担,大者也便于车载、徙运"。黄文还介绍了"旧时上海南汇乡间整月离家外出求施舍之贫乞者,其肩上即甩搭'舍[suo]麻袋'(乞舍之袋),袋用粗麻布缝合,狭长形,中开口,物纳两头,凡食器、随行杂物衣服悉皆实内,甚便携带"这一古之"有底橐"之遗制,指出"凡类于两头全封闭、中间开口之器物,古人亦或名橐,如橐驼、冶铁鼓"。可见上引《战国策》例的"担"即为"甩搭于肩"之义。从例(5)的上下文看,"囊"可泛指各种袋子,"担囊"之"担"理解为"扛(搭)于肩"当更切合实际。① 由此看来,上古"担"还未见表肩挑义的典型用例。上古几例"担"主要见于具有河洛、齐鲁、秦晋一带方言背景的文献。

综上所述,上古"挑类词"的主要成员是"荷(何)","荷"较早见于

① 一些权威的语文辞书在处理上古"担"义的问题上存在差异,同是引《国语·齐语》"负、任、担、荷"例,《大字典》释为"肩扛;肩挑",而《大词典》释为"肩挑"。同引《战国策·秦策一》"负书担橐"例,《王力古汉语字典》释为"用肩挑",王延栋《战国策词典》亦释为"肩挑",而张永言等编《简明古汉语字典》释为"扛或挑在肩上"。从我们考察的情况看,上古汉语的"担"例主要表"扛搭于肩"义。

《易》,但它较多用于“肩扛”义,主要见于具有河洛、齐鲁一带方言背景的文献。其次是“担”,“担”产生于战国中后期,本义为“肩负”,基本行用于今之山西、山东一带。“负”表“担负”由本义“背负”引申而来。除此之外,具有方言特点的“赢”以及由“负举”义引申而来的“揭”也有“肩挑”义并见诸上古文献。

2. 中古“担”对“荷”的替换

到了中古,表担挑义的成员主要是“担”与“荷”。另外,上古主要表背负义的“负”到两汉也引申出了“肩挑”义。如:

(6) 肩荷负儋之勤也,而作为之揉轮建舆,驾马服牛,民以致远而不劳。(《淮南子·泛论》)①

(7) 民跖耒而耕,负檐而行,劳罢而寡功。(《盐铁论·未通》)②

(8) 乘车者,君子之位也;负担者,小人之事也。(董仲舒《元光元年举贤良对策》,《全汉文》卷23)按:“乘车”“负担”结构一致,同为动宾关系。

“负”表“肩挑”义的基本标志就是其后紧接名词“担(dàn)”。不过,在缺乏语境提示的情况下,“负”字是否表“肩挑”义往往难以判定,如《淮南子·精神》:“今夫繇者,揭钁臿,负笼土,盐汗交流,喘息薄喉。”“负”理解为“背负”“肩担”均可。又如《盐铁论·取下》:“乘坚驱良、列骑成行者,不知负檐步行者之劳也。”“负檐”既可为“背负肩挑”,又可作“肩挑重担”理解。从总的使用情况看,表肩挑义的“负”字用例仍不多见,故下文主要讨论“荷”“担”在中古的基本情况。

---

① 王念孙案:“‘肩负儋之勤’,道藏本、刘本及诸本并同,《汉魏丛书》本于‘负儋’上加‘荷’字而庄本从之,斯为谬矣。”(《读书杂志·淮南内篇》第十三“乃为靻蹻而超千里肩负担之勤也”条,江苏古籍出版社,2000)不过,“荷、负、担”三者连文的现象又可见于汉明帝时人严忌《楚辞·哀时命》“负担荷以丈尺兮”。此例肩部动作“荷负儋”同义连文,“负”表“肩挑”义。

② 王利器校注引《淮南子·主术篇》“一人跖耒而耕”高诱注:“跖,蹈。”“跖耒”为动宾关系,“负担”结构关系同。

2.1　两汉"担"与"荷"的功能及地域差异

上古尚未见"担"字表"肩挑"义的典型用例，到了西汉，"担"的这类用法已出现。

(9) 当为妇女求脂泽。贩于小市，归都担枲，转出旁蹉。（王褒《僮约》，《全汉文》卷42）①按："担枲"即担麻。

(10) 牵犬贩鹅，武都买茶，杨氏担荷，往市聚，慎护奸偷。（同上）②

(11) 蜀王发卒之武都担土，于成都郭中葬之。（扬雄《蜀王本纪》，《全汉文》卷53）

(12) 常艾薪樵，卖以给食，担束薪，行且诵书。（《汉书·朱买臣传》）

"担"也有与"负"等连文表"肩挑"义的，如：

(13) 当是时，汉通西南夷道，作者数万人，千里负担馈粮。（《史记·平准书》）③

(14) 民闻当免，皆恐失之，大家牛车，小家担负，输租襁属不绝。（《汉书·儿宽传》）

(15) 负担荷以丈尺兮。（《楚辞·哀时命》）④

---

① 王云路、方一新(1992)指出："书面语与口语分离的痕迹，早在西汉的一些典籍中就已经见其端倪。像王褒的《僮约》……就有'倩'……等俚俗化的词语，为同时代的正统作品所罕见，透露出西汉口语的一些信息。"从我们调查的情况看，汉语中表达"肩挑"这一基本概念的"担"字在《僮约》中已运用自由，这在同期文献中罕见，反映出《僮约》较高的口语性，可见基本词的研究也是判定语料价值高低的有效标准。

② 汪维辉(2005b)指出："《初》《古》作'杨氏池中担荷'，《御》五九八作'杨氏池中掘荷'。章樵及《御》五九八注皆以'杨氏'为姓杨之人，'荷'为荷花；梁刘孝威《谢东宫赉藕启》：'根出杨池，闻之《僮约》。'理解亦同。范文澜云：'杨氏，池名。'恐均不可从。此句不当有'池中'二字，不然句式就不整齐了。'杨氏'当是地名。""担荷"为动宾结构，即"挑荷"，"荷"指包括"藕"在内的整个"荷"。

③ 《汉书·食货志下》作："时又通西南夷道，作者数万人，千里负担馈饟。"文字稍异。

④ 王逸注："背曰负，荷曰檐。言己居于哀乱之世，常低头俛视，若以背肩负檐，丈尺而步，不敢伸要仰首，以远罪过也。檐，一作担。"洪兴祖补注："檐、担并都滥切，负也。担，又都甘切。《释名》曰：'任也，任力所胜也。'"朱熹集注："担，都监反；一作檐。……肩曰担。"

与“担”的发展情况相反,表“肩挑”义的“荷”到了两汉基本不能自由运用,往往与“负”连文或对举,其及物性已降低。同时,也反映出“荷”词义上的进一步抽象和虚化①。两汉时期能独立运用的“荷”往往表肩扛义,如“荷戟”“荷斧斤”“荷兵”“荷戈”“荷杖”等。“荷”作为上古“负荷语义场”②的上位词,词义宽泛。到了两汉词义进一步抽象,可表“荷戴”“持拿”“承担、负荷”以及“享有”等义。

2.2 两汉“担”“荷”在“担挑语义场”中地位的升降

“荷”作为上古“负荷语义场”的上位词,可独立表“肩挑”义。到了西汉,书面语中的“荷”主要表“肩扛”义,而“担”在表肩挑义上却以全新的面孔见诸文献。口语中的“荷”已退居为方言成分,《方言》卷七:“贺,儋也。……自关而西陇冀以往谓之贺。”而且从郭璞注“今江东语亦然”继续追踪“荷”字发展的轨迹:到西晋末已退缩为江东之人的口语。而西汉时期的“(儋)担”已成为扬雄训释方俗之语的通语,从上引《僮约》及扬雄杂文例可知,“担”已成为蜀地人的口头之语。可见,西汉时期“担”已流行于京城以外的广大地区。据此我们推测,“担(儋)”在口语中取代“荷”不会晚于西汉。从《尔雅·释天》“何鼓谓之牵牛”条“郭注”知悉,到西晋末,“担”的行用范围继续向南扩散,在荆楚人的口中“担鼓”已替代了战国时的“何鼓”。可见,“荷”在口语中早已失去与“担”的竞争力。由于材料太少,我们也只能对“荷”“担”行用范围的变化作有限的推测。不过,结合“荷”在现代汉语方言中的分布情况来看,“荷”由上古行用于北方至中古不断向南退缩,这一大致趋势应该是较为接近事实的。“荷”在现代汉语方言中残留的痕迹仅见于梅县、于都等客家话的个别方言中,字作“孩”(见《现大》)。

---

① 吕叔湘(2014)指出:“两个意义很具体的词,合成联合式复词以后,往往含有比较抽象的意义。”

② 我们把表示“背负”“肩挑”等义的词组成的语义场叫作“负荷语义场”,它包括“背负语义场”“担挑语义场”等子语义场。

值得一提的是，单看某个词的个别孤例，似难断定其词义，但我们结合方言及词义发展的时代性，基本能做出接近事实的判断。

2.3 三国至隋"担"对"荷"的全面替换

这期间，无论是口语化程度相对较高的中土文献还是汉译佛经，基本不见表"肩挑"义的"荷"，三国魏晋南北朝时期"担挑语义场"中"担"已"一统天下"。参见表 17：

表 17 三国魏晋南北朝时期"荷""担"的使用情况[①]

	中土文献				汉译佛经								
	《三》	《世》	《古》	总计	《旧》	《大》	《普》	《中》	《妙》	《出》	《杂》	《百》	总计
荷	0/20	0/1	0/1	**0**/22		0/1			2/2	0/4	0/2		**2**/9
担	6/10	1/2	15/27	**22**/39	2/2	1/2	2/3	15/24	2/2	2/12	4/14	1/3	**29**/62

（/前表"肩挑"义用例数，/后表动词用例数）

统计显示，在三国魏晋南北朝以迄隋末的一些口语化程度相对较高的文献中，"担"已替换"荷"成为"担挑语义场"甚至整个"负荷语义场"的主导词。不过，表"肩挑"义的"荷"在诸如史书等一些用语古雅的文献中还能自由出现，如《后汉书·王良传赞》："而秉甘疏薄，良妻荷薪。"又《丁鸿传》："布衣荷担，不远千里。"《宋书·武帝纪上》："居民皆荷担而立。"又《王彭传》："荷檐远汲，困而不周。"

2.4 从"担"的表意特点看其在"担挑语义场"中的性质和地位

中古时期，"担"的词义获得了较大发展，进一步奠定了它在该语义场的核心地位。另一方面，诸多因素导致"担"的表义负担加重，词义趋于概括抽象，表意的明晰性受到影响，从而为表义明

① 中土文献中，《三》指《三国志》、《世》指《世说新语》、《古》指《古小说钩沉》。汉译佛经中，《旧》指后秦鸠摩罗什译《旧杂譬喻经》、《大》指三国吴支谦译《大明度经》、《普》指西晋竺法护译《普曜经》、《中》指东晋僧伽提婆译《中阿含经》、《妙》指后秦鸠摩罗什译《妙法莲华经》、《出》指后秦竺佛念译《出曜经》、《杂》指元魏吉迦夜共昙曜译《杂宝藏经》、《百》指南齐求那毗地译《百喻经》。

晰的新成分的产生甚至在肩挑义上取而代之提供了可能。具体表现：

(1)“担”字名词用法的变化及量词用法的出现。

“担”的名词用法，上古已见端倪，《左传·庄公二十二年》：“免于罪戾，弛于负担。”《释文》：“担，丁暂反。”“担”指所负的责任。到了两汉，“担”可用于指“扁担和挂在两头的东西”即“担子”，如董仲舒《元光元年举贤良对策》：“乘车者，君子之位也；负担者，小人之事也。”(《全汉文》卷23)《陌上桑》：“行者见罗敷，下担捋髭须。”(《汉诗》卷9“相和歌曲”)赵岐《孟子题辞》：“尝息肩弛担于济、岱之间。”(《全后汉文》卷62)在此基础上，“担”又引申出量词用法，《汉书·货殖传》：“浆千儋。”儋，量词。一人之所负担为一担。师古曰：“儋，人儋之也。”又《蒯通传》：“守儋石之禄者。”这个意义后来写作“担”。《后汉书·宣秉传》注：“今江淮人谓一石为一担。”章炳麟《新方言》：“今人犹谓一石为一担。”后世学者将“担”字的名词性用法视为“破读”，马建忠《马氏文通》曰：“‘担’字，去读，名也，《左传·庄公二十二年》‘弛于负担’。平读，动字，《国策·秦策》‘负书担橐’。”唐作藩(2001)把“担”字归入“现代汉语保留本音和破读音两读的”字中“有平、去两读的”情况。“担”字分化出名词用法反映出它在语法功能和词义方面的扩展。名词“担”(dàn)与动词“担”(dān)的组合初见于《荀氏灵鬼志》：“见一人担担，上有小笼子，可受升余。”(《珠林》卷61等引，《钩沉》172)

(2)“担”引申出扛驮、背负、举拿等多种意义，不仅是“担挑语义场”的主导词，也成了整个“负荷语义场”的上位词。

“担”由最初表示肩部动作的基本肢体动词发展成为可以表达涉及人体多个部位的动词。汉译佛经中“担”字此类引申用法尤为丰富。在此基础上，“担”进一步引申为一般行为动词表“持拿、携带”义。这种用法至今仍保留在绩溪、崇明、金华、雷州等南方方言中。“担”字动词用法的引申过程大致如下：

部位　　词义

担① 肩挑 —引申为肢体动词→ { ② 肩膀/颈项：扛驮、承负
③ 脊背：背负
④ 肩臂/手：举拿、承驮 } —引申为行为动词→ ⑤ 持拿、携带

以上引申义位在中古时期的具体用例：

②“扛驮、承负”义：群臣皆偏袒推车，而虎会独担戟行歌不推车。(《新序·杂事》)|担一燋木，入城欲卖。(三国吴支谦译《撰集百缘经》卷3，T4/216a)|恨简文曰：“上人着百尺楼上，儋梯将去。”(《世说新语·黜免》)|便取大儿，担着项上。(元魏慧觉等译《贤愚经》卷3，T4/367c)

③“背负”义：民王简负担熙丧，晨夜星行，远致本州岛，忠节可嘉。(《三国志·魏志·三少帝纪》)按：“负担熙丧”指“背负着郑熙的尸体”。|是时鹿王担负溺人至死不放。(三国吴支谦译《菩萨本缘经》卷下，T3/67b)|鬼便先担定伯数里。(晋干宝《搜神记》卷16)|令妇在前担儿而行。(元魏慧觉等译《贤愚经》卷1，T4/356c)|时王便以三十六机置其背上，驱使担之至于园中。(萧齐求那毗地译《百喻经》卷4，T4/555b)

甚至动物用脊背驮载或机械装运也叫“担”，如：食以刍草，担负重载。(姚秦竺佛念译《出曜经》卷11，T4/670a)|骑鸟背上，鸟便担飞。(元魏慧觉等译《贤愚经》卷13，T4/442a)|有一老猕猴，担儿脚跌。(元魏吉迦夜共昙曜译《杂宝藏经》卷1，T4/450b)

④“举拿、承驮”义：其人担蛇，至僧伽蓝著僧前。(元魏慧觉等译《贤愚经》卷3，T4/369c)|是时四方自然而有四天子来，来已，各各担负宝舆。(隋阇那崛多译《佛本行集经》卷10，T3/699c)

⑤“持拿、携带”义：手执刀剑，担持戈矛……担持大树者。(东晋僧伽提婆译《增一阿含经》卷39，T2/760c)|尔时猎师，担皮到国，奉上于王。(元魏慧觉等译《贤愚经》卷3，T4/367a)|足作一灯，担向精舍……自立誓愿：“我今贫穷，用是小灯。”(又371a)|尔时雁还，担书

到国，大王见雁，披解看读，始得消息。(又卷9,T4/414b)|担物之法，礼当用手。由卿口衔，致使堕水，今当打汝前两齿折。(又卷11,T4/429a)|其器小者，身自担提。(隋阇那崛多译《佛本行集经》卷55,T3/908a)

可见，以“肩负”为本义的“担”在表达“负荷”义上不断引申发展。中古义域尤为宽泛，凡以身荷物均可用“担”，从而奠定了它成为“负荷语义场”主导词的重要地位。这一方面反映出“担”在中古较之同一语义场其他成员具有更为突出、强劲的语法功能和表义能力，另一方面其自身也为表义更为明晰、词义负担更轻的新词的产生提供了条件。

此外，同语义场的成员“负”“荷”词义重心的转移也加重了“担”的表义任务。我们知道，“荷”在上古主要表“肩扛”义，此外还表“肩挑”“承受/负担”等义。到了中古，“荷”字的表义重心已落在表达“承担；担负”“承受；承蒙”等引申义上，常见的搭配对象有“烈(业)、禄、福、爵、法、规、任、恩、礼义之重”等。两汉时期“荷”还常常自由用于表达“肩扛”义，而在表“肩挑”义上已无能为力。“负”字由上古的“背负”义发展到中古出现了表达“肩挑”义的部分用例，可它却没能在“担挑语义场”甚至“负荷语义场”中发展出比“担”更为强劲的势头并取而代之。究其原因，这是由“负”本身的词义特点决定的，“负”滋生于“背”，而“背”字所含的[＋背对(靠)着]的语义特征诱发了“负”朝着“违背；背弃”的方向引申。因此，到了两汉，“负”字表“以身承负物体”义已退居“依赖/恃”“违背；背弃”“战败”等义之后，如《史记》中“负”的动词用例113见，表“承担，担负”义仅1例(《蔡泽列传》“郑安平、王稽皆负重罪于秦”，此例系引申用法)。《论衡》“负”的动词用法62见，而表“担负”义仅2见(《状留》“负荷礼义之重”，此例系引申用法；《效力》“身能负荷千钧”)。

总之，中古“挑类词”成员发生了重要调整。西汉时，“荷”已退居为方言成分。一些口语化程度较高的文献中基本未见单独表肩挑义的“荷”字用例。不过表肩挑义的“荷”在一些古雅文献中却持续了较长时间。“负”上古主要表“背负”义，到中古引申出“肩挑”义用法，但用例不多。中古“负”主要用于表示本义及“违背，背弃”等引申义。“担”字至迟在西汉的口语中就已替换“荷”成为“担挑语义场”的主导词，而且整个中古文献中，表肩挑义几乎是“担”一枝独秀。“担”可表达涉及人体头、颈、肩、背、手等各部位负荷物体的动作，正所谓“统言之，则以肩、以手、以背、以首皆得云儋也”①。

3. 近代“挑”对“担”的替换

近代汉语阶段，“挑类词”成员发生了重大变化：新兴成员“挑”后来居上并逐步取代“担”成为“担挑语义场”的主导词。“担”虽仍留在该语义场，但在文献中它主要表“承担、担负”等引申义。近代汉语阶段“肩”也出现了一些表“肩挑”义的用例：

> 市门逢卖药，山圃值肩薪。（王绩《被征谢病》，《全唐诗续拾》卷1）|即有下卸，指军兵士，支遣即有袋家，每人肩两石布袋。……诸军打请，营在州北，即往州南仓，不许雇人般担，并要亲自肩来，祖宗之法也。（《东京梦华录》卷1“外诸司”）|连叫几声，只是不应。还肩着这两个桶在房门叫。（《型世言》第5回）

“肩”的“肩挑”义系名词“肩”的引申用法。不过，从总的情况来看，动词“肩”作为名词“肩”的同形兼类词在表达动词用法上并不占优势，“肩”的主要功能仍是作名词用。动词用法的“肩”表“抬、扛”义比“肩挑”义更为常见。我们认为，“肩”的“肩挑”义用法之所以未能获得大的发展，一则因为动词“肩”与名词“肩”同音同形，往往会造成语言使用者对其含义理解上的不便；另外，近代汉语阶段“挑”字的兴

---

① 参见《说文·人部》“儋”字条段玉裁注。

起以及中古以来“挑类词”中主导词“担”的广泛使用都使得“肩”在该语义场显得无足轻重。“负”字发展到近代汉语阶段还有个别表肩挑义的用例,但它主要用于表“违背、辜负”“战败”等引申义,“负”字表“承载、负荷”义早已退出口语。因此,近代汉语阶段“挑类词”成员之间的竞争主要体现在“担”与“挑”二者之间。

3.1 “挑”字“肩挑”义的产生

从“挑”字词义发展的情况来看,我们认为“挑”之“肩挑”义当由“支起,悬挂”义引申而来,而“支起,悬挂”义又与“撩起,拨动”义有关。“用竿杖等的一头把东西挑起来”自然可引申为“将物体悬挂于竿杖”义,再引申为“扁担等两端挂上物并用肩膀支起来移动”义。“用竿杖等的一头把东西挑起来”义,如:

(16) 始拟展坐具设礼。德山以杖挑之,远掷阶下。(《祖堂集》卷七“岩头和尚”)

(17) 雪峰见一条蛇,以杖撩起……以刀芟为两段,师便以杖挑拖背后。(又卷十“玄沙和尚”)将东西悬挂于棍、杖的一端或两端以移动也叫“挑”,如:

(18) 横排三十六条鳞,个个圆如紫磨真。为甚竿头挑着定,世间难遇识鱼人。(黄冠道人《歌》,《全唐诗续补遗》卷11)①

(19) 将欲手挂天刃,足挑地纪。(徐寅《过骊山赋》,《全唐文》卷830)按:此例“挂”“挑”对文,词义抽象。

这种动作虽然有时也需要借助于肩部,但还不是典型的“肩挑”义。值得注意的是,晚唐五代时期,“挑”字出现了用于肩部动作的用例,如:

(20) 肩挑日月横街去,把定乾坤莫放渠。(契此《偈》,《全唐诗续

---

① 此例“挑”字当为“悬挂”义,由诗前陈尚君所出校语“道人状如病狂,手持一竿,竿头悬一木,刻为鲤鱼形,行歌于市云云”可知,诗人正是视竿头所悬之木为“挑定”。故此例中的“挑”还不是“肩挑”义。

拾》卷 45“吴越上”)

(21) 二吏曰:“钱数多,某固不能胜。而君之力,生人之力也。可以尽举,请负以致寄之。”全素初以为难,试以两手上承,自肩挑之,巍巍然极高,其实甚轻。(牛僧孺《玄怪录》卷 3“吴全素”)按:此例“挑”可理解为“肩扛”,即将众多纸钱扛负于肩。

此两例虽不是典型的“以肩担物”义,但“挑”已由手部动作发展为肩部动作,这为“挑”字表“肩担”义迈出了重要的一步。而且晚唐五代时期,有的“挑”字用例似乎也可理解为较为抽象的“肩担”义,如:

(22) 扳罾拖网取赛多,篾篓挑将水边货。(唐彦谦《蟹》,《全唐诗》卷 671)

上例似可理解为将“水边货”盛于器物后担走,即以篾篓挑水边货。总之,通过词义的逐步引申,晚唐五代时期“挑”之“肩挑”义已经萌芽。

3.2 “挑”对“担”的历时替换

3.2.1 “挑”在宋元时期的发展

“挑”到晚唐五代由“支起、悬挂”义逐渐引申为肩部动作的动词,表“承载、负荷”义,如“肩挑日月”“肩挑(纸钱)”,这是“挑”表“肩挑”义的萌芽。到了宋代,“挑”与“挂”有了更为普遍的多种组合形式,如:

游人往往以竹竿挑挂终日关扑所得之物而归。(《东京梦华录》卷 7“驾回仪表卫”)|北斗挂须弥,杖头挑日月。(《五灯会元》卷 12“大愚守芝禅师”)|檐挑双草履,壁倚一乌藤。(陆游《自题传神》,引自《剑南诗稿校注》)①

① 此例中的“挑”往往被理解为“肩挑”义,“檐”写作了“担”,如《辞源》《大字典》等均将此例引为“挑”字“肩挑”义的始见书证。不过,根据我们对诗意的理解,“檐”“壁”对文,“挑”当理解为“悬挂”,上句意为“屋檐上挂着一双草鞋”。“檐”,《剑南诗稿》作“檐”而非“担”。

北宋时期,“挑”在语义上往往处于“悬挂”与“肩挑”义的过渡状态,如:

(23) 一条拄杖刺蝎……寻常肩上横担,大地乾坤挑斡。(宋惠洪《禅林僧宝》卷14)|拄杖横也,挑挂乾坤大地。(又卷21)

宋代表“肩挑”义的“挑”主要见于话本、南戏、禅宗语录等口语性较强的文献以及部分南宋词人的作品:

(24) 杖头挑得布囊行,活计有谁争。(苏庠《诉衷情》,《全宋词》,2/850)

(25) 先生筇杖是生涯,挑月更担花。(朱敦儒《朝中措》,《全宋词》,2/1095)

(26) 与谁同去,挑包徐甲,负辕班特。(刘克庄《水龙吟》,《全宋词》,4/3343)

(27) 束缊宵行十里强,挑得诗囊,抛了衣囊。(刘克庄《一剪梅》,《全宋词》,4/3363)

(28) 担子挑春虽小,……卖过巷东家,巷西家,帘外一声声叫。(止禅师《昭君怨》,《全宋词》,5/4356)

(29) 许是惺惺匾担头,事事挑来,布袋里般般着得。(《景德传灯录》卷30“天童宏智和尚”,T51/465c)

(30) 山僧二十余年,挑囊负钵。(《五灯会元》卷19“保宁仁勇禅师”)

(31) 待西风,钵囊鞋袋重挑起,前程忽有人问。(妙源编《虚堂和尚语录》卷8,T47/1048a)

(32) 着一双多耳麻鞋,挑着一个高肩担儿。(《碾玉观音》上,引自《京本通俗小说》)

(33) 纵饶挑贩客家,独自个担来做己有。(《张协状元》第8出)

(34) 挑取被包雨具,度岭涉长川。(又22出)

(35) 五鸡山头小路里,前面是个妇女,后面一个人挑檐。(又38出)

从上引诸例来看,“挑”作为肩部动作的特征已甚为突出,它往往与表示“负荷”义的“负”等对举,如“挑月更担花”“挑囊负钵”等。从“挑”字的语义特征“[+扁担等][+两头][+挂上东西][+用肩膀][+支起来][+搬运]”可知,判断“挑”字表“肩挑”义的主要形式标志就是“挑”能与“扁担和两头挂上的东西(即‘担 dàn 子’)”以及“(支撑并移动扁担及重物的)肩”共现。上引用例中的“挑”不仅具有“肩挑”义典型的语义特征,而且语法功能灵活,组合能力强。其行为主体可以是从事各种职业的人,行为客体有“担儿、担(檐)、(布、诗)囊”等各种物体,甚至还有不可“肩挑”的“日、月、春、大地乾坤”等自然之物,这是“挑”字词义进一步抽象化的表现。“挑”还可灵活带上各种补语成分如“着”“得”“起”“来”“取”等。可见,“挑”由晚唐五代萌芽,经北宋进一步发展,到了南宋,在表肩挑义上不仅语义更为丰富,而且语法功能也逐步完备。功能发展得如此成熟,我们可以推测,“挑”应在此前的口语中使用了较长时期。可以说,至迟到南宋,“挑”已成为人们口头上的一个基本词。上引用例“挑贩”取代上古、中古广为使用的“负贩”即可证明这一点。当然,与“担”相比,“挑”的语法功能还有待进一步完善,宋代“担”除了具备“挑”的语法功能之外,还能作定语,如《五灯会元》卷 8“南禅遇缘禅师”:“饶君便有擎山力,未免肩头有担胝。”又《朱子语类》卷 127:“人日支一千足,各备担索。”用为量词,如《朱子语类》卷 10:“担一担之水,浇满园之蔬。”与晚唐五代发展成熟的“搬(般)”搭配,如王绘《绍兴甲寅通和录》:“某即以一行官属姓名、般担人数回报。”(《三朝北盟会编》卷 161)

元代“挑”字继续发展,如《大宋宣和遗事》“未免令随行人挑着酒桶”,《新编五代史平话・周史平话上》“咱待去为人雇佣,挑担东西”(《近代汉语语法资料汇编》元代明代卷,页 206)等。但总的用例数仍不及“担”。

3.2.2　明清时期“挑”对“担”的替换

经过宋元时期进一步发展扩散,到了明初,在一些口语化程度较高的文献中,“挑”的数量已占绝对优势。如明初文献《三遂平妖传》中“挑”出现3次,而“担”无用例。表18是我们对明清时期带有不同方言背景的几部代表性文献中“担”“挑”使用情况的调查:

表18 明清时期“担”“挑”的使用情况

明代	《水浒全传》	《西游记》	《金瓶梅》	《型世言》
担	10/178	10/173	1/74	5/29
挑	122/179	122/153	40/115	29/47
清代	《醒世姻缘传》	《儒林外史》	《老残游记》	《官场现形记》
担	2/54	0/13	0/9	0/59
挑	38/140	33/47	11/16	10/61

(/前表“肩挑”义用例数,/后表出现的总次数)

结果显示,从元末明初的《水浒全传》开始,“挑”的数量就已远远超过“担”。同时,无论是南方文献(如具有吴方言色彩的《型世言》),还是带有江淮方言色彩的《水浒全传》《西游记》,甚至是带有冀鲁方言色彩的《金瓶梅》,“担”在文献中都只剩少量残余。说明“挑”在明代已全面替换“担”。到了明代,“挑”的功能又有了新的发展,可用作名词,如《型世言》第23回:“不料银子作祸,一窍不通,才丢去锄头、匾挑。”担挑的工具往往说“扁担”,“扁挑”的说法极为口语化。① “挑”还引申出了量词用法,如《逆臣录》卷4:“至此日,备办羊三羫,酒三挑,果盘一个。”从表18可以看出,尽管“担”字总的出现频率很高,但其词义重心已不在表肩挑义上。

清代文献中“担”“挑”的基本情况与明代一致。不过,也有一些需要说明的现象,如带有冀鲁方言色彩的《醒世姻缘传》中“担”基本不用,而方言背景相同的《聊斋俚曲集》却主要用“担”,“挑”与“担”的比例为5∶12。我们推测,这恐怕主要与作者的用词习惯有一定关系,同时也反映出当时当地“担”仍未从人们的口语中完全退出。二者并行的情况还见于带有河南方言背景的《歧路灯》,其中“挑”与

① “扁担”一词在笔者的家乡话(四川安岳县大平镇)中基本说“扁挑”。

“担”的比例为19∶12,反映出当时中原官话区二者并行不悖的大致面貌。尽管如此,这并不影响我们对“挑”替换“担”这一基本事实的认定。如19世纪中后期的北方文献《儿女英雄传》中也是用“挑”不用“担”。表18中清代其他3部有着南方话背景的文献均不用“担”。为了证实我们的推断以全面了解“挑”与“担”在后代文献中的使用情况,我们对现、当代有代表性的十位作家的部分作品进行了调查,结果是“挑”继续保持明清以来的强势状态,“担”偶见使用。说明“挑”已在普通话中占主导地位。

3.2.3　20世纪20年代以后“挑”与“担”的使用情况

表19　20世纪20年代以后“挑”与“担”的使用情况①

		老　舍	鲁　迅	茅　盾	沈从文	钱锺书
现代	担	2②			2③	
	挑	18	1	6	6	3
		张贤亮	池莉	余秋雨	王朔	汪曾祺
当代	担		1④	1⑤		
	挑	3	8	6	1	46

---

① 下表的统计数据仅指“担”“挑”表“肩挑”义的用例数。所调查的作家作品为:现代:老舍(《骆驼祥子》《四世同堂》)、鲁迅(《风波》《狂人日记》《药》《故乡》《阿Q正传》)、茅盾(《秋收》《残冬》)、沈从文(《过节和观灯》《新湘行记》《沅陵的人》《辰溪的煤》)、钱锺书(《围城》)。当代:张贤亮(《邢老汉和狗的故事》《浪漫的黑炮》《绿化树》《习惯死亡》)、池莉(《让梦穿越你的心》《你是一条河》《一丈之内》《你以为你是谁》《太阳出世》)、余秋雨(《抱愧山西》《狼山脚下》《庙宇》《十万进士》《一个王朝的背影》《西湖梦》《乡关何处》《夜航船》《小人》)、王朔(《空中小姐》《人莫予毒》《橡皮人》《动物凶猛》)、汪曾祺(《大淖记事》《故里三陈》《晚饭花》《鉴赏家》)。

② 此2例的组合情况见于《四世同堂》“手中提着或肩上担着礼物的人”“把担子担了起来”。

③ 此2例的组合情况为“在派定地方担土,打石头”(《沅陵的人》)、“挑柴担草上城换油盐的太多”(《辰溪的煤》)(此例显系避复)。

④ 此1例系“担水桶”搭配,“担水桶”为一偏正关系的名物词,“担”已参与构词,故用法特殊。

⑤ 此1例系引用:“在一本叫《绝域纪略》的书中描写了流放在那里的江南女子汲水的镜头:‘春余即汲,霜雪井溜如山,赤脚单衣悲号于肩担者,不可纪,皆中华富贵家裔也。’”

表19显示,20世纪20年代以后,“挑”继续保持明清以来的强势状态,“担”偶见使用。笔者委托盛艳玲硕士对北京话中表肩挑义概念的用词情况进行了调查。结果是,北京话中表肩挑义的上位词是“挑”,无论老、中、青的北京人都只说“挑”。这进一步证实“挑”已在北京话中彻底取代“担”,从而反映出“挑”在现代汉语普通话中的核心地位。

3.2.4 从“挑”的发展特点看汉语官话基础方言的变迁

“挑”表肩挑义的用法萌芽于晚唐五代,到南宋用例较为普遍,而且集中见于具有南方方言背景的作家作品中,南方作家如词人苏庠(丹阳人)、刘克庄(莆田人)等。南方方言背景的作品如《碾玉观音》《张协状元》。南宋时期“挑”还出现于一些住在吴语区的僧人所著的禅宗语录中,如《五灯会元》(著者普济,住苏州虎丘)、《景德传灯录》(著者道原,住苏州承天寺)①。而同时期其他方言区的作家则极为少见,偶见中原人朱敦儒的词作中使用。可到了元代,“挑”字用例反而罕见,从我们对大量文献的调查情况来看,仅《新编五代史平话·周史平话上》《大宋宣和遗事》各见1例。而元代富有口语特色的北方杂剧如《新校元刊杂剧三十种》中,除宾白中有2例“挑”字外,其余大量肩挑义均用“担”表示。“挑”为何到元代在北方地区反而停止了发展?这种现象按词汇内部发展规律很难加以解释。到元末明初具有江淮方言背景的《水浒全传》中,“挑”的用例却又迅速增加,一举替换了“担”,而且替换较为彻底。“挑”字发展呈现出的特点正与历史上官话基础方言的几次变更存在紧密联系。南宋朝廷偏安江左,官话基础方言自然由北变易为南,到了元代,随着蒙元统治者定都大都,“在金元两代,一种来自东北的官话在这两个朝代控制区逐渐扩大影响,成为新的标准语的方言”(罗杰瑞,2004)。而随着明代都城的再次南下定都江淮官话的中心,这时官话基础方言“南系重新出现,一直到清初、中叶还是占上风”(罗杰瑞,2004)。因此,“挑”字的发展就

① 震华法师编《中国佛教人名大词典》,上海辞书出版社,1999。

呈现出上述特点。到了明代中后期，随着官话基础方言的往北转移，“挑”又在北方获得了较快发展，如刊行于1761年的北方系文献《老乞大新释》中，“肩挑”义用“挑”而非“担”，如“原来没有男人拿匾担挑水的规矩”。“挑”字的历史发展轨迹至今仍清晰地反映在现代汉语方言中。

总之，汉语中表肩挑义的词从古至今发生了重要变化，上古以至两汉，其成员构成相对复杂，“何（荷）”使用最广。到了西汉，“荷”很快成为一个方言词并逐渐向南退缩。同时，“担”一跃成为通语词并以强劲的势头发展壮大。中古“担”字作为“负荷语义场”的上位词，词义极为丰富，其主导地位持续到元代。萌芽于晚唐五代的“挑”经过宋元时期的发展，到元末明初取代“担”从而占据“担挑语义场”的主导地位并持续至今。

第三节 “挑类词”在现代汉语方言中的共时分布

“挑类词”的几个主导成分“荷”“担”“挑”先后发生过历时更替，其历时演变的结果至今仍清晰地沉积在现代汉语方言的共时分布中。本节拟对“挑类词”在现代汉语方言中的分布情况及有关问题作一简要介绍，便于将历时发展情况与共时分布现象有机结合，以探明汉语中表达肩挑义的基本肢体动词发展演变的主要特点。

1. 用词情况

各方言点中，“挑类词”的使用情况详见表20：

“挑类词”在现代汉语方言中的用词情况较简单，主要说“挑”和“担”：说“挑”的有28个点，其中21个点列“挑”单独表肩挑义的用法。说“担”的28个点，其中22个点列“担”单独表肩挑义的用法。客家话以说“孩”为主。吴语区的金华点多说“擓”，也说“担”，另外该方言点还有一个下位词“gaŋ^{424}”，表示“短时间地把担子挑一下：格担东西我揭挑弗揭挑得动，gɑŋ424 孑签挑一下看”。

表 20 “挑类词”在现代汉语方言中的共时分布①

	哈尔滨	北京	济南	牟平	洛阳	西安	西宁	银川	乌鲁木齐	成都	贵阳	柳州	武汉	徐州	扬州	南京
挑	+	+	+	+	+	②+		+	+	①+	+	+	+	+	+	+
担			+		+	①+	+	+	+	②+		+				
	合肥	绩溪	忻州	太原	万荣	长沙	娄底	双峰	南昌	黎川	萍乡	于都	梅县	丹阳	崇明	苏州
挑	+	+	+	②+		②+			+					+	+	+
担			+	①+	+	①+	+	+		+	+		②+			
其他												㧡	①㧡			
	上海	杭州	宁波	金华	温州	建瓯	福州	厦门	潮州	雷州	海口	广州	东莞	阳江	南宁	
挑	+	+	+									+				
担				+	+	+	+	+	+	+	+	+	+	+	+	
其他				揭、gɑŋ424												

[说明] 由于方言词典编纂者的处理方式有异，有的方言点未见单列“挑/担”表肩挑义的用例，而是列举了“挑/担”的具体用法，如“挑担子”“挑挑子”等。这种情况我们仍视为该方言点是说“挑/担”的，并收入上表。**“挑”**：哈尔滨(挑挑子)、徐州(挑担子、挑挑儿的)、柳州(挑担子、挑脚、挑水佬、挑夫)、忻州(挑担子、挑挑子、挑挑子哩)、崇明(挑担人、挑担)、杭州(挑担儿、挑粪、挑脚佬、挑水、挑夫)、洛阳(挑挑子)。**“担”**：济南(担水)、西宁(担担子、担担担者)、忻州(担挑子、担扁担、担扁担哩、担担子、担鸡卖菜)、洛阳(担水、担担子)、柳州(担担子)②、娄底(担牛屎秆筋、担脚、担塘、担担子)、黎川(担稈挑稻草、担担儿)。

2. 主要特点

(1)“挑类词”的共时分布清晰地反映了历时演变的结果。

第一，共时分布反映了历时演变的层次。“挑类词”的主导成分

---

① 语料主要来源于《现大》《方词》、陈章太等编《普通话基础方言基本词汇集(词汇卷)》。为行文简洁起见，此不一一列举各方言点用词的具体来源。用词情况从细不从粗，如西安、成都，《现大》只有“担”单独表肩挑义的用法，而《方词》“担”“挑”都列，表中即从后者。

② 根据陈章太、李行健《普通话基础方言基本词汇集(词汇卷)》，语文出版社，1996。

“荷”“担”“挑”之间有过历时替换关系，上古主要用“荷”，中古“担”占据主导地位并一直持续到元末。“挑”从明初取代“担”至今保持着“担挑语义场”的主导地位。现代汉语方言清晰地记录了这一演变结果。

① 上古层：说“㧡”。客家话说“㧡”(梅县“㧡”k‘ai^{44}、于都“㧡”k‘æ^{31})。客家话中“㧡”的本字就是上古表肩挑义的“荷”。罗杰瑞曾谈道：“还有一个……就是‘挑东西’客家话叫 k^{h}ai，我认为这就是‘荷’字。”(郑晓峰，1999)至于“㧡”“荷”之间的语音联系，庄初升(1998)指出：“荷，《广韵》胡可切。古匣母字今读 k‘，全浊上声字归阴平，哿韵字白读为 ai，均符合语音的演变规律。”《汉语方言大词典》(许宝华、宫田一郎，1999)介绍了“㧡”曾在客家话地区广泛使用的情况：江西赣州蟠龙[k‘æ^{33}]㧡谷担谷子。江西瑞金[k‘æ^{44}]㧡牛栏粪。江西上犹社溪[k‘æ^{24}]㧡塘泥。四川西昌[k‘ai^{45}]㧡担子。四川成都龙潭寺[k‘ai^{45}]。福建长汀[k‘ai^{33}]㧡柴卖挑柴卖。广东梅县[k‘ai^{44}]、东莞清溪[k‘ai^{33}]㧡东西挑担子。广东惠州[k‘ai^{33}]、深圳沙头角[k‘ai]㧡担。

② 中古层：说“担”。除江淮方言、徽语以及北京、牟平、武汉、贵阳等地，其余方言大都有说“担”的。“担”自西汉就作为一个口语词长期居于“担挑语义场”的核心地位，其在东西南北方言中的影响是深广的。至今南部吴语、闽语、平话、湘语、赣语等大部分地区仍只说“担”。

③ 近代层：说“挑”。“挑”表“肩挑”义萌芽于晚唐五代，经宋元发展壮大直至明初最终取代“担”在“担挑语义场”的主导地位。现代汉语方言中，东北官话、北京官话、胶辽官话、西南官话的武汉、江淮官话、徽语、北部吴语、赣语的南昌只说“挑”。其中又以江淮官话、北部吴语区说“挑”最为集中。

第二，共时分布折射出官话基础方言的历史变迁。现代汉语方言中，北方方言如东北官话、北京官话、江淮官话只说“挑”，南部方言，如吴语中的北部吴语也只说“挑”。而其余广大北方方言地区往往“担”“挑”并用，大部分南方方言则只说“担”。造成“挑类词”在现代汉语方言中这种特殊分布的原因何在？参本章第二节“3.2.4”，此不赘。

(2)“挑”的扩散反映了通语词扩散的一般途径。

首先，从表20来看，在我们所考察的47个点中，有11个点“担”“挑”并用。这11个点的具体情况又不完全相同，有的是以说“担”为主，如西安、太原、长沙；有的是以说“挑”为主，如济南、成都（成都话中，“担”字使用范围主要限于少数年长者。而且，同为西南官话的贵州以及云南的昆明、大理、昭通都只说“挑”，反映出“担”字的弱势地位）。其次，“挑”的扩散往往先从大城市主要是一些省会城市开始，如湘语区只长沙说“挑”，赣语区也只有南昌说“挑”。又如南方地区的广州，1995年的《方词》调查结果是只说“担”，而2002年编定的《现大》则“挑”“担”并说，反映出“挑”的扩散首先发生在交通便利的大城市，在此基础上，又以各大城市为扩散源继续向其各自的周边地区辐射。另外，“挑”的分布又反映出强势方言对周边地区的影响，如处于江淮官话影响之下的徽语就只说“挑”。

3. 词义发展

现代汉语“挑类词”成员的词义发展主要是指“担”与“挑”的词义引申特点。

(1)“担”的用法。“担”字在现代汉语方言中普遍的用法是作量词（用于成担的东西）、名词（担子）以及重量单位（一百斤等于一担）使用。这几种用法的“担”早已从读音(dàn)上区别于动词“担(dān)”了。“担”作动词用除了表肩挑义外，在长江以南地区还有其他一些引申用法，如绩溪的“拿，取”/“送，挑去或拿去给人”义；崇明的“拿”义；金华的“拿”/“给，给予”/“送，挑去或拿去给人”义；萍乡的“往上抬，举”义；南宁平话的“叼”义；广州的“搬动”/“张开，举起”/“口衔物，多用于动物”义；东莞的“用肩膀扛”义；福州、厦门的“承当，承受”

义；雷州的“抬起，举起”/“拿”义；海口的“往上抬，举”义。“担(dān)”字的词义引申途径与“背(bēi)”大致相同，反映出肢体动词词义发展的共性。

(2)“挑(tiāo)”的使用。“挑”在现代汉语方言中主要用于与含义素“[+用手/尖状/细长工具][+(先向下)(再向上)用力][+取出/移动][+物体]”，即“拨动”义有关的情况。这些用法中的“挑”在现代汉语中也早已从语音(tiǎo)上区别于表肩挑义的“挑”了。与肩挑义有关的“挑”在现代汉语方言中只有“挑子(扁担和它两头所担的东西)”(牟平)、“量词。用于成挑的东西”(成都、贵阳、洛阳、乌鲁木齐)两种引申用法。

从“担”与“挑”在现代汉语方言中的具体用法可以看出，“担”的词义不断抽象泛化，肢体动词的特征在逐渐减弱，而一般行为动词的特点则愈益明显。而与肩挑义有关的“挑”则未能引申出其他动词用法。现代汉语方言中“挑”主要是一些与“挑”字“拨动”义即本义有关的用法，这反映出一个词本义对其词义引申的纠正作用。

第四章

“扔”类上肢动词的发展

《现汉》对“扔”字的解释为：① 挥动手臂，使拿着的东西离开手。② 抛弃；丢。我们把以上两个义项依次叫作扔$_1$、扔$_2$，扔$_1$表示“投掷”义，扔$_2$表示“抛弃”义。无论是“二大典”等历时性大型语文辞书还是诸如《现汉》、《现代汉语规范字典》（下文简称《规范字典》）等现代汉语词典都将“投掷”与“抛弃”分别确立为“扔”的两个义项。很显然，这两个义项表达的都是与我们日常生活密切相关的基本概念。因此，在厘清二者异同的基础上，探明汉语史上表达“扔$_1$”“扔$_2$”两个基本概念的能指即词汇形式之间所发生的变化及其内在动因，从而为汉语词汇史的研究提供一些线索，无疑是必要的。我们把表示“投掷”义的系列词叫作“扔$_1$类词”，由“扔$_1$类词”组成的语义场叫作“投掷语义场”；把表示“抛弃”义的系列词叫作“扔$_2$类词”，由“扔$_2$类词”组成的语义场叫作“抛弃语义场”。历史上，“扔$_1$类词”与“扔$_2$类词”的主导成分都曾经历过替换。

第一节　“投掷”义与“抛弃”义的异同及其区分

汉语中“投掷”与“抛弃”自古就是两个不同的基本概念，然而，二者之间的界限并非泾渭分明。大致说来，这两个概念分别由不同的系列词加以表达，表“投掷”义的词主要有“投”“掷”等，表“抛弃”义的词主要有"舍""弃""捐"等。不过,汉语史上,往往同一个词却能兼表此二义,如"抛""丢""撂""扔"等。像《现汉》《规范字典》等就将"投掷"与"抛弃"分别确立为"扔"字的两个义项。很显然,这两个义项表达的都是与我们日常生活密切相关的基本概念。因此,在厘清此二义异同的基础上,探明汉语史上表达它们的词汇形式之间所发生的变化及其内在动因,无疑是必要的。而要客观反映汉语史上表达这两个基本概念的系列词所发生的演变更替情况,首先必须对此二义加以区分。

1. "投掷"义与"抛弃"义的异同

1.1 词义差异

二者的概念义:"投掷"是指挥动手臂,使拿着的东西离开手。其含义大致相当于英语中的 throw,意为:send (sth) through the air with some force, esp by moving the arm。[①] "抛弃"义是指因无用、不需、无能或拒绝履行义务等而使已经或欲拥有的东西离开持有者。大致相当于英语中的"throw sth away or out""abandon"等,意为 discard sth as useless or unwanted 或 go away from (a person or thing or place) not intending to return[②]。用义素分析法可以将二者的语义结构表示如下:

"投掷":[+挥动手臂][+使拿着的东西][+离开手]
"抛弃":[+因无用、不需、无能或拒绝履行义务等]
[+使已经或欲拥有的对象][+离开持有者]

二者之间的词义联系是显而易见的,[+使离开]是其相同的义素。主要差异表现为:

---

①② 参 *Oxford Advanced Learner's English-Chinese Dictionary* (Extended Fourth Edition), Oxford University Press, The Commercial Press, 2002.

表 21　“投掷”义与“抛弃”义的词义差异

	离开原因	离开方式	离开起点	离开结果（目的）
投掷	竞技、攻击、让渡、宣泄情绪等	挥动手臂	手中	使物脱手
抛弃	无用、不需、无能或拒绝履行义务等	① 挥动手臂 ② 心理放弃	① 手中 ② 思想意识中	舍掉、弃除

具体说来，其差异有：(1) 实施动作行为的原因或出发点不同；(2) 对象离开行为主体的方式不同；(3) 对象存在于行为主体中的方式不同；(4) 动作行为的最终结果或者说根本目的不同。这些差异表现为各自不同的常见组合：

“投掷”义：以粪秽投入食中、飞石掷之、掷与十口羊、掷着盆水中、抛下一筹、抛向水中、摔琴谢知音、摔到首府面前、往锅里一掼、把杯劈脸望岑璋甩去、把手巾撂给跟的人、把这两银子丢还了李忠、将金钵盂撇起去、向那和尚跟前一扔。

“抛弃”义：弃予如遗、弃人用犬、弃德崇奸、舍命不渝、去国捐俗、委君觊于草莽、遗公子纠而不能死、抛船而走、丢盔卸甲、撇不下的相思、撇戟丢枪、白撂了岂不可惜、撂下我一个人受罪、在那里甩了走了、把东西扔在这儿、把前程都扔了。

从以上组合可见，(1)“投掷”义作用的对象主要是具体可感的客观事物，如“粪秽、骰子、筹、琴、手巾、银子、杯、金钵盂”等，而“抛弃”义所涉及的对象多为“德、义、理、道、命、俗、相思、前程”等抽象事物，或者诸如“父、君、公子、我”等各类人物，以及不易握持的如“船、宅、家、国”等对象。(2) 由于两个义位各自作用的对象语义范围不同，故以具体客观事物为受事的“投掷”义所表现的就是具体挥臂投物的动作，而既以具体客观事物为受事又涉及各类抽象事物的“抛弃”义，它所体现出的动作行为既有具体的挥弃物的动作，也有主观心理对有关对象所采取的弃之不理的行为。

1.2 词义联系

“投掷”与“抛弃”自古就是两个不同的基本概念，二者之间的基本界限也是清楚的。然而从表21可以看出，一方面，两个义位的词义联系主要表现在使物离开行为主体的方式。二者都有“以挥动手臂使物离开”的具体方式，“抛弃”义还有“以心理放弃”的抽象方式使对象离开。另一方面，“抛弃”义较之“投掷”义词义更为抽象，因此对同一个词来说，“抛弃”义应当是在“投掷”义的基础上引申出来的。一般情况下，引申义保留（或叫遗传）原义中的某个（或几个）义素，同时又发展出新的义素，从而使两个义位之间既有联系又有可资区别的特征性义素。原义与引申义之间也因此具有具体与抽象、个别与一般、局部与整体等区别性特征。总之，前后两个义位之间存在词义交叉或部分重叠的现象。然而“抛弃”义与“投掷”义这一对引申义与原义之间除遵循词义引申的一般规律外，还有其自身的特殊性。那就是如果施事者的目的在于抛弃某个具体可感的对象，所采取的方式又是以手持之并加以抛掷，这种情况下“抛弃”的行为方式就与“投掷”发生了重叠。表现在词义上，就是一个词兼有“投掷”与“抛弃”二义。“投掷”与“抛弃”使物离开的方式：

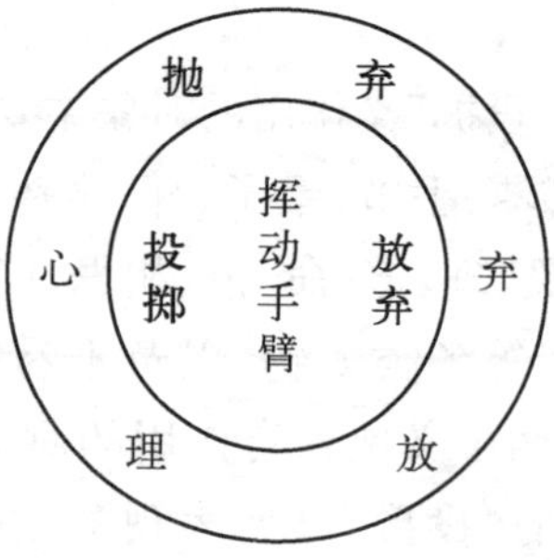

试比较如下用例：

A
(1) 吴王夫差杀伍子胥，煮之于镬，乃以鸱夷橐投之于江。（《论衡·书虚》）
(2) 临去，都下人因附百许函书。既至石头，悉掷水中。（《世说新语·任诞》）
(3) 谢送版使王题之，王有不平色，语信云：“可掷着门外。”（又《方正》）
(4) 重便斩蛇寸断，掷于后沟。（《太平御览》卷 934 引《幽明录》，《钩沉》253）
(5) 缚住双手，撺下江心，不是我会识水时，却不送了性命！（《水浒全传》第 65 回）
(6) 都缚做一串，把大石头坠定，抛在太湖里淹死。（又第113 回）
(7) 比着把你料在水里，还有“扑通”的一声响，讨得傍人叫一声可惜。（《醒世恒言》卷 3）
(8) 分付把这颠子撇在江里，祭这些水怪。（《型世言》第34 回）

显而易见，一方面，上引诸例中行为主体的最终目的或是将受动对象弃之不理，如例(2)—例(4)，或是意欲从根本上加以弃除，如例(1)、例(5)—例(8)，都含有“抛弃”义，而且词义上还表现出程度的差异。另一方面，行为主体要抛弃各受事对象，采取的方式就是用力远投，即“抛弃”这一目的是通过“投掷”的方式来实现的。表现在句法上，各谓语动词后都紧附远离施事者的处所成分，谓语动词的动作性极强，“投掷”义显著。又如：

B
(9) 其母惧，投杼踰墙而走。（《战国策·秦策二》）
(10) 见地有片金，管挥锄与瓦石不异，华捉而掷去之。（《世说新语·德行》）
(11) 桓公读《高士传》，至于陵仲子，便掷去，曰：“谁能作此溪刻自处！”（又《豪爽》）
(12) 万户愤怒，掷去所带貂帽。（王绘《绍兴甲寅通和录》，《三朝北盟会编》卷 163）
(13) 他从头至尾看了一遍，撂在桌儿上，把张一团青白煞气的脸。（《儿女英雄传》第 18 回）

上引诸例表现出另外一些特点：行为主体并不是因为各受事对象无用、不需等原因要从主观上加以舍弃，而是由于或处于特殊情景之下，施事者不得不使其离开自己，如例(9)、例(10)，或者动作行为仅仅是由于其他因素引起行为主体不满、愤怒等诸种内在情绪的一种外部反应，如例(11)—例(13)，即借助于对某对象的不接纳态度以表达其内在情感。谓语动词相应地也就兼有"抛弃"与"投掷"意味。又如：

C
(14) 子夏投其杖而拜曰："吾过矣！吾过矣！"(《礼记·檀弓上》)
(15) 侍僧了贤请偈，复大书曰："生也只恁么，死也只恁么。有偈与无偈，是甚么热大？"掷笔委然而逝。(《五灯会元》卷19"径山宗杲禅师")
(16) 戚老爷丢了刀，一波落盖跪下。(《聊斋俚曲集·禳妒咒》)
(17) 只写了三个字，扔下笔就走了。(《红楼梦》第8回)
(18) 他这才知是安老爷，连忙扔下烟袋，请了个安。(《儿女英雄传》第36回)

上引用例中，谓语动词后既没有远离施事者的处所成分，行为主体也并未处于一种非正常的情绪状态下，而是客观陈述行为主体使手中的某个对象离开以进行另一个行为动作。由于其表达了"使物离手"的含义，故二者亦兼有"投掷"与"抛弃"义。但由于受动对象所到达的终点距离施事者很近，所以挥臂的幅度小，动作的力度也小，这就失去了典型"投掷"义的语义特征。同时，实施动作行为也并无抛弃某物所应具备的原因，施事者的主要目的不在于要舍弃某个对象，而是搁置一种活动而从事另一种动作行为。

以上A、B、C几种情况即为常见的"投掷"义与"抛弃"义存在词义纠葛的类型。那么，我们该如何处理相关动词义位的归属？

2. “投掷”义与“抛弃”义的区分

2.1 “二大典”对表“投掷”义与“抛弃”义词语的处理

表 22 “二大典”对表“投掷”与“抛弃”二义词语的处理[①]

	《大字典》	《大词典》
投	① 抛;掷。《诗·小雅·巷伯》:“取彼谮人,投畀豺虎。”④ 抛弃;弃置。《左传·文公十八年》:“投诸四裔,以御螭魅。”⑤ 置放。《孙子·九地》:“投之亡地然后存。”《礼记·乐记》:“投殷之后于宋。”	1. 掷;扔。《左传·成公二年》:“齐高固入晋师,桀石以投人。”6. 置放;弃置。《孙子·九地》:“投之亡地然后存。”7. 迁置;贬徙。《礼记·乐记》:“投殷之后于宋。”
掷	① 投;掷。《后汉书·吕布传》:“卓拔手戟掷之。”③ 抛弃。晋陶潜诗:“日月掷人去。”唐杜牧《阿房宫赋》:“金块珠砾,弃掷逦迤。”	1. 投;抛。《后汉书·吕布传》:“卓拔手戟掷之。”引申指抛弃。晋陶潜诗:“日月掷人去。”唐韩愈诗:“赢形可舆致,佳观安可掷。”
抛	① 舍弃;撇开。《后汉书·安成孝侯赐传》:“同抛财产。”宋黄庭坚诗:“安得田园可温饱,长抛簪绂裹头巾。”清秋瑾诗:“爱翻声谱常抛绣,为买图书每脱簪。”② 扔;掷。《南史·黄法𣰰传》:“法𣰰为都督,出历阳,于是为抛车及步舰,竖拍以逼之……克之,尽诛其戍卒。”唐温庭筠词:“莫抛心力作词人。”	1. 丢弃;撇开。《后汉书·安成孝侯赐传》:“同抛财产。”2. 扔;投掷。后蜀欧阳炯《贺明朝》词:“只凭纤手,暗抛红豆。”明何景明《津市打鱼歌》:“往来抛网如掷梭。”峻青《黎明的河边》八:“把我们推上了半空,又抛下了深谷。”
丢	③ 抛弃。元康进之《李逵负荆》第一折:“把烦恼……都丢在脑背后。”《文明小史》第 52 回:“这乘长风破万里浪的思想早丢入爪哇国里去了。”⑤ 抛;投。明刘侗、于奕正《帝京景物略·城东内外》:“七月七日之午,丢巧针。”	1. 抛弃;扔。元康进之《李逵负荆》第一折:“把烦恼……都丢在脑背后。”《水浒传》第 10 回:“被与葫芦都丢了不要”。曹禺《雷雨》第二幕:“你怎么……把我丢在这里?”
撂	① 放;搁。《红》第 16 回:“我的东西还没处撂呢。”《儿》第 10 回:“因先拣了一包碎的……撂在一边。”茅盾《手的故事》:“把帖子撂在书桌上。”② 抛;扔。《红》第 33 回:“撂下我,叫我靠那一个。”《镜花缘》第 50 回:“房中所有器具,撂的满天飞舞。”茹志鹃《百合花》:“不知从哪个屋顶上撂下颗手榴弹。”	1. 放;丢。《红》第 21 回:“衬着那一弯雪白的膀子,撂在被外。”又第 33 回:“撂下我,叫我靠那一个。”《儿》第 14 回:“因先拣了一包碎的……撂在一边。”老舍《二马》:“马先生……顺手把戒指撂在自己的衣兜里啦。”蒋子龙《乔厂长上任记》:“你刚才扔了个手榴弹,现在又撂原子弹。”

① 为节省篇幅,我们对“二大典”所引文字做了简缩。简称中《红》指《红楼梦》,《儿》指《儿女英雄传》。

续　表

	《大字典》	《大词典》
扔	② 抛掷。《红》第 93 回："……拿出那个揭帖来，**扔**与他瞧。"《儿》第 18 回："(戒尺)早被他一把夺过来，**扔**在当地。"③ 丢弃。《红》第 8 回："只写了三个字，**扔**下笔就走了。"鲁迅《而已集》："把那些钱**扔**在街上，算是付过了。"	1. 掷；投。《红》第 93 回："……拿出那个揭帖来，**扔**与他瞧。"杨朔《秘密列车》："飞机……到彰武**扔**一个炸弹，打一个转，**扔**一个炸弹。"2. 丢掉；抛弃。《红》第 14 回："别把老脸面**扔**了。"清富察敦崇《燕京岁时记·荷花灯》："荷花灯，今日点了明日**扔**。"

几点说明：(1) 同一部词典，对同一词义现象的处理意见不一。如"投"，《大字典》确立了两个义项，但所引文例中"投"的用法并无差异，都是对诸如"谮人、凶族"等加以处置以除灭之。[①] 而《大词典》却将"投之亡地然后存""投殷之后于宋"分隶"弃置"与"迁置"两个义项，此二者也并无实质性的区别。总之，其处理都不乏随文释义的主观随意性。以上所引文例中"投"表达的其实都是同一个动作。(2) "抛弃"义所引文例中以非具体的客观事物为常，主要搭配有"日月掷人、同抛财产、把烦恼……丢、思想……丢、撂下我、老脸面扔了"等。这反映出编者对"抛弃"义用法的取舍态度，即主要表"舍弃，不再予以理会"之义。(3) 义项确立的标准不尽统一。如《大字典》"投、掷、抛、丢、扔"都分别确立了"投掷"与"抛弃"两个义项，而"撂"却将"投掷"与"抛弃"义合而为一。《大词典》"投、掷、抛、扔"分别确立了"投掷"与"抛弃"两个义项，但"丢"却将两个义位合而为一，"撂"甚至将"投掷""抛弃""搁置"义合在一个义项之下。这样处理一方面反映出几个义位之间的紧密联系，另一方面也表明词典编撰成于众手难以对词语之间的界限持统一的区分标准。(4) 个别引例存在理解上的分歧，如《大字典》"扔"字条"丢弃"义项下所引《红楼梦》第 8 回"只

① 《诗·小雅·巷伯》："取彼谮人，投畀豺虎。""投"，毛传云："弃也。"孔颖达正义："豺虎若不肯食，当掷予有北太阴之乡，使冻杀之。若有北不肯受，则当掷予昊天，自制其罪。"《左传·文公十八年》"投诸四裔，以御螭魅"杜预注："投，弃也。裔，远也。放之四远，使当螭魅之灾。"

写了三个字,扔下笔就走了",其中"扔"的词义可作不同理解,并不代表典型的"抛弃"义。

有鉴于此,我们既要看到"投掷"与"抛弃"义紧密的词义联系,充分认识到区别两个义位的复杂性;同时,我们也必须承认它们所表达的的确是两个不同的概念,二者的基本界限仍然是清楚的。对两个义位存在词义纠葛的用例,我们的处理意见见下文 2.2。

2.2 "投掷"与"抛弃"二义的区分意见

(1)"投掷"义(强)+"抛弃"义(强)$\xrightarrow{\text{理解为}}$"投掷"义

也就是说,如果某个词在具体用例中既表示显著的"投掷"义,又显示出明确的"抛弃"义,我们作"投掷"义理解。上文"A"类用例即属此种情况。因为这类用例尽管也含有明确的"抛弃"义,但这主要是由具体的上下文语境显示出来的,词语本身侧重表达的仍然是一个具体的"投掷"动作。这种语境往往指行为主体对另一对象强制性的处置,这与"抛弃"义所含的理性意义中的特征性义素[+因无用、不需、无能或拒绝履行义务等]有所不同。如《左传》"投其璧于河""投诸四裔""削而投之""投其首于宁风之棘上"等,其中"投"从具体的上下文看,都含有"抛弃"义,但就"投"本身的动作来说,它就是表示一个"投掷"的动作,故作"投掷"义理解。又如《西游记》中"那小妖把八戒抬进去,抛在水里"(第 33 回)、"水之浅深,如何试得……寻一个鹅卵石,抛在当中"(第 47 回)、"一个割了耳朵,一个割了嘴唇,抛在水中"(第 63 回)等组合,有的含"抛弃"义,有的仅仅是表示往水中投掷东西,而"抛"字本身就是指"投掷"这一动作。但《西游记》中"那国王有个公主被个妖精摄去,抛在荒野"(第 95 回)中,"抛"就应当作"抛弃"义理解,即摄到荒野却弃之不顾,"抛"的"投掷"义并未得到凸显。

(2)"投掷"义(强)+"抛弃"义(较弱)$\xrightarrow{\text{理解为}}$"投掷"义

上文诸如"万户愤怒,掷去所带貂帽"的 B 类用例即属此种用法,即谓语动词所表“投掷”义显著，而“抛弃”义却不够典型，我们作“投掷”义理解。这种类型的用例中，行为主体常常由于某种原因被迫使对象离手，或通过处置对象以宣泄某种情绪。总之，施事者抛掷对象不是因为其主观认为这些对象本身失去了存在价值。

(3)“投掷”义(较强)+“抛弃”义(弱)$\xrightarrow{\text{理解为}}$“放置”义

上述C类用例即属此种情况，即谓语动词并不表示显著的“投掷”义，又非因对象失去存在价值要从主观上加以弃除，这时我们作“搁置、放置”义理解。如：

(19) 峰曰：“古人以心传心，汝为甚么道斫却?”师掷下斧曰：“传。”(《五灯会元》卷7“长生皎然禅师”)

(20) 虽然要了来家，丢在一边的。(《醒世姻缘传》第28回)

(21) 宝玉听这话内有文章……忙扔下栗子，问道。(《红楼梦》第19回)

(22) 连忙撂下灯笼，放下包袱，回身摘去枳荆。(《三侠五义》第56回)

例(19)中“掷下斧”又可作“放下斧”，如《五灯会元》卷3“南泉普愿禅师”：“师见僧斫木次，师乃击木三下，僧放下斧子，归僧堂。”有时“掷放”连文，如《五灯会元》卷18“天童普交禅师”：“且掷放一边，山僧无恁么闲唇吻与汝打葛藤，何不休歇去!”例(22)中，“撂”“放”并用，“撂”即“放置”义。当然，这种类型中，动作所表示的“用力使物脱手”的含义较之一般的“放置”义更强。我们认为，这与“掷”“抛”“撂”等词语本身动作性强也有关系。因此，我们作“投置、投放”义而非“投弃”义理解。

(4)“投掷”义(弱)+“抛弃”义(强)$\xrightarrow{\text{理解为}}$“抛弃”义

这种类型的用例往往叙述一个客观事实而非描写具体的动作场

景,因此,谓语动词的动作性已经弱化。如:

(23) 寸断掷在后沟,此是何物?(《太平御览》卷934引《幽明录》;《钩沉》253)

(24) 看见那众人丢在河里,被那些恶蛇缠绕,连天叫苦。(《聊斋俚曲集·寒森曲》)

(25) 只见一个牲口脖子上拴的铃铛合一个草帽子扔在路旁。(《儿女英雄传》第8回)

例(23)指出后沟有被弃之蛇,例(24)叙述众人被抛弃在河里遭受毒蛇噬啮的惨状。例(25)陈述路旁已有被弃的铃铛和草帽。总之,这类用例中,谓语动词的动作性已并不显著,而被弃的对象却是凸显的目标,故只能作“抛弃”义理解。

此外,具体语用中,表“投掷”与“抛弃”义的词语还有如下组合形式:

(26) 手执大白象,已死身至重,掷弃于城外,离堑极大远。(西晋竺法护译《普曜经》卷3,T3/501a)

(27) 解已手持从窗牖中,掷弃于外。(隋阇那崛多译《佛本行集经》卷16,T3/726c)

(28) 此物虽尠,可得延君性命数日。何故舍弃掷着水中?(萧齐求那毗地译《百喻经》卷4,T4/556c)

上引例中表“投掷”义的“掷”与表“抛弃”义的“弃”“舍弃”连文,表示以投掷的方式弃除对象。

以上处理意见我们基本上依据了“投掷”与“抛弃”两个义位理性义的主要语义特征,从而降低了随文定义的主观随意性。当然,这仅仅是就基本情况而言,具体语言事实则甚为复杂。比如,谓语动词自身动作性的强弱也可能使同样用法产生不太一样的语用效果。如《战国策》“投杼踰墙而走”、《西游记》“抛戈弃甲”、《醒世姻缘传》“撩甲丢盔”中的“投”“抛”“丢”几个词,“投”理解为“投掷”,因其动作性强，而且不具有“抛弃”义典型的语义特征；而“抛”虽然动作性强，但是它有作为“抛弃”义的显性句法标志，与“弃”相对为文，而且具备“抛弃”义[＋因……无能等]的语义特征；“丢”不仅动作性更弱，也具备“抛弃”义的语义特征，所以作“抛弃”义理解。

第二节　表“投掷、抛弃”义的“扔”字来源

现代汉语普通话中，“扔”是表达日常生活概念的一个基本词。《现汉》“扔”：① 挥动手臂，使拿着的东西离开手(按：即投掷义)。② 抛弃；丢。“扔”，甲骨文作。《说文》：“扔，因也。从手，乃声。”段注改“因”为“捆”。朱骏声通训定声：“以手摆之也。”《广雅·释诂一》：“引也。”“扔”在文献中的最早用例见于《老子》第38章“攘臂而扔之”[①]。然而，早期出现的“扔”是否就是现代汉语普通话中表“投掷；抛弃”义的“扔”呢？

从词汇史角度看，既有成果对现代汉语中“扔”字来源的讨论，主要有以下意见：

① 着眼于词义的发展演变，认为表“投掷；抛弃”义的“扔”与首见于《老子》中的“扔”存在词义联系，二者系同一词。谷衍奎(2003)《汉字源流字典》：“扔，本义为牵引，拉。……向相反的方向牵引，使远离，则为……抛掷……丢弃。”曹先擢等(1999)主编《汉字形义分析字典》：“向相反的方向牵引，使远离，就是抛、投(后起义)。”邢向东(2002：196)：“‘牵引、拉’的动作与‘抛掷’的动作有一定的联系。抛掷东西时肩、肘部需要向后侧倾，正与‘牵引、拉’的动作类似。”徐时仪(2007)：“扔，本义为牵引和拉……沿至明代又引申有投掷义。”今按：字书、韵书往往将《老子》中的“扔”释为“牵引、拉”，故后世学者有此分析。

① 此例“扔”字有异文，详下文。

② 侧重于语音之间的联系，认为：1）“扔”系“擲”的音转之字。《中华大字典》(1978)“扔”字条：“（五）擲也。按今京师谓抛物曰扔。扔盖北无入音，扔擲声近，得相转也。”2）疑“扔”为“捆”字之音转。因段注《说文》“扔，捆也”，故马叙伦《说文解字六书疏证》卷二十三：“严可均曰：‘因也，当作捆也。’薛传均曰：‘扔即诗常武仍执丑虏之仍。’伦按：扔训捆也。似为捆之转注字。然音声并远。扔声之类，捆声真类。岂扔转脂而与捆为脂真对转转注字邪？或捆转蒸而与扔为之蒸对转转注字邪？”[①]3)“扔”或为“揖”之音同日纽转字。马叙伦《说文解字六书疏证》卷二十三：“又疑扔为揖之音同日纽转字。”[②]

我们认为，1）现代汉语中的“扔”与上古文献中表牵引义的“扔”存在词义联系的看法证据不足。首先，“扔”自偶见于《老子》后，一直到元明以前的文献中几乎再也找不到用例。直到元明时期，“扔”才零星见诸文献，且表“投擲；抛弃”义。况且，《老子》中“扔”字词义的理解自古众说纷纭。杜翔(2002：81)就认为：“这个‘扔’（按：其指‘引挽’义）和后来用作‘投擲’、‘丢弃’义位的‘扔’是两个互不相干的词。”其次，现代汉语方言中，表牵引义的“扔”除在极个别方言中偶有使用，[③]其余“扔”字均表“投擲；抛弃”义，而且是一个典型的北方方言词。[④] 2)“扔”系“擲”的音转之字不可信。尽管“擲”“扔”古音一为锡部，一为蒸部，可旁对转。但二者声母差异较大，况且其联系缺乏口语基础，“擲”早在晚唐时期，已从口语中消失。而“扔”却晚至元明以后才逐渐行用于口语中。3)至于“扔”为“捆”之转字，二者语音上的联系就更为牵强，马叙伦先生对此也持怀疑态度。那么，“扔”是否就是“揖”之音同日纽转字？“扔”“揖”语音上的联系倒是十分紧密，其

①② 李圃主编《古文字诂林》第9册，上海教育出版社，2004，页697。

③ 王光汉(2007)考察指出，“扔($lɛ^{213}$)”在合肥方言中有“连根拔出，拔除；拽紧，拉住”义。王文认为，众说纷纭的《老子》中的“扔”义，实乃合肥方言“连根拔出，拔除”之义。文中引清代和邦额《夜谭随录》“或揪耳轮，或扔发辫”文。不过，《现代汉语方言词典》中“扔”字条的释义为“甩”，与古义没有关系。

④ 详下文。

语义上有无联系？二者之间到底存在怎样的关系？

1.《老子》中的“扔”

“扔”首见于《老子》第38章：

上礼为之而莫之应，则攘臂而扔之。

此例有异文。“扔”，傅奕本、韩非《解老》、帛书甲本和乙本等诸本作“仍”，王弼本、《释文》、范应元本作“扔”。上例中的“扔”，一训为“因也”，毕沅注引《说文》“‘仍，因也’，‘扔亦因也。’”其中的“因”又如何理解？《广雅》“因，就也”，《字林》“扔，就也”。然而“就”字含义的训释，也有分歧。《诗经·大雅·常武》：“仍执丑虏。”释文：“仍本或作扔。”传：“仍，就也。”笺：“就执其众之降服者。”可见，郑笺“就”字大意为靠近。而《韩非子·解老》：“众人虽贰，圣人之复恭敬尽手足之礼也不衰，故曰：‘攘臂而仍之。’”《经典释文》、王弼等诸本“仍”作“扔”。陈奇猷《韩非子新校注》：“攘臂，有振作精神之意。《诗·常武》‘仍执丑虏’《传》、《笺》皆训仍为就。‘攘臂而仍之’者，谓振作精神而成就之也。盖众人之为礼，时劝时衰，而圣人则复恭敬尽手足之礼也不衰，乃振作精神而成就之也。”陈氏将“就”理解为成就。如上文所引，《老子》此例中的“扔”还训为“引也”。陆德明《释文》：“扔，引也。”林希逸：“‘扔’，引也。民不从强以手引之，强掣拽之也。”（陈鼓应，2009）《集韵·蒸韵》：“扔，一曰引也。”《广韵·证韵》：“扔，强牵引也。”

其实，《老子》中“攘臂而扔之”的“扔”就是“仍”的同音字。“仍”训就，含靠近之义。“扔”在此训（强）牵引义，显系随文释义。《诗经·大雅·常武》“仍执丑虏”，毛传、郑笺释“就”不误。《楚辞·远游》：“仍羽人于丹丘兮。”朱熹集注：“仍，就也。”《说文》：“扔，因也。”王筠注：“扔者，仍之分别字。”段玉裁注：“扔与仍音义同。”《韩非子·解老》“攘臂而仍之”，王先慎曰：“仍、扔字异义同。”“扔”又见于《老子》第69章：“是谓行无行，攘无臂，扔无敌，执无兵。”“扔无敌”即欲决战无敌可就。因为“仍”字词义演变大致朝着“就（靠近）→因袭，继承→重复、继续”这样的轨迹演变，所以上古与“仍”音义相同的“扔”难以引申出“投掷；抛弃”义。

综上，我们认为，现代汉语普通话中表“投掷；抛弃”义的“扔”与《老子》中表“就”义的“扔”没有关系。至于“扔”为何释为“引”？我们推测，因为“扔”字形从手，读者可能按照从手乃声的字形去分析其词义，结合文意就理解为“引”。权威辞书对“扔”字立目的处理，《大词典》将表牵引义的扔与表抛掷义的扔分别列为扔$_1$、扔$_2$两个字头，这是尊重语言事实的做法。而《大字典》则将二义列于同一字头之下。

2. 文献中与“扔”有关的“佴”与“茸”

现代汉语普通话中表“投掷、抛弃”义的“扔”既然与上古文献中偶见的“扔”没有关系，那么，它的源头又在哪里？下面我们先了解早期文献中的“佴”与“茸”。

2.1　“佴之蚕室”

《文选·司马迁〈报任少卿书〉》：“李陵既生降，颓其家声，而仆又佴之蚕室，重为天下观笑。”

此例中“佴”字主要有以下几种释义：

① 相次，随后。李善注引如淳曰：“佴，次也，若人相次也。”[①]《说文·人部》：“佴，佽也。”王筠句读：“佴，即次第之谓。”二大典并引《文选》例，释为相次，随后。熊飞（2002）亦认为“苏林注（今按：苏注‘次也，若人相俾次’）不误”。

② 停留，置。《现汉》：“佴，〈书〉停留，置。”杨雅丽（1995）：“太史公笔下的‘佴’正含‘置’义，可结合上下文理解为‘扔进’、‘投

① 萧统（梁）编，李善（唐）等注《六臣注文选》，上海古籍出版社，1993。（据文渊阁本《四库全书·总集类》选辑而成。）

入’。……言自己被扔进蚕室之中。……以置（理解为‘投入’、‘扔进’）释‘佴’，既切合作者彼时彼地的心境，也符合上下文意。”

③ “耻”。李惠昌（1989）认为：释“佴”为“编次、排列”之义，把“佴之蚕室”解作“被排列到应入蚕室之列”，以及作“茸（róng戎），推置其中”解都值得商榷。李文据《春秋事语》“子恐兵之环之而佴（耻）为人臣”、《老子》“民富则有佴（耻）”等文献中“佴”通“耻”的情况，认为“佴之蚕室”中的“佴”当解作“耻”，即“我又羞耻地到蚕室中去”。

可见，孤立地着眼于上下文，仅靠玩味文意，“佴”字释义难免纷纭。

2.2 “茸(揖)以蚕室”

司马迁《报任少卿书》例，《文选》李善注：“佴，人志切。今诸本作茸字。……颜监云：‘揖，推也。人勇切。推置蚕室之中。’”据李善注知悉，《文选》诸本“佴之蚕室”有异文“茸（揖）以蚕室”。朱骏声《说文通训定声》：“佴，亦作茸，或读为揖，谓推致也。”司马迁此番遭遇，《汉书》亦有记载：

> 《汉书·司马迁传》：“李陵既生降，隤其家声，而仆又茸以蚕室，重为天下观笑。”苏林曰：“茸，次也，若人相俾次。”师古曰：“此说非也。茸音人勇反，推也。……谓推致蚕室之中也。”

同一史实，为何一作“佴之蚕室”，一作“茸（揖）以蚕室”？“佴”“茸”之间到底是什么关系？其与“扔”有无联系？

关于“佴”“茸”异文的问题，有学者推测“佴”可能是“茸”字之误：

> 宋王观国《学林》卷十“茸佴”条：“班固作《司马迁传》，去司马迁未远，必据司马迁文用‘茸’字。其义如颜师古注，文意通也。字书曰：‘揖，人勇切，推也。’当用揖字。班固省其偏旁，故

用茸字耳。自班固作《汉史》后，又历四百余年，梁昭明太子始集《文选》，既不依《司马迁传》作茸字，而变为佴字，是必得于它书也。它书所传司马迁文，历年既久，岂无讹谬然？则茸佴二字义虽均通，犹当以《汉书》为正，况佴之义偏乎？”①

王观国推断，“佴之蚕室”之“佴”当作“揖”。那么，“佴”作“揖”的依据是什么呢？

3. “佴”“茸(揖)”“扔”三者间的音义联系

3.1 “佴”与“扔”：“佴之蚕室”即“扔之蚕室”

为何流传至今的《文选》诸多版本中，《报任少卿书》中未见“扔之蚕室”，却见“佴之蚕室”呢？

3.1.1 “佴”与“扔”的语音关系

表 23 著录了“佴”与“扔”的语音关系。

表 23 “佴”与“扔”的语音关系

	上古	中古	今音
佴	日母·之部 ȵĭə	《广韵》仍吏切② 日志开三去止 ɽĭə	èr
扔	日母·蒸部 ȵĭəŋ	《广韵》如乘切 日蒸开三平曾 ɽĭəŋ	rēng

“佴”与“扔”今音差异大，“佴”为零声母，阴声韵。而“扔”为日母字，阳声韵。可二者上古、中古语音联系紧密，均为日母字，韵部之蒸阴阳对转。“佴”“扔”之间的这种阴阳对转关系，在“佴之蚕室”一文的方言背景中，语音上是否存在同样的现象？《报任少卿书》出自司马迁笔下，司马迁于公元前 145 年（一说 135 年）生于龙门（今陕西韩城，位于关中东部）。其游踪虽遍及长江中下游等地，但其一生大部分时间生活在关中地区，数年为官长安。因此，《报任少卿书》具有关

---

① 王观国(宋)撰《学林》(影清武英殿聚珍版丛书本)，中国基本古籍库。

② “佴”表人物姓氏、次也等义，《集韵》“乃代切”。此音与本文的讨论无关。

中方言背景。关中方言的语音系统中是否存在阴阳对转现象呢？宋人刘攽《贡父诗话》“关中人……以虫为尘”①、李汝珍《李氏音鉴》“关中以青为萋，以虫为尘”②，均记载了这种阴阳对转的语音现象。《集韵·蒸韵》：“仍，如蒸切，《说文》‘因也’。”又证韵：“如证切。仍，因也。”表因仍义的“仍”字，关中方言却读为阴声之韵字。《集韵·之韵》：“仍，人之切，因也，关中语。”这种读音差异反映出关中方音中的阴阳对转现象。③ 故中古与“仍”音韵地位相同的“扔”在关中方言中也被读作了“人之切”，即日母之韵字。

另一方面，“佴之蚕室”之“佴”，据《文选》李善注“佴，人志切”，可知，至唐“佴”仍读为止摄。可见，唐以前，关中方言中，“扔”字读音与“佴”声韵相同，声调一为平声，一为去声。这种差异，邢向东(2002)考察指出，“扔”在现代方言中既有读阴平的，也有读上声或去声的。“佴”“扔”究竟是读音相同的两个词呢？还是“佴”就是“扔”这个词依关中方音而造的方言用字？也就是说，“佴”“扔”就是同一个词。现代汉语方言中还存在解开此谜底的材料。

3.1.2 现代汉语方言中表“投掷、抛弃”义的“꜀ər/ər꜄”“zɿ”“ʌɯ/꜀ɛ”类音字

现代汉语中原官话区的关中方言、兰银官话区的宁夏、乌鲁木齐等地以及晋语区中陕北神木等地表“投掷、抛弃”义的词或读“꜀ər/ər꜄”，或读“zɿ”，或读“ʌɯ”，字或作“扔”，或依方音作“佴/㧑/抭/㧴”等。杨雅丽(1995)：“‘佴’被频繁地使用于北方许多地区。如内蒙古民歌‘佴家乡别父母’④……‘佴’在陕西省的关中方言里也是个常用词。在关中西部，‘佴’读为[ər53]，与包头方言同，可理

---

① 此例引自储泰松《唐五代关中方音研究》，安徽大学出版社，2005，页144。

② 李汝珍《李氏音鉴》卷四，《续修四库全书》第260册。

③ 储泰松先生(2005)教示：“关中地区之韵系、蒸韵系字有混读的现象。《集韵》拯韵：‘耳，仍拯切，耳也。关中河东语。’‘齿，称拯切，齿也，河东云。’‘耳齿’本为上声止韵字。这就是把阴声韵读成阳声韵。”

④ 民歌整理者注为“佴，放置，包头方言。含有丢下不管的意思”。

解为‘放置’或‘丢弃’……在关中东部，许多读为[ər]的字被念成[zɿ]…… 在关中东西部，‘佴’读音虽不相同，但词义一致。”林端(1998)指出：“《朔方道志》(按：民国时编成)中记载宁夏方言‘扔’有[ləŋ]、[ʐəŋ]、[a]三个读音，[a]音又写作‘扖’，现今宁夏老年人多说[a]，年轻人多说[ʐəŋ]。”林文认为，乌鲁木齐为“扔”义自造的“扖”字与“扔”系一音之转，因此，“为乌鲁木齐汉语方言创造方言字是多余的，乌鲁木齐汉语方言的[ᶜɚ]，普通话的[꜀ʐəŋ]，意义完全一样，本为同一个字‘扔’在不同方言中的读音变异……并非两个方言词”(林端，1998)。《现大》“扔”字条：“乌鲁木齐……通俗的说法是‘抳’。”邢向东(2002)对地处晋陕蒙交界地带的神木方言进行了深入考察。邢著对神木话中的例外字“扔”进行了细致描写，有助于我们全面认识“扔”字音义在现代汉语方言中的情况。

“扔”是日母字。而日母字声母脱落的现象在现代汉语方言中尤为普遍。邢著指出：“北京话和大部分北方方言、晋语止开三日母字声母脱落，读 ər 类音。……东北官话中，除‘扔’以外的所有日母字声母均脱落(‘扔’读 l 母)。”(邢向东，2002：193—196)今西安话中“日”正读“꜀ər”。①从上引杨雅丽(1995)文可知，上古、中古读为日母字的“佴”，今关中西部读成了[ər^{53}]。上引林端一文也指出，乌鲁木齐、宁夏等地“扔”字也有读零声母的情况。经调查，陕西宝鸡凤翔一带，表“投掷、抛弃”义的词老派至今仍说[ᶜɚ]。② 山西吕梁，表“投掷、抛弃”义的词说[ᶜɚ]，字作“扔”。③ 邢向东(2002：194)考察指出：“山西方言有十七个县，以及贺家川、万镇话，曾梗两摄开口三等舒声字今白读韵母与止开三韵母相同，蒸$_{\text{曾开三}}$，白＝正$_{\text{梗开三,白,～月}}$ ＝知$_{\text{止开三}}$。”这些方言点中，曾梗两摄开口字的文读情况又如何呢？(邢向东，2002：

① 李荣主编，王军虎编纂，《西安方言词典》，江苏教育出版社，1996。

② 被调查人，王会梅，陕西宝鸡凤翔县田家庄人，硕士。她不知[ᶜɚ]音写作哪一个字。

③ 被调查人，李建栋，山西吕梁人，博士。

194)列举了曾开三的“绳、剩”和梗开四的“听”字的读音情况，下文摘要引述：

	平遥	娄烦	贺家川
绳文	ʂəŋ	ʂə̃	ʂəɣ̃
绳白	ʂʅ	ʂʅ	ʂʅ
听文	t^{h}iŋ	tɕ^{h}iə̃	t^{h}iəɣ̃
听白	t^{h}i	tɕ^{h}i	t^{h}i

可见，同为曾摄的“扔”字，在以上方言中也当存在文白异读的情况，白读当为止摄。

对此，邢向东(2002：194)进行了较大范围的考察，山西大宁、万荣$_{\text{白}}$、蒲县$_{\text{白}}$的“扔”字保留声母，韵母为舌尖元音，其中大宁、万荣$_{\text{白}}$“耳扔”同音：

大宁	万荣	蒲县
耳扔⊂zʅ	耳扔⊂zʅ	扔⊂zʅ

而山阴$_{\text{白}}$、神木等则“耳扔”同音，声母脱落，读⊂ər 或类似音：

山阴	朔县	忻州	神木
耳扔⊂ər	耳扔⊂ər	饵扔⊂ər	耳扔⊂ʌɯ

可见，“扔”在今山西境内白读有“⊂zʅ”音与“⊂ər/⊂ʌɯ”两种读音。方言白读较好地保留了“扔”与“耳”等止摄开口三等日母字同声、韵(或同调)的阶段。据汉语语音发展的历史看，日母字“扔”的白读“zʅ”音应当早于“ər”音①，二音演变的大致时间，鲁国尧(2003b：74)指出：

《许氏说音》(按：许桂林著，1807)卷二：“音谱丛说”：

> 而、尔、二，三音古入日母字，此谱应在若冈切内，而今天下

① 此演变现象，储泰松先生见告：“从梵汉对音看，盛唐以后僧人用汉语的日母字对梵文辅音 j，反映出唐代长安音日母读作[^{n}dz]>[^{n}z]。”

之音多读入昂母。秦、晋、齐、楚、燕、赵、滇、黔皆然，不可废其音也。

可见，到19世纪初期，日母字在秦、晋等广大地域已经读成了零声母字。据上引邢著的考察可知，“扔”与“耳”等止摄开口三等日母字最终都变为了 ər 类音。

因此，邢向东（2002）据“扔”字在神木等地共时层面上的读音差异，追溯了其历史演变的轨迹：

* ɽĭəŋ → ʐəŋ/zəŋ 文 → ʐə̃ /zə̃ 文 → ʐʅ/zɿ 白 → ər 白 → ʌɯ 白

“扔”在晋语中白读音的差异与关中方音一致，上引杨雅丽文，“佴”在关中西部读[$ər^{53}$]，关中东部读[zɿ]，反映出“扔”字读音在关中口语中的演变层次。

3.1.3　“佴之蚕室”即“扔之蚕室”

要之，具有关中方言背景的早期文献中的“佴之蚕室”实际上就是“扔之蚕室”，“佴”是“扔”在关中等方言中的读音，其字形应当是关中方言依自己的语音系统造出的方言俗字。方音之间的阴阳差异，造成了方言俗字之间的阴阳对立。“扔”一直依方音行用于北方包括新疆、宁夏、甘肃东部①、陕西、山西、内蒙等大部分地区。

除现代汉语方言材料为基本词“扔”产生源头所提供的线索外，历史文献中也有能够佐证“扔”源于关中方言的材料。

3.2　“茸(搑)”与“扔”：“茸(搑)以蚕室”即“扔以蚕室”

3.2.1　“茸”字系列形体

① “茸”作“搑”。上引文献中的“茸”字，据李善注“今诸本作茸字。……颜监云：‘搑，推也。人勇切’”可知，“茸”有另一形体“搑”。“茸”与“搑”的关系，段玉裁《说文解字注》“搑”字条：“如颜说，则茸

---

① 谭治琪（2010）指出，“扔”是陇东方言的一个常用词，音[er^{33}]。

者，搑之假借字，从手茸声，而陇切。”王筠《句读》：“搑，亦省作茸。”笔者以为，依词义当作“搑”，作“茸”系同音借用。② “搑”或作“⿰扌戎”。搑，《说文》：“推搗也。”桂馥《义证》：“搑，或作⿰扌戎。”⿰扌戎，《广韵》而陇切。《广雅·释诂三》：“⿰扌戎，推也。”王念孙疏证：“《玉篇》：‘⿰扌戎，如勇切，推车也。’《说文》：‘軵，反推车，令有所付也’……《说文》：‘搑，推搗也。’⿰扌戎、搑、軵，并音如勇反，其义一也。”③ “⿰扌戎”通作“戎”。《集韵·东韵》：“⿰扌戎，《博雅》‘推也’。通作戎。”④ “扔”或作“⿰扌戎”。《集韵·蒸韵》：“扔，如蒸切。《说文》‘因也’。一曰引也。或作⿰扌戎，亦省。”（今按：“⿰扌戎”字音义零星见于个别字书、韵书，表推义。）据上引字书、韵书的情况分析，“搑”字音“人勇切/而陇切/如勇切”或“如蒸切”。其书写形式大致有①：

词　　　　书写形式
↓
{搑}　茸　⿰扌戎　戎　扔　軵　⿰车茸　⿰车宂　……

以上书写形式，示音、示义功能最显著的形体当是“搑”“⿰扌戎”与“扔”。三者从手，表手部动作，声符“茸、戎、乃”提示该字读音。因此，《说文》在说解“軵、⿰车茸、⿰车宂”几个形体时，就直接指出其“通作⿰扌戎”。即“⿰扌戎”是主要形体。上引《集韵》的著录值得分析，从前文的讨论我们知道，“扔”最初见于《老子》，是作为“仍”的同音字表“因、就”义，读者据文意往往还释作“引”。字书、韵书将“引”义又径直释为推义。《集韵》著录“扔”字还与“⿰扌戎”构成异体字。也就是说，“扔”与“⿰扌戎”“搑”其实就是表示相同意义的同一个词的不同书写形式。

3.2.2　“茸”字系列形体间的语音联系

以上系列异体字，其除了词义上的联系外，语音上还必须有紧密的联系。表 24 汇集了以上主要形体间的语音联系。

① 下图中的“軵”，《说文》：“或从茸从宂，通作⿰扌戎。”軵，《广韵·肿韵》：“推车，或作搑。”余迺永校注：“⿰扌戎、搑，本纽軵字或体。軵，推，或作搑。”

表 24 “搑/茸”“拭/戎”“扔”的语音关系①

	上古音	中古音
茸	ȵĭwoŋ—东部	ɽĭwoŋ——《广》而容切。锺韵。草生貌。 《集》乳勇切。肿韵。草生貌。而融切：龙茸，乱貌。
搑	ȵĭwoŋ—东部	ɽĭwoŋ——《广》而容切。锺韵。推捣。 《集》乳勇切。肿韵。推捣。
戎	ȵĭwəm—冬部	ɽĭuŋ——《广》如融切。东韵。兵也。 ɽĭəŋ——《集》如蒸切。蒸韵。因也。一曰引也。
拭②		ɽĭuŋ——《集》而融切。东韵。相也，推也。 ɽĭəŋ——如蒸切。蒸韵。因也。一曰引也。 乳勇切。肿韵。相也。 戎用切。用韵。推也。
扔	ȵĭəŋ—蒸部	ɽĭəŋ——《广》如乘切。蒸韵。因也。一曰引也。 《集》如证切。证韵。引也。一曰推也。

从表 24 分析：1）以上几个书写形式从上古至中古均为日母字。2）搑字上古属东部、中古锺韵/肿韵。3）“拭”字从戎得声，戎在上古属冬部，中古《广韵》属东韵。“拭”字《玉篇》还有“而勇切”一读。可见，表义相同的“拭”字有冬部、肿韵两读。4）“扔”字《广韵》《集韵》著录其在中古的音韵地位系曾摄开口三等日母蒸韵/证韵。5）“拭”读作如蒸切，是东部（冬部）字读作了蒸韵字。

那么，为何东部（冬部）字能读为蒸韵呢？这种差异是否是同一方言区的口语音与读书音的差异？如果是，其又属于哪种方言？

从上文的引述可知，“搑（茸）以蚕室”出自《汉书》。其作者班固生于公元 32 年，扶风安陵（今陕西咸阳东）人。可见，班固具有关中方言背景。那么，关中方言里，是否存在东（冬）部字与蒸韵字混读的现

① 其中上古、中古拟音据郭锡良《汉字古音手册》。《广韵》（表中简作《广》）未著录的反切，引《集韵》（表中简作《集》）。

② “拭”显然是“戎”字的后出形声字。

象呢？宋人刘攽《贡父诗话》云："周人语转，亦如关中人以中为蒸。"①清李汝珍《李氏音鉴》(1810)卷四："关中以中为蒸。"清郝懿行《证俗文》卷十七"方言"："关中读中为烝。"②"中"字上古韵部，郭锡良《汉字古音手册》列为冬部。中古音韵地位，《广韵》：陟弓切，通摄合口三等东韵字。作为东三，"中"字中古被列为冬部字。可见，关中方言中，冬部字与蒸韵字混读是其显著的语音特征。故从戎得声的"搣"在关中方言中，被读为如蒸切(蒸韵字)。至于"揖(茸)"虽为东部字，由于东锺韵同属一摄，主元音相近，自古东冬部联系紧密。

关中文人诗文用韵中，东冬部、东蒸部、冬蒸部、东冬蒸部互押的情况尤为显著。东冬部的密切关系③，如班固《东都赋》"终容"互押(东冬部合韵)、杜笃《首阳山赋》"蒙通中容"互押(东冬部合韵)④、傅毅《七激》"容红降双"互押(东冬部合韵)⑤；东蒸部互押例，如班固《西都赋》"陵承兴公"互押(蒸东部合韵)、冯衍《显志赋》"崩功"互押(东蒸部合韵)⑥；冬蒸部互押例，如班固《灵台诗》"崇征"互押(冬蒸部合韵)；东冬蒸部互押例，如马融《长笛赋》"工锺容隆风降兴重同终"互押(东冬侵蒸合韵)⑦。不仅汉代如此，至唐，从关中文人诗文用韵中，也反映出关中方言中，东冬蒸部字往往通押，如储泰松(2005：144、205)，杜牧《自撰墓铭》3467b"禺(颙)公陵终宫"通押(东蒸冬部合韵)，又"东蒸"混押3例。可见，自古以来，关中方言中，东冬蒸部就混读。因此，"揖(茸)以蚕室"的"揖(茸)"(东部字)，事实上就可能是蒸部字(如蒸切)"扔"在关中方言中的读音，字形"揖"也应当是依据方音而造。

---

① 此例引自储泰松(2005：144)。

② 郝懿行《证俗文》第十七卷"方言"，《续修四库全书》第192册。

③ 下引材料均出自罗常培，周祖谟合著《汉魏晋南北朝韵部演变研究》(第一分册)，科学出版社，1958。

④ 杜笃，卒于公元78年，京兆杜陵人。

⑤ 傅毅，卒于公元92年以前，扶风茂陵人。

⑥ 冯衍，卒于公元76年以前，京兆杜陵人。

⑦ 马融，生于公元79年，卒于公元166年，扶风茂陵人。

那么,现代方言中能否找到“茸(搑)”(东部字)与“扔”(蒸韵字)混读的情况呢?

3.2.3　白涤洲《关中方音调查报告》中关于“茸(搑)”与“扔”混读的记录

白涤洲先生于1933年前往关中调查了陕西关中四十二县五十个点的方音情况。其中记录了关中方音“仍(扔)”与“绒(戎/搑)”混读的情况。五十二个点中“仍”“绒”混读的具体情况如表25:

表25　《关中方音调查报告》(白涤洲,1954)中“仍绒”混读的情况

	仍	绒	戎	扔	茸		仍	绒	戎	扔	茸
华县瓜破镇	zɥʅəŋ		zɥʅəŋ			醴　泉	zɥʅəŋ		zɥʅəŋ		
渭南韩马村	zɥʅəŋ		zɥʅəŋ			乾　县	zɥʅəŋ		zɥʅəŋ		
渭南故市镇				zɥʅəŋ	zɥʅəŋ	永寿监军镇	zɥʅəŋ		zɥʅəŋ		
临潼铁炉镇	zɥʅəŋ		zɥʅəŋ			栒邑太峪镇	zɥʅəŋ		zɥʅəŋ		
临　潼	zɥʅəŋ		zɥʅəŋ			邠　县	zɥʅəŋ		zɥʅəŋ		
澄城王庄	zɥʅəŋ		zɥʅəŋ			长武常刘乡	zɥʅəŋ		zɥʅəŋ		
蒲　城	zɥʅəŋ		zɥʅəŋ			扶风阎村	zɥʅəŋ		zɥʅəŋ		
蒲城义龙镇	zɥʅəŋ		zɥʅəŋ			麟游昭贤镇	zɥʅəŋ		zɥʅəŋ		
蒲城荆姚镇	zɥəŋ		zɥəŋ			汧　阳	zɥʅəŋ		zɥʅəŋ		
富平美原镇	zɥəŋ		zɥəŋ			陇县朱柿堡	ʐuəŋ		ʐuəŋ		
富　平	zɥʅəŋ		zɥʅəŋ			宝　鸡	zɥʅəŋ		zɥʅəŋ		
耀　县	zɥʅəŋ		zɥʅəŋ			鄠　县	zɥʅəŋ		zɥʅəŋ		
同官梁家原	zɥʅəŋ		zɥʅəŋ			蓝　田	zɥəŋ		zɥəŋ		
高陵外门村	zɥʅəŋ		zɥʅəŋ			雒南富刘村	zɥəŋ		zɥəŋ		
三　原	zɥʅəŋ		zɥʅəŋ			岐山青化镇	ʐəŋ		ʐəŋ		
泾阳鲁桥镇	zɥʅəŋ		zɥʅəŋ			韩　城	vəŋ		vəŋ		
淳化方里镇	zɥʅəŋ		zɥʅəŋ			盩厔亚柏镇	vəŋ		vəŋ		
咸阳洼店镇	zɥʅəŋ		zɥʅəŋ			盩　厔	vəŋ		vəŋ		
兴　平	zɥʅəŋ		zɥʅəŋ			西　安	vəŋ		vəŋ		
武　功	zɥʅəŋ		zɥʅəŋ			潼　关	vəŋ		vəŋ		

表25“仍”“绒”除了岐山青化镇外，其余44个点均有介音“ɥ”。另韩城等5个点，二者声母读唇音“v”。表中主要用“仍”与“绒”作为代表字著录，其实，自《广韵》“仍”“扔”的音韵地位就相同，故“仍”代表了“扔”的读音。从上文的考察我们知道，关中方言中，从“戎”得声的字与“茸/搑”读音也相同。因此，“仍”与“绒”的混读，就是“扔”与“搑”的混读。表25渭南故市镇就用“扔”与“茸”作为代表字。

可见，二者混读已是关中方言的显著语音特征。

3.2.4　“茸(搑)以蚕室”即“扔以蚕室”

据上文考察，关中方言韵部之、蒸对转，蒸部字读为之部字，“扔”读为“佴”。同时，关中方言东(冬)部字可读作蒸韵字，“搑(茸)”与“扔”往往混读。因此，“扔之(以)蚕室”文在具有关中方言背景的文献中，或为“佴之蚕室”，或为“茸(搑)以蚕室”。上引王观国《学林》指出“当用搑字”不误。不过，王氏认为用“佴”系讹谬，则有悖于事实。班固选择形体“茸”。“茸”实乃“搑”之省。《集韵》以“扔”为正体，以“㧓、戎”为或体。《集韵》的收字，其卷首《韵例》第二凡云：“凡古文见经史诸书可辨识者取之，不然则否。”①

综上，现代汉语普通话中，表“投掷、抛弃”义的基本词“扔”最早行用于关中一带。现代北方大部分方言中至今仍保留“扔”在关中方言中的古读音，依方音或作“佴”，或作“茸(搑)”。

第三节　“扔$_1$类词”的历时演变与共时分布

本节拟讨论汉语史上“扔$_1$类词”主导成员的历时演变过程及内在

---

①　因此，鲁国尧先生(1984)分析说：“《集韵》所收的各种字形都是有根据的。”“《集韵》不仅收字广博，异体字多”，还“广泛搜集了当时通语和方言的词汇，其中有若干保存至今天”。当然，有的方言词汇，《集韵》给予了明确标注，有的则未标明是方言词汇或方音。后者正如“扔㧓戎”并音如蒸切这种情况。

动因。在此基础上介绍“扔$_1$类词”在现代汉语方言中的共时分布，并结合历史发展的结果全面探讨“扔$_1$类词”发展演变的特点。大致以上古、中古、近代及20世纪以后几个阶段为脉络。

表26　汉语中的“扔$_1$类词”①

	总的成员	主导成员
上古	本义为“投掷”义：投、擿(蹢)等。	投
	引申为“投掷”义：涿/豥/椓(zhuó)、敦(duī)、窜等。 假借为“投掷”义：提(dǐ)等。	
中古	本义为“投掷”义：承古：投、擿/掷。 新出：搥(duī)、揲/挃(dié)、歈(yú)、㠓(wū)、摲(chàn)等。	投、掷
	引申为“投掷”义：承古：无。　新出：抭(yù)、抛等。 假借为“投掷”义：承古：提(dǐ)。　新出：石、抵(抵、扺)(zhǐ)等。	
近代	本义为“投掷”义：承古：投、掷、摲、揲/挃。 新出：撂/撩/料、扔、撺、搰/摬、揎、砉、撍、扨、摔等。	丢、扔、摔、抛、撂/撩
	引申为“投掷”义：承古：抛(抱)、抭。 新出：丢、调(tiáo)、掠、撇、揞(yàn)等。	
现代汉语方言	表“投掷”义的基本成员：掷、抛、丢、甩、掼、撂、撇、扔等。	丢、撂、扔
	表“投掷”义的非基本成员：拽、揸、溜、砍、愣、掟/钉/矴、襄、掕、蛮、冒、捌、瞒、哚、嚣、真、毅、揷/挕、弜、攊、撺、拌、揨、射、挬、揞、板、扰/揕、哉、逮、辘、揻、旭、揲、献、练、擗、扔、捽、打、掏、攕、抨、$ʐou^{213}$、$tʂɑu^{24}$、$tuei^{212}$、$huæ^{33}$、$huɛ^{55}$、$ɕiai^{323}$、$tɕyŋ^{55}$、liu^{55}、亚/$iɔ^{25}$、$fiaŋ^{53}$、$viaŋ^{1}$、$tɕʻia^{31}$、fit^{11}、$taŋ^{44}$、kak^{44}、ko^{55}、$tʃɔŋ^{53}$、$koeʔ^{4}$、$hieŋ^{213}$、$kʻai^{31}$、$siek^{5}$、$kʻau^{31}$、tai^{33}等。	

1. 上古“投掷语义场”的主导词“投”

上古“扔$_1$类词”主要有“擿(zhì)”、“提(dǐ)”、“窜(cuàn)”②、“投

① 表26归类基于如下考虑：汉语史上“扔$_1$类词”的排列重在表明各成员进入“投掷语义场”的主要途径；现代汉语方言中“扔$_1$类词”的排列重在表明各成员在该语义场中的地位。现代汉语方言中，下加浪线的词表示该词为方言同音字。下文同此。

② 《尚书·舜典》“窜三苗于三危”孔颖达疏：“窜者，投弃之名。”《庄子·在宥》作“投三苗于三峗”。

(投、豉)"[①]、"敦(duī)"[②]、"豖(㲉、椓)(zhuó)"[③]等,其中"投"是主导词。

1.1　投

《说文·手部》:"投,擿也。从手,从殳。"桂馥义证:"当云'殳声'。"本义即投掷。上古"投"应当是一个通语词,见于《诗经》(7/8)、《左传》(16/20)、《韩非子》(1/4)、《吕氏春秋》(15/25)、《战国策》(9/15)[④]等自西周初年以迄战国末期的各类文献。"投"字在上古的主要特点:

(1) 主要带受事宾语,动作性强。如:

> 桀石以投人、投之以机、削而投之、国人投之、简子投枹、以卵投石、孙叔敖甘寝秉羽而郢人投兵、以车投车,以人投人也、取而投之等。

从上引用法看,"投"带受事宾语时往往隐含[+攻击]义。

(2) "投"后往往带有表对象、处所的目的语,动作的方向性强。

"投"字理性义的语义构成是[+挥动][+手臂][+使物][+离手]。具体使用中,"投"常与被投对象所及的最终目标共现,从而使被支配对象运动的整个过程得到了凸显,增强了谓语动词的动作性及目的性,[+方向性]/[+目的性]已成为"投"的隐含义

① "投",《集韵·侯韵》:"投,古作投。""豉",王筠《说文句读》:"殳部豉为投之古文。"《慧琳音义》卷五"投趣"注:"投,或作豉,古字也。"

② 《诗·邶风·北门》:"王事敦我。"毛传:"敦,厚也。"郑笺云:"敦,犹投擿也。"陆宗达(2002:15)指出:从表面上看,好像《毛传》和《郑笺》彼此矛盾,做出了两个不同的训诂。但是,从声音线索来寻求,就可以把这两个训释统一起来。《毛传》读"敦"为"堆"字(《经典释文》之"郑,都回反"应为"毛,都回反"),堆积所以训"厚",厚是指堆积起来而使厚,不是指恩厚、优厚。也就是说,国有王命役使的劳役,都堆在我的身上。郑玄则读"敦"为"丢",义为搁置,所以以"投擿"解之,意思是都抛在我身上,其实也是堆的意思。所以毛、郑的两种注释并无矛盾,只不过各取不同的方言来训释罢了。

③ 㲉,《广雅·释诂四》:"㲉,擿也。"王念孙疏证:"《说文》:'㲉,击也。'又云:'椓,击也。''㲉,椎毄物也。'"郑注《周官》"壶豖氏云:'豖,击之也。'案:豖,谓投击之也。其职云'掌除水虫,以焚石投之'是也。㲉、椓、豖并通。"

④ 以上文献后附数据"/"前表"投掷"义,"/"后表总的用例数。

素。如：

带对象宾语：投畀豺虎、投我以木瓜①、投之一骨、毋投与狗骨等。

带处所宾语：投畀有北、投畀有昊、投壶、以冰投冰则沉、以涂投涂则陷等。

带处所补语：举千钟爵禄……妄投之于左右、能投盖于稷门、投其璧于河、投诸四裔、投其首于宁风之棘上、投之于江、投己乎黾塞之外、投之棘门外、投三苗于三峗等。

(3) 呈现出多种语用(语境)义。

上古“投”除主要表投掷义外，具体语境中还可理解为“抛弃”“放(安)置”等义。从词义引申的逻辑看，这是“投掷”与“抛弃”“放(安)置”等引申义位之间的过渡性用法。含“抛弃”语用义的参第四章第一节 1.2 中“A”“B”两类用例，含“放置”语用义的：

下车而封夏后氏之后于杞，投殷之后于宋。(《礼记·乐记》)|犯之以利，勿告以害。投之亡地然后存，陷之死地然后生。(《孙子·九地》)|聚三军之众，投之于险，此将军之事也。(又同上)

把某人或物投于某地，上引用例我们认为语用义是“放置”，而诸

---

① 向熹《诗经词典》将《诗·卫风·木瓜》“投我以木瓜、投我以木桃、投我以木李”等组合中的“投”释为“投赠”，“二大典”等工具书也将其作为“投”字“赠送”义的始见书证。而蒋绍愚(2005a：44—46)认为它就是“投掷”义的“投”，并引郑《笺》“投，犹掷也”加以佐证。我们同意蒋先生的看法。一是因为从词义发展的过程来看，由“投掷”义引申出“赠送”义当有个过程。另一方面，上古也未见其他类似表赠送义的用例。据初步了解，表赠送义的用例较早见于《史记·鲁仲连邹阳列传》：“苏秦相燕，燕人恶之于王，王按剑而怒，食以駃騠；白圭显于中山，中山人恶之魏文侯，文侯投之以夜光之璧。”此文前有“白圭战亡六城，为魏取中山”句，裴骃《集解》引张晏“白圭为中山将，亡六城，君欲杀之，亡入魏，文侯厚遇之，还拔中山”文可证此例“投”当为“赠送”义。又《法苑珠林》卷 91 引《冥祥记》：“奴云：‘不得奉送，四娘但去，前路应相值也。’投一马鞭与之，曰：‘谨执此鞭，自知行路。’”(《钩沉》456)

如“取彼谮人，投畀豺虎”“投诸四裔，以御魑魅”等用法，我们认为语用义主要含“抛弃”义。因为前者行为主体并无要置受事于死地的强烈愿望，而“投畀豺虎”等用法中，行为主体意在弃除受事。从语言使用者的目的、语义的轻重程度看，二者存在差异。这种语用差异将导致不同的词义引申结果。

（4）词义快速引申。

“投”早见于《诗经》，本义为“投掷”。上古又快速引申出一些汉以后常见的用法：

	条　件	结　果
上古“投”的词义引申	[＋使离开]（理性义素）[＋使趋向]（隐含义素）⟶	① 投奔：投兔 ② 跳（离）：投于车下
	[＋持物][＋挥动][＋手臂]（理性义素）⟶	③ 挥，甩：投袂
	[＋持物][＋使离手]（理性义素）⟶	④ 放置：投其杖

1.2　擿①、提

表投掷义的“掷”上古有了萌芽，字作“擿”。《说文・手部》：“擿，投也。”段玉裁注：“擿，今字作掷。凡古书用投掷字皆作擿。”《史记・刺客列传》“乃引其匕首以擿秦王”司马贞索隐：“擿，与掷同，古字耳。”

（1）故绝圣弃知，大盗乃止；擿玉毁珠，小盗不起。（《庄子・胠箧》）陆德明《释文》：“‘擿玉’持赤反，义与掷字同。崔（譔）云：犹投弃之也。”

“擿”又作“蹢”，如：

---

① 《管子・小问》：“昔者吴、干战，未龀不得入军门。国子擿其齿，遂入，为干国多。”其中“擿”当表“敲击”义。

（2）齐人蹢子于宋者，其命阍也不以完。（《庄子·徐无鬼》）[①]

上古又以“提”表“投掷”义：

（3）荆轲废，乃引其匕首提秦王，不中，中柱。……而赐夏无且黄金二百镒，曰：“无且爱我，乃以药囊提轲也。”（《战国策·燕策三》）[②]

“提”表“投掷”义的读音据《汉书》颜注为“徒计切”，音 dì。《集韵·霁韵》“提，掷也。典礼切”，音 dǐ。今从《集韵》读 dǐ。

小结：“投”作为上古“投掷语义场”的主导词，其隐含的诸多义素加速了词义引申，这无疑影响到它在该语义场表意的集中性与明确性，从而为新成分取而代之创造了条件。“擿”上古始见于《庄子》等带中原方言背景的文献。

2. 中古“掷”对“投”的替换及“抛”的产生

中古该语义场产生了如“抛”等一批新词，而且萌芽于上古的“擿”经过两汉时期的发展，大约至刘宋时期替换“投”成为该语义场的主导词。这一时期的新生词有“抵（牴、扺）、石、抛、抭[③]、搥[④]、揬/挃[⑤]、歈[⑥]、㡚[⑦]、

---

① 注：“投之异国，使门者守之。出便与（手）[子]不保其全。”成玄英疏：“齐之人弃蹢其子于宋。”陆德明释文：“‘蹢’呈亦反，投也。司马云：齐人憎其子，蹢之于宋，使门者守之，令形不全。”《广雅·释诂三》“擿，投也”王念孙疏证引《徐无鬼》“齐人蹢子于宋”云：“擿、掷、蹢并通。”

② 鲍彪注：“提，擿也。”《说文·手部》朱骏声通训定声：“提，假借为擿。”“提秦王”，《史记·刺客列传》作“擿秦王”。

③ 抭，《广韵·质韵》“于笔切”，今音 yù。《玉篇》：“抭，揘击也。”《集韵》《类篇》并引《广雅》：“抭，投也。”王念孙疏证：“今本脱抭字。”

④ 《广韵·灰韵》“都回切”，今音 duī。《广雅·释诂四》：“搥，擿也。”王念孙疏证：“《音义》云：‘搥，掷也。’《邶风·北门》‘王事敦我’郑笺云：‘敦，犹投掷也。’敦与搥同，掷与擿同。”玄应《一切经音义》卷 12：“搥，古文磓同。投下也。”《法言·问道》：“即搥提仁义，绝灭礼学。”《古今韵会举要》“搥”：“《博雅》‘揬擿也’，《增韵》‘又掷也’，或作槌。扬子：槌提仁义。”

⑤ 揬，《广韵》“徒结切”，今音 dié。《广雅·释诂四》《玉篇·手部》《广韵·屑韵》并云：“揬，擿也。”“挃”同“揬”，《集韵·屑韵》：“揬，《博雅》：‘擿也。’或省。”

⑥ 《玉篇·支部》：“歈，投。”《集韵·虞韵》容朱切：“投也。”今音 yú。

⑦ 《玉篇·巾部》于乎切：“投也。”今音 wū。

摲(chàn)[①]”等，承古词有“投、擿/掷”。

2.1 掷(擿)的发展

表“投掷”义的“掷”发展至两汉用例渐多：

(4) 妇女婢使悉亡其镜，数日，堂下掷庭中，有人声言“女镜”。(《风俗通义》卷9)

(5) 天子自临轩槛上，隤铜丸以擿鼓。(《汉书·王商传》)师古曰：“擿，投也。”

同期译经中“掷”的使用更为常见，“投”则基本不见使用：

(6) 徐前按象，举掷城外。(昙果共竺大力译《修行本起经》卷上，T3/465c)

(7) 太子脱身珠璎，欲遥掷之。优陀言：“众女大多，今掷与谁？”……寻便掷珠。(又466a)

(8) 食毕洗手漱口，澡钵已还掷水中。(又卷下，T3/470a)

(9) 心譬如怨家掷人着恶道中无有期也。(支谶译《佛说遗日摩尼宝经》，T12/192a)

(10) 譬如持块掷狗，狗但逐块不逐人。(又192b)

(11) 亦不从无智慧者而受是物，阿阇世便以衣掷床上。(支谶译《阿阇世王经》卷下，T15/401c)

(12) 作斯行者我乃从彼而有所受。王阿阇世以衣掷之。(又423a)

两汉表“投掷”义的“掷”还有“提”“石”“抵/扺”等写法。《汉书》多作“提”：

(13) 皇太子引博局提吴太子，杀之。(《汉书·吴王濞传》)师古

---

① 《玉篇·手部》：“摲，投也。”《广韵·鉴韵》楚鉴切：“投也。”《集韵·鹽韵》：“摲，投板偃水曰摲。”

曰:“提,掷也,音徒计反。”

(14) 文帝朝,太后以冒絮提文帝。(又《周勃传》)师古曰:“提,掷也。”

(15) 身提黄泉,骨肉为泥。(又《陈遵传》)师古曰:“提,掷也,掷入黄泉之中也。”

(16) 遣虎贲武士入高庙,拔剑四面提击。(又《王莽传下》)师古曰:“提,掷也。”

作“石”,如:

(17) 民之观者搴帷而入,提石之者犹未肯止。(《新书·连语》)《广雅·释诂四》:“石,擿也。”王念孙疏证补正:“《史记·王翦传》云:‘方投石超距。’《汉书·甘延寿传》云:‘投石拔距,绝于等伦。’石者,擿也。投石,犹言投擿。”《读书杂志·汉书第十二·傅常郑甘陈段传》“投石拔距”王念孙按:“石,擿也。”

作“扺/抵”,如:

(18) 藏金于山,抵璧于谷。(张衡《东京赋》,《全后汉文》卷53)

(19) 所谓抵金玉于沙砾,碎珪璧于泥涂。(《后汉书·黄琼传》)李贤注:“抵,投也。”

“扺”,《说文·手部》:“扺,侧击也。”段玉裁注:“按:‘扺’字今多讹作‘抵’,其音、义皆殊。《国策》‘夏无且以药囊提荆轲’,《史记》‘薄太后以冒絮提文帝’,提皆扺之假借字也。”大徐本引《唐韵》“诸氏切”,今音zhǐ。《集韵·纸韵》:“扺,或作抵、抳。”后世“抵”行“扺”废。抵,《说文·手部》:“挤也。”段注:“排而相距也。”大徐本引《唐韵》“丁礼切”。《玉篇·手部》《广韵·荠韵》并云:“抵,掷也。”《后汉书·献穆曹皇后纪》“以玺抵轩下”李贤注:“抵,掷也。”又《祢衡传》“因毁以抵地”李贤注:“抵,掷也。”《南史·韦叡传》：“粲怒以杯抵地。”《新唐书·黄巢传》：“贼见穷民，抵金帛与之。”今按：“掷(擿)”“提”“石”“抵/扺”古音相近，在表投掷义上当为同一词用字上的差异，或系异形，或系方言用字。汉语中表达一个基本概念的词，其字形在最后定型之前往往有一个异形混用的阶段，如表达“寻找”概念的“找”字，“开始写作‘爪’，见于元杂剧，……也作‘抓’，见于元杂剧、明清小说等，……后来才定型于‘找’”(汪维辉，2006b)。

2.2 “掷”对“投”的替换

“掷”自上古产生，经两汉逐步扩大使用范围。东汉佛经中“投掷”义主要用“掷”表示，中土文献中“掷”的大量使用较之佛经要晚。经过三国两晋的进一步发展，到《世说新语》中，“掷”已在用量上超过“投”，二者的比例为 10∶1。“投”凡 19 见，表“投掷”义的仅 2 例。“掷”的用法：

> 捉而掷去之、于户外**遥**掷、**奋**掷麈尾、卿试掷地、掷与坐上诸客曰、乃探怀中黄纸诏裂掷之、可掷着门外、举樏掷其面、举蜡烛火掷伯仁、掷疏示之、王直掷还、合褥举谢掷地、便掷去、悉掷水中、以剑掷魏武、举以掷地、**厉色**掷去五木，等等。

语用中“掷”往往隐含[+用力][+攻击]义。“掷”可受“奋”“厉色”等词修饰。另中古口语色彩鲜明的《齐民要术》中，“掷”与“投”的比例也为 10∶1。可见，至晚到南朝初期，“掷”已取代“投”成为该语义场的核心词。口语中二者替换完成时间显然更早。

“投”被淘汰出“投掷语义场”与其表意特点有直接关系。东汉译经中，“投”就主要用于表“投奔”和“跳(离)”等引申义。中土文献如《世说新语》“投”主要表“投奔”义，其表义重心早已转移。

2.3 “抛”的产生

(1)“抛”字的本义

《说文》无“抛”字，徐铉《新附》：“抛，弃也。”徐案：“《左氏传》通用摽。《诗》‘摽有梅’。摽，落也。义亦同。匹交切。”[①]《集韵·爻韵》披交切：“抛，弃也。或作摽、𣪍。”从目前掌握的材料看，“抛”字的“抛弃”义用法始见于《太平经钞辛部(补卷一百二十二)》：“夫为人子，见父母有死难而抛去之。”不过，随着文献考古工作的进展，上古已见表“抛弃”义的“抱”(pāo)，二者系同一词：

(20) 将已鼓，而士卒相嚣拗矢折矛抱戟，利后发。(《尉缭子·制谈》)[②]华陆综注：“抱——同抛，抛弃。”[③]

“抱”字此义孙诒让《札迻·尉缭子·制谈》“抱戟”条按：“抱即今之抛字。”《集韵·爻韵》披交切：“抱，弃也。”音 pāo。“抱”表“抛弃”义仍见于汉代文献：

(21) 姜嫄以为无父，贱而弃之道中，牛羊避不践也。抱之山中，山者养之。又捐之大泽，鸟覆席食之。(《史记·三代世表》褚少孙赞)裴骃《集解》：“抱，普茅反。”《索隐》：“抱，普交反，又如字。”《廿二史考异·史记二》：“抱，读为抛。”

上例“弃”“抱”“捐”并举，“抱”表“抛弃”义不误。“抛”字“抛弃”义的始见书证《大字典》引《史记·三代世表》“抱之山中”文。《大词典》引

① 闻一多《诗经通义》对《诗·召南·摽有梅》作出新解，认为“摽”为古“抛”字，引《玉篇》“摽，掷也”及……《孟子·万章下》“摽使者出诸大门之外”加以佐证。对此，袁小眉(1990)表示不同意闻先生的看法，袁文云：“‘摽’字可以解作‘掷’、‘抛’，历代字词书均有明证，无人怀疑。但这并不能说明‘摽有梅’之‘摽’一定就作‘抛’解。……‘摽使者出诸大门外’全句语意是：子思向使者挥手(摆手)，表示不再接受缪公的馈赠，请使者出门回去。绝不能解‘摽’为‘抛’、为‘掷’。……自来《诗经》的各种选注本均将‘摽有梅’之‘摽’解为坠落之‘落’，认为《摽有梅》的篇意是：以梅子成熟落下，喻女子已到结婚年龄，希望思想中人及时来娶。这种说法，十分贴切。且于古礼有据。”

② 关于《尉缭子》的真伪、作者、成书年代和书的归类，历来争议颇多，直到1972年山东临沂银雀山汉墓出土《尉缭子》残简后，才充分证明其并非伪书。对于它的作者和成书年代，一说为梁惠王时尉缭所著，故成书于战国中期。另一说为秦始皇时期尉缭所著，故成书于战国晚期。一般认为前一种说法较为可信。

③ 华陆综《尉缭子注译》，中华书局，1979。

《后汉书·安成孝侯赐传》“同抛财产”，嫌晚。

(2)“抛”字“投掷”义的产生

“抛”字“投掷”义的产生时间较晚，目前所见到的较早用例是：

(22) 沙门食竟，抛钵虚空。(吴康僧会译《六度集经》卷8，T3/47b)

又如：

(23) 芙蓉始结叶，抛艳未成莲。(《清商曲辞·夏歌》二十首之一，引自《先秦汉魏晋南北朝诗》之《晋诗》卷19)

(24) 铜柩生枣花，开门抛水柱。(梁简文帝萧纲《金乐歌》，《先秦汉魏晋南北朝诗》之《梁诗》卷20)

以上“抛”字用例词义较为抽象，首例“抛艳”系隐喻用法，反映出“抛”语义、语法功能已较成熟。说明表投掷义的“抛”在此前的口语中早被使用。与表“抛弃”义的“抛”最先写作“抱”一样，表“投掷”义的“抛”亦可作“抱”①。《史记·李将军列传》：“广暂腾而上胡儿马，因推堕儿，取其弓，鞭马南驰数十里。”裴骃《集解》引徐广曰：“一云‘抱儿鞭马南驰’也。”《汉书·李广传》正作“抱”②：

(25) 广阳死，睨其傍有一儿骑善马，暂腾而上胡儿马，因抱儿鞭马南驰数十里，得其余军。

“抱儿”即抛掷儿。表投掷义的“抛”字读音，《集韵·效韵》“披教切”。《广韵·肴韵》匹交切：“抛，抛掷。”又《效韵》匹皃切：“抛，抛车。”

---

① 洪成玉(1995)指出，表投掷义的“抱”初见于《战国策·魏策三》：“以地事秦，譬犹抱薪而救火也。薪不尽，则火不止。”洪文认为，“抱薪救火”只能理解为抛掷柴薪去救火。如果理解为抱着柴薪去救火，不但会引火烧身，自身性命难保，而且“薪不尽则火不止”也无法理解了。愚以为“抱”理解为“抱持”亦可，“以地事秦”本身就是一种惹火烧身的不当之举，这正是作者要反对的。其错误之甚犹如抱持柴薪去救火，非但救不了火，反倒助长了火势，甚至引火烧身。

② 参蒋礼鸿《敦煌变文字义通释》新3版“抱”字条，上海古籍出版社，1997。

(3) 与表“投掷”义的“抛”有关的字形问题

与“抛”存在音义联系的还有“礮”“砲”。“砲”字据洪成玉(1995),首见于曹叡(公元205—239)《善哉行》:“发砲若雷。”黄节注:“诗所云‘发砲’,即飞石也,其来甚古。”“礮”首见于潘岳(公元249—300)《闲居赋》:“礮石雷骇。”李善注:“礮石,今之抛石也。皆匹孝切。”蒋礼鸿《义府续貂》“礮、砲、抛”条引《新唐书·李密传》“命护军将军田茂广造云旝三百具,以机发石,为攻城械,号将军礮”指出,“余则直谓礮字从石驳声,砲字从石包声,驳声、包声相同,……二者一字之异体,初无所谓正俗也。礮也砲也,皆受义于抛,抛者,投掷之义。”今按,“礮”,《集韵·效韵》“机石也。或从包从豹”,同一小韵下又见“䡊”,注“飞石车”。《广韵·效韵》“抛,抛车。礮,礮石,军战石也。匹皃切”。可见,与古代投石战具“抛车”有关的“礮”“砲”“䂣”“䡊”均音pào,系“抛”的异体写法。①

小结:由于“投”字表意重心的转移,中古“掷”在“投掷语义场”的地位上升,东汉译经中“掷”已替代“投”的使用。中土文献“掷”的大量出现晚至南北朝初期,《世说新语》中“掷”已全面替换“投”。而上古偶见使用表抛弃义的“拋”到汉代产生了新的字形“抛”。与此同时,“抛”引申进入“投掷语义场”。“掷”与“抛”初见于文献时有多种异形写法,盖存在通语与方言用字差异。

3. 近代“扔$_1$类词”主导成员的激烈竞争与“扔”字核心地位的确立

近代该语义场的基本格局几经调整,主要成员相继竞争主导地位。新生成员主要有“摔、丢、撂(撩、料、掠)、扔、撺(cuān)、掷(zhì)②、砉

---

① 蒋绍愚(2005a:286)认为,“抛”和“礮”同源。后来“礮”写作“砲”,火药发明后“砲”成为一种火器,又写作“炮”。从文献用例来看,“砲”先于“礮”。故洪成玉认为“砲”为“拋(pào)”的区别字。

② 《广韵·志韵》直吏切:“掷,投也。”

(chè)①、抈(攍、抭)(yù)②、撍(zào)③、抧(zhǐ)④、掐(yàn)⑤、调(tiáo)⑥”等。承古词有“投、掷、抛(抱)、抭(yù)、揑/挃(dié)、搟(chàn)”等。

3.1　唐宋时期“抛”对“掷”的替换

中古表投掷义的“抛”例还不多见，即使初唐一些接近口语的文献如《敦煌新本六祖坛经》《游仙窟》仍主要用“掷”。《王梵志诗》中，“抛”字总的出现频率(共6例)才超过“掷”(1例)，但“抛”均表“抛弃”义。到晚唐五代，“抛”字无论总的出现次数，还是表投掷义的用例均超过“掷”。至迟晚唐五代，“抛”已在口语中替换“掷”。

表27　唐宋时期“抛”对“掷”的替换

唐代		《游仙窟》	《王梵志诗》	《敦煌变文集新书》	《入唐求法巡礼行记》	《祖堂集》	总　计
	抛		0/6	30/111	3/14	19/40	**52**/171
	掷	2/2	1/1	18/23	1/2	9/14	**31**/42
宋代		《三朝北盟会编》	《稗海本搜神记》	《五灯会元》	《朱子语类》	《错斩崔宁》	总　计
	抛	0/1	1/2	58/82	0/5	1/2	**60**/92
	掷	2/2		35/124	9/9		**46**/135
	其他	“撺”:《错斩崔宁》:“那人回嗔作喜，收拾了刀杖，将老王尸首撺入涧中，领了刘大娘子到一所庄院前来。”					

---

① 《广韵·薛韵》丑列切:“掣，擿也。”

② 《广韵·物韵》王勿切:“抈，掷也。”《集韵·迄韵》王勿切:“抈，掷也。或从穴从运。”现代汉语客家方言中，“抈”表示用石头、土块等掷打，扔打：快滴放下，石头会～死人(快点放下，石头会掷打死人的)。(罗美珍，2004)

③ 《五方元音》去声:“撍，手掷也。”

④ 《五方元音》上声:“抧，掷物远去也。”

⑤ 《广韵·陷韵》于陷切:“掐，吴人云抛也。”

⑥ 《敦煌变文校注》卷六“金刚丑女因缘”:“胭脂合子捻抛却，钗朵珑璁调一傍。”《水浒全传》第104回:“王庆掷了九点，那汉偏调出倒八来；无一个时辰，把五贯钱输个罄尽。”明杨景贤《西游记》第15出:“有一人光纱帽子黑面皮，抱着个女子饮酒，着那女子唱《念奴娇》。我看了，班起一块大石，调打下去。”明汤显祖《邯郸记·大捷》:“明光光十万甲兵刀，成抛调，残箭引弓弰。”

唐宋时期二者的使用情况，如：

> **“抛”**：抛着镬中煮之、抛问头在地、只向云中抛宝玩、抛却妆台起来、抛石压舜子、遥抛六舌叉、衔子抛田、抛暗号等。（以上《敦煌变文集新书》）抛向面前漆桶、以杖抛于背后、抛与诸人、从窗棂中抛入、掷笔抛梭、月下抛砖、抛纶掷钓等。（以上《五灯会元》）

> **“掷”**：掷剑于江中、望空便掷、掷石成金、掷果盈车、掷钵腾空、掷笔峰等。（以上《敦煌变文集新书》）掷锡空中、掷在釜中、取拄杖掷在山面前、掷地金声、掷在地上、掷向他方、掷师怀中、取枕掷门窗上、轮剑掷空、掷瓦子打某甲等。（以上《五灯会元》）

“抛”所及的目标及方向性比“掷”更强，“掷”仍侧重于或用力或攻击对象。从表 27 可以看出，“抛”字表投掷义的用例仅占其总用例的 37%，其余“抛”字则用于表抛弃义。

宋代“撺”字加入了该语义场，始见于南系官话作品《错斩崔宁》。《集韵·桓韵》七丸切：“掷也。”又《换韵》取乱切：“掷也。”

3.2 元、明时期“丢”等成员的产生及其与“抛”的竞争

3.2.1 元代“摔”“丢”“料”等进入“投掷语义场”

“摔”首见于宋代文献，到元代产生投掷义并广泛用于元杂剧等带北方方言背景的文献。其用法如：

> 摔**碎**了你天灵盖、天灵摔**破**、提起来把荆州摔**破**、摔**碎**这盒子、摔下阶除、摔**杀**亲儿死、提人头厮摔、摔**破**菱花镜、做俫儿摔**死**等。

“摔”隐含[+用力][+往地上]义。

“丢”也零星用于表投掷义，如《新校元刊杂剧三十种·小张屠焚儿救母》第二折：“明日午时，丢在那火池里烧死。”

表投掷义的“料”首见于元代文献，郑庭玉《后庭花》第四折：“可有这晒衣服的绳子，我解下来一头拴在井栏上，一头料下去。”此“料”

即为“撂”的同音别字。① 字又作“撩”，辽释行均《龙龛手镜·手部》：“撩，掷也。”

元代“抛”字总的用例仍居首位，但主要用于表抛弃义。

3.2.2　明代“丢”等成员与“抛”的竞争

元代“抛”主要用于表“抛弃”义，到了明代，“抛”又成为“投掷语义场”的主导词，不仅分布范围广，而且表投掷义的比例已占其总出现次数的 61%，达到“抛”表投掷义以来的最高比例。“丢”在明代有着同样广泛的分布范围，其用于“投掷”义的总次数超过了“抛”，但“投掷”义仅占“丢”字总用例数的 18%，也就是说，“丢”在明代还是主要用于表“抛弃”“丢失”等其他意义。“摔”在明代未能获得进一步发展，只偶见于带有北方方言背景的文献《金瓶梅》中，地域上仍未能扩散开来。另外，“撇”在明代也引申进入“投掷语义场”，如话本小说《宋四公大闹禁魂张》：(1)“主管见员外不在门前，把两文撇在他笊篱里。”(2)“你做甚么把两文撇与他？”(3)“着些个不按君臣作怪的药入在里面，觑得近了，撇在狗子身边去。”明代“扔$_1$类词”的基本情况见表 28：

表 28　明代“扔$_1$类词”的基本情况

	抛	丢	摔	撇	掠	攛	掼	甩
《元朝秘史》		0/1		0/12				
《三遂平妖传》	0/1	0/3		1/6				
《水浒全传》	7/17	34/61		9/103	2/37	11/42	1/1	
《金瓶梅》	6/26	17/151	6/12	2/64	20/37	1/48		
《西游记》	64/81	31/196		8/49			33/33	
《型世言》	2/3	8/67		3/15				7/7
总　计	79/128	90/479	6/12	23/249	22/74	12/90	34/34	7/7

① 《大字典》“撩(liào)”字“扔；撂”义书证引《三国志·魏志·典韦传》：“太祖募陷阵，韦先占，将应募者数十人，皆重衣两铠，弃楯，但持长矛撩戟。”此例还不甚典型，“撩戟”与“长矛”均为兵器之一种。

无论分布范围还是用例数，“抛”“丢”在明代同居于“投掷语义场”的主导地位。接下来分布范围较广的是“撇”，但它主要用于表抛弃义，“投掷”义用例仅占其总出现次数的8%。“撇”在明代的用法，如：

撇在桌子底下、篮儿撇出来、把抹布撇在里面、把篮儿撇出街上、黑影里撇出一条板凳、把他衣服撇了一地、撇与李安、往上一撇、将金钵盂撇起去、将金杯连酒望空一撇等。

其余成员的使用呈现出地域差异：

① “掠”：陆澹安《小说词语汇释》(1979)释为“丢”，云：“借作‘撂’字。”明代“掠”主要见于《金瓶梅》：

(26) 晚夕常有狐狸打砖掠瓦，奴又害怕。(第14回)

(27) 文嫂道：“猢狲儿，隔墙掠筛箕——还不知仰着合着哩。”(第69回)

另《水浒全传》中亦偶见使用。最初表投掷义的“料”首见于元杂剧。到《金瓶梅》中，字又作“掠”，明代中后期又作“撩”等，如：

(28) 就把一个小小包裹撩将过来。(《拍案惊奇》卷8)

(29) 袖中摸出来，撩在地下。(《二刻拍案惊奇》卷9)

② “掼”：“掼”字仅见于有江淮方言背景的作品《水浒全传》与《西游记》中。从明代文献用例看，“掼”当是一个江淮方言词。

③ “甩”：明代“甩”仅见于有吴方言背景的《型世言》中。说明“甩”大概是从南方地区开始行用的。

④ “撺”：首见于宋代南系官话作品的“撺”字，到明代主要见于有江淮方言背景的《水浒全传》中：

(30) 武行者把那两个尸首，都撺在火里烧了。(第32回)

(31) 一手揪住他头，一手提定腰胯，扑通地撺下江里。(第37回)

可见，“撺”也带有较明显的南方方言特征。

由于方言差异及作者用词习惯不同，明代“扔$_1$类词”在上述文献中的使用并不平衡，《水浒全传》使用最多的是“丢”，其次是“撺”。《金瓶梅》以用“掠”为常，其次是“丢”。《西游记》的用词情况最为复杂，用得最多的是“抛”，“丢”“掼”也大量使用。

3.3　清代“扔”的产生及“投掷语义场”主要成员的激烈角逐

3.3.1　“扔”的产生

表“投掷、抛弃”义的基本词“扔”最早行用于关中一带。现代北方大部分方言中至今仍保留“扔”在关中方言中的古读音，依方音或作“佴”，或作“茸(搑)”。“扔”产生的具体过程见本章第二节，此不赘。

3.3.2　清代“扔$_1$类词”主要成员的激烈角逐

表 29　清代“投掷语义场”的基本情况

	摔	撩	撂	丢	抛	扔	甩	掼
《醒世姻缘传》	6/12	31/83		22/124	3/18		0/1	
《红楼梦》(前 80 回)	20/28	0/5	6/23	2/109	0/13		3/3	
《红楼梦》(后 40 回)	3/6	1/10	7/24	0/66	1/8	1/3		
《歧路灯》	9/15	0/15	3/3	17/109	4/14	1/1		
《聊斋俚曲集》	4/8	4/19	0/3	9/76	0/10			
《官场现形记》	16/20	6/8		5/43	0/1	1/1		3/3
《儒林外史》	0/1			6/50	1/3			10/11
《海上花列传》	0/9	4/24		4/71	8/9		11/11	2/3
《儿女英雄传》	20/25	0/3	6/12	3/65	2/8	15/33	0/21	
总　计	78/124	68+2/232①		68/713	19/84	18/38	14/36	15/17
比　例	63%	30%		9.5%	22%	47%	38%	88%

[说明]表中“比例”栏内的数据是指各词在所统计的几部清代文献中表投掷义的用例与其总出现次数的比例。做这一统计旨在反映各词“投掷”义在其本身词义系统中的地位，从而了解各词的表意重心。

---

①　为客观反映各文献的用字差异，我们分开统计二者的使用数据，实际上二者只是同一词的不同写法。另外，清代仍有偶作“掠”的用例：《醒世姻缘传》(1 例)：“只怕你抱了人家孩子掠在井里了。”(第 60 回)《儒林外史》(1 例)：“大家丢纸团，掠砖头。”(第 26 回)。

到了清代，“投掷语义场”的基本格局有了新的调整。清代“摔”的用例跃居首位；其次“撩/撂”表投掷义的用例超过了“丢”；“抛”无论总出现次数还是投掷义用法都逐渐衰退。这一时期该语义场呈现出如下特点：

(1) 多词竞争主导地位，“扔”有望“后来居上”。

首先，“摔”在清代的使用情况如：

带碗带药**猛力**摔将过去、摔**死**他的孩儿、隔墙摔过个衫子到他那边、摔**坏**了那玉、**咬牙恨命**往地下一摔、摔砸那哑吧物件、向宝玉怀里一摔、拔下来摔到他脸上、摔了个**粉碎**、**赌气**摔那杯子、向地下摔了个**粉碎**、往桌上一摔、仍旧摔还给他、照东墙上一摔等。

“摔”仍偏重于[＋用力]作用于对象，此语义特征无疑有碍于其成为该语义场的上位词。

其次是“撩/撂”，即使到了清代，该词字形上仍未得到统一，不过，从表29统计的情况看，北方已倾向于用“撂”。同时“撩/撂”在文献中的分布不及“摔”“丢”广泛，可见，它的竞争优势仍不显著。“撩/撂”的使用如：

撩石头打中、从门里撩将出来、将帖撩出门来、往狄希陈怀里一撩、把鞋往屋里一撩、把银子都撩给我、豁朗的一声撩在地下、撩瓦抛砖、把手本向桌上一撩、撩过去、往上一撩落下来；把剪子一撂、撂与晴雯、撂了过来、往地下一撂、把玉一撂等。

第三，“丢”在文献中的用例数居高不下，但其词义重心并不在表投掷义，投掷义用法仅占9.5%。以上各词的局限性无疑为“扔”在该语义场中取得竞争优势提供了便利。从表29可见，“扔”主要见于具有北方方言背景的作品。而随着官话基础方言的北上，作为一个北方词，“扔”字自然又得了发展之便。因此，清代后期，“扔”字用例发展迅速，《儿女英雄传》中“扔”的总出现次数(33例)超过其他成员。《语言自迩集》(威妥玛,2002)中"扔$_1$类词"的情况与《儿女英雄传》近似,其《谈论篇一百篇》中主要用"撂",如《谈论篇》之二十七:"我们家兄要躲,叫他夹着脖子一摔,撂出去好远的去了。"而《散语章》等主要用"扔""摔",如《秀才求婚,或践约传》第27段:"莺莺……赌气子把信摔在地下。"《散语章》练习25:"他把纸弄成团儿,往我脸上扔。"清代"扔"字用例如:

扔与他瞧、提起来只一扔、向那和尚跟前一扔、把钥匙隔墙扔过去、解下丝绦往上一扔、往下一扔、望桌上一扔、望桶里一扔、扔在凳子上、将一样东西扔下去、扔与珍珠等。

(2) 不同文献用词上侧重点不同。

《醒世姻缘传》"撩"用得最多("撩"/"撂"在同语义场中可能更口语化),其次是"丢"。《红楼梦》(前80回)"掷"用得最多,其次是"摔"。其中"掷"的用法如:

将手中茶杯只顺手往地下一掷、掷向他怀中便走、掷在他跟前、掷与众人、恨的掷在地下、掷出一个香袋来等。

自明中叶以来,"掷"主要用于赌博、游戏等活动的"掷色(骰子)",词义单一。《红楼梦》(后40回)中,"掷"凡33见,其中24例用于此义;《歧路灯》中"掷"凡76见,71例用于此义。《红楼梦》(前80回)"掷"用例较多,盖与作者的用词风格有关。

《歧路灯》"丢"使用频繁。即使方言背景相同的作品,用词差异也很明显,如同带江淮方言背景的《官场现形记》与《儒林外史》,前者主要用"摔",后者则倾向于用"掼"。另外,清代"掼"字的行用范围已由明代的江淮官话区扩散到吴语区。

"扔"究竟到什么时候才取得该语义场的主导地位呢?

3.4 清代后期至今"扔$_1$类词"的基本情况

表投掷义的"扔"自零星见诸18世纪中期文献《红楼梦》(后40回)、《歧路灯》以来,到19世纪中后期已得到广泛使用,有着南北方言背景差异的文献如《儿女英雄传》《三侠五义》《品花宝鉴》①中“扔”字已大量使用。同时，“抛”“摔”等“扔$_1$类词”仍较常见，这种多词竞争主导地位的局面一直持续到20世纪40年代以前。20世纪40年代以后，“扔”字才在普通话中以绝对优势占据“投掷语义场”的主导地位，从而成为现代汉语普通话中关涉肢体运动的基本动词之一。具体情况分见表30、表31。

表30 清代后期至20世纪40年代以前“扔$_1$类词”的基本情况

			抛	丢	摔	撂	扔
清代后期作品	陈森	《品花宝鉴》	12/16	0/23	8/13	1/3	10/12
	石玉昆	《三侠五义》	10/26	6/40	4/29	7/18	7/10
	总计		22/42	6/63	12/42	8/21	17/22
20世纪20年代作品	老舍	《二马》	0/2	0/11	4/17	1/7	5/12
	鲁迅	《阿Q正传》	0/1		1/1		1/1
	沈从文	《生之记录》《一天》《狂人书简》	4/4	2/2	1/2		3/3
	梁承敏、朴在渊	《京语会话》	1/3	0/2	0/1	1/1	4/4
	总计		5/10	2/15	6/21	2/8	13/20

与清代后期情况相比，到20世纪20年代，“扔”字的主导地位逐渐显露出来，但“扔$_1$类词”在不同作家笔下的使用情况不尽一致。不过从真实记录20世纪20年代北京口语的《京语会话》②来看，当时的京师口语中应当以说“扔”为主了。20世纪40年代中期以后“扔$_1$类词”的基本情况见表31。

---

① 《儿女英雄传》《三侠五义》分别由满人文康、石玉昆所撰，《品花宝鉴》由江苏常州人陈森所撰。

② 梁承敏、朴在渊编《京语会话》，韩国鲜文大学中韩翻译文献研究所，2004。朴在渊《关于〈京语会话〉的几点说明》指出：“《京语会话》大约成书于20世纪第二个十年中期至20年代之间，是一部中国语会话书，作者不详。……没有什么数据能像《京语会话》一样，既立足于浓厚的北京方言特色，又具有很高的活用价值。换句话说就是它具有通过对比进行发掘传统北京话特质的价值。”

表 31 20 世纪 40 年代以后“扔$_1$类词”的基本情况

			丢	抛	撂	摔	扔
40 年代作品		《四世同堂》	0/176	0/7	1/8	18/49	44/66
		《围城》	0/25	1/3		0/10	4/8
		总 计	0/201	1/10	1/8	18/59	48/74
当代作家作品	池莉	《你以为你是谁》	1/4	0/2		0/2	6/7
		《太阳出世》	1/3	1/3		1/1	5/5
	王朔	《一点正经都没有》	0/3	3/5	0/2	4/6	8/9
		《永失我爱》			0/1	3/3	7/11
	余秋雨	《千年庭院》		0/1			3/3
		《十万进士》	0/1	0/1		0/1	0/1
	总 计		2/11	4/12	0/3	8/13	29/36

综上,汉语史中表达投掷这一基本概念的主导词之间历经数次竞争更替。“投”自上古一直到南朝以前都承担着重要的表意任务。“掷”从南朝初期取代“投”的主导地位以来直至晚唐五代才被“抛”挤出“投掷语义场”的主导地位。明、清两代该语义场的基本格局几经调整,由于方言等诸多因素的影响造成了这一时期多词竞争主导地位的局面,直到 20 世纪 20 年代,“扔”才取得主导地位并一直持续到现代汉语普通话中。该语义场大致经历了三次替换:投—掷—抛—丢、扔。各词相继取得主导地位的时间及过程如下:

“投掷语义场”主导词的更替过程

上古至晋末　南朝至晚唐　晚唐至明代　明代至清代　20 世纪 20 年代至今

投——→掷——→抛——→丢、摔、撂——→扔

4. “扔$_1$类词”在现代汉语方言中的共时分布①

“挥动手臂,使拿着的东西离开手”这一概念,汉语史上相继用

① 语料主要来源于《现大》《方词》及有关方言志。为节省篇幅,此不一一介绍出处。

“投”“掷”“抛”“丢”“扔”等一系列词加以指称。尤其是近代汉语阶段，诸多成员呈互竞态势。作为现代汉语普通话中表达这一基本概念的主导词，“扔”字在“投掷语义场”中的主导地位几乎晚至 20 世纪 40 年代才得以最终巩固。历史上这些成员竞争更替的轨迹在现代汉语方言中有哪些表现？本节拟对此作一简要考察，以期将历史情况与共时现象有机结合，从而全面认识“扔$_1$类词”演变的主要特点。为了既便于观察该语义场主要成员历时演变的结果，同时又能客观反映现代汉语各方言表达投掷这一概念的一些特殊用词现象，我们暂分两类加以讨论：历史上主要成员在现代汉语方言中继续使用的看作基本成员，此外则看作非基本成员。

4.1　“扔$_1$类词”基本成员在现代汉语方言中的共时分布[①]

表 32　“扔$_1$类词”基本成员在现代汉语方言中的分布

	掷	抛	丢	甩	掼	撂	撇	扔
哈尔滨								+
北京								+
济南								+
牟平			+			+		
徐州						+		+[②]
扬州				+	+		+	

① 乌鲁木齐、上海、厦门几个点还用“投”，但用法单一，均用于“投篮”，故不计入基本成员（上海用“嚣 ɕiɔ^{53}”表“投篮”义）贵阳、建瓯有“掷子”（指一种儿童游戏，用几个小沙包或石子儿，扔起其一，做规定动作后再接住。柳州说“抛子”“抛沙包”）；哈尔滨、济南、牟平、武汉、成都、贵阳、洛阳、西安、银川、万荣、宁波有“掷色子”（指游戏或赌博时，撒下色子，根据色子朝上一面的点数决定胜负、拿牌次序等）。以上组合中“掷”与“子、色子”等结构虽然较为松散，但因其或系沿用旧有组合，或词义受限，故以上组合不视为单独使用情况。当然这种“存古性”本身也能反映出方言用词上的特点。牟平说“扬色子”，成都说“丢色子/甩色子”，西宁说“丢色儿”，于都说“□tɕʻia 色子”。另扬州、南京、万荣也说“摔”。“摔”也归入基本成员。但由于分布的方言点太少，表 32 不单独列“摔”一项。

② 徐州点还说“愣”，“愣”是“扔”在徐州的读音。故“非基本成员”一节不收“愣”，在此收“扔”。日母字声母（不包括止摄开口三等字“儿耳二”等的读音）在各地的读音有所不同。大部分地区一律是 ʐ-，或者一律是 z-。有些地区或读为 ø-，有些读为 l-。如属江淮官话的扬州，“热”读“iəʔ⊃”；“人”读“⊆ləŋ”；“日”读“ləʔ⊃”；“如”读“⊆lu”；“软”读“⊂lõ”。（参袁家骅 2001：31）

续　表

	掷	抛	丢	甩	掼	擩	撇	扔		掷	抛	丢	甩	掼	擩	撇	扔
南京①					+				温州				+	+			
武汉			+	+					金华					+			
成都			+	+					长沙				+	+	+		
贵阳			+	+	+				娄底					+	+		
柳州			+						双峰								
洛阳						+			南昌		+	+					
西安			+			+	+		萍乡								
西宁			+						黎川								
乌鲁木齐			+			+	+	+	于都								
银川			+	+				+②	梅县		+	+					
万荣	+					+	+	+	广州		+	+				+	
太原			+						平话								
忻州									东莞	+							
绩溪		+							潮州								
丹阳					+	+			阳江								
崇明		+	+		+				建瓯								
上海		+			+				福州	+	+	+			+		
合肥				+					厦门								
苏州		+			+				雷州	+							
杭州		+			+				海口		+						
宁波					+												

① 方言词典仅收"掼"单用表投掷义的情况。南京人陈叙博士见告，实际口语中"摔"用得更多，"掼"只是一个下位词，表用力向下扔。现在城里的中、青年人多说"扔"，这是受普通话影响的结果。

② 银川点虽然也说"捘/插/揖"，但这些字均为"扔"在银川的方音，与"扔"实为同一词。故"非基本成员"一节不收"捘/插/揖"，在此收"扔"。

“扔$_1$类词”基本成员在现代汉语方言中的分布显示：

1. 历时演变的时间层次如实反映在共时分布中。

(1) 最古层说“掷”。“掷”较早见于《庄子》[①]。今中原官话万荣方言中还保留对“掷”的使用，如“把瓦渣掷远些/把肥料掷开”。这从侧面反映出“掷”曾经行用于中原一带的痕迹。此外，福州、东莞、雷州也说“掷”，从这一用词，也反映出闽、粤语较之其他方言更多地保留了古语。福州话还部分保存了“掷”的古音，今读“tiaʔ^5”。

(2) 较古层“抛”的使用。“抛”表投掷义用法较早见于吴康僧会的译经。由于用例不多，我们还不能断定“抛”就一定是南方方言词。南北朝诗歌中，南朝诗人笔下也见使用。现代汉语方言中“抛”已基本退缩至长江以南、京广线以东的吴语、闽语、粤语以及湘语等南方方言，其地域特征很明显。吴语区“抛”与“掼”往往成对使用，二者体现出词义上的分工。

(3) 近代层。表现为大部分地区用近代产生的“丢”“撂”等词。其中东北官话、北京官话、冀鲁官话、兰银官话等北方官话区为最新层，包含了清中叶以后产生的“扔”。

2. 共时分布呈现出较明显的南北差异。如典型的南方方言词“掼”与北方成分“扔”呈现出鲜明的“南北对峙”的分布状态。

3. 基本成员在绝大多数方言中得到了充分使用。近代汉语阶段奠定的多词竞用的格局仍反映在现代汉语方言中。60%以上的方言中同时使用2个以上的基本词。这是“扔$_1$类词”作为肢体动词的较明显的一个特点。

---

① 庄子，河南商丘人。一说安徽蒙城人。我们从基本词的角度，结合历史事实与共时分布情况考察的结果显示，庄子应当是中原一带人。《庄子》一书在“扔$_1$类词”“踩类词”等的使用上均反映出中原方言的特点。

4.2 “扔₁类词”非基本成员在现代汉语方言中的共时分布①

“扔$_1$类词”非基本成员在现代汉语方言中的使用较为繁复。同时，呈现出一部分方言特征词。详见下表：

表 33 “扔$_1$类词”非基本成员在现代汉语方言中的分布②

	方言用字				有音无字	其他		方言用字				有音无字	其他
	本字	借字	训读字	自造字				本字	借字	训读字	自造字		
哈尔滨		拽				攊	忻州		搠砍 瞒哚			tuei^{212}	
北京		拽溜 砍					崇明					huæ^{33}	射
济南		拽					上海		嚣			甩	
徐州	揸				ʐou^{213}	拌	丹阳						掃
扬州		拽					苏州		真		甩		
武汉		钉					杭州	豩				huɛ^{55}	
成都		掟				拌	宁波	豩					揞
柳州		襄掟				拌	温州		钉			ɕiai^{323}	捽
洛阳		拽				撑	金华					tɕyŋ^{55} liu^{55}	
银川		砍					长沙		钉				射
万荣					tʂɑu^{24}		娄底					iɔ^{25}	
太原		拽砍 蛮冒					双峰		亚				打

① 所谓非基本成员是指“投掷语义场”中，历史上不用或少用的成员。但这些成员有的可能一直在某些方言中作为上位词广泛使用。非基本成员中包括存在方言用字现象的成员、有音无字的成员以及主要通过引申途径进入“投掷语义场”行用于现代汉语部分方言中的成员。

② 另外部分方言点还有一些下位词，下表暂未收入，如乌鲁木齐的“撇（pia^{44}）”（甩、扔：把泥巴撇到墙上再拿镘叶子瓦工抹灰泥的工具镘抹）、客家话的“抦（biang^{1}）”（用力往下扔：佢两公婆一吵架欸就抦碗抦筷他们两夫妇一吵架就摔碗摔筷）。（参张维耿主编《客家话词典》，广东人民出版社，1995）笔者家乡话中表用力摔砸说“□pa^{213}”。“撇”“抦”均系通过引申途径进入“投掷语义场”的成员。

续 表

	方言用字				有音无字	其他		方言用字				有音无字	其他
	本字	借字	训读字	自造字				本字	借字	训读字	自造字		
南昌		钉					阳江					tʃɔŋ^{43} koŋ^{43}	
黎川					fiaŋ^{53} viaŋ^{13}		平话		哉			po^{33} həm^{21} fəŋ^{55}	拌
于都		血					建瓯		旭揲	摵 (xiŋ^{33})			
梅县					fit^{1} taŋ^{44}	拌	福州		逮镳	扔 (k‘œ^{3})		kœʔ^{4} xieŋ^{213}	
广州	掏	矿攒				扰	厦门		献练 抨				扰
东莞			扔 (vəŋ^{213})			扰	雷州	攕				k‘ai^{31} siek^{5} k‘au^{31} lieŋ^{55}	
潮州					kak^{4} ko^{55}		海口		擗抨			tai^{33}	掑

几点说明：

第一，“方言用字”类：是指方言词典在标记有关词语时体现出的用字上的差异。大体上说，“扔$_1$类词”在方言中的用字有如下几种情况：

（1）用本字。方言本字是指方言词在历史文献中最初的书面形式。方言词一般属于古代汉语语词，后因时代发展或读音、词义的变化，它们在现代汉语中不再继续使用，但还保留在某地方言中。（参游汝杰 2004）方言本字是相对于方言借字、方言俗字/自造字等而言的。如徐州点的“揸”字即为“拽”之方言本字，徐州音 tʂuɛ^{213}，义为扔、砸：把书揸到地上了/他拿石头揸我。《集韵·佳韵》庄蛙切：“揸，击也”。《玄应音义》卷 20“揸掣”注引《声类》:“揸,五指揸投也。”又卷 27“揸掣”注引《玉篇》《集韵·佳韵》:“揸,击也。”由于此方言词本字太生僻,人们习惯用意义相近的常用字来代替,现在通常写作“拽”。又如杭州、宁波的“豛”即为“厾”(上海“厾 tɔʔ^{5}”、苏州“厾 toʔ^{5}”)字的方言本字。《说文·殳部》:“豛,椎毄物也”。《集韵·沃韵》都毒切。“厾”为方言自造字。

(2) 用借字。所谓借字主要指同音(近音)借用字。这种用字方式在“扔$_1$类词”中最常见。除借用与本字音同(近)的字如“襄”(柳州)、“真”(苏州)等外,还有源自外语译音的,如“嚣 ɕiɔ^{53}(上海)”(向着一定目标投),即借自英语 shoot[ʃuːt]的译音。

(3) 用训读字。通俗地讲,就是“汉字方音”,即借用一个词义相同的汉字而赋予其方言的读音,以此来表示方言词。如建瓯的“擜(xiŋ^{33})”:《广韵·曷韵》五割切:“擜,击也。”《集韵·曷韵》牙葛切:“擜,击也。”今音 è。其本字当为“撎”。《广雅·释诂三》《玉篇·手部》并云:“撎,击也。”《广韵·支韵》许羁切:“撎,击也。”《集韵·支韵》虚宜切引《博雅》“击也”。或作攁。福州话中的“扔(k‘œ^{44})”,据李如龙等(1996: 391),其本字为“去(k‘œ^{31})”。《广韵》:“去,羌举切,除也。”方言俗作“抾”。

(4) 用方言俗字。此指各方言区自造的记录本地区方言中特有的词语或语音的字。这类方言字在古汉语中少见或未见,在某一方言区十分常用。“扔$_1$类词”中的方言自造字不多,银川点自造“揂/拚”等表示“扔”。上海、苏州方言自造“厾”。

第二,“有音无字”类。“扔$_1$类词”中本字无考或无本字的词多达数十个。主要集中在吴语、赣语、闽语、客家话、粤语等南方方言。像黎川、潮州、阳江等地仅用有音无字的词语,历史上“扔$_1$类词”的系列基本词在这些地区无一得到使用。北方方言中晋语区的忻州、太原,中原官话区的万荣、徐州,江淮官话区的扬州等也有一些有音无字的词。

第三,“其他”类。主要指通过引申途径表投掷义的词,这类词虽已见诸历史文献,但文献中无表投掷义的用法或用例罕见,故作非基本成员处理。前者如“掉(⊂tuei)”(洛阳):向人投掷小石块儿(或用拳头直接打)。《集韵·贿韵》覩猥切:“掉,排也。”也有作为方言词本身的用法就表投掷或抛弃义的,如“揞(ã⊃或 k‘a⊃)”(宁波):石头揞来揞去,当心头揞痛。《广韵·陷韵》于陷切:“揞,吴人云抛也。”《集韵·陷韵》于陷切:“揞,弃也。吴俗云。”宋赵叔向《肯綮录·俚俗字义》:“弃物曰揞。”又如“拌”,详下。

大致说来,由于方言词典编纂者处理方式不一,加剧了“扔$_1$类词”用词上的复杂性。如同为湘语的娄底、双峰,同一个词前者作有音无字处理记为“iɔ^{25}”,而后者则用借音字记为“亚”。闽语区福州的“逮”与海口的“tai^{33}”也当是同一词。有时对同一词即使都作借字处理,但所选用的字也未必相同,如晋语中太原的“蛮”与忻州的“瞒”当是同一词。又如“掟”(成都、柳州)、“钉”(武汉、温州、长沙、南昌)、“矴”(广州)也只是同一个词用字上的差异。又如闽语区的建瓯用训读字“攋”、厦门用借音字“献”,而雷州则用本字“攇”,实际上也是同一个词。又如“抌”(广州、东莞、厦门)与“揕”(海口)也是同词异字。《说文·手部》:“抌,深击也。”段玉裁注:“《刺客列传》:左手把其袖,右手揕其匈。揕即抌字。”《方言》卷十“抌,椎也”钱绎笺疏:“抌,通作揕。”《玉篇·手部》《广韵·感韵》《集韵·感韵》并云:“抌,击也。”“揕”,《广韵·沁韵》知鸩切:“拟击也。”《战国策·燕策三》“而右手揕抗其胸”黄丕烈札记:“抌,揕同字。”王念孙《读书杂志·史记第五·刺客列传》“而右手揕其胸”按:“揕之为抌,犹湛之为沈也。”因此,著录同一个方言中同一个词的不同词典或选“抌”,或用“揕”,如厦门音 tim^{35} 表投掷义的词,《现大》《厦门方言志》作“揕”,而《方词》作“抌”。

4.3 现代汉语方言中“扔$_1$类词”的主要特点及形成原因

(1) 用词纷繁复杂。这是现代汉语方言“扔$_1$类词”最显著的特点。使用两个以上基本成员的方言占 60%，使用两个以上非基本成员的方言占 70%。无论是北方话如北京(4 个)还是南方话如福州(10 个)都是如此。具体用词见表 32、表 33。

(2) 各词地位不同。历史沉积下来的系列基本词在现代汉语方言中的地位差异明显。“扔”早已是普通话中通行的上位词，但在方言中还只是作为地区性上位词行用于北方部分范围。“丢”“撂”基本上是现代汉语方言中的上位词。“掼”仍然只是行用于江淮官话、吴语区的一个地区性上位词。“抛”侧重表“向上扔”，“撇”则用于“平着扔出去”，词义狭窄。同一词在不同方言中的地位往往也不相同，主要反映在有的方言中该词的词义范围逐渐缩小，由上位词逐渐退居为下位词。

造成这一现象的原因主要是表意细微的需要所致。近一半的方言表投击(投掷物体攻击对象)义有特定的下位词。近一半的方言用特定的词强调用力投掷物体，词义侧重猛烈摔砸。一半以上的方言有区别投掷方向或方式的词，如“摞”(哈尔滨)：勾手投；“撇”(扬州等)：平着扔出去；“抛”(崇明等)：向上扔；“掼”(南京等)：用力向下扔；“辘”(福州)：伸直手臂靠转动的惯性抛掷；“$fəŋ^{55}$”(南宁)：用力向外抡。总之，由于词义区分细微，各方言根据各自表意的需要选择了不同词加以指称。如海口话在区分是否用力投掷时，用“tai^{33}”表轻扔；用“抛”表一般地扔；用“抨”表用力扔；用“擗”表猛力扔。具体使用情况见下表：

表 34　现代汉语方言对“$扔_1$类词”的词义区分

	用力程度		距离远近		行为目的			动作方式	
	用力	不论	远投	不论	投击	投向	不论	有别	不论
哈市	拽	扔						摞	
济南									
牟平		丢撂							

续 表

	用力程度		距离远近		行为目的			动作方式	
	用力	不论	远投	不论	投击	投向	不论	有别	不论
徐州	ʐou[213]				拽				
扬州		掼	甩			拽		甩撇	
南京	掼							掼	
武汉					钉				
成都	拌甩	丢			掟				
贵阳	甩掼	丢						甩掼	
柳州	拌	丢			㐂	掟		拌	
洛阳		撂			撺	拽			
西安		撂撇							
西宁									
乌市		丢撂扔						撇	
银川		丢捘			砍			甩	
万荣	tʂɑu[24] 摔	撩扔	tʂɑu[24]					撇	
太原		丢砍蛮							
忻州	搠哫	砍瞒							
丹阳		掼撂							
崇明		丢掼				射		抛	
上海		掼						抛嚣	
苏州	掼							抛掼	
杭州		掼				豰		抛	
宁波		掼掯			豰				
温州	捽	掼 ɕiai[323]			钉			捽	
金华	tɕyŋ[55]	liu[55]						tɕyŋ[55]	
长沙	掼板	撂			钉射			掼	

续　表

	用力程度		距离远近		行为目的			动作方式	
	用力	不论	远投	不论	投击	投向	不论	有别	不论
娄底	掼	撂 iɔ^{25}						掼	
双峰		亚			打				
南昌		丢				钉		抛	
萍乡									
黎川		fiaŋ^{53} viaŋ^{13}							
于都						血			
梅县	拌	丢 fit^{11}						抛	
广州		丢撇			抌	掟		抛	
平话	拌 po^{33}	丢				həm^{21}		拌 fəŋ^{55}	
东莞					抌				
建瓯		擨	揲旭						
福州		kœʔ^{4}				逮抛		撇辘	
厦门	抨		练		抌				
雷州	siek^{5} 掷				k‘au^{31}				
海口	擗揕	抛			揕				

［说明］(1) 上表仅仅是依据方言词典对"扔$_1$类词"使用情况所作的一个粗线条的归纳，以大致观察各地的用词情况。(2) 所谓"不论"是指方言词典未作词义细分的词语，这些词往往是各地"投掷语义场"的上位词。无法判定的，暂未标注。表中"不论"类用词应当相同，只在首栏标注，余可类推。另："哈市"指"哈尔滨"、"乌市"指"乌鲁木齐"。

此外，词语来源的不同也使该语义场在现代汉语方言中的构成变得更加复杂。如"揸"（徐州等）、"挦"（丹阳）、"擮"（雷州等）、"抌/揕"（广州等）、"打"（双峰）、"掏"（广州等）、"射"（崇明）等主要通过引申由击打语义场进入该语义场。又如赣语中黎川的"fiaŋ^{53}、viaŋ^{13}"、客家话梅县的"fit^{11}"、粤语东莞的"vəŋ^{213}"等词语似可从"底层"上寻找来源。壮语等少数民族语言中表示"扔"义如"扔砖头、扔东西"的词就是一些唇音词，如布努语 fiŋ^{5}，勉瑶 fɛ^{7} feŋ^{5}，壮语 vut、wet、vit，黎语 fik。因此，赣语、客家话以及粤语中以唇音表投掷义的有音无字的词，与其邻近少数民族语言之间应当存在密切关系。①

第四节 “扔$_2$类词”的历时演变与共时分布

“扔$_2$类词”是指表“因无用、不需、无能或拒绝履行义务等而使已经或欲拥有的对象离开持有者”义的系列词。由“扔$_2$类词”组成的语义场叫作“抛弃语义场”。该语义场与“投掷语义场”相互区别又互相关联。上古两个语义场的成员明显不同，前者以“弃”“舍”等为常，后者则以用“投”为主。到了中古，由于词义的引申，两个语义场的成员有了交叉，如“投”“掷”“抛”等可兼表二义。近代迄今，两个语义场的主要成员基本趋同。本节拟考察“抛弃语义场”主导词之间的更替过程及“扔$_2$类词”在现代汉语方言中的共时分布。在此基础上就汉语史中区分“扔$_1$类词”与“扔$_2$类词”的必要性加以讨论。

表 35 汉语中的“扔$_2$类词”

	总的成员	主要成员
上古	本义表“抛弃”义：弃（弃、迸）、舍、捐、㪘等。 引申表“抛弃”义：委、遗、播、投、放、置、释、摈、屏、振、转等。	弃、舍
中古	本义表“抛弃”义：承古：弃、捐。 新出：抛、弃(qī)、墩、要、掮（撦）等。 引申表“抛弃”义：承古：委、投（役）、置、遗、措、播、放、摈、转。 新出：掷、拨、属等。 方言表“抛弃”义：承古：无。 新出：拌（拚）、撅等。	弃、舍、捐
近代	本义表“抛弃”义：承古：无。 新出：丢、撂/撩/掠、敁(yǎn)、攋(lài)等。 引申表“抛弃”义：承古：委、掷、抛。 新出：扔、撇、闪等。 方言表“抛弃”义：承古：无。 新出：掼、揞等。	抛、撇、丢、撂、扔

① 参刘镇发(1998)、邓晓华(1999)。

续 表

	总 的 成 员	主要成员
现代汉语方言	基本成员：抛、丢、擢、撇、掼、甩、扔。 非基本成员：拽、拨、揷、砍、蛮、拌/板、掉、摒、攂、亚、揞、旭、揲、丢、擗、溜、鑢、kok^{55}、hiɛt^{32}、ka^{44}、ham^{54}、sek^{21}、xieŋ^{213}、k'œ^{31}、ɕiai^{323}、fak^{55}、fit^{11}、mk^{24}、wɪŋ^{22}等。	丢、擢 撇、扔

[说明] 上古至近代，成员的排列旨在表明其进入"抛弃语义场"的途径。现代汉语方言中，成员的排列侧重表明各词在该语义场的不同地位。

1. 上古"抛弃语义场"的主导词"弃"和"舍"

上古"抛弃语义场"的成员主要有"弃(弃、䒁)、舍、捐、委、遗、摈①、敼②、屏③、振④、转⑤、释⑥、播⑦、投⑧、放⑨、置⑩"等。其中主

---

① 《玉篇·手部》："摈，相排斥也。"《广韵·震韵》："摈，摈斥。"《集韵·稕韵》："摈，弃也。"《庄子·徐无鬼》"以宾寡人"陆德明释文："宾，本或作摈。司马云：摈，弃也。"

② 《说文·攴部》："敼，弃也。《诗》云'无我敼兮。'"桂馥义证："《诗》云'无我敼兮'者，《郑风·遵大路》文，彼作魗。《传》云：'魗，弃也。'"《广韵·尤韵》："敼，弃也。"

③ 《荀子·强国》："併己之私欲。"杨倞注："併，读曰屏，弃也。屏弃私欲，遵达公义也。"

④ 《左传·昭公十八年》"振除火灾"杜预注："振，弃也。"弃与棄同，《广雅·释诂一》："振，棄也。"

⑤ 《墨子·兼爱下》"转死沟壑中者"孙诒让间诂引高诱云："转，弃也。"《孟子·公孙丑下》"老羸转于沟壑"焦循《正义》引高诱云："转，弃也。"

⑥ 《说文·釆部》："释，解也。"朱骏声通训定声："释，假借为舍。"《楚辞·卜居》"詹尹乃释策而谢曰"朱熹集注："释，舍也。"《吕氏春秋·长见》"视释天下若释躧"高诱注："释，弃。"

⑦ 《说文·手部》："播，穜也。一曰布也。……𢿎，古文播。"本义为撒种、下种，引申为背弃、放弃。《广韵·过韵》："播，放也，弃也。"《仪礼·士虞礼》"播余于篚"郑玄注："古文播为半。"《广雅·释训一》"拌，弃也"王念孙疏证：播与拌古声相近。……古文播为半。半即古拌字。谓弃余饭于篚。《书·多方》："尔乃屑播天命。"孔传："是汝乃尽播弃天命。"又《泰誓中》："播弃犁民。"《逸周书·大匡》："无播蔬，无食种。"《韩非子·诡使》："而断头裂腹播骨乎平原野者，无宅容身。"

⑧ 上古"投"主要表投掷义。部分用例中"投"兼含抛弃义。个别用例中"投"的动作性并未得到凸显，可作抛弃义理解，如《庄子·徐无鬼》"孙叔敖甘寝秉羽而郢人投兵"成玄英疏："投，息也。"郭庆藩集解："投兵，谓无所用也。"《楚辞·天问》："投之于冰上"王逸注："投，弃也。"

导词是“弃”“舍”。“捐”“遗”“委”的用例也并不罕见。“捐”字用例如：

与人之子，守其父之殡。捐殡而奔其父之使者，是以奔父也。(《穀梁传·宣公十八年》)①|捐弹而反走，虞人逐而谇之。(《庄子·山木》)成玄英疏：“捐，弃也。”

“委”，《说文·女部》：“委随也。”段玉裁注：“随其所如曰委。”本义为顺从、听任。引申为抛弃。《广雅·释诂一》《玉篇·女部》《广韵·纸韵》并云：“委，弃也。”

汤将放桀于中野，士民闻汤在野，皆委货扶老携幼奔，国中虚。(《逸周书·殷祝》)|盖上世尝有不葬其亲者，其亲死，则举而委之于壑。(《孟子·滕文公上》)|委厥美以从俗兮，苟得列乎众芳。(《楚辞·离骚》)王逸注：“委，弃也。”

“遗”，《说文·辵部》：“亡也。”本义为丢失、遗失。其词义由无意识、非自主的丢失引申转化为有意识、自主的抛弃。如：

未有仁而遗其亲者也。(《孟子·梁惠王上》)|包荒，用冯河，不遐遗，朋亡。(《易·泰》)②|昔管仲射桓公中钩，篡也；遗公子纠而不能死，怯也。(《战国策·齐策六》)

上古“捐”集中出现在少数几部文献。“遗”“委”分布范围虽然较

---

⑨ 《说文·攴部》：“放，逐也。”本义为驱逐，引申为放弃。《尚书·康诰》：“惟威惟虐，大放王命，乃非德用乂。”孔传：“并为威虐，大放弃王命。”《论语·卫灵公》：“放郑声，远佞人。”《孟子·滕文公下》：“距杨墨，放淫辞，邪说者不得作。”焦循《正义》引《小尔雅》云：“放，投弃也。”

⑩ 《说文·网部》：“置，赦也。”本义为赦免、释放。引申为“废弃、舍弃”。《国语·周语中》：“今以小忿弃之，是以小怨置大德也，无乃不可乎！”韦昭注：“置，犹废也。”此“弃”“置”同义，“废”即废弃义。俞樾《诸子平议·晏子春秋》“置大立少，乱之本也”条引《国语》韦注曰：“置，犹废也。”

① 范宁注：“捐，弃也。奔犹逐也。言成公弃父之殡，逐父之使。使谓归父也。”

② 孔疏：“‘不遐遗’者，遐，远也。遗，弃也。用心弘大，无所疏远弃遗于物。”

广,但其词义重心不在表“抛弃”义。下面介绍“弃”与“舍”。

1.1 上古“弃”与“舍”的使用

(1) 弃(弃、迸) 表抛弃义的弃字上古往往作“棄”,二者有别。“棄”,古字作“弃”,《说文・華部》:“棄,捐也。从廾推華弃之,从𠫓,𠫓,逆子也。弃,古文棄。”《集韵・至韵》“磬致切”,弃、迸、棄异体。古籍中“弃”“棄”同用,多作“棄”。用“弃”的如:

大夫士哭殡则杖,哭柩则辑杖。弃杖者,断而弃之于隐者。(《礼记・丧大记》)

用“棄”的如:

及夏之衰也,棄稷弗务。(《国语・周语上》)韦昭注:“棄,废也。”|焚如,死如,棄如。(《易・离》)|乃祖乃父,乃断棄汝,不救乃死。(《尚书・盘庚中》)

下文不再对“棄”与“弃”加以分别,统作“弃”。

(2) 舍 上古“舍”“捨”有别。《说文・手部》:“捨,释也。”段玉裁注:“释者,解也。”“捨”字本义即放下,舍弃。大徐本引《唐韵》“书冶切”,音 shě。舍,《说文・亼部》:“市居曰舍。”本义为客馆。“捨”“舍”本义殊别。表捨弃义的“捨”,桂馥义证:“捨,通作舍。”朱骏声通训定声:“捨,经传皆以舍为之,训放、训弃、训止、训去、训除、训纵皆是。”今“捨”简化为“舍”,因此下文捨弃义的“捨”均作“舍”。

冬,蔡侯、吴子、唐侯伐楚。舍舟于淮汭,自豫章与楚夹汉。(《左传・定公四年》)陆德明释文:“舍,弃也。”|女无亦谓我老耄而舍我,而又谤我!(《国语・楚语上》)韦昭注:“舍,弃也。”|犁牛之子骍且角,虽欲勿用,山川其舍诸?(《论语・雍也》)

上古“扔$_2$类词”的大致面貌如下:

表 36 上古“扔$_2$类词”主要成员的使用

	《诗经》	《左传》	《国语》	《论语》	《孟子》	《韩非子》	《吕氏春秋》	《战国策》	总计
弃	8/8	142/184	79/82	5/6	13/14	37/41	22/22	55/55	364/412
舍	8/15	29/135	10/35	5/6	18/32	21/44	16/54	17/69	124/390
捐					0/1	6/7		8/10	14/18
遗	0/8	0/44	3/14	0/1	3/8	0/43	0/39	1/34	7/183

可见,“弃”“舍”在分布范围、使用频率等方面均占据了该语义场的主导地位。

1.2 从上古“弃”“舍”“捐”的使用看“抛弃”义与“投掷”义的区别

表 37 上古“弃”“舍”“捐”的搭配范围①

	具体事物														
	甲	兵	舟	车	经	灰	食	酒	水	笾豆	席蓐	书	弹	袂	
弃	+	+	+	+	+	+	+	+							
舍		+	+	+											
捐	+								+	+	+	+	+	+	
	抽象事物														
	道	命	礼	怨	威	义	旧	本	法	力	事	俗	德	功名	
弃	+	+	+	+	+	+	+	+	+	+	+	+	+	+	
舍		+	+	+	+		+	+	+	+					
捐	+	+		+		+					+	+	+	+	
	抽象事物													事	
	天下	军	国	邑	家	世	馆舍	我	君	臣	民	亲	身	田耘	殡
弃	+	+	+	+	+	+		+	+	+	+	+	+	+	
舍	+	+	+					+	+	+	+		+		
捐	+		+				+						+		+

① 表 37“具体事物”是指一些具体的客观事物。“抽象事物”指一些抽象概念、事物以及人物。

表37显示：(1)“扔$_2$类词”侧重与一些诸如礼仪、家国、君臣等抽象对象搭配，这是它区别于“扔$_1$类词”的原型意义即基本界限。(2)与具体对象搭配的“扔$_2$类词”表达的往往是行为主体放弃对客观事物所有权的拥有，而非凸显一个具体的动作，如弃车、舍舟、捐甲等，这是“扔$_2$类词”与“扔$_1$类词”又一区别。(3)“扔$_2$类词”中“弃”“舍”“捐”的动作性还有程度差异，“舍”的动作性最弱，几乎不与具体事物搭配表示具体动作，像“舍舟”也是指主观上放弃对象。“弃”“捐”在表达具体动作上存在词义交叉，如“弃灰”“捐水”，故《说文》二者互训。不过，三者又各有固定搭配，如“弃市”“取舍”“捐馆舍”等，几者同中有异。

小结：上古“抛弃语义场”构成较复杂，“弃”“舍”作为主导词广泛用于与各类抽象事物的搭配组合，充分表现了“扔$_2$类词”的原型特征。另有一大批来自其他语义场的成员共同担负着表达抛弃义的任务。

2. 中古“弃”“舍”主导地位的巩固及“捐”的发展变化

中古“抛弃语义场”保持了上古的基本格局，主导词“弃”“舍”承担了主要的表意任务。“捐”在两汉有过较广泛的使用。同时，又有一批通过引申途径加入该语义场的成员。该语义场的成员主要有：承古词：弃、捐、委、投(役)、置、遗、措①、播②、放③、摈④、转⑤；新生

---

① 《淮南子·说山》：“物莫措其所修而用其短也。”“措”即舍弃。

② 《楚辞·刘向〈九叹·思古〉》：“播规矩以背度兮。”王逸注：“播，弃。”《说苑·君道》：“(景)公作色太息，播弓矢。”《淮南子·俶真》：“今夫冶工之铸器，金踊跃于炉中，必有波溢而播弃者。”

③ 《汉书·哀帝纪》：“郑声淫而乱乐，圣王所放。”师古曰：“放，弃也。”《淮南子·修务》：“放讙兜于崇山。”注：“放，弃也。”《楚辞·刘向〈九叹·思古〉》：“操绳墨而放弃兮，倾容幸而侍侧。”

④ 《淮南子·说林》“贤者摈于朝，美女摈于宫”高诱注：“摈，弃也。”《文选·郭璞〈江赋〉》“摈落江山”李善注引司马彪《庄子注》：“摈，弃也。”《孔稚珪〈北山移文〉》“道帙长摈”吕向注：“摈，弃也。”

⑤ 《淮南子·主术》“死无转尸”高诱注：“转，弃也。”

词：掷、抛、殑（qī）①、墽（qiāo）②、拌（拚）③、㔍（bǎn）④、撎（撌）（wěi）⑤、拨⑥、撅⑦、属⑧等。下面拟对这一时期“扔$_2$类词”的基本面貌及新生词的使用情况加以介绍。

2.1　中古“扔$_2$类词”的基本情况

表 38　中古“扔$_2$类词”的基本情况⑨

		中土文献				汉译佛经			
		《史记》	《论衡》	《汉书》	总计	《般》	《佛成》	《中》	总计
两汉	弃	147/204	48/56	154/227	349/487	31/31	6/6	14/14	51/51
	舍	9/267	14/83	25/283	48/633	24/42	9/19	5/61	38/122
	捐	19/30	9/9	33/67	61/106	13/13	3/3	4/4	20/20
	委	2/61	18/32	2/85	22/178			2/5	2/5

① 《说文·歺部》：“殑，弃也。俗语谓死曰大殑。”《广韵·支韵》去其切：“殑，死也。”

② 《广雅·释诂一》：“墽，弃也。”王念孙疏证：“《方言》：‘拌，弃也。楚凡挥弃物谓之拌，或谓之敲。’……敲与墽通。”

③ 《方言》卷十：“楚人凡挥弃物谓之拌。”《广雅·释诂一》：“拌，弃也。”王念孙疏证：“拌之言播弃也……播与拌古声相近。《士虞礼》：‘尸饭，播余于篚。’古文播为半，半即古拌字，谓弃余饭于篚也。”《广韵·桓韵》普官切：“拌，弃也，俗作拚。”音 pān。又《缓韵》蒲旱切：“弃也。”音 bàn。

④ 《广雅·释诂一》：“㔍，弃也。”王念孙疏证：“谓败弃之也。

⑤ 撎同“撌”。《玉篇·手部》：“撎，撎弃。”《集韵·旨韵》：“撌，《博雅》：弃也。或作撎。”一说同“遗”。《正字通·手部》：“撎，俗遗字。”

⑥ 拨者，《史记·太史公自序》：“秦拨去古文，焚灭《诗》、《书》。”拨犹弃也。《众经音义》卷 14、15、17 并引《广雅》“拨，弃也”。今本脱拨字。

⑦ 《广雅·释诂三》《集韵·月韵》并云：“撅，投也。”《方言》卷十“楚凡挥弃物或谓之敲”郭璞注：“（挥弃物）今汝颍间或云撅也。”

⑧ 《汉书·淮南王传》：“大王欲属国为布衣，守冢真定。”师古曰：“属谓委弃之也，音之欲反。”

⑨ 表 38 汉译佛经的全称分别为：《般》指后汉支娄迦谶译《般舟三昧经》三卷本、《佛成》指后汉支曜译《佛说成具光明定意经》、《中》指昙果共康孟详译《中本起经》、《增》指东晋僧伽提婆译《增一阿含经》、《贤》指元魏慧觉等译《贤愚经》、《佛本》指隋阇那崛多译《佛本行集经》。

续　表

		中土文献				汉译佛经			
		《三国志》	《世说新语》	《齐民要术》	总计	《增》	《贤》	《佛本》	总计
三国至隋	弃	118/123	3/3	6/9	127/135	33/33	39/42	36/116	108/191
	舍	39/106	5/21	2/17	46/144	330/1503	90/474	560/863	980/2840
	捐	16/16	2/2		18/18	9/9	9/9	19/19	37/37
	委	25/90	3/18	0/2	28/110		0/8	1/10	1/18

（/前表“抛弃”义用例数，/后表总的用例数）

主要特点：(1) 总的来看，“弃”“舍”仍然占据中古“抛弃语义场”的主导地位。(2)“捐”在中古获得了一定发展，两汉中土文献中，“捐”的用例甚至超过了“舍”，但三国时就已经衰落。在接近口语的《齐民要术》中已完全不用“捐”，表明其已失去口语基础。(3) 中土文献与汉译佛经在用词上同中有异。如两汉以后佛经中以用“舍”为常，而中土文献“弃”的使用仍远远多于“舍”。“扔$_2$类词”在中古的使用情况如：

“弃”：单用：弃贪欲、投地则弃饭、弃官而去、弃本妻、弃此取彼、弃本逐末等。

连用：弃除秽形、除弃恚恨、遗弃、为众摈弃、屏弃、孤弃一切等。

“舍”：单用：舍人事而任鬼神、舍久远之书、舍是珍宝经、舍一山之金、舍身不去真、舍伏羲而祭女娲、舍民趣父、舍邪就正、舍贤而任所私、舍船就步、舍彼而取此、舍所重而急所轻、舍贵立贱等。

连用：弃舍诸欲乐、弃舍悭妒意、舍捐、委舍佃事、捐舍所爱亲族等。

“捐”：单用：捐之大泽、捐社稷、捐朋党之私、捐于猪溷中、捐廉耻、尸捐不收等。

连用：弃捐填沟壑、弃捐重担、农事弃捐、捐弃其社稷、捐弃纸笔、捐弃草土、捐弃邪俗、委捐、捐舍所重、捐弃舍俗出家等。

“委”：单用：委财物散走、委位而耕、委国而去、委家亡去、委壁而去等。

连用：委弃不纳、委弃骸骨、委弃封域、委弃万国、便委弃等。

可见，中古时期“扔$_2$类词”主要成员的义域大致相当。其中“舍”常用于含“选择、取舍”义的语义相对的语境中。“弃”作为“抛弃语义场”的上位词可用于“弃舍”“舍弃”“弃捐”“捐弃”“委弃”等各种组合。

2.2 “投”“掷”“抛”在中古“抛弃语义场”的使用情况

(1) “投(役)”是上古“投掷语义场”的主导词，同时，具体语境中个别“投”字用例可理解为抽象的“抛弃”义。不过，到了中古，“投”表抛弃义的用例仍不多见，由本章第三节 1.1 已知，上古时期“投”就在“投掷”义的基础上朝着不同方向进行词义引申。中古表抛弃义用例，如《后汉书·陈蕃传》“投传而去”李贤注：“投，弃也。”《文选·潘岳〈西征赋〉》“投命而高节亮”李善注引杜预《左氏传》注：“投，弃命也。”《文选·陶潜〈始作镇军参军经曲阿作〉》“投策命晨旅”吕向注：“投，舍。”西汉时期，大概在今天的中原一带，抛弃义说“投”。《方言》卷十：“楚凡挥弃物谓之拌……淮汝之间谓之役。”周祖谟校笺：“《广雅·释诂一》‘拌、撴、投，弃也’。此‘役’字戴氏据《广雅》改作‘投’。”

(2) “掷”在中古引申出了“抛弃”义用法。

曰：“寸断掷在后沟，此是何物？”(《太平御览》卷 934 引《幽明录》;《钩沉》2533) | 日月掷人去，有志不获骋。(晋陶潜《杂诗十二首》之二)

此外，中古佛经中由于句式整饬的需要，往往“掷”“弃”连文表抛弃义：

一贾客言：“我等今者，不见水草，慎莫掷弃。”前弃水草者，

渴旱死尽。(元魏吉迦夜共昙曜译《杂宝藏经》卷3,T4/466a)|汝今何故,忽将我子,掷弃旷野?(阇那崛多译《佛本行集经》卷19,T3/739c)|头发甚长,……汝今何忍割截掷弃?(又740b)

不过,由于"掷"作为"投掷语义场"的主导成分,其动作性很强,这一典型特征难以消磨,故"掷"在整个汉语史中用于抛弃义的用例并不多见。

(3)"抛"字的使用。

"抛"表抛弃义的用法见本章第三节"'抛'的产生"。中古佛经中亦见此类用例:

或抛或擯,或罚钱物,或种种苦治。(东晋僧伽提婆译《中阿含经》卷15,T1/522c)

小结:中古"弃""舍"仍占据"抛弃语义场"的主导地位。"捐"较之上古用例增多,义域与"弃"大致相当。"投""掷"到中古有个别表抛弃义用例,但二者作为"投掷语义场"主导词的主要语义特征难以消磨,故在"抛弃语义场"不可能获得大的发展。

3. 近代"抛""撇""丢"的竞争与"扔"的快速发展

近代"抛弃语义场"的构成发生了根本性的变化。这一时期不仅该语义场的主导词之间完成了几次新旧更替,而且"扔"的产生及发展还为现代汉语普通话中该语义场基本格局的形成奠定了基础。

近代该语义场的成员主要有:承古词:委、掷、抛等。新生词:丢、撂(掠、撩、料)、扔、掼、撇、攧(yǎn)[①]、攋(lài)[②]、揞[③]、蹬[④]、闪[⑤]等。

---

① 《集韵·琰韵》乙减切:"攧,弃也。"

② 《集韵·骇韵》洛骇切:"攋,把攋。弃。"《类篇·手部》:"攋,把攋,弃去也。"

③ 《广韵·陷韵》于陷切:"揞,吴人云抛也。"《集韵·陷韵》:"揞,弃也。吴俗云。"宋赵叔向《肯綮录·俚俗字义》:"弃物曰揞。"

④ 明无名氏《南牢记》第三折:"一则趁赶些钱钞,二则将几句动情的言语调戏他,教他好歹蹬了刘坠儿,养上我。"

3.1 唐宋时期“抛”对“弃”与“舍”的替换

“抛”在中古文献中的使用尚不多见，但到了唐代，一些口语性文献中其用例已超过“弃”与“舍”，而且表现出比旧有成分更强的组合功能。见表 39：

表 39 唐宋时期“扔$_2$类词”的基本情况

	唐代“扔$_2$类词”						宋代“扔$_2$类词”				
	《王梵志诗》	《敦煌变文集新书》	《入唐求法巡礼行记》	《祖堂集》	总计		《五灯会元》	《错斩崔宁》	《碾玉观音》	《张协状元》	总计
弃	3/6	61/63	5/5	10/13	79/87	弃	44/67			6/10	50/77
舍	5/24	62/400	3/62	33/138	103/624	舍	55/258	0/18	0/6	1/7	56/289
抛	6/6	70/111	11/14	20/40	107/171	抛	24/82	1/2		8/8	33/92
						撇		1/1	1/1	2/2	4/4

几点说明：

(1) “抛”在口语中对该语义场主导词“弃”与“舍”的替换完成于唐代，不仅表现为“抛”字用例迅速增加，而且组合搭配功能强，可作用于各种对象。相反，“弃”与“舍”则基本停止发展，大多沿用旧有用法，试比较《王梵志诗》中三者的组合：

“弃”：无事弃他门、恶事总须弃、努力弃却末。

“舍”：世间难舍割、贪痴不肯舍、安身取舍之中、舍邪归六趣、荣名何足舍。

“抛”：抛却带囚身、命绝抛坑里、长大抛我死、抛却空闲舍、何为抛宅走、宝剑抛着地。

---

⑤ 张相《诗词曲语辞汇释》卷五：“闪，抛撇之义。”宋杜安世《菊花新》：“几回向伊言，交今后，更休抛闪。”元白朴《梧桐雨》第三折：“妃子，闪杀寡人也呵！”明汤显祖《牡丹亭》第五十出：“闪英雄泪渍盈盈袖，伤心不为悲秋瘦。”《二刻拍案惊奇》卷 17：“还有杜子中更加相厚，倒不得不闪下了他。”《型世言》第 5 回：“吃了一包子酒，死人般睡在身边，厌刺刺看他不上眼。好歹与哥计较，闪了他，与哥别处去过活罢。”《挂枝儿》卷 5“识破”：“俏冤家，人说你无长爱。容易浑，容易好，容易丢开。你闪人，人闪你，好似六月债。人闪你恼不恼，便知你闪人该不该。识破你闪人的心肠也，只怕保也没人保。”《西游记》第二回：“叩头叫道：‘大王，你好宽心！怎么一去许久？把我们俱闪在这里，望你诚如饥渴！’”（参见石汝杰等主编《明清吴语词典》，上海辞书出版社，2005）

可见，“弃”“舍”仅用于与抽象事物的组合，“舍”还多用于“取舍”等连文形式中。“抛”可用于具体、抽象等各类事物的组合中。当然这与“抛”字本身动作性强于旧成分不无关系。

(2) 口语中“抛”虽已完成对“弃”与“舍”的替换，但旧成分在书面语中的使用频率仍然较高，《五灯会元》中“弃”“舍”的用例超过了“抛”。这一现象在基本词的替换中并不罕见。书面语不仅在及时反映新兴的口语成分上具有滞后性，而且在对旧成分的使用上还表现出某种程度的保守性，趋古、尚雅这是书面用语的基本特点。旧成分在组合搭配中的保守性显而易见，如《五灯会元》中“舍”与“取”二者对文就占了近 20 例。

(3) 宋代“撇”字已加入“抛弃语义场”。

3.2 元、明时期“撇”与“丢”对“抛”的竞争替换

“抛”自唐代取代旧有成分“弃”“舍”以来，经过有宋一代的继续发展，到元代则遭遇新的竞争对手“撇”并在竞争中表现出劣势。与此同时，随着“丢”加入该语义场，到了明代，“抛”已失去在该语义场的主导地位。由本章第三节我们知道，明代“抛”同时又在“投掷语义场”与“丢”等一系列成分展开竞争并取得在“投掷语义场”的主导地位。具体使用情况见表 40：

表 40 元、明时期“扔$_2$类词”的基本情况[①]

	元代“扔$_2$类词”					明代“扔$_2$类词”						
	《西厢记杂剧》	《新校元刊》	《倩女离魂》	《小孙屠》	总计		《元朝秘史》	《三遂平妖传》	《水浒全传》	《金瓶梅》	《西游记》	总计
抛	1/1	9/11	5/6	2/2	17/20	抛		1/1	6/17	16/26	10/81	33/125
撇	6/7	22/23	1/1	2/2	31/33	撇	12/12	3/6	68/103	37/64	37/49	157/234
丢	0/1	2/4	0/1		2/6	丢	0/1	1/3	20/61	59/151	87/196	167/412
						掠				3/37		3/37

① 下表的《新校元刊》指《新校元刊杂剧三十种》。

主导成分“撇”“丢”的使用如：

> **“撇”**：废撇在无人烟地面里、将金钵子撇下、撇下锄头铁锹、没要紧的都撇了、撇下藤条、撇了囚车、撇下军器、把愁闷都撇在九霄云外、撇闪了奴、撇了工程、撇不下一时半霎、撇下孩子、衣服撇了一地、撇戟抛枪、撇却师父、撇枪弃棍、抛撇奴家等。
>
> **“丢”**：尖刀也丢在一边、花枪丢在一边、撇戟丢枪、丢了蒲扇、把前程丢了、丢下俺每、把客人丢了、丢在九霄云外、丢下棍棒跑了、丢了包袱、丢了八戒沙僧等。

从“撇”“丢”在文献中的分布来看，二者均用于具有南北不同方言背景的文献，不存在明显的方言差异。另外，到明代中后期，“掠（撂）”又加入“抛弃语义场”，“掠”进入该语义场的用例见于《金瓶梅》。虽然明代“掠”进入该语义场的用例不多，但我们根据“撂”在现代汉语方言中的分布情况来看，大致可以推定，“撂”具有北方方言的地域特征。现代汉语方言中，长江以南除近江地区的长沙、萍乡外，其余地区基本不用“撂”。清代“撂”进入该语义场的用例也主要集中在北方文献《醒世姻缘传》和《聊斋俚曲集》中。“撂”最初是否为一个山东方言词，据目前掌握的材料来看，我们认为是有可能的。

3.3 清代“丢”继续占据主导地位，“扔”进入“抛弃语义场”并快速发展

表抛弃义的“扔”字始见于清代，这是汉语史上“抛弃语义场”产生的一个重要变化。可以说，清代“扔$_2$类词”的成员构成，不仅继承了清代以前该语义场的基本特点，更重要的是为现代汉语普通话中“抛弃语义场”的构成奠定了重要基础。清代“扔$_2$类词”的使用见表41：

主要特点：

（1）清代该语义场保持了明代的基本格局，“丢”作为主导词，分布范围最广，用例最多。

表 41 清代"扔$_2$类词"的基本情况

	《醒世姻缘传》	《红楼梦》(前 80)	《红楼梦》(后 40)	《歧路灯》	《聊斋俚曲集》	《官场现形记》	《海上花列传》	《儿女英雄传》	《品花宝鉴》	《三侠五义》	总计
抛	12/18	7/13	6/8	7/14	4/10	1/1	1/9	3/8	4/16	11/26	56/123
撇	13/21	2/5	0/2	16/52	17/27	5/19	9/10	6/18	7/15	7/10	82/174
丢	34/124	21/109	1/66	13/109	20/76	14/43	9/70	23/65	2/23	5/40	142/725
撂	15/83	1/23	6/24	0/3	3+3/19	0/8	0/24	2/12	0/3	2/18	32/217
扔			1/3	0/1		0/1		14/33	4/12	2/10	21/60

(2)"撇"与"抛"的情况与明代基本一致,仍得到了较普遍的使用。

(3)"撂"由明代从带有冀鲁方言背景的作品向外扩展,清代已发展至长江以北的大部分地区。不过带冀鲁方言背景的作品中用例仍相对集中,反映出"撂"的北方地域特征。

(4)从《红楼梦》(后 40 回)、《歧路灯》等的情况来看,"扔"字自清代中期进入"投掷语义场"的同时,也在"抛弃语义场"得到了使用,发展至清代后期,用例有了明显增加,主要集中在以北方话为背景的作品中。

小结:汉语史上"抛弃语义场"的重大变化均发生在近代汉语阶段,首先是"抛"对长时期稳定占据该语义场主导地位的"弃"与"舍"进行了替换。之后"抛"在唐宋两代成为新的主导词。元明清时期"撇"与"丢"又取代"抛"从而肩负起在"抛弃语义场"的主要表意任务。其次,"扔"在清代中叶以后进入该语义场并获得了迅速发展,这为现代汉语普通话中该语义场新格局的产生奠定了重要基础。

4. 20 世纪 20 年代以后,"扔"字主导地位的最终确立

"扔"自清代中后期迅速发展直到 20 世纪 20 年代,终于取得了"抛弃语义场"的主导地位。具体情况见表 42:

表 42 20 世纪 20 年代以后“扔$_2$类词”的基本情况

			丢	抛	撂	撇	扔
20 世纪 20 年代作品	老 舍	《二马》	0/11	2/2	0/7	1/11	7/12
	鲁 迅	《阿 Q 正传》		1/1			0/1
	沈从文	《生之记录》《一天》《狂人书简》	0/2	0/4			0/3
		《京语会话》	0/2	2/3	0/1		0/4
	总 计		0/15	5/10	0/8	1/11	7/20
20 世纪 40 年代作品	老 舍	《四世同堂》	4/176	7/7	2/8	1/17	20/66
	钱锺书	《围城》	2/25	0/3		16/25	3/8
	总 计		6/201	7/10	2/8	17/42	23/74
当代作家作品	池 莉	《你以为你是谁》	1/4	2/2		0/1	1/7
		《太阳出世》	0/3	2/3			0/5
	王 朔	《一点正经都没有》	0/3	2/5	0/2	0/2	1/9
		《永失我爱》			0/1	0/1	5/11
	余秋雨	《千年庭院》		1/1			0/3
		《十万进士》	0/1	1/1			1/1
	总 计		1/11	8/12	0/3	0/4	8/36

与元明清时期“撇”“丢”占据“抛弃语义场”主导地位不同的是，20 世纪 20 年代以后，“扔”已成为该语义场的主导词。而且，从表 42 的调查情况看，“扔”主要见于一些京城作家如老舍、王朔笔下。其次是“抛”的分布范围仍较广泛。“撂”的使用已不多见。“撇”的分布不均衡。“撇”明清时期广泛行用于江淮官话、吴语区。到 20 世纪 40 年代仍集中在个别作家如钱锺书（江苏无锡人）笔下，体现出一定的地域性。

小结：汉语史上表抛弃义的主导词大致经历了三次更替：弃、(捐)、舍—抛—撇、丢—扔。几次更替的完成都发生在近代汉语阶段。旧成分“弃”“舍”等还长期活跃在构词层面与后产生的“扔$_2$类词”

组合表抛弃义，如“抛弃”“丢弃”“扔弃”等。“抛”由于其自身带有较强的动作性，晚唐至明代一直居于“投掷语义场”的主导地位。元明清之际“撇”“丢”承担了表抛弃义的主要任务。不过，对“丢”来说，表抛弃义在其自身词义系统中所占比例一直较低，明代占41%，清代占20%弱，到20世纪以后，表抛弃义的用例就更少。“抛”与“丢”的不足恰恰为“扔”的发展提供了有利条件。“扔”自产生于清代中叶以后至20世纪20年代就跃居该语义场的主导地位，从而确立了现代汉语普通话中“抛弃语义场”的基本格局。这再一次印证了吕叔湘(1985)“现代汉语只是近代汉语的一个阶段，……它的常用词汇是近代汉语的常用词汇，只是在这个基础上加以发展而已”的结论。汉语中“抛弃语义场”主导词更替的过程①：

“抛弃语义场”主导词的更替过程

上古至唐	唐宋时期	元代	明清时期	20世纪20年代至今
弃、(捐)、舍 →	抛、撇 →	撇、抛、丢 →	丢、撇、扔 →	扔

5. “扔$_2$类词”在现代汉语方言中的共时分布

总的来看，现代汉语方言中“扔$_2$类词”的使用不及“扔$_1$类词”复杂。主要表现为像“掷”“抛”等这些“投掷语义场”的基本词因其动作性强故仍用于现代汉语方言中表投掷义，而表抛弃义的情况罕见。另一方面，由于“扔$_1$类词”重在凸显一个具体的动作，所以凡动作方式、用力大小以及被支配对象离开行为主体距离的远近等都会造成用词上的差异。这是导致现代汉语方言中“扔$_1$类词”繁复的重要原因。而“扔$_2$类词”重在强调行为主体从心理上放弃拥有某对象，所以不太强调具体的动作特征。下面分别对“扔$_2$类词”的基本成员与非基本成员加以讨论。

---

① 图中各时期的“扔$_2$类词”中，字号稍小者表明其用例不及前者，字号最小者表明其刚开始出现还未上升为主导词。

5.1 “扔$_2$类词”基本成员在现代汉语方言中的使用

表 43 “扔$_2$类词”基本成员在现代汉语方言中的分布①

	抛	丢	甩	掼	撂	撇	扔		抛	丢	甩	掼	撂	撇	扔
哈尔滨					+		+	丹阳				+			
北京						②+	①+	崇明				+			
济南							②+	上海				+			
牟平					+	+		合肥			②+		①+		
徐州					+			苏州				②+			
扬州				+	+			杭州				+			
南京		+			+			宁波				+			
武汉		①+	②+			+		温州				①+			
成都		②+	①+					金华				+			
贵阳		+						长沙		②+			①+		
柳州		+	+					娄底							
洛阳								双峰							
西安					+	+		南昌		①+					
西宁					+			萍乡		+			+		
乌鲁木齐					+	+	+	黎川							
银川		+			+②		+③	于都							
万荣					+		+	梅县		①+					
太原					②+			广州		+					
忻州								南宁平话		+					
绩溪	+							东莞							

---

① 方言词典南京方言只收“撂”，南京人陈叙见告，表抛弃义往往说“丢”。

② 据高葆泰、林涛著《银川方言志》：银川话中表“抛弃”义的还有“撂（liɔ^{13}）”“揷（ər^{13}）”。（语文出版社，1993）

③ 银川话“扔”又读为“揷”、“摙”，故下文非基本成员中不再收“揷”、“摙”，只在此收“扔”。

续 表

	抛	丢	甩	掼	撂	撇	扔		抛	丢	甩	掼	撂	撇	扔
潮州								厦门							
阳江								雷州							
建瓯		+						海口							
福州		+													

[说明] 由于“扔$_2$类词”的基本成员与非基本成员是分别展开讨论的，故各方言中“扔$_2$类词”的使用频率需将表 43 与表 44 配合起来看。

“扔$_2$类词”基本成员在现代汉语方言中的分布显示：

(1) “丢”(14 个点)与“撂”(17 个点)基本占据了现代汉语方言中“抛弃语义场”的主导地位，除近江的长沙、萍乡外，二者大致呈互补分布，使用“撂”的方言中一般不用“丢”，用“丢”的不用“撂”。

(2) 明清时期广泛行用于江淮官话、吴语区的“撇”，到现代汉语方言中已退缩至长江以北的官话区。

(3) 历史文献中“掼”是作为“投掷语义场”的一个方言词出现的，现代汉语方言中，“掼”已引申进入“抛弃语义场”，成为江淮官话、吴语区表“抛弃”义的一个基本成分。

(4) 历史上“甩”基本未进入“抛弃语义场”，但现代汉语方言中西南官话区的武汉、成都、柳州以及江淮官话区的合肥地区“甩”已引申进入该语义场。

(5) “扔”表投掷义与表抛弃义在现代汉语方言中的发展基本上同步，主要见于北方部分地区。

5.2 “扔 2 类词”非基本成员在现代汉语方言中的使用

所谓非基本成员并非指不重要的成员，只是从历史文献看罕见或未见用例，却见于现代汉语方言的成员。这部分“扔$_2$类词”往往是各地表抛弃义的特征性词语，更具有方言特质。北方官话中的“闪”，江淮官话的“摔”，晋语区的“砍”，吴语区苏州、杭州的“huᴇ^{412}/huɛ^{55}”，湘语区的“亚/iɔ^{25}”，粤语区广州、阳江的“擗”，粤语区广州、东莞的“ueŋ^{53}/vəŋ^{213}”

“掉”等。此外，还包括地缘关系接近的方言中一些有联系的成分，如南昌的“fak^{55}”、梅县的“fit^{11}”、广州的“ueŋ^{53}”、东莞的“vəŋ^{21}”、阳江的“mɪk^{24}”等与邻近少数民族语言存在密切关系。具体情况见表44。

表44 “扔$_2$类词”非基本成员在现代汉语方言中的分布

	方言用字			有音无字	其他		方言用字			有音无字	其他
	借字	训读字	自造字				借字	训读字	自造字		
哈市					闪蹬	温州				②ɕiai^{323}	③拌
济南	①拽				闪[1]	金华				liu^{55}	
牟平					闪	娄底				iɔ^{25}	
徐州					闪蹬拌	双峰	亚				
扬州					摔	南昌				②fak^{55}	
南京					摔	梅县				②fit^{11}	
柳州	拽					潮州				①kak^{4} ②ham^{54} ③sek^{21}	
洛阳				vəŋ^{33}	扳	广州	①擗	③扔（ueŋ^{53}）			②掉
银川					闪	东莞		扔（vəŋ^{213}） 擘（mɛ^{24}）		kɔi^{45}	掉
太原	①砍 ③蛮					阳江	擗			mɪk^{24}	
忻州	砍					建瓯	旭撲				
合肥	③板					福州	①溜 ②辘	扔（k‘œ^{44}）		③xieŋ^{213} ④k‘œ^{31}	
苏州		③甩	①丟			厦门	①献			②kok^{55} sak^{55} ③hiɛt^{32}	
杭州				huɛ^{55}		雷州				p‘ieŋ^{11} tep^{1} lieŋ^{55} tia^{24}	攕
宁波					揞	海口				tai^{33}	

① 方言词典虽未列“闪”单独表抛弃义的用法，但组合形式“闪下”＝“撇下”，如“他娘闪下俩孩子一蹬腿走哂$_{死了}$！”

以上非基本成员有的是作为抛弃义的下位词使用的，如北方方言中的“闪”，抛弃的对象指人。“闪”字的此种用法早见于宋代文献，之后也见于元杂剧，到明清时期则集中见于带有江淮方言、吴方言背景的文献。现代汉语方言中“闪”又集中见于北方地区。有的是作为同位词即方言同义词使用的。如东莞的“擘（mɛ[24]）”“掉”“kɔi[35]”都可用于一般意义上的抛弃，如“烂嘢破烂擘敲佢！｜你个败家仔，正式真是擘、掉、kɔi[35]！”注：“擘、掉、kɔi[35]”都有“扔”的意思，三个连用表强调其败家。当然，同一方言中多个方言同义词往往各有不同来源。有的是因为语言使用者的年龄、语体风格的雅俗等差异造成的，如乌鲁木齐方言中，一般的说法是“撂 liɔ[213]”，通俗的说法是“拚 ɚ[51]”。城里人或乡下的年轻人则多说“扔”。

6. 从“投掷语义场”与“抛弃语义场”的用词特点看区分两类词的必要性

尽管汉语中“投掷语义场”与“抛弃语义场”的主导词到现代汉语普通话中已经趋同，都用“扔”。但通过区分“扔$_1$类词”与“扔$_2$类词”，并对其各自的演变过程加以考察，我们认为，这不仅有助于揭示汉语基本词汇具体发展历史的客观事实，而且对我们正确理解古今汉语沟通的现象也提供了具体的材料。从整个历史发展的过程来看，表达两个概念的用词异中趋同，同中有异，二者不可相互替代。

表 45 汉语中“投掷语义场”与“抛弃语义场”的用词比较

	上古至中古	近代					20世纪20年代至今
		唐	宋	元	明	清	
“投掷”语义场主导词	投、掷	抛掷	抛	摔	抛、丢	摔、撂、丢	扔
“抛弃”语义场主导词	弃、(捐)、舍	抛	抛	撇	撇、丢	丢、撇、抛	扔

可见,汉语史上两个语义场的主导词从总体上来看,其差异是明显的。(1)上古至中古二者的用词不同。(2)近代汉语阶段,唐宋时期两个语义场的主导词基本相同。(3)元明清时期,“抛”还可继续作为“投掷语义场”的上位词使用,同时,动作性很强的“摔”也在该语义场承担了重要的表意任务,其次是“撂”“丢”。而同期“抛弃语义场”的用词情况是“撇”与“丢”占据主导地位。因此,像“摔”“撇”带有各自语义场的典型特征而基本不能同时跨越两个语义场作为主导词使用。“投掷语义场”强调具体的动作场景,动作性强,而“抛弃语义场”则重在表明放弃、弃除对象。我们认为,“丢”之所以能在明清时期同时被较多地用于兼表二义,这与它自身动作性的强弱介于两个语义场之间不无关系。

为何20世纪以后两个语义场的主导词再次归一?“扔”具体承担了哪些表意任务?

从汉语史上的用词差异可知,“投掷”与“抛弃”两个概念自古至今都作了明确的区分,也就是“第一次分类”是不同的。(参蒋绍愚1999)两个概念的异中之同主要表现在使物离开行为主体的方式,如果是通过具体动作行为弃除手中之物,二者就存在词义交叉。而对于行为主体欲弃除思想意识中的某些观念或非手中之物时,词义并不混淆。那么“扔”究竟是侧重表“投掷”义还是“抛弃”义,抑或二者并重?我们不妨拿以北京话为背景的《四世同堂》中“扔”的使用情况加以说明。其中“扔”表抛弃义大约20例,具体用法如:

与具体人、物组合的有:糖与小旗子都被扔弃在地上、他被扔进一间没有灯亮的屋子、东西……不忍随便扔掉、糊里胡涂的去扔掉我的脑袋、被这辆车拖出去扔在野外、喝过了的茶叶可别扔了、东一块西一块的扔着人骨头、象倾倒垃圾似的扔在城外、空篓子在后院里扔着、(钱)总比都白扔了好。

与抽象事物组合的有:把自己能……活到八十岁……的希望赶快扔弃了、光阴并没白白的扔弃。

能单独用于表抛弃义的“扔”字，其作用的对象均为具体的人或物，用于抽象事物的只有2例，且均为“扔弃”连文。《四世同堂》中凡行为主体抛弃抽象事物往往是通过旧有成分“弃”“遗”“舍”等与该语义场的其他成分组合加以表达。文中“弃”凡70见，其中“放弃”51见，“抛弃”3见，“扔弃”4见，“丢弃”3见，遗弃1见，弃舍2见，离弃1见，另有少数如“自暴自弃”“前功尽弃”等固有组合。像“弃”字这种由词沦为构词语素的现象正如王宁(1997)所言：“词汇和语义的发展是累积型的，经过长时期的积攒，同时逐渐进行内部能量的调节、交换采用旧的成分，形成新的系统。”通过对《四世同堂》的分析可知，“扔”之所以能在现代汉语普通话中同时居于两个语义场的主导地位，是因为“抛弃语义场”中旧有成分“弃”“舍”等进入构词层面形成的诸如“抛弃”“丢弃”“舍弃”等词汇形式承担了“扔”无法担负的表意任务，否则仅凭“扔”所涉及的义域范围是难以完成两个语义场的表意任务的。也就是说，“扔”的词义仍侧重表“投掷”义，它与“抛弃”义重合的部分就是指通过具体动作行为弃除对象。

从以上“扔$_1$类词”与“扔$_2$类词”的发展结果我们认为，汉语词汇系统本身在表意上存在自我调节机制与自足功能。

第五章

“捆”类上肢动词的发展

现代汉语普通话中“捆”字含义,《现汉》释为:“用绳子等把东西缠紧打结。”然而表达这一概念的“捆”却晚至明代才产生。那么“捆”字产生之前历史上表达这一概念的词又有哪些?是什么原因促使“捆”能后来居上并取代此前的主导成分而成为现代汉语普通话中的一个基本动词?现代汉语方言中表达捆绑概念的用词情况又是怎样的?为了弄清诸如此类的问题,本章拟将考察对象置于“捆绑语义场”中加以分析,以期探明汉语中表达这一基本概念的能指之间竞争更替的历史过程。

第一节　“捆类词”中主导词的历时替换

我们把汉语中表示“用绳索等把人或东西缠紧并打上结”义(简称“捆绑”义)的系列词叫作“捆类词”。这类词共同的词义特征是[+用绳索等](工具)、[+人或东西](受事)、[+缠紧][+打结](动作行为方式),也就是借助绳索等工具以缠紧并打结的方式作用于人或物。本节仍将借鉴汉语史分期的相关成果,按上古、中古、近代为脉络展开讨论。

1. 上古“捆类词”的主导成分“束”与“缚”

上古表捆绑义的成员众多,但文献中出现次数在 5 次以上者仅束、缚、系、约等少数几个。本节拟首先对束、缚、系几个成员音、形、义的基本情况加以介绍。在此基础上将对“捆绑”“缠绕”“系结”几个概念之间的异同作一区分，以明确我们的考察范围。然后对上古该语义场的主导成分进行考察。

1.1 束、缚

(1)“束”的音、形、义。《说文·束部》：“束，缚也。从口从木。凡束之属皆从束。”徐锴曰：“束薪也。口音围，象缠。”王筠曰：“字从口木，则《诗》‘束楚’、‘束薪’其本义也。而《易》之束帛，《诗》之束矢，《论语》之束修，《左传》之束马，皆用之。”“束”字甲骨文字形作(甲二二八九)或(京都七五一)，徐锴、王筠之释有理。大徐本引《唐韵》“书玉切”，古读入声。今音 shù。

(2)“缚”的音、形、义。《说文·糸部》：“缚，束也。”段玉裁曰：“束下云：‘缚也。’引申之，所以缚之之物亦曰缚。”张舜徽曰：“今语称束物于他物之上曰绑，即缚之语转也。”大徐本引《唐韵》“符镬切”，古读入声。今音 fù。

1.2 系、係、繫

“系”“繫”在上古表“捆绑”义的用例虽然罕见，但由于二者与“係”存在密切联系，故在此一并加以简述。“係”“繫”在现代汉语普通话中统一简化为“系”，致使人们对三者的语源及其差异不甚明了。

(1)“系”的音、形、义。《说文·糸部》：“系，繫也。”胡计切，今音 xì。“系”字甲骨文字形作(爵)、(铁二·二)，金文作(小臣系卣)、(前七·四·一)。对此字形有不同理解，一种意见认为象以手持物之形(上象手，下象丝)。段玉裁改《说文》“系，繫也”为“悬也”，认为“引申为凡总持之称”，“系者，垂统于上而承于下也”。朱骏声对此进一步发挥，“垂统于上而连属于下谓之系，犹联缀也”。张舜徽(1983)亦认为“系”的甲骨文字形“正象联缀多丝以手持之之形”。另

一种意见认为“系”字“甲骨文上从爪，像以手系丝”①，即用手将丝线系结在一起。我们认为“系”字的甲骨文字形当表“以手系丝”之意。因为“词的本义一般是具体的意义，而不是抽象的意义”②。就我们对大量文献的考察结果来看，未见“系”表“总持”义的用法。而且《说文》中凡从糸之字大多引申为“系结，束缚”之义。

(2)“係”的音、形、义。《说文·糸部》：“係，絜束也。”段玉裁注：“絜束者，围而束之。”对此于省吾《甲骨文字释林·释係》指出：“许氏既误以从糸为从系，又误以会意为形声。至于训係为絜束乃引申义，并非本义。甲骨文‘係’字象用绳索以缚係人的颈部。”“係”字甲骨文字形作(乙五五〇二)或(续二·一八·七)，正表“以绳係缚人的颈部”之意，于说不失。“係”，《广韵》古诣切，又《集韵》胡计切，今音 xì。

(3)“繫”的音、形、义。“繫”字不见于甲骨文、金文。《说文·糸部》：“繫，繫𦃇也。一曰恶絮。从糸，毄声。”《广韵·霁韵》“古诣切”、《集韵·霁韵》“吉诣切”，并音 jì。《集韵·霁韵》：“繫，或作毄。”“繫”从“毄”得声，楚简秦系文字中的“毄”字，下部的“口”形，往往又作“凵”形，二者为变体，即“毄”又作“毄”。“毄”，《玉篇·殳部》：“毄，係也。”《周礼·地官·司门》：“祭祀之牛牲繫焉。”孙诒让正义：“凡繫缚字，正字当作係，毄、繫并声近假借字。《说文·人部》‘係，絜束也’段玉裁注：‘係，俗通用繫。考诸古经，若周礼司门、校人，字皆作毄；周易毄辞，据释文本作毄；汉书景帝纪亦用毄。盖古假毄为係，后人尽改为繫耳。’”清人之所以认为表“束缚”义的“毄”当为“係”之假借，大概是根据《说文·殳部》“毄，相击中也。如车相击”之释，认为“毄”“係”本义并不相涉。不过，近年一些从事古文字研究的学者根据睡虎地秦墓竹简中“”(睡虎地·日书乙 59)字从“東”的情况已指出

① 曹先擢、苏培成编《汉字形义分析字典》“系”字条，北京大学出版社，1999。
② 参见王力主编《王力古汉语字典》“序”，中华书局，2000，页 7。

《说文》所释不确。魏宜辉(2004)认为:"'毄'字取象于以手束囊之形,本义为'繫结',即'繫'之初文。由于字形的变化,到战国时代人们可能已不清楚'毄'字的造字本义,或是'毄'字已不用本义,后来又造了一个从糸的本字'繫'。"

要之,"系"的造字本义为"繫结丝线","係"字的本义为"以绳缚人之颈","繫"之初文"毄"取象束囊,义亦与"系结"有关。考诸文献,几乎不见表"拴束""捆绑"义的"系"。文献中往往用"繫"表"捆绑""繫结"义。"係"可用于对人或物的捆绑、拴束。因此,对"系""係""繫"三者来说,下文只讨论与"捆绑""拴束"义有关的"係"与"繫"(后面的讨论将"繫"简化为"系")。

1.3 "捆绑""缠绕""系结"义之间的异同

由于这几类动作均涉及绳索等工具的使用,而且动作行为之间存在密切关联,所以往往浑言不别。尽管如此,它们之间的基本界限仍是可以区分的。

(1)"捆绑"义。其词义构成为[+用绳索等][+把人或东西][+缠绕][+打结],其中涉及"缠绕""打结"两个动作。也就是说"捆"这一动作的完整实施,"缠绕""打结"是必不可少的要素。同时,动作必须直接作用于人或物体上。

(2)"缠绕"义。《说文·糸部》:"缠,绕也。"又:"绕,缠也。"《现汉》:"缠,缠绕。"表达缠绕义的基本成员如"缠""绕""络""萦""缭""绞"等的词义重心在"绕",即不强调在物体上打结。可见,"缠绕"义与"捆绑"义的词义差异是明确的。尽管如此,表达缠绕概念的词往往也引申为"捆绑"义,如"绸(chóu)",《说文·糸部》:"绸,缪也。"《诗·唐风·绸缪》:"绸缪束薪,三星在天。"毛传:"绸缪犹缠绵也。"孔颖达疏:"毛以为绸缪犹缠绵束薪之貌。"《楚辞·九歌·湘君》:"薜荔柏兮蕙绸,荪桡兮兰旌。"王逸注:"绸,缚束也。""绸"即引申为"缠扎、束缚"义。

(3)"系结"义。表"系结"义的成员有"结""系""缔""纽""绾"

“拴”等。《现汉》:“结,在条状物上打疙瘩或用这种方式制成物品。”又“系(jì):打结;扣。”又:“拴:用绳子等绕在物体上,再打上结。”可见,以上成员共有的词义特征是[+打结],或直接在条状物上打结,或将绳索等条状物绕在他物上打结。另外,表“系结”义的成员还具有这样一些隐性特征,即用于打结的条状物其另一端还联系着另外一个物体,为了固定这个物体需将绳索等系于他物之上。这些成员往往也通过引申途径进入“捆绑语义场”。

可见,“系结类”词语的词义重心在“打结”,不强调缠绕。不过,“打结”仅仅是拴束物体的最后一道“工序”,所以当我们在概括或笼统叙述一个“系结”行为的过程时,其实已暗含了缠缚的动作环节。当与具体的对象组合时,这一隐含义素往往会得到提示甚至凸显。一旦“缠绕”的隐含义素得到提示或强调,它的词义特征就会向“捆绑”义靠拢,从而缩小与“捆类词”的词义差距。加之“捆绑”义的词义重心还在于最后能把物束紧,即打上结,不仅仅在于缠上绳子,所以它与表“系结”义词语之间的界限要比表“缠绕”义的词语小。正因为此,“系结类”词表“捆绑”义的用例与“捆绑类”词表“系结”义的情况在文献中都不少见。现代汉语方言中两类词也往往混用,如杨荣华(2006)调查显示,四川大平湘方言岛中表“系结”义的词基本说成“捆”,如“捆头发”“捆鞋带”“捆红领巾”等①。另外,表“缠绕”义的词与“捆类词”虽然有较明显的词义差异,但也并无绝对界限,如“绹”,《尔雅·释言》:“绹,绞也。”郭璞注:“纠绞绳索。”《玉篇·糸部》:“绹,纠绞绳索也。”词义重心在“缠绕”。然而在现代汉语方言如柳州、娄底、广州等地,“绹”已进入“捆绑语义场”表“捆绑”义。

总之,“捆类词”包含了“缠绕”“系结”类词各自的代表性词义特

① 该方言岛是四川境内至今存留的一个湘方言岛,系清康熙、乾隆年间由湖南永州及零陵等地移民入川聚居形成。

征,即既有[+缠绕]又有[+打结]义素,而且,实施动作行为借助的工具必须直接作用于所"捆绑"之物上,否则,我们就将其排除在"捆绑语义场"之外。

1.4 上古"捆类词"的主导成分

1.4.1 基本情况

表 46 上古"捆类词"的基本情况①

	《诗经》	《左传》	《国语》	《论语》	《孟子》	《韩非子》	《吕氏春秋》	《战国策》	总计
束	3/13	4/7	2/4	0/2	1/1	4/6	6/9	3/6	23/48
缚		8/10	1/1			4/6	6/9	2/4	21/30
系		1/2	1/2		1/1	1/2	2/5	3/4	9/16
约②	3/3	1/7	0/8	0/6	0/5	0/25	0/19	1/96	5/169

[说明] 根据上古"捆类词"在表 46 所列文献中的用例数(表捆绑义的用例在 5 次以上)来看,主要成员仅束、缚、系、约几个。另诸子、十三经、《国语》、《战国策》等文献中共有 100 例左右的"系"字用例,但其表捆绑义用例罕见,主要表系结义,故上表未列。

现酌举部分上古用例:

(1) 墙有茨,不可束也。(《诗·墉风·墙有茨》)《毛传》:"束而去之。"王先谦《诗三家义集疏》:"束是总聚之义。总聚而去之,言其净尽也。"

(2) 愿君之生束缩高而致之。(《战国策·魏策四》)

(3) 申丰从女贾,以币锦二两,缚一如瑱,适齐师。(《左传·昭公二十六年》)杨伯峻注:"谓此以二两锦紧缚束为一,状如镇圭,易于怀藏。"

(4) 密须之民,自缚其主而与文王。(《吕氏春秋·用民》)

(5) 秦人过析,隈入而系舆人,以围商密,昏而傅焉。(《左传·僖

---

① 表中"/"前表"捆绑"义次数,"/"后表总的用例数。未见用例则空缺。本章与此体例相同的表格含义同。

② 《说文·糸部》:"约,缠束也。"《诗·小雅·斯干》:"约之合合,椓之橐橐。"毛传:"约,束也。"孔颖达疏:"谓以绳缠束之。"又作"箹"。《集韵·觉韵》:"约,束也。或作箹。"

公二十五年》)杜预注:“隈,隐蔽之处。系缚舆人,诈为克析得其囚徒者。……系音计。”

(6) 约軝错衡,八鸾玱玱。(《诗·小雅·采芑》)朱熹《集传》:“约,束;軝,毂也。以皮缠束兵车之毂而朱之也。”

(7) 尽借邑人之车,锲其轴,麻约而归之。(《左传·定公九年》)杨伯峻注:“锲即契,刻也。深刻车轴,以麻束之,而后还于借主。”

1.4.2 “束”“缚”的语法、语用差异

《说文》“束”“缚”互训,《束部》“束,缚也”,又《糸部》“缚,束也”。然二者在语法、语用上存有差异。首先,从表46来看,“束”较之“缚”在文献中的分布范围更为广泛、均衡。其次,上古“束”除用为动词外,量词用法也甚为常见,而“缚”则主要作动词。第三,“束”以与物搭配为常,而“缚”以作用于人为主。参表47:

表47 上古“束”“缚”的主要差异

	单用带宾		束、缚连文带宾	
	人	物	人	物
束	2	10	10①	
缚	12	1	10	

“束”:劫而束之、束载、束马、束胸、束牲、管仲束缚、绅之束之、使束缚、束缚桎梏、生束缩高、束车、束组、束缚而槛之、櫜甲束兵、搏而束缚之、束细荆等。

“缚”:缚秦囚、以帷缚其妻、自后缚之、迎臣执缚、缚其主、生缚而擒之等。

---

① 在我们所调查的上古文献中,“束”“缚”连文有2例为“解管仲之束缚”“解其吏之束缚”,虽然其中“束缚”已具有指称性,但我们认为这是汉语动词用法的正常现象,而且从整个汉语史的情况看,“束缚”几乎不见名词用法,故在此仍视其为动词。“束缚”语义上的受事分别为“管仲”“吏”。

1.4.3 上古“系”（“係”的简化字）的用法

“系”字本义为“以绳缚颈”。从我们对诸子、十三经以及《国语》《战国策》等文献的调查结果看，38 例“系”中，除个别情况作名词外（如《吕氏春秋·不苟》“武王至殷郊，系堕”），其余主要作动词。可表“拴结”义，如《庄子·则阳》“虏其人民，系其牛马”；“拘系”义，如《荀子·大略》“氐、羌之虏也，不忧其系垒也，而忧其不焚也”；“联属”义，如《庄子·大宗师》“善始善终，人犹效之，又况万物之所系，而一化之所待乎”以及“捆绑”义等。“捆绑”义当为其本义的引申用法，“系”所涉及的对象不仅包括人，也有物，如《国语·吴语》：“乃令服兵擐甲，系马舌。”韦昭注：“系，缚也。缚马舌，恐有声也。”上古“系”的用法，如：

> 系絫/垒/纍/累、系虏、系羁、拘系、系梁太子、系妻孥、系其牛马、系玉等。

另外，在我们对上古文献清理出的约 100 例“繫”中，除《战国策·楚策四》“不知夫子发方受命乎宣王，繫已以朱丝而见之也”中“繫”表“捆绑”义外，其余凡与“繫缚”有关的“繫”均表“繫结、拴束”义，如《论语·阳货》：“吾岂匏瓜也哉？焉能繫而不食？”《荀子·劝学》：“以羽为巢而编之以发，繫之苇苕，风至苕折。”

2. 中古“束”字快速衰退，“缚”继续保持主导地位

2.1 两汉文献中的“捆类词”

两汉“捆类词”的主导词仍为“束”与“缚”。“係”虽仍有部分表捆绑义的用例，但仅限于“係颈/脰（dòu）”“係虏”“係累/纍”“係羁”等固有用法，故不赘。

到了两汉，中土文献中“束”尽管总的出现频率较高，但其表捆绑义的用例仅占“缚”表捆绑义的三分之一。而汉译佛经中，“束”不仅出现频率低，而且基本不见表捆绑义的用法，仅《道地经》中出现 1 例，为“呼医已急，驾车使上，从后缚束”，系“缚束”连文。另一方面，中土

文献中“缚”基本用于表捆绑义，而汉译佛经中“缚”则主要是一些引申用法，如“拘限”义等。

表 48 两汉“捆类词”的基本情况

	中土文献				汉译佛经①							
	《史记》	《论衡》	《汉书》	总计	《长》	《道》	《中》	《阿》	《文》	《佛》	《修》	总计
束	11/35	3/3	9/45	23/83	0/1	1/4				0/1		1/6
缚	18/20	2/3	44/46	64/69	2/4	3/5	1/4	2/4	0/2	0/6	0/2	8/27

2.2 三国至隋“捆类词”的基本情况

表 49 三国至隋“捆类词”的基本情况

	中土文献②				汉译佛经③							
	《三》	《齐》	《古》	总计	《六》	《菩》	《生》	《增》	《大》	《贤》	《佛》	总计
束	7/20	12/22	1/7	20/54	1/1	1/2	1/1	3/3		1/3	1/13	8/23
缚	33/45	7/8	40/41	82/96	8/10	17/17	9/11	17/59	25/60	5/8	25/73	96/238

三国至隋“束”“缚”的基本情况与两汉相类，“束”总的用例大大减少，表捆绑义的用例更为少见。不过，带北方方言背景的《齐民要术》则倾向于用“束”。其用法如：

“束”：束枝、以葛十道束置、卷束、束两头、以……细绳概束、急束两头、以绳急束蒿、束根、束为小把，等等。受事全系无生命之物，且多为细散之物。

“缚”：弭缚犁耳翻之、随宜夹缚、倒地即缚、以绳缓缚长柄匕匙着橛上、以绳缚、篾以缚船等。受事亦全为物，包括有生命之物和无生

---

① 以下汉译佛经的全称分别为：《长》《道》指安世高译《长阿含十报法经》《道地经》；《中》指昙果共康孟详译《中本起经》；《阿》《文》指支谶译《阿阇世王经》《文殊师利问菩萨署经》；《佛》指支曜译《佛说成具光明定意经》；《修》指竺大力共康孟详译《修行本起经》。

② 以下中土文献的全称为：《三》《齐》《古》分别指《三国志》《齐民要术》《古小说钩沉》。

③ 以下佛经的全称为：《六》指三国吴康僧会译《六度集经》、《菩》指三国吴支谦译《菩萨本缘经》、《生》指西晋竺法护译《生经》、《增》指（旧提）东晋僧伽提婆译《增一阿含经》、《大》指后秦鸠摩罗什译《大庄严论经》、《贤》指元魏慧觉等译《贤愚经》、《佛》指隋阇那崛多译《佛本行集经》。

命之物。像“随宜夹缚、缚匕匙着橛上、篾以缚船”等组合中“缚”相当于现在的“绑”。总之,《齐民要术》中“束”“缚”的用法并无明显差异。其中“束”占优势是否是方言差异所致?从我们对上古大量文献以及中古汉译佛经的调查情况看,可以排除“束”“缚”的分布存在方言差异的可能。三国至隋的汉译佛经中,无论是南方译经如《六度集经》《菩萨本缘经》还是北方译经如《增一阿含经》《大庄严论经》,“缚”的使用均占绝对优势。从我们对北魏其他作家的诗文调查情况看,“束”“缚”的使用也没有呈现出方言差异。这可能与作者的用词习惯有关。

整个中古“束”“缚”的词义特点与上古基本一致。两汉几部中土文献的 23 例“束”中,12 例作用于物,5 例作用于人(包括人体的某个部位,如“手”等),另有 6 例“束”“缚”连用,受事均为人;而 64 例“缚”中,受事为人的有 60 例,为物的仅有 4 例(对象均为“马”)。可见,两汉“束”仍以“物”为主要受事对象,“缚”则主要作用于人。三国至隋期间,中土文献的 20 例“束”中对象为物的 15 例,为人的 5 例(包括“手、腰、身”等人体部位),而 82 例“缚”中以人为受事的占了 72 例,受事为物的仅占 8 例,且集中在《齐民要术》中。可见,这一时期,二者的基本用法仍没有大的变化。

总之,“束”“缚”上古用例并重,发展至两汉则以“缚”为主,“束”退居次要地位。无论是上古还是中古文献中,“束”“缚”连文时其受事基本为人,说明“束缚”组合中,其词义重心在“缚”,“束”则处于次要地位。

3. 近代“缚”退出主导地位,“绑”“拴”“捆”展开激烈竞争

近代汉语阶段“捆绑语义场”发生了重大变化,表现在几个新产生的重要成员之间竞争激烈并最终奠定了现代汉语普通话中该语义场以“捆”为核心的基本格局。本节拟首先介绍“绑”“拴”“扎”“捆”几个新成分的音、义情况。在此基础上,我们将重点考察这些成员之间

的竞争更替过程、探明演变发生的内在动因。

3.1 近代“绑”“拴”“扎”“捆”几个新成分的产生

3.1.1 绑

《正字通·糸部》:“绑,俗作绑缚字。”关于“绑”字的来源,清黄生认为“绑”当为“绷”字的音转形变之字。《义府·纺》云:“《国语·晋语》:执而纺于庭之槐。按,纺当读为绷,古字通用。《说文》:‘绷,束也。’今俗绑字,即绷音之转,因转音,故字从而变耳。”①此姑备一说。表捆绑义的“绷”在文献中的使用情况以及它与“绑”之间的异同还需要进一步考证。近代表捆绑义的“绑”字始见于元代文献,用例并不罕见。据此我们认为,“绑”可能在此之前的口语中已见使用。元代用例如:

(8) 着麻绳子背绑怎挣揣?欲要你残生得在,儿呵!(《薛仁贵衣锦还乡》第二折,引自《新校元刊杂剧三十种》)

(9) 有番国差使命绑送毛延寿来。(马致远《汉宫秋》第四折)

(10) 被张飞扶刘备校椅上坐,于厅前系马桩上,将使命绑缚。(《新刊全相平话三国志》卷上,引自《元刊全相平话五种校注》,页386)

(11) 与伊父彭仙商量,将本人绑缚,撇于河内渰死。(《元典章·刑部》卷四“杀卑幼”)

(12) 却将本人绑缚行打,因伤身死。(《元典章·刑部》卷四“因奸杀人”)

(13) 皮肉溃乱者有之,连衣用绳绑缚者亦有之。(《元典章·刑部》卷五“检验”)

(14) 用麻绳绑,倒石灰和盐于本人两眼淹擦。(《元典章·刑部》卷六“他物伤”)

(15) 轮番用力踏踏,及使麻绳绑缚。(《元典章·刑部》卷十六

---

① (清)黄生撰、黄承吉合按《字诂义府合按》,中华书局,1984。

"违枉")

元代"绑"字用例中的受事均为人,用法也较灵活,可以单用。《元典章·刑部》中的用例均系"绑""缚"连文,可以看出这种连文形式中"缚"除音节上的需要外,表义上已并非必不可少。这无疑为"绑"替代"缚"创造了条件。"绑"又作"捓"。《古今小说》卷13:"(众人)便依了真人言语,把捓缚那人解放了。那人得了命,拜谢而去。众人便要来捓缚真人。真人曰:'我自情愿,决不逃走,何用捓缚?'"《二刻拍案惊奇》卷21:"即着四个捕盗人,将盛彦及随行亲校尽数捓来。……须臾,一干人众捓入辕门,到了庭下。"①又作"挷"。《玉蟾记》第26回:"那一日斤详到了滑知县,标了提监牌,提出童昆在狱神堂,原差动手挷了押上大堂。"又"童叔叔,奴家见你这捆挷样子,万箭攒心,恨不得以身替死。"(同上)又"一百个童昆,照样捆挷。"(同上)②

3.1.2 拴

表捆绑义的"拴"直到明代的字书、韵书都未见著录。《唐韵》"此缘切",《集韵》《韵会》"逡缘切",《正韵》"且缘切",并音 quán。《集韵》:"拴,通作诠、铨。"明梅膺祚《字汇》、张自烈《正字通》并云:"拴,且缘切,音诠,拣也。""拴"字唐代文献中已见使用,不过主要用于表"拣取"义的"铨",或用于"闩门"的"闩",或作名词表"门栓"的"栓"。名词用法如皮日休《蓝田关铭》:"千岩作镞,万嶂为拴。"(《全唐文》卷797)"拣取"义,如韩偓《手简十一帖》:"杨学士兄弟来此消梨子,两日前已寻得花时,伏望拴拔。"(《全唐文》卷829)表"系结"义的"拴"至晚宋代已见使用,如《太平广记》卷84"李业"条引《录异记》③:"邻里甚远,村家只有一小童看舍,业牵驴拴于檐下。"《大慧普觉禅师语录》卷10:"临济堂前吃菜时,连此三回露拴索。"此义音读的较早记载,见于

① 以上引例转引自周志锋《大字典论稿》,浙江教育出版社,1998,页70。
② 以上3例转引自周志锋《大字典论稿》,浙江教育出版社,1998,页98。
③ 《录异记》系唐末五代道士杜光庭撰。

《语言自迩集》(威妥玛,2002: 140、142):“拴 shuan¹,系上,用于牲口或东西。”如:“把马拴上”“那马还不好好儿的拴上他”等。表“系结”义的“拴”发展至元代引申出了“捆绑”义,如《新校元刊杂剧三十种·关大王单刀会》第四折:“交下麻绳牢拴了行下省会,与爱杀人勇烈关西,用刀斧手施行可忒到为疾。”徐沁君注:“省会,审理处刑义。”

3.1.3 扎/紮(紥)

《说文》无“扎”字,“扎”字产生时间较早,《孔子家语·观周》:“毫末不扎,将寻斧柯。”(按: 扎,拔也。)《唐韵》《集韵》《韵会》《正韵》并侧八切,音札,拔也。又《集韵》《韵会》并乙黠切,与揠通。“扎”字到宋代出现了表“拴束”义的用法,此义读音为 zā。大约在近代初期又产生了一个“紮”字,俗作“紥”,《中华大字典·糸部》:“紥,紮俗字。”《广韵·黠韵》:“紮: 侧八切,缠弓靶也。”引申为捆扎,《集韵·黠韵》:“紮,缠束也。”《札朴》卷九:“缠结曰紮。”表“捆绑”义的“扎”与“紮”音同,并音 zā。《现汉》《规范字典》《应汉》均视“紮(紥)”为“扎”的异体字。而《汉语常用字详解字典》等视“紮/紥”为“扎”的繁体。① 后世文献对表“捆绑”义的“扎”字的处理意见不尽统一,同一个词或作“扎”,或作“紮”。我们依据《规范字典》等的处理意见视“紮(紥)”为“扎”的异体字。故本文凡表“捆绑”义的“扎(zā)”除直接引用原文献或为区别词义外一律不作“紮(紥)”。另外,从文字孳乳的角度来看,“紮(紥)”无疑也是从“扎”增形或分化而来。

3.1.4 捆

《说文》无“捆”字,“捆”字较早见于《孟子·滕文公上》:“捆屦织席以为食。”赵岐注:“捆,犹叩椓也。”后人据赵注或释“捆”为“打”②,或释为“叩击使牢固”③,或释为“织”④。我们认为释“织”不仅避免了

---

① 季恒铨等主编《汉语常用字详解字典》,湖北教育出版社,2002。
② 张永言等编《简明古汉语字典》,四川人民出版社,1993。
③ 王力主编《王力古汉语字典》,中华书局,2000。
④ 黄金贵《古代文化词语考论》,浙江大学出版社,2001。

随文释义的随意性，而且也可从同时代相关异形字如“綑”等的词义中得到佐证。《墨子·辞过》“梱布绢”孙诒让间诂：“《非乐上》作‘綑布缕’，《非命下》作‘捆布缕’，此‘梱’或当为‘捆’，亦‘稛’之假字。”《晏子春秋·内篇杂上》“捆蒲苇”孙星衍音义：“捆，当为稛。《玉篇》始有捆字。《吕氏春秋》作梱。案：稛正字，梱借字，捆俗字。”可见，“綑”“梱”“捆”均为“稛”的异体字，最早表编织义。

与“捆”读音相同表“捆绑”义的字，上古有一个“稛”字，《国语·齐语》：“诸侯之使，垂橐而入，稛载而归。”韦昭注：“稛，絭也。”《说文·禾部》：“稛，絭束也。”《广雅·释诂三》：“稛，束也。”王念孙疏证：“今俗语犹谓束物为稛矣。”“稛”也作“攈”①、“囷”/“麇”②、“麇”③等。“稛”从字形上已看不出与“捆绑”义之间的联系。因此“稛”往往又写作“稛”，意在取“稛”之读音。

现代汉语方言中仍保留了与“捆”的编织义相关的用法，福州话“捆鞋口/衣裳边捆一捆”中的“捆”表示在衣服、布鞋等的边缘特别缝上边儿。因此，对现代汉语普通话中表捆绑义的“捆”字来源，我们认为它与“扔”的情况既有相似之处，也有不同的地方。二者的字形均早见于上古，然而却又在漫长的历史过程中“销声匿迹”，直到近代才又露面，但用法已完全不同。古今用法中的“扔”字纯系用字上的偶合。“捆”的情况有所不同。上古表捆绑义的字本作“稛”，但由于“稛”字声符的示音特征已不明显，故人们往往又用“困”声之字表示“稛”，最后就借用了甚为通俗的从手困声的本表编织义的“捆”来表示捆绑义。也就是说，我们认为晚出表捆绑义的“捆”与上古表编织义的“捆”系借形关系。与此同时，上古与“捆”存在异体关系表编织义的“綑”，又在捆绑义上与“捆”构成了异体关系，如《古今小说》卷

① 《广雅·释诂三》“稛”字条，王念孙疏证：“《管子·小匡篇》作攈。”

② 《集韵·准韵》：“稛，或作囷、麇。”

③ 《左传·哀公二年》：“罗无勇，麇之。”杜预注：“麇，束缚也。”清洪亮吉《春秋左传诂》：“案：稛、麇字同。”麇(kǔn)，《字汇》：“苦允切。通‘稛’。”

18：“不期老将军不行细审，一概缃吊。”《正字通·糸部》：“缃，同捆。”

3.2　近代“捆类词”的使用情况及主导词的替换

唐宋时期“捆绑语义场”中成员的分布情况与中古基本一致，“缚”仍居于核心地位，“束”表捆绑义的用例已不多见。到宋代，“扎”出现了表“拴束、缠裹”义的用法，如《张协状元》第35出：“（净）要见状元，便着紫衫，我便传名纸。（旦）奴家是妇人。（净）妇人如何不扎脚？”元代用例，如《新刊全相平话武王伐纣书》卷下：“殷交用练扎了面目、不见妖容。”（《元刊全相平话五种校注》，页88）到了元代，该语义场又加入了两个重要成员“绑”与“拴”。明代表捆绑义的“捆”开始出现并广为使用。

3.2.1　明代“捆绑语义场”的基本情况

到了明代，该语义场发生了重要变化：“绑”自元代产生发展至明初，已广为使用；“捆”的“捆绑”义用法虽晚至明代才产生，但在较短的时间内就已在某些文献中占据了主导地位。另外，本义为“系结”义的“拴（shuān）”引申出的“捆绑”义用法在明代某些文献中用例反而最多。其次，近代新产生的几个重要成员“拴”“绑”“捆”不仅与旧成分“缚”处于竞争状态，而且新成员之间的分布也呈现出不平衡状态。参表50：

表50　明代“捆类词”的基本情况

	《逆臣录》	《元朝秘史》	《三遂平妖传》	《水浒传》	《金瓶梅》	《西游记》	《型世言》	总　计
缚	19/19		**25**/25	**168**/178	2/5	29/52	**18**/21	**261**/300
绑	**21**/21		6/6	88/88	13/13	73/73	3/3	**204**/204
拴		**6**/10	0/1	86/129	**32**/62	13/63	6/22	**143**/287
捆			1/1	22/24	2/4	**98**/98	6/6	**129**/133
扎		0/1	2/9	8/219	19/48	0/31	0/7	**29**/315

［说明］表50各文献中表捆绑义用例最多的词加粗，以便于观察。

可见，同一时期，不同文献在表捆绑义的用词上呈现出差异，如同为明初文献,《逆臣录》中“绑”已居于主导地位,而《元朝秘史》中使用最多的则是“拴”,《三遂平妖传》中旧成分“缚”的使用频率却远远超过几个新成分。而《水浒传》中新旧成员之间的竞争更为激烈。其中旧成分“缚”仍处于领先地位,但“绑”“拴”“捆”等新成分的用例已快速增加。一方面表明“缚”强大的生命力,另一方面也反映出新成分极为活跃的发展状态。到明代中叶,《金瓶梅》中“缚”的用例罕见,而“拴”的使用则最为广泛。而几乎同时代的《西游记》中“捆”已处于主导地位,其次是“绑”,尽管旧成分“缚”用例数仍不少见,但已不能与“捆”“绑”相比。从总的用例来看,虽然“缚”占据首位,但明代“绑”理所当然地居于主导地位。而且从文献的分布情况看,“绑”的使用不仅广泛而且均衡。表 50 似乎又透露出明代“捆类词”中的几个新成员的分布存在方言差异。几部以江淮官话为基础方言的文献如《逆臣录》(明太祖敕录)、《水浒传》、《西游记》中以“绑”居多,其次是“捆”。有着冀鲁方言背景的《金瓶梅》则主要用“拴”,“绑”的使用又处于次要地位,几乎不用“捆”。具有吴方言色彩的晚明作品《型世言》则以“缚”为主,这与现代汉语吴方言以用“缚”为主的情况相同。明代用例如:

(16) 庄家道:“去便去,不去时便捉来缚在这里!”(《水浒全传》第 4 回)

(17) 把个长老绳缠索绑,缚在那定魂桩上。(《西游记》第 28 回)

(18) 水手扎缚了辘轳、铜铃、竹篗俱完了。(《三遂平妖传》第 6 回)

(19) 燕青去寻朴刀还了他,又与他扎缚了疮口。(《水浒全传》第 73 回)

(20) 我伤既如此,你如何裸身入敌营,倘若被拴,你岂不说我被伤?(《元朝秘史》卷 4)

(21) 着四个头目,骑四匹快马,把一丈青拴了双手,也骑一匹马。(《水浒全传》第 48 回)

(22) 竹山大叫“青天白日”起来,被保甲上来,都一条绳子拴了。(《金瓶梅》第19回)

(23) 且将二精牢拴紧缚,待明早抵换八戒也。(《西游记》第90回)

(24) 就外边走上七八个人来,把当里四五个人一齐拴下。(《型世言》第32回)

(25) 无赖他各官诈传语句,绑他赴京首告。(《逆臣录》卷2)

(26) 致被原绑数内军人武车驴在御前首出诈伪情由。(同上卷4)

(27) 被李安一个泼脚,跌番在地,解下腰间缠带,登时绑了。(《金瓶梅》第99回)

(28) 剥了衣裳,夺了戒刀、包裹,揪过来绑在大柳树上。(《水浒全传》第32回)

(29) 将唐僧绑在阶下矮槐树上;八戒、沙僧各绑在两边树上。(《西游记》第25回)

(30) 趁饱带你去土牢里,把索子捆翻着。(《水浒全传》第28回)

(31) 切齿喝令:“与我捆起,着实打!”(《金瓶梅》第12回)

那么,“捆类词”在明代这种“各显神通”的局面又能持续多久?“绑”“捆”等新成员究竟是否存在方言差异?“捆”又是在何时取得了主导地位?下面继续考察清代“捆类词”的基本情况。

3.2.2 清代“捆类词”的基本情况

表51 清代“捆类词”的基本情况

	《醒世姻缘传》	《红楼梦》(前80回)	《红楼梦》(后40回)	《聊斋俚曲集》	《歧路灯》	《儒林外史》	《官场现形记》	《儿女英雄传》	总计
缚	22/35	1/5		3/3	3/3	2/4			31/50
扎	8/68	4/30	0/16	12/89	10/30	2/4	5/36	2/20	43/293
拴	5/34	0/11	7/13	12/24	6/47	11/17	3/6	2/14	46/166
绑	17/17	1/1		11/11	6/6	1/1	2/2	10/10	48/48
捆	38/40	15/17	22/26	2/4	15/25	5/5	4/4	6/6	107/127

与明代相比，清代“捆类词”的使用出现了一些新的变化：

(1) 旧成分“缚”虽然总的用例数仍不少，但在文献中的分布范围已大为缩小。可以说，到了清代，“缚”已基本退出使用。

(2) 明代用例数最多的“绑”已退居次要地位，“捆”以绝对优势占据“捆绑语义场”的主导地位。明末清初文献《醒世姻缘传》中“捆”的用例数已跃居首位。因此，至迟到明末清初，“捆”已全面替换“缚”成为该语义场的主导词。

(3) 带有冀鲁方言色彩的《聊斋俚曲集》用词上的特点与有着同样方言背景的明中叶文献《金瓶梅》是一致的：即以“拴”为主，“扎”的使用也较常见，而“捆”的用例则不多见。可到了清代初期，具有同样方言背景的《醒世姻缘传》中“捆”已处于领先地位。

总之，近代汉语阶段“捆绑语义场”发生的变化是巨大的，不仅新产生的成员较之上古、中古最多，而且几个主要成员之间展开了激烈竞争。宋元时期新成员扎、拴、绑相继露头。到了明代，“绑”脱颖而出，同时“拴”“捆”紧跟其后，旧成分“缚”总的用量仍居高不下。发展至明末清初，“捆”终于以绝对优势占据该语义场的主导地位。“捆”不仅对旧成分“缚”进行了全面替换，而且也成功挤占了近代几个重要成员在该语义场的大部分生存空间。“捆绑语义场”中以“捆”为核心的状态一直持续到现代汉语中。

3.3　从“捆类词”新旧成分的语法、语义功能差异看新成分对旧成分“缚”的替换

(1) 新成分表现出了更为强劲的语法功能。

与几个新成员相比，旧成分“缚”到了明代，语法功能已大为减弱。能自由灵活地出现于句法层面的“缚”几乎只占一半的比例，约41%的用例中，“缚”是作为构词语素出现的。连用形式中又以新旧组合为常，有“绑缚”(60)、“拴缚”(16)、“捆缚”(7)、“扎缚”(9)。此外，还有旧成分之间的组合，如“执缚”“束缚”“缠缚”等，以及一些习惯性用法，如“无缚鸡之力”“紧缚牢拴/牢拴紧缚”等。这说明，

表 52 明代“捆类词”的表现形式及支配对象

	表现形式				支配对象				总计
	单用	比例	连用	比例	人	比例	物	比例	
缚	154	**59%**	107	41%	190	72%	71	28%	261
扎	18	**62%**	11	38%	1	4%	28	96%	29
拴	96	**67%**	47	33%	41	28%	102	72%	143
绑	141	**69%**	63	31%	197	97%	5①	3%	204
捆	120	**92%**	10	8%	126	96%	4	4%	130

［说明］表 52 统计数据出自《逆臣录》《元朝秘史》《三遂平妖传》《水浒传》《金瓶梅》《西游记》《型世言》几部文献。

“缚”已难以在句法层面自由运用，生命力“衰退”。我们知道，两个意义具体的词，复合成词以后不仅含有比较抽象的意义，而且其及物性也大大降低，如明代 60 例“绑缚”连文中，仅 5 例直接带有宾语，16 例“拴缚”连文中也只有 4 例直接带有宾语，7 例“捆缚”连文中仅 1 例带宾，“扎缚”带宾语比例虽然偏高，但基本限于结果宾语，同时也反映出“扎”与“缚”之间结合的紧密度不及其余几类连文强。“缚”与新成分“捆”“绑”“拴”等连文往往充当被动句或把字句的谓语中心语，而这些类型的句法结构是排斥光杆动词的，所以这类连文从句法角度看往往是音节上的需要，也就是说，“缚”的语法地位并非必不可少。而新成分如“捆”“绑”却主要是自由地在句法层面上活动，具有强劲的发展势头。特别是“捆”，单用数占到 92%。详见表 52。

(2) 新成分对旧成分的义域进行了强有力的渗透侵占。

汪维辉(2000a：401)概括了常用词演变中新词替换旧词的大致过程，即“侵入旧词的义域——义域扩大并逐步与旧词的义域重合——新词与旧词在某一个或几个义位上完全同义，竞争达到高潮——旧词被新词挤出词汇系统或以文言词的身份保留在词汇系统

① 另“绑”作定语(“绑索”)1 例以及“绑半间”1 例，暂未归类。

中(也有的是作为语素保留在合成词或成语中),更替过程完成”。“捆绑语义场”中新旧成分之间的替换亦基本遵循这样的过程,同时又有其自身的特殊性。详见表 53:

表 53　明代“捆绑语义场”新旧成分的大致义域

	受事宾语(有生命之物)														
	肢体					人(神怪)					动物				
	手	脚	腿	头	身	人	妖	怪	精	鬼	鸡	马	羊	狗	虎
缚	+	+	+	+		+	+				+		+	+	+
扎			+												
拴	+	+	+	+		+						+			
绑	+		+		+	+		+	+	+					
捆	+	+				+		+	+						
	受事宾语(无生命之物)														
	包	衣	甲	鞋	行李	担	物	发	树	旗	铃	瓶	矢	辘轳	篮
缚	+		+				+				+	+	+	+	
扎								+			+			+	
拴	+	+	+		+	+	+						+		+
绑		+		+					+	+					
捆	+					+		+							
	结果宾语(无生命之物)														
	火把	棚	台	山	秋千	烟火	篰								
缚	+			+	+		+								
扎		+	+	+	+	+	+								
拴															
绑															
捆															

表 53 从语义角度对明代“捆类词”主要成员所支配的宾语类型进行了大致梳理。表中反映出这样一些现象:第一,在明代,旧成分“缚”的义域最广,仍是理所当然的上位词。其次是“拴”“绑”和“捆”。义域

最窄的是“扎”，几乎不涉及有生命之物（只有1例以“腿”为宾语，这1例中谓语动词是“扎缚”连文），主要带结果宾语，这些宾语都是谓语动词支配的最后结果，异于一般的受事对象。第二，几个新成分对旧成分“缚”义域的侵占存在明显的“分工”，由表53可知，“扎”“拴”主要以物为支配对象，前者以物为宾语占96%，后者占72%。“绑”与“捆”从宾语类型看虽然也涉及物，但“绑”以“人”作宾语占97%，“捆”占96%，前二者与后二者所带宾语类型成互补状态。

新词对旧词义域侵占的具体情形，如：

缚：缚了包裹、缚了双手、缚做一块、缚两个甲马、缚了个草把……
拴：拴了包裹、拴了双手、拴做一处、拴上甲马、拴做筏子……
捆：捆了两担、捆了手足、捆做一团……

缚：缚在树上、将一条索缚了、背剪缚着……
绑：绑在树上、把条索子绑了、背剪绑了……
捆：捆……在柱边、便将索子捆了、背剪手……捆了……

也就是说，“缚”作为谓语中心语的几种句法结构都受到了不止一个新词的“侵袭”和排挤。这无疑会加速新词对旧词的替换。正因为此，到明末清初，新成分“捆”就已全面取代“缚”在该语义场的中心地位。

3.4 从近代“捆绑语义场”新成员之间的差异看“捆”在竞争中的优势

我们知道，明代“捆类词”新成员对“缚”字义域的侵占是呈互补状态的。为何只有“捆”最终成为该语义场中的主导成分？本小节拟对此作一简单分析。

(1) 来源各异。“扎”进入“捆绑语义场”由其他义场引申而来，并音变为zā，宋代偶见使用。“拴”最初表“系结”义，后引申表“捆绑”义①，故它至少同时属于两个语义场。而表“捆绑”义的“绑”与“捆”相

① 《辞海》认为“拴”的“系结”义由“捆绑”义引申而来，这一看法与具体的语言事实不符。

继从元、明产生就很快在“捆绑语义场”扎了根，并一直坚守在这块阵地。

(2) 语义有别。尽管以上成员均含“捆绑”义，但词义轻重、广狭仍有差异。[①] 前文我们提到过，“系结”义与“捆绑”义是有区别的。对某一物体进行“系结”是指或直接将条状物交叉打结，或侧重于将甲物连结于乙物之上，用连结两物的绳索在乙物上缠绕打结。而“捆绑”义往往强调的是用绳索等直接加于受事之上进行缠束打结。我们从实施这几个动作所凭借的工具上也能看出它们词义上的差异。参见表54：

表54　“捆绑语义场”主要成分所凭借的工具

	丝	线	绦	绳	索	藤	带	绢	帛	帕	搭膊
扎	+	+		+			+	+	+	+	
拴	+	+	+	+	+		+	+			
绑				+	+	+	+				+
捆				+	+	+	+				+

“扎”“拴”可用“丝”“线”等作为工具，反映出其与“系结”义的纠葛，如将铃子等轻小之物系于他物之上。同时二者又能以形制上比绳索更为宽大的“绢”“帛”等为工具，反映出其与“缠裹”义之间的联系，因此，此二者并非表“捆绑”义的理想选择。再来看“绑”与“捆”所凭借的工具，二者集中于使用(麻)绳、索、葛藤、各式带子，另外也有使用“搭膊”(相当于粗长腰带)的情况，这些工具都适合用力缠束。总之，“绑”与“捆”的词义重心集中在“用力直接缠绕于物并打结”。

(3) 语用不同。我们从上文对几者语法功能差异的分析就可以知道，“扎”主要还是与“缚”连文表示“捆绑”义，另一方面，从其所带

① 几者的理性意义仅从辞书的释义来看，似乎看不出大的差异，如《大词典》“扎(zā)”：捆绑，缠扎；“拴”：系，捆绑；“绑”：用绳、带等缠绕或捆扎；“捆”：用绳缠束。

的结果宾语“火把”“笤箒”“烟火”“灯、(山)棚”“高台”等来看,“扎”并非是单纯地用一根条状物缠绕于对象打结就完成的动作,它往往包含着“将各类原材料整理加工最后捆绑成形”这一内在过程。而“拴”往往侧重于“捆绑”动作的最后过程即打结的环节上。“绑”和“捆”语用上的差异也是较为明显的。“绑”的方式往往有两种,一是用绳索等直接捆绑对象,一是将甲对象紧附于乙物之上并加以捆绑。清代 48 例“绑”字用例中,66%的用例属于前者,而 34%的用例就属于后者,后者的组合如“将棉花绑在脚上”“衣服……是绑在身上一般”“把这炮仗绑在狗头上”“把手反绑在板凳底下”“绑在一根柱子上”“绑在桩上”等。而“捆”主要指用绳索等直接捆绑对象,清代 107 例“捆”字用例中,只有 4 例属于“绑”的后一种用法。另外,“绑”更多用于人,而“捆”既用于人,也可自由用于物。所以,尽管“绑”在明代用例远远超过“捆”,但到明末清初就已被“捆”挤占了大部分生存空间。

当然,以上几者之间的界限并非绝对,尤其“捆绑”和“系结”义之间还是存在词义纠葛的,因为“打结”本身就是“捆绑”过程的一个重要环节,至于是否缠绕,缠绕多少,也没有具体的标准。我们用以区别的大致标准就是:绳索等是否直接加于受事之上。如“拴行李”,“行李”是直接的受事,即绳索等是直接作用于行李之上,“拴”表“捆绑”义。而“拴马匹”中,用以缠绕打结的绳索是加于另一对象上而非马匹,它侧重于将一物连接于另一物之上,故“拴”为“系结”义。

综上,汉语中“用绳索等把人或东西缠绕并打结”这一概念,历史上先后用“束”“缚”“绑”“捆”等词加以表达,这些成分之间历经竞争更替。大致说来,是“绑、捆”等近代出现的成分对旧成分“束”“缚”的替换,即“束、缚—绑、捆”。替换的基本原因在于词汇系统内部的发展。两汉时“束”就从口语中退出。“缚”经历漫长的发展过程,语法功能逐渐衰退,直至退出句法层面进入构词层面。近代产生的“拴”

“绑”“捆”等成分进行了激烈角逐，“捆”最终以义域宽、功能强等优势成为上位词，保持了在“捆绑语义场”的主导地位并一直持续至今。以上替换过程如下：①

“捆绑语义场”主导词的更替过程

先秦	汉至唐	宋代	元代	明代	清代
束、缚→	缚→	缚、扎→	缚、扎、绑、拴→	缚①、绑②、拴③、捆④→	捆①、绑②、拴③、扎④

第二节　“捆类词”中的非主导成员

所谓非主导成员，是指在文献中出现频率低，甚至只著录于有关字书、韵书而未见文献用例，或虽有一定数量的用例，但对主导成分的演变更替不产生什么影响的“捆类词”成员。通过考察这部分成员，可以使我们更全面地了解汉语史上“捆类词”产生、发展演变的规律及特性，从而为汉语词汇史的研究提供一些基本资料。

介绍的基本思路：（1）按上古、中古、近代几个时段分列词目。（2）一个词的始见书证见诸上古文献，该词归为上古，后世仍见使用，仍将后世用例集中列于同一词目下，余可类推。上古未见用例，最早由《说文》收录，则归为中古。中古未见用例，最先见诸重修《玉篇》，则归为近代。（3）若同一词有多个异体字，词目仅列正字。各异体字在同一词目下加以讨论。（4）各词目右上角的字符表明各词进入该语义场的途径，如“（引）”表示通过引申的途径进入该语义场，“（方）”表示为该语义场的一个方言词，“（俗）”表示该词仅仅为一个方言俗字。汉语史中“捆类词”成员见表55。

---

① 字号小者表示该成分开始进入“捆绑语义场”，还未成为主导词。序号①—④表示各成分在该语义场的使用频率依次降低，如明代“绑②”表示“绑”在明代的使用频率低于“缚”，但已成为该语义场的主导成分，又如清代“捆①”表示到了清代，该语义场以“捆”的使用频率最常见而且“捆”已成为该语义场的核心词。

表 55 汉语中的“捆类词”成员[①]

<table>
<tr><th></th><th>总 的 成 员</th><th>主导成员</th></tr>
<tr><td rowspan="2">上古</td><td>本义为“捆绑”义：绷(绷)、挛、缩、缬、总、束、缚等。</td><td rowspan="2">束、缚</td></tr>
<tr><td>引申为“捆绑”义：绊、绸、纺、纲、纮、缄、累(léi)、縻、绅、縢、纯(tún)、纬、绁等。</td></tr>
<tr><td rowspan="2">中古</td><td>本义为“捆绑”义：摞等。</td><td rowspan="2">缚</td></tr>
<tr><td>引申为“捆绑”义：绊、鞿、接、结、絭、绳、绁、繶等。</td></tr>
<tr><td rowspan="2">近代</td><td>本义为“捆绑”义：绔、韄、乾、拏、綮、纆、裉、綮、帩、縻、绂、绪、绑、鞏、搚、捆等。</td><td rowspan="2">缚、绑、扎、拴、捆</td></tr>
<tr><td>引申为“捆绑”义：绯、纥、韄、细、扎、拴、缕等。
俗字/方言词：绗、纕、绪、缯等。来源不明者：角。</td></tr>
<tr><td rowspan="2">现代汉语方言</td><td>本义为“捆绑”义：缚、绑、扎、缟、绪、捆、绷(绷)等。</td><td rowspan="2">捆、绑、扎、缚</td></tr>
<tr><td>引申为“捆绑”义：缯、绹等。
其他：t‘ia^{24}(长沙)、diõ^{13}(娄底)、t‘io^{13}(双峰)、t‘iaʔ^{5}(南昌/于都)等。</td></tr>
</table>

1. 上古“捆类词”的非主导成员

【绷(bēng)】(绷)(本) 《说文·糸部》:“绷,束也。”《墨子·节葬下》:“桐棺三寸,葛以缄之。”孙诒让间诂:“‘缄’当作‘绷’。”“绷”即“缠束、包扎”义。张舜徽《说文解字约注》:“湖湘间称物之坚实紧密者曰绷紧。用力束物使紧,亦曰绷。”《集韵·耕韵》:“绷,或作绷。”“绷”字用为绑缚义见于近代文献:

今传有仗内音声,拟相夸斗。官人百姓,或有缚绷,此事傥行,异常喧杂。(宋璟《请停仗内音乐奏》,《全唐文》卷207)|把两付藤缠儿……和我那压钏通三对,都绷在我那睡裹肚薄绵套里。(关汉卿《拜月亭》第一折)

① 表中所列中古、近代的成员是指新产生的成员,前代成员继续行用于后代者不再重复标注。收词限于具备“捆类词”语义特征的词目。诸如主要表缠绕义(如“婴”等)、系结义(如“络”等)的词不收。

到了明代，“绷”表捆绑义主要见于以江淮方言及吴方言为背景的文献：

> 夷人法严，遇为盗者，绷其手足于高桅之上，乱箭射而杀之。（明王士性《广志绎》卷5）|路经一室，见有绷系树上者，谛视则其亲家也。（明陆粲《庚巳编》卷5）|商议道：我等如此绷吊，还不肯吐露真情，明日县堂上可知他不招的。（《警世通言》卷15）|假如取得生鳖，便将绳缚其四足，绷住在烈日中晒着。（《拍案惊奇》卷37）|只见那呆子绷在树上，声声叫喊，痛苦难禁。（《西游记》第24回）

【绊(bì)】(引)　《说文·糸部》：“绊，止也。”“绊”本为名词，引申为“缠缚，约束”。《集韵·质韵》：“绊，一曰约束。”《周礼·考工记·玉人》：“天子圭中必。”郑玄注：“必读如鹿车绊之绊，谓以组约其中央，为执之以备失队。”孙诒让正义：“绊，即束鹿车之索。”《说文·糸部》朱骏声通训定声：“以组约圭中、以索铁车下皆曰绊。”《类篇·糸部》：“绊，以组约圭也。”

【绸(chóu)】(引)　《说文·糸部》：“绸，缪也。”段玉裁注：“谓枲之十絜，一曰绸缪，二义皆与缪同也，今人绸缪字不分用。”“绸”“缪”本作名词用，引申为缠绕、缠束。《诗·唐风·绸缪》：“绸缪束薪，三星在天。”毛传：“绸缪犹缠绵也。”孔颖达疏：“毛以为绸缪犹缠绵束薪之貌。言薪在田野之中，必缠绵束之，乃得成为家用。”《诗·豳风·鸱鸮》：“迨天之未阴雨，彻彼桑土，绸缪牖户。”孔颖达疏：“郑以为鸱鸮及天之未阴雨之时，剥彼桑根以缠绵其牖户，乃得成此室巢。”《楚辞·九歌·湘君》：“薜荔柏兮蕙绸，荪桡兮兰旌。”王逸注：“绸，缚束也。”洪兴祖补注：“绸，缚束也。”

【纺(bǎng)】(引)　《说文·糸部》：“纺，网丝也。”段玉裁改为“纺，纺丝也”，注：“纺，各本作网，不可通。……今定为‘纺丝也’，三字句，乃今人常语耳。”本音 fǎng。上古“纺”可用为“缠缚”义，音 bǎng。

《国语·晋语九》:“(范)献子执(董叔)而纺于廷之槐。”清黄生《义府·纺》:“纺,当读为绷,古字通也。《说文》:‘绷,束也。’今俗绑字,即绷音之转,因转音,故字从而变也。纺于庭槐即绑缚之义……韦注释纺为悬,此臆说耳。”《正字通·糸部》:“纺,缠缚亦曰纺。”

【纲(gāng)】(引) 《说文·糸部》:“纲,维纮绳也。”引申为“系束”,《周礼·夏官·马质》:“纲恶马。”郑玄注:“纲,以縻索维纲狎习之。”又作“杠”“棡”。《说文·糸部》:“杠,古文纲。”《字汇补·木部》:“棡,古文纲字。”

【纮(hóng)】(引) 《说文·糸部》:“纮,冠卷也。”《仪礼·士冠礼》:“赞者卒纮。”郑玄注:“卒纮谓系束之。”《广雅·释诂三》:“纮,束也。”王念孙疏证:“纮者,皆丝束之意也。是凡言纮者,皆系束之义也。”

【缄(jiān)】(引) 《说文·糸部》:“缄,束箧也。”段玉裁改作“缄,所以束箧也。”注云:“‘所以’二字今补。箧者,笥也;束者,缚也;束之者曰缄。”其本义即为“捆箱箧的绳索”。《墨子·节葬下》:“谷木之棺,葛以缄之。”“缄”即捆扎。

【累(léi)】(引) 本指绳索,也作“缧”。《庄子·外物》:“揭竿累,趣灌渎。”成玄英疏:“累,细绳也。”陆德明释文引司马云:“累,纶也。”引申为“拘系,捆绑”义。《礼记·儒行》:“不累长上。”郑玄注:“累,犹系也。”也作“纍”。《吕氏春秋·观世》:“齐人累之,名为越石父。”陈奇猷《吕氏春秋新校释》引毕沅曰:“累,《新序·节士篇》作‘纍’。”

【挛(luán)】(本) 《说文·手部》:“挛,系也。”段玉裁注:“系者,絜束也。”《易·中孚》:“有孚挛如。”孔颖达疏:“挛如者,相牵系不绝之名也。”

【縻(mí)】(引) 《说文·糸部》:“縻,牛辔也。”本指系牛的缰绳。引申为束缚。《孙子·谋攻》:“不知军之不可以进而谓之进,不知军之不可以退而谓之退,是谓縻军。”李筌注:“縻,绊也。不知进退者军必败,如绊骥足无驰骤也。”《小尔雅·广言》:“縻,缚也。”《广雅·

释诂二》："縻，系也。"又作"緜"《古今韵会举要·支部》："縻，亦书作緜。"

【绅（shēn）】(引) 《说文·糸部》："绅，大带也。"《广雅·释诂三》："绅，束也。"王念孙《疏证》引郑注《内则》云："绅，大带，所以自绅约也。"《韩非子·外储说左上》："书曰：'绅之束之。'宋人有治者，因重带自绅束也。"孙子书先生曰："绅束，即绅束约束，乃其本义。"陈奇猷《韩非子新校注》案："孙先生说是。重带自绅束，犹言以带紧束其身也。又案：书，即书策之书，非必谓《尚书》也。"

【缩（suō）】(本) 《说文·糸部》："缩，乱也。"《诗·大雅·绵》："其绳则直，缩版以载。"孔颖达疏："然则缩者，束物之名，用绳束版，故谓之缩。"朱熹《集传》："缩，束也。"《尔雅·释器》："绳之谓之缩之。"郭璞注："缩者，约束之。"邢昺疏："以绳束版谓之缩。"

【縢（téng）】(引) 《说文·糸部》："縢，缄也。"本指扎束器物的绳，引申为捆束。《诗·秦风·小戎》："竹闭绲縢。"毛传："縢，约也。"疏："谓以绳约弓。""縢"即缠束。《玉篇·糸部》："縢，约也。"

【纯（tún）】(引) 《说文·糸部》："纯，丝也。"甲骨文"纯"字不从纟。金文或从纟，或不从纟。本音 chún。引申为缠束，音"tún"。《诗·召南·野有死麕》："野有死鹿，白茅纯束。"毛传："纯束，犹包之也。"郑笺："野有死鹿，皆可以白茅包裹，束以为礼……纯，读如屯。"《集韵·魂韵》："纯，包束也。"

【纬（wěi）】(引) 《说文·糸部》："纬，织横丝也。"引申为"捆绑，系缚"义，《墨子·迎敌祠》："令命昏纬狗纂马掔纬。"孙诒让间诂引苏云："纬，束也。"

【绁（xiè）】(引) 《说文·糸部》："绁，系也。"《论语·公冶长》："虽在缧绁之中，非其罪也。"邢昺疏："缧，黑索。绁，挛也。古狱以黑索拘挛罪人。"《小尔雅·广器》："缪而紾之为绁。""绁"本为所以捆绑之物，引申为捆绑。《玉篇·糸部》："绁，系也。"《五经文字》："绁，本从世。缘庙讳偏旁，今经典共准式例变。"《希麟音义》卷十"缧绁"注：

“绁，俗作绁字。”

【缬(xū)】(本)　《说文·糸部》：“纇，绊前两足也。”“纇”同缬。本义捆住兽的前两足。《集韵·肿韵》：“缬，兽前绊谓之缬。或作絮，亦书作缬。”《庄子·马蹄》：“连之以羁馽。”《释文》：“馽，司马、向、崔本并作缬。……崔云：‘绊前两足也。’”《吴都赋》：“缬麋麖。”刘注同。《集韵·有韵》：“缬，绊前两足，亦从酉。”《玉篇·糸部》：“缅，绊前两足也。”

【絷(zhí)】(本)　本指“系缚马脚”，《诗·小雅·白驹》：“絷之维之，以永今朝。”毛传：“絷，绊，维，系也。”《礼记·月令》：“（仲夏之月）游牝别群，则絷腾驹。”引申为“拴缚，捆绑”义，如《庄子·秋水》：“东海之鳖，左足未入，而右膝已絷矣。”

【总(zǒng)】(本)　《说文·糸部》：“总，聚束也。”段注：“谓聚而缚之也。悤有散意，糸以束之。”本义聚束，系扎。《释名·释首饰》：“总，束发也，总而束之也。”《仪礼·丧服礼》：“布总箭笄髽，衰三年。”郑玄注：“总，束发。”《礼记·内则》：“鸡初鸣，咸盥漱，栉、縰、笄、总。”孔颖达疏：“总者裂练缯为之，束发之本，垂余于髻后，故以为饰也。”

2. 中古“捆类词”的非主导成员

【绊(bàn)】(引)　《说文·糸部》：“绊，马絷也。”段注：“绊，《小雅》‘絷之维之’《传》曰：‘絷，绊。维，系也。’《周颂》曰：‘言授之絷，以絷其马。’《笺》云：‘系，绊也。’按：絷谓绳。用此绳亦谓之絷。”本义指驭马的绳索，引申为用绳子把足系住。《正字通·糸部》：“绊，《增韵》：‘系足曰绊，络首曰羁。’”

【鞿(jī)】(引)　《玉篇·革部》：“鞿，缰在口。”本义指马嚼子。引申为“捆绑”。《广韵·微韵》：“鞿，系马。”

【接(jiē)】(引)《说文·手部》：“接，交也。”引申为“捆绑”，《史记·陈丞相世家》：“武士反接之。”裴骃集解引《汉书音义》曰：“反缚两手。”《汉书·陈平传》：“哙受诏，即反接。”师古曰：“反缚两手也。”

【结(jié)】(本)　《说文·糸部》:“结,缔也。”本义即系结、捆扎。《释名·释姿容》:“结,束也。”《史记·扁鹊仓公列传》:“乃割皮解肌,诀脉结筋。”张衡《西京赋》:“但观罝罗之所羂结,竿殳之所揘毕。”李善注引薛综曰:“结,缚也。”

【絭(juàn)】(引)　《说文·糸部》:“絭,攘臂绳也。”段注:“絭,引申为凡束缚之称。”《太玄·䝙》:“全䝙,絭其首尾,临于渊。”司马光集注引宋惟干曰:“絭,缚也。”

【绳(shéng)】(引)　《说文·糸部》:“绳,索也。”引申为捆绑。《尔雅·释器》:“绳之谓之缩之也。”郭璞注:“缩者,约束之。”邢昺疏:“孙炎曰:‘绳束筑版谓之缩。’然则缩者束之名。用绳束版,故谓之缩。复言‘缩之’,明用绳束之也。故云‘缩者,约束之’。”

【绁(xiè)】(引)　《广雅·释器》:“绁,绳索也。”《玉篇·糸部》:“绁,马缰也。”本指绳索,引申为捆绑。《国语·晋语四》:“从者为羁绁之仆。”韦昭注:“马曰羁,犬曰绁。”《广雅·释诂二》:“绁,系也。”王念孙疏证:“盖绁为系之通名。凡系人系物皆谓之绁。”《汉书·王莽传下》:“遣将不与兵符,必先请而后动,是犹绁韩卢而责之获也。”师古曰:“绁,系也。”张衡《东京赋》:“扫项军于垓下,绁子婴于轵途。”李善注引薛综曰:“绁,犹系也。”“绁”又省作“紲”,《字汇补·糸部》:“紲,绁之省文。”

“绁”或作“緤”,《说文·糸部》:“绁,《春秋传》曰:‘臣负羁绁。’緤,绁或从枼。”

【繶(yì)】(引)　《广雅·释器》:“繶,绦也。”引申为系束。《广雅·释诂三》:“繶,束也。”王念孙疏证:“缀绦于其中,亦系束之义也。”

【擷(xié)】(本)　《广雅·释诂三》:“擷,束也。”王念孙疏证:“擷者,《众经音义》卷十三引《埤苍》云:‘擷,围系也。’又引《通俗文》云:‘束缚谓之擷。’”

3. 近代“捆类词”的非主导成员

【绷(bēng)】(引)　《说文·糸部》:“绷,氐人殊缕布也。”段玉裁

注：“盖殊其缕色而相间织之也，缾之言骈也。”本指古代氐族人用杂色线织成的布，引申为缠缚、捆绑义。唐韩愈等《城南联句》：“鞁妖藤索缾。”注：“狱中以绳索急缚罪人之名也，言捕取妖狐而以藤索缚之也。”《水浒全传》第27回：“头带青纱凹面巾，身穿白布衫，下面腿缾护膝。”《古今小说》卷15：“罪人入狱，教狱子缾在廊上，一面勘问。”

【䌺(chè)】(本) 《集韵·祃韵》：“䌺，以绳维持也。”《资治通鉴·唐昭宗光化三年》：“擒王建武，比明，复还，䌺之以练。”胡三省注：“䌺，絷缚也。”

【鞇(chǒu)】(本) 《玉篇·革部》：“鞇，鞇束也。”《字贯》：“鞇，楚九切。束也。或作鞣。”

【绍(diào)】(俗) 《字汇补·糸部》得叫切：“绍，以绳缚(人)也。俗字。”

【靰(hū)】(本) 《集韵·没韵》引《埤苍》：“靰，急絷缚也。”龙璋辑《小学搜逸·埤苍》注：“王念孙曰：‘当以《类篇》作摞，《玉篇》《广韵》并云：靰，急搠也。摞，束缚也，搠摞并胡结、下结二切，故二字通用。摞与缚同义，故云摞缚。’”

【纥(hú)】(引) 《说文·糸部》：“纥，丝下也。”段玉裁注：“纥，谓丝之下者也。”引申为“束”，《集韵·没韵》：“纥，束也。”

【鞻(hù)】(引) 《说文·革部》：“鞻，佩刀丝也。”段玉裁、朱骏声改“丝”为“系”。本指缠在佩刀把上的皮绳。引申为束缚，《集韵·觉韵》：“鞻，缚也。”宋刘攽《不寐赋》：“亮伐柯之不远兮，何内鞻而罙固。”

【角(jiǎo)】(存疑) “蒋礼鸿(1997)“角束”条有述。郭在贻(2002：182)亦云：“角字在唐代口语中有束(作动词用)的意思。……《敦煌变文集》卷一《孟姜女变文》：‘祭之已了，角束夫骨，自将背负。’这是说孟姜女把丈夫的尸骨裹束起来，背回家去。《广雅·释言》：‘捔，掎也。’王念孙疏证引《豳风·七月》篇‘猗彼女桑’，传云：‘角而束之曰猗。’正义云：‘襄十四年左传：‘譬如捕鹿，晋人角之，诸戎掎之。’则掎、角皆遮截束缚之名也，故云角而束之曰猗。由此观之，则角之束义似乎由来已久。”关于“角”字表捆束义的词义产生途径我们尚不清楚，只能暂时存疑。

【揫(jiū)】(本)　《说文・手部》：“揫，束也。”《广韵・尤韵》：“揫，束也。”《西游记》第55回：“左右列几个彩衣绣服，丫髻两揫的女童。”

【綦(jū)】(本)　《改并四声篇海・糸部》引《川篇》：“綦，束也。”《字汇补》古于切。

【纕(jūn)】(本)　《集韵・谆韵》：“纕，束也。”又同“麇”。

【韨(kēn)】(本)　《玉篇・韦部》：“韨，束也。”

【麇(kǔn)】(俗)　同“稇”。《玉篇・糸部》：“麇，束缚也。”《集韵・准韵》：“稇，《博雅》：‘束也。’或作麇。”

【缕(niè)】(引)　《广雅・释诂二》：“缕，缝也。”引申为用绳索缠束义。《古文苑・王延寿〈王孙赋〉》：“躄挐鬉以缕缚。”章樵注：“缕，谓以绳索系缚。”

【帩(qiào)】(本)　《广韵・笑韵》：“帩，帩缚。”《集韵・笑韵》：“帩，缚也。”

【縻(qǔn)】(本)　《广韵・准韵》：“縻，束缚。”《篇海类编・衣服类・糸部》：“縻，义同麇，束缚也。”

【结(qū)】(本)　《玉篇・糸部》：“去鱼切，束也。”

【缮(xiá)】(本)　《玉篇・糸部》：“缮，束物也。”《集韵・辇韵》：“缮，束也。”现代汉语方言雷州话捆绑义仍说“缮(ha[11])”：“缮籼稻子/缮草/缮柴”。“缮”即捆绑。

【鞪(xuè)】(本)　《玉篇・革部》：“鞪，急束也。”《旧唐书・酷吏传上・索元礼》：“泥耳笼头，枷研楔鞪，折胁签爪，悬发熏耳……号为‘狱持。’”又作觳，章炳麟《新方言》：“今山西谓急束发捽之为觳头发，转去声音如耗。”

【攟(yǔn)】(本) 《玉篇·手部》:“攟,攟束。”《集韵·准韵》:“攟,束也。”《类篇·手部》:“束也。”明杨慎《丹铅杂录·窘攌二字》:“贾谊《服赋》:‘攟若囚拘。’余按:此句《汉书》作‘僒若囚拘’,《史记》作‘攌若囚拘。’攌即今拴字也。”

【缯(zèng)】(方) 《说文·糸部》:“缯,帛也。”指丝织品的总称,音zēng。引申为捆扎、绑缚。元秦简夫《剪发待宾》第二折:“将自己顶心里头发剪了两剪,缯做一绺儿头发。”明曹昭《新增格古要论·制琴法》:“神农氏始削桐为琴,缯丝为弦。”西安、万荣、太原、忻州等地至今捆绑义仍说“缯”,均读为去声。结合文献用例及方言材料来看,“缯”大概是西北地区的一个方言词。

小结:汉语中“捆绑语义场”的成员主要是通过引申途径进入的。凡可用于捆绑的材料(工具)如丝、线、绳索、皮革等往往可引申为用这些材料或工具捆绑。此外邻近语义场如“系结语义场”“缠绕语义场”中的部分成员也引申进入该语义场。近代汉语阶段产生了一些初始义为捆绑义的词。总之,捆绑这一动作行为的实施必须凭借相关工具这一特点在“捆类词”中得到了明显的体现。这是“捆类词”有别于一般徒手动词的地方。

第三节 “捆类词”在现代汉语方言中的共时分布

汉语史上,表示“用绳索等把人或东西缠绕并打结”义的词,上古“束”“缚”并重,二者所作用的对象存在大致分工。“束”很快退出使用,“缚”的义域逐渐扩展,并从汉代至明代以前长期居于“捆绑语义场”的主导地位。从明代开始,“缚”与近代产生的“绑”“拴”“捆”“扎”等成分展开竞争,大约在明末清初被新成分所取代。新兴的“捆”经过短时期的发展,一跃成为该语义场的核心词并一直持续到现代汉语普通话中。“捆类词”历经漫长发展过程的最终结果,就是它在现代汉语方言中的共时分布的基本面貌。

1. 用词情况

“捆类词”在现代汉语方言中的基本用词仍是沿袭历史上的主导词“缚”以及近代汉语阶段产生的几个成分。具体表现为：说“捆”36个点、说“绑”28个点、说“扎”18个点、说“缚”18个点。另外个别方言中还有一些自己的用词，如晋语区的“缯”、客家话的“t‘iaʔ⁵”以及湘语中的特征性成分。

表56　“捆类词”在现代汉语方言中的共时分布①

	哈市	北京	济南	牟平	洛阳	西安	西宁②	银川	乌市	成都	贵阳	柳州	武汉	徐州③	扬州	南京
缚															+	
扎	+			+		+	+					+		+	+	
绑	+		+	+	+	+	+	+	+	②+			+	+	+	+
捆	+	+	+	+	+	+	+	+	+	①+	+	+	+	+	+	+
其他						缯						绹				

	合肥	绩溪	忻州	太原	万荣	长沙	娄底	双峰	南昌	黎川	萍乡	于都	梅县	丹阳	苏州	崇明
缚					+			③+			+				+	
扎		+	+	+			+						+			+
绑		+	+	+	+				+	+	+		①+	+	+	
捆	+		+	+		①+	+	②+		+		+	②+	+	+	+
其他			缯	缯	缯	② t‘ia²⁴ xɤ⁴⁵	绹 diɔ̃¹³	① t‘io¹³	t‘iaʔ⁵			t‘iaʔ⁵	緆			

① 语料主要来源于《现大》和《方词》，此不一一介绍出处。

② 方言词典未收西宁点的“捆类词”，此结果系青海民族学院纳顺英先生见告。

③ 徐州的情况，方言词典收“绑”，后补充调查了徐州人赵天为博士，知悉徐州说“捆”“扎”“绑”。

续 表

	上海	杭州	宁波①	金华	温州	建瓯	福州	厦门	潮州	雷州	海口	广州	东莞	阳江	南宁	
缚	+	+	+	+	②+	+	②+	①+	②+	+	+			③+	+	
扎	+		+	+	+		+					②+		②+		
绑	+	+		+								①+	+	①+	+	
捆	+	+		+	①+	+	①+	②+	①+	+						
其他	绷									缮		绹	绹			

[说明](1) 表56收词基本原则是各词能作为成词语素使用,也就是必须具有较自由灵活的组合搭配功能,否则不予收入。如“绑票”“绑腿”等固定组合中,“绑”的语素义与整个词义之间差异较大,像“绑腿”的词性已发生转移,故不计入。(2) 一些随文释义作捆绑义理解的,也不计入,如梅县“自家个行李自家打”中“打”虽可作捆绑义理解,但仍不计入。(3) 与捆绑义存在词义交叉,但区别特征也较明显者,也不计入,如表示“用绳子等捆住或套住,再用力拉紧”的“勒”:万荣“铺盖卷住啦,赶紧使绳子勒住,招呼小心散唠着”。另表56中“哈市”指“哈尔滨”(该方言中,方言词典只收了“捆”,据段业辉先生见告,“扎”“绑”也说。故一并收入上表)“乌市”指“乌鲁木齐”。

2. 主要特点

(1) 共时分布清晰地反映了历史演变的层次

自上古就广为使用的“缚”发展到现代汉语阶段,已退缩至长江以南地区,其中又以吴语、闽语、粤语及平话地区最为集中。北方地区除万荣还遗留“缚”曾经行用的痕迹以外,其余地方已不见使用。近代产生的“绑”“捆”等均在南北广大地区使用。

(2) 共时分布反映了基本成员在历史上的词义特点

“缚”作为“捆绑语义场”使用最久的主导词,历史上其义域较之同语义场的“绑”“捆”等词要宽,而“绑”则侧重作用于诸如小偷等特殊群体,往往强调用力。“扎”的类型特征不及其余几者典型,多带结果宾语,含“用手加工绑制”之意。“捆”字则基本不带结果宾语,

① 汪维辉先生见告,宁波说“扎”。

主要带人或物等受事宾语。现代汉语方言中,“绑”“扎”“捆”等的词义范围基本承袭了各自的历史词义,同时义域有所扩大,都侵入了“系结语义场”。不过,各成员的典型范畴仍是表捆绑义。参表57:

表57 现代汉语方言中“捆类词”基本成分的词义范围

	“系结”义	“捆绑”义		
	工具(受事)宾语	受事宾语(无生命之物)	受事宾语(有生命之物)	结果宾语
缚	鞋带/裤带/裤索	东西/柴/茅草/禾秆/菜/行李/箱/头发	人/鸡鸭	扫箒/藤床框/刷子/草標/细草绳
扎	头绳/烂麻绳	东西/口袋口/口袋儿/麻袋/袋口/辫儿	小偷	纸花/箒把/辫儿
绑	领带/裤带	车子/柴/草/甘蔗	犯人/贼娃子/人/渠/鸡	
捆	裤腰带	东西/柴火/麦子/行李/书	他/猪的四只脚	

通过比较,我们认为,现代汉语方言中,“扎”“绑”“捆”等基本成分并存的主要原因恐怕还在于三者词义上的大致分工:第一,带结果宾语的任务由“扎”承担,同时,“扎”所带受事宾语往往是“袋口”等对象,隐含了[+用手加工整理]义。第二,要作用于一些特殊群体如被惩治对象时,倾向于用“绑”。“绑”往往还有反复缠绕并用力捆绑的意思,如贵阳“绑粽子”表示将粽子结结实实捆扎好,一般不说“捆粽子”。① 在笔者的家乡话中,“绑”往往有强调“有力捆绑”以及“将一物紧缚于另一物之上”的意思。当然,这只是就总体情况而言,具体到不同方言点,情况又有所不同。有的地方“绑”“捆”互用,如武汉“绑”①=“捆”①、黎川“绑”=“捆”。不过,二者在语用上仍存在某些差异,如“五花大绑”(万荣)、“绑票”等组合中的“绑”就不

① 贵州师范大学文学院蔡鸿先生见告。方言词典未收“绑”。

能换成“捆”。又如，笔者的家乡话中，“系领带”“扎头发”“绑小偷”等都用“捆”。与“绑”相比，“捆”往往不强调用力的程度，轻、重均可用“捆”。

总之，“扎”“绑”“捆”均以各自承担的表意任务广泛行用于南北广大地区，基本不存在大的区域差异。“捆”无论从行用的范围还是表意性来看，不仅是现代汉语的一个通语词，而且也是现代汉语方言中表捆绑义的上位词。

(3) 特征词的使用

现代汉语方言中的“捆类词”除以上基本成分外，部分方言还使用一些特征性成分。

① “缯”：西安、万荣、太原、忻州的“缯”表“绑；扎”义：把口袋口儿缯住（西安）；笔筒有唠口子啦，寻个细绳缯住/拿红头绳缯头发（万荣）。历史上，“缯”早见于元杂剧，结合文献用例及现代汉语方言的情况看，“缯”大概是一个行用于西北地区的词。

② “绹”：“绹”字本为名词，《诗·豳风·七月》：“昼尔于茅，宵尔索绹。”笺：“夜作绞索以待时用。”《广雅·释器》：“绹，索也。”引申为动词“纠绞绳索”，《尔雅·释言》：“绹，绞也。”郭注：“纠绞绳索。”《玉篇·糸部》：“绹，纠绞绳索也。”进一步引申为捆绑义。现代汉语方言中娄底、两广地区仍用“绹”：“把他绹起送到乡政府/把这堆旧书绹好放到楼上”（柳州）、“拿者他绹起来哒”（娄底）、“将呢卷纸绹一绹用绳子草草捆上、拴上”（广州）。笔者的家乡话中（属湘方言岛），“绹”主要表拴结义，如“手上绹索索在手上系根带子，表示吸取教训”“把狗绹倒把狗拴在某处”。也可表捆绑义，如“把他手绹起来捆起来”。因此，综合“绹”在方言中的分布情况，我们认为现代汉语方言中的“绹”大概是一个湘语词。四川境内“绹”的来源系移民所致，两广地区的“绹”不仅与移民有关，也与地缘邻近有关。

③ 客家话、赣语中的“t‘iaʔ^{5}/缟”：如南昌“搦渠 t‘iaʔ^{5}起来/找根绳子搦个包点心 t‘iaʔ^{5}起来”中的“t‘iaʔ^{5}”即捆绑之义。于都“t‘iaʔ^{5}紧

鞋带/t‘iaʔ^{5}起这只扒手来/那只牛 t‘iaʔ^{5}紧佢一下”中的“t‘iaʔ^{5}”即“系，拴，捆”之义。梅县“缚(t‘ak^{5})紧来/缚行李”中的“缚”表“捆扎”义。另长沙话中的“t‘ia^{24}”为无塞音韵尾的入声字，我们推测长沙话中的“t‘ia^{24}”与客家话、赣语中的“t‘iaʔ^{5}/缚”当是一个词。四川境内的客家人表捆绑义的词仍说“缚(t‘ak^{34})”①鉴于“t‘iaʔ^{5}/缚”主要分布于客家话地区的语言事实，我们认为它可能是一个客家话特征词。南昌话说“t‘iaʔ^{5}”可能是受与其邻近的客家话影响所致，而长沙话说“t‘ia^{24}”，也与客、赣移民进入长沙有关，侯精一(2002：119)指出：“……继承古湘语的现代湘语显然是以长沙郡所及的范围为主要地盘，由东方(主要是江西省)移民运动所形成的赣、客方言主要插入到长沙郡的范围内。”

④ 娄底的“diɔ̃^{13}”、双峰的“t‘io^{13}”二者系同一词，同属全浊声母——定母字，双峰已清化送气。根据有关现象，我们推测此二者可能是“绹”字在当地的读音。“绹”，《广韵·豪韵》徒刀切。《方词》娄底方言点“绹”拟音 dɤ^{13}，而“diɔ̃^{13}”则作有音无字处理。不过，二者读音上的差异从音理上来说不太好解释，是否系文、白读音的不同，我们不得而知。

另外，长沙的“xɤ^{45}”字，应当是“缚”字的当地读音。湘语中非组字今读为晓/匣母。《现大》“缚子”条：“娄底 xo^{35}·tsɿ：将柴草、藤蔓等捆扎成束用的草栎或细草绳。”《方词》将双峰话中的“缚”拟音为“xʊ^{45}”。长沙的“xɤ^{45}”、娄底的“xo^{45}”、双峰的“xʊ^{45}”系韵母主元音舌位高低、唇形圆展之别。

(4) 同一方言点多个词并用，各词的使用频率、在语义场中的地位并不相同。同一词通行于不同方言点，其使用频率、在各地“捆绑语义场”中的地位也不一致。参表 56，此不赘。

---

① 此结论系调查成都市新都区客家方言岛人曾为志知悉的。另据袁家骅(2001：148)：“四川的客家是清朝中叶从广东迁去的。”

总之，由于词义分工的不同，造成了同一方言中往往多个词并用的局面。同时，部分特征词一方面显示出湘语、赣语、客家话的亲密关系；另一方面也透露出历史上湖南移民的轨迹以及邻近方言之间的接触关系。

第六章

“踩”类下肢动词的发展

《现汉》对“踩”字基本义的解释及所举用例为：①（动词）脚底接触地面或物体：当心踩坏了庄稼|妹妹踩在凳子上贴窗花。曹先擢等《汉字形义分析字典》对“踩”的解释及所举用例为：① 脚踏在上面：踩了一脚泥。② 脚向下用力接触地面或物体：踩油门|踩水|踩杠子。以上两部工具书对“踩”字概念义的理解表现出一定的差异。其实质就在于脚底接触地面或物体时是否用力。后一种意见认为据此应当分列两个不同的义项。其实，“踩”所指称的对象就是指脚底接触地面或物体。至于根据不同的踩踏目的、对象而在动作行为的方式、用力程度上表现出一定的差异，这是“踩”字语用义的反映。因此，不必视是否用力而分列义项。本文的讨论采用《现汉》的解释。我们把表示“脚底接触地面或物体”义的系列词称为“踩类词”，由“踩类词”组成的语义场称为“踩踏语义场”。当然，由“踩”字概念义可知，该语义场与“行走语义场”等相关义场中的成员存在部分交叉。另外，像表示“用力踏地”的“跺”字，其概念义与“踩”虽然亦有较紧密的联系，但是由于“跺”字词义重心在于强调“用力”，而且所涉及的对象仅限于“地”，且多用于“跺脚”这一固定组合，故像“跺”这类词不视为“踩类词”。

第一节　基本词“踩”的产生

“踩”作为现代汉语普通话中一个关涉肢体的基本动词，其字形及读音的最终确定经历了较曲折的过程，下面我们将讨论基本词“踩”的语音、字形的演变及其兴起时代。

现代汉语普通话中表踩踏义的“踩”(cǎi)字的定型是相当晚近的。历代字书、韵书对表此义的“踩”基本未见著录。最早著录“踩”字的是金人韩孝彦、韩道昭父子编写的《改并五音类聚四声篇海》(公元 1212 年)，但其仅记载了“踩”表“跳”义的 kuí 音一读。之后由清人张玉书等编纂的《康熙字典》(公元 1716 年)沿袭了《四声篇海》的说法，清人吴任臣撰的《字汇补》亦如此。但这个“踩”与我们要讨论的对象显系同形字。表踩踏义的“踩”字来源与表“跳”义的音 kuí 的“踩”并不存在直接联系。到了民国编撰的《中华大字典》仍未见著录表踩踏义的“踩”。据调查发现：记载“踩”字 cǎi 音一读的，早见于 19 世纪 40 年代的韵书《音韵逢源》，但未见释义。与现代汉语普通话中的基本词“踩”音形义完全吻合的“踩”字的出现则晚至清代中后期。那么，未见字形“踩”是否就表明“踩”这个词也迟迟未出现？显然不是。为何“踩”出现的用例晚至清中叶以后呢？主要原因是，“踩”这个词的出现时间虽早，但其所选用的字形曾历经跐、跴、采、躧、蹝、跴、蹀、採、踩等漫长的演变。

为便于梳理语言事实的发展脉络，我们大致按记录“脚底接触地面或物体”义的字形产生的先后为序展开讨论。

1. 战国至明中叶以后的“跐”

《释名·释姿容》：“跐，弭也，足践之使弭服也。”《广雅·释诂一》：“跐，履也。”又《释诂二》：“跐，蹋也。”王念孙疏证：“今俗语犹谓蹋曰跐。”《庄子·秋水》：“且彼方跐黄泉而登大皇。”陆德明释文引《广雅》云：“跐，蹋也，蹈也，履也。”《列子·天瑞》“若躇步跐蹈”殷敬顺释文：“(躇步跐蹈)四字皆踏之貌。”《文选·左思〈吴都赋〉》“将抗足以跐之”吕向注：“跐，踏也。”李善注引《广雅》曰：“跐，蹑也。”《广韵·纸韵》《集韵·纸韵》并云：“跐，蹈也。”《玉篇·足部》《集韵·蟹韵》并云："跐，蹋也。"可见，"跐"字本义即为踩踏。① 此义读音历史上长期以"cǐ"音为正音。唐陆德明《经典释文·庄子音义》"方跐"条："音此。"直到元代周德清《中原音韵》"跐"字仍只列"cǐ"音一读。《集韵·纸韵》浅氏切【cǐ[ᶜts'ɿ]】/阻氏切【zhǐ/zǐ[ᶜtʂʅ/ᶜtsɿ]】、《广韵·纸韵》此氏切【cǐ[ᶜts'ɿ]】/侧氏切【zhǐ/zǐ[ᶜtʂʅ/ᶜtsɿ]】。然而，"跐"表踩踏义还有"蟹"韵一读，《集韵·蟹韵》仄蟹切【zhǎi/zǎi[ᶜtʂai/ᶜtsai]】、《广韵·蟹韵》阻买切【zhǎi/zǎi[ᶜtʂai/ᶜtsai]】。不过明代以前的字书、韵书均将其列为又音，可见"蟹"韵一读长期只是作为不登大雅之堂的俗音而流传。直到明代这一读音的范围才渐渐扩大，并获得正音地位，读为次清音初母，如初买切【chǎi[ᶜtʂai]】。到19世纪中期，"跐"字音义与今之踩踏义的"踩"才变得相同。表58大致反映了"跐"字"蟹"韵一读的演变过程。②

表58　"跐"字"cǎi"音的产生过程

朝代	文　献	反切/直音	正/又/时音	今音	词　义
晋代	郭象《庄子注》	侧买反	又音	zhǎi	蹋也、蹈也、履也。
隋代	曹宪《博雅音》	侧买反	又音	zhǎi	蹋也、蹈也、履也。
宋代	陈彭年等《广韵》	阻买切	又音	zhǎi	蹈也。
宋代	丁度《集韵》	仄蟹切	又音	zhǎi	蹋也。
宋代	毛晃等《增韵》	阻买切	又音	zhǎi	行貌。又蹈也。
辽代	行均《龙龛手镜》	阻买切	又音	zhǎi	蹈也、履也。
金代	韩道昭《五音集韵》	阻买切	又音	zhǎi	蹈也。

---

① 钟奇(2000)运用类比推理，对踩字的本字从语音的角度进行了考察：(1) 从《集韵》中声韵的异读系统证明《集韵》时代可能存在"初母蟹韵上声"的"跐"字。(2) 从中古全清声母部分对应于今送气声母证明"踩"源于"跐"。《集韵》中还存在全清对应于普通话的送气音，所以钟文推断《集韵》庄母蟹韵上声的"跐"字与普通话的"踩"存在语音对应。(3) 从上古与现代的语音对应证明"踩"源于"跐"。

② 至于相关文献中，"跐"字除"蟹"韵一读的其他注音不列入下表，如《广韵》还列有雌氏切、将此切、侧氏切几个读音，《国音常用字汇》"跐"还有"ci"上声一读。

续 表

朝代	文 献	反切/直音	正/又/时音	今音	词 义
元代	熊忠等《古今韵会举要》	阻买切	又音	zhǎi	蹋也。
明代	乐绍凤《洪武正韵》	初买切	又音	chǎi	行貌。又蹈也。
明代	李光地《音韵阐微》	菑矮切	时音	zǎi	蹋也、蹈也。又行貌。
明代	张自烈《正字通》	鉏买切/钗上声	正音	chǎi	行貌。又蹈也。
明代	梅膺祚《字汇》	初买切/钗上声	正音	chǎi	行貌。又蹈也。
明代	金尼阁《西儒耳目资》	搊宰切/chài	正音	chǎi	
清代	威妥玛《语言自迩集》			chǎi、cǎi	脚踩。
20世纪30年代	《国音常用字汇》	“跴”之常用异体，[tsae]上声		cǎi	

可见，“跐”字语音演变的大致轨迹如下：cǐ（正音：战国至元）→zhǎi/zǎi（俗音：战国至元）→chǎi（正音：明至清末）→cǎi（正音：明至今）。“跐”字 cǎi 音一读的最终确定经历了一个漫长的过程。直到《语言自迩集》（威妥玛，2002）中“跐”仍有“chǎi、cǎi”两读。该书表踩踏义的词语只用“跐”，且仅出现一次，见于“谈论篇百章之一百”：“咱们幸而是满洲，吃的是官米……。一家子头顶着脚跐着，都是主子的。”但由于“跐”字示“cǎi”音的功能并不明显，故到了20世纪30年代《国音常音字汇》中，“跐”已被列为“跴”之常用异体字。正因为表踩踏义的“跐”字“蟹”韵一读一直被视为俗音，故其在后世文献中用例并不多见。自首见于《庄子·秋水》（“跐黄泉”）以来，直到明中叶以后其“蟹”韵一读地位逐渐上升，“跐”在文献中的用例才逐渐增多：

（1）皁朝靴跐不响玻璃甃，白象笏打不响黄金兽。（关汉卿《关张双赴西蜀梦》第四折）

（2）一支脚跐着门坎儿，口里磕着瓜子儿。（《金瓶梅词话》第30回）

(3) 都是用绢罗打，用脚跐过泥，才烧造这个物儿。（又第 61 回）

(4) 只顾踏将去，正跐着火掀柄上。……那庄客便把跐了火掀的事说一遍。（《水浒传》卷 22）

(5) 去净手了，转出廊下来跐了火掀柄。……被兄长跐了掀柄，吃了那一惊。（又卷 23）

(6) 跐蹬的尘土扛天，臊气满地。（《醒世姻缘传》第 68 回，影清同德堂刊本）

(7) 那脖子上半截带子，梁上还有半截，才知道是跐着椅子上吊。（《聊斋俚曲集·寒森曲》）

(8) 天目山下无寸土，天目山头无片云。脚跟跐着寸土。（《御选大觉普济能仁玉琳琇国师语录》雍正序于雍正十一年癸丑八月朔日，《续藏经》68 册）①

可见，由俗音演变而来音"cǎi"的"跐"就是现代汉语普通话中表踩踏义的"踩"这个词，其与"踩"系同词异字。

杨树达(2007b)考长沙方言时指出："今长沙话谓足践地曰跐，音如采。"现代汉语方言中洛阳、济南、牟平等地中"跐"字仍见使用，但其义域缩小，成了表踩踏义的下位词，表示"踏着某种物体以从事其它动作行为"，如"你跐着个板凳罢！"（济南）；或表示"为了支撑身体用脚踩踏某物"，如"跐着石头/跐着肩膀儿/没有跐的东西"（牟平、洛阳），洛阳还有"跐高跷"的说法。显然，这些"跐"字的主要用法与"踩"已有所不同，其词义较之"踩"已变得更为狭窄。

小结：跐字早在战国表踩踏义，与今之踩字义同。其表踩踏义的读音历史上长期用 cǐ 作为正音，韵母读为 ai 则为俗音。元、明以来的口语中，表踩踏义的词已读为 cǎi。到了明代，跐字 ai 韵一读已上升为正音，与此同时，文献中表踩踏义的跐字用例逐渐增多。到了 19 世纪中期，书面语中的踩字已正式著录为 cǎi，跐字读音与今之踩同。

① 此例系储泰松先生告知。谨致谢忱。

但元明以来，跐字的使用已经逐渐减少，最终降格为一个表踩踏义的方言用字。

可见，“踩”字表踩踏义一开始并非读作 cǎi，而是经历了一个漫长的过程。

2. 元代至清以来的“踹”

“踹”字不见于《说文》。《说文·足部》“踬，足所履也”段玉裁注：“今俗谓用力踏地曰踹。”历史上“踹”的音义情况大致有“足跟”（shuàn）、“小腿肚”（chuǎn）、“跺脚”（duàn）等用法。表踩踏义的“踹”见诸今人编纂的辞典，如《辞源》《辞海》以及“二大典”，所引最早用例均为元杂剧，音 chuài。表踩踏义音 chuài 的“踹”字与其他几种用法的“踹”应当是同形字。即人们借用“踹”来表达踩踏义，也就是说，它其实就是“踩”这个词。据明方以智《通雅》“跐”字条“以今乡音考之，阻买之音近，俗作踹”可知，“踹”与今之“踩”当时可能只是一个方言同音字。《正字通·足部》：“踹，俗跐字。旧注足踢，与跐义近。改音短，非。又都玩切，引《玉篇》‘足跟’，亦非。”光绪年间修的《米脂县志·方言》：“踹，脚踏物也。”“踹”之“chuài”音的产生可能是受同声符的“揣”等字读音的影响类推而来。自“踹”见于元杂剧以来，如元康进之《李逵负荆》第二折：“醉的来似踹不杀的老鼠一般。”到了明代，“踹”的行用范围大为扩展，分布于有着南北不同方言背景的文献：

(9) (旦)则感的是东岳大恩眷，托梦一个书生把墓踹穿。(《牡丹亭》第 48 出)

(10) 砖儿(在)地下踹，瓦儿头顶着你，脚踹的是他人也，头顶的还是你。(《挂枝儿》卷 4“送别”，《冯梦龙全集》第 10 卷)

(11) 只听得“扑通”的一声响，一只右脚早踹在尿桶里了。(《拍案惊奇》卷 17)

(12) 走上十数里路，踹了一个空，“扑通”的颠了下去，乃是一个

废井。(又卷36)

(13) 便上前问道:"老先生定是贵足,如何踹此贱地?"(《二刻拍案惊奇》卷4)

(14) 一会子闹动了剡溪里,险些儿踹平了鹿胎庵。(同上卷13)

(15) 奋勇飞步纵前,施踏其首,甘踹其尾。(《警世通言》卷40)

(16) 那张委真个走向前,便要踹上湖石去采。(《醒世恒言》卷4)

清代,"踹"集中见于北方文献,到19世纪中后期的《儿女英雄传》中,"跐""踩"虽同时出现,但主要用"踹"。如:

(17) 只听她那两只脚踹得地蹬蹬蹬的山响。(《儿女英雄传》第27回,清光绪四年京都聚珍堂活字印本,基[①])

(18) 只觉脚底下踹得软囊囊的,想是铺的红氈子。(又第28回)

(19) 慌张张爬到墙上踹的那瓦一片山响。(又第31回)

(20) 瞧瞧人家是新穿的鞋子给踹了个泥脚印子。(又第38回)

"踹"这一形体最终未被确认为现代汉语普通话中表踩踏义的基本字形,可能与其声符的示音功能及其同形字"踹"其他用法的干扰有关。现代方言中乌鲁木齐、太原"踹"仍见使用,但只是作为下位词,用于不经意踩入泥、水等不利的环境中,如"莫小心踹咧一脚泥巴"(乌鲁木齐)、"不小心一脚踹进臭水沟黑里咧"(太原)等。

3. 明清时期的"躧"与"跴"

3.1 躧

"躧"字本义指舞鞋,《说文·足部》:"躧,舞履也。"段玉裁注:"舞不纳履,故凡不着跟、曳之而行曰躧履。"《庄子·让王》:"原宪华冠縰履,杖藜而应门。""縰",陆德明《释文》引《三仓解诂》:"作'躧',云:蹑

① "基"系中国基本古籍库的简称,余例同此。

也。”“躧”由名词可引申为动词“趿拉”。“躧”,《广韵·纸韵》“所绮切”,今音 xǐ。又《蟹韵》“所蟹切”,今音 shǎi。名词“躧(xǐ)”又引申为动词“迈步,步行”,如《文选·左思〈魏都赋〉》:“邯郸躧步,赵之鸣瑟。”《梁书》卷 33:“善环旋于荠夏,知蹈躧于金奏。”唐张说《翻着葛巾呈赵尹》:“忽闻有嘉客,躧步出闲门。”“躧”字“shǎi”音一读明、清韵书中仍见著录,如金尼阁《西儒耳目资》“石宰切,xài”,今音 shǎi,《音韵逢源》“躧”字音 shǎi。

到了明代,在一些通俗文献中,表示“脚底接触地面或物体”这一概念的常用字形是“躧”。如明初北方文献哈铭《正统临戎录》:“着刀的,着箭的,躧死的,压死的,皇帝身上怎么箭也不曾伤他?”(《近代汉语语法资料汇编》元代明代卷,页 377)大体反映明初北方话口语的《朴通事谚解》中表踩踏义的词除 1 例“踏”外,其余全用“躧”:

(21) 你慢慢儿走,那瓦水润了,无些气力,只怕躧破了。那瓦有破的么?……每日家寻空便拿雀儿,把瓦来都躧破了。(《朴通事谚解》中,引自《朝鲜时代汉语教科书丛刊》(一))

(22) 不知道那里躧死了一个蝤蜒,我闻了臊气,恶心上来。(《朴通事谚解》下)

(23) 这般闹起来,打的打,躧的躧,这般战场里,干无来由做甚么去?(同上)

明初北方口语表此义的“躧”字读音,据汪维辉《朝鲜时代汉语教科书丛刊》一(2005a:273)注②:“《音义》云:跐,音채,‘躧’通用,后同。今按,旧本作‘躧’。韵书跐音재,又ㅈ;躧音새,又시。两字为채音者,韵书不收,而俗读则俱从채音,并上声。今亦从之。《字学启蒙》字作‘蹀’。”①也就是说,明初北方口语中表踩踏义的

① “채”字读音近似[ts‘ɛ]或[tɕ‘iɛ],“재”字读音近似[tsɛ]或[tɕiɛ],“시”字读音近似[ɕi]。

“跐”“躧”的口语音读作[ᶜts‘ɛ]，但因此音太俗，故未被韵书收录。因此，我们认为，读作[ᶜts‘ɛ]表踩踏义的“躧”系借用了现成的表“舞鞋”义的“躧(xǐ)”字①，二者为音义不同的同形字，“躧”与今之“踩”系同词异字。② 明李实《蜀语》：“足踏曰躧。……钗上声。”《南川县志·土语》：“足踩曰躧。”《汉语方言大词典》(许宝华、宫田一郎，1999)“躧”字条：①（动）足踏；踩。㊀ 江淮官话。湖北麻城。㊁ 西南官话。四川成都……宜宾、南川、云阳。贵州遵义。㊂ 赣语。湖南常宁。清唐训方《里语征实》：“足踏曰躧。躧，‘钗’上声。《守汴日记》：‘兵民赴曹门坊粜粮，有尽日不得粜者，有躧伤者。’”

明初江淮官话中“躧”也已见使用，如：

(24) 约莫走了也是一更时分，心里越慌，看不见地下躧了一条绊脚索。(《水浒传》卷 32)

据考察，到了明代中后期，北方文献中“躧”已替换“踏”表踩踏义。《金瓶梅词话》中，“躧”的用例已超过“踏”，如：

每日躧踏、躧在泥里、把人躧到泥里、躧街道儿、躧高撬、躧了恁一鞋帮子屎、躧了一鞋狗屎、把人恨不的躧到那泥里头还

---

① 裘锡圭(1988：124—125)在讨论“隻”的表意时指出：“在商周时代文字里，‘隻’所表示的词是{获}。后来又用‘隻’来表示与{雙}(双)相对的{隻}(只)……‘隻’既是‘获’的初文，又是当单个讲的‘只’的本字。这跟早期表意字一形多用的现象是很相似的。但是以‘隻’表{只}是‘隻’(获)字已经使用了很久之后才发生的事，所以可以把这一现象解释为对已有的文字的一种比较特殊的借用。假借一般只取被借字原来的音，这种借用则只取被借字的形而不管它原来的音、义。我们可以称之为‘形借’。”

② 关于表踩踏义的“躧”与表“舞鞋”义的“躧(xǐ)”字的关系，刘君敬博士曾在邮件中告诉笔者：“二者只能算是同形字。表踩踏义的‘躧’应该是遵循形声造字法创造的新字，‘足’提示意义，‘丽’提示读音。”此外，君敬还惠赐了“躧”字表踩踏义存在蟹韵一读的押韵及方言材料，深表谢意。

押韵材料摘录如后：穿一顶紫罗襕倒拘束的不自在，穿一双皂朝靴又不敢胡去躧。(《雍熙乐府》卷 15“红衲袄”，249 页下)。

君敬指出，本段文字中，韵脚字为在、躧、台、灾、白。又《西游记》第 72 回“飘扬翠袖”一段韵文中同样如此，韵脚字为躧、窄、揩、海、拐、撑、揌、洒、摆、买、采、采(328 页上下)。二例均可证明“躧”归蟹韵。《汉语大字典》“躧”条将其读音均标为 xǐ，恐未必恰当。如《金瓶梅》第 42 回提到了民俗“躧高撬”，今天在山东仍然十分流行，口语中仍读作 cǎi 而非 xǐ。

躧、躧着梯櫈、躧着他肩背、房上瓦躧破许多等。

以江淮官话为背景的作品如《西游记》中，“躧”的使用亦较为频繁。如：

躧着一个荔枝核子、躧波踏浪、躧平了你住处、一脚躧住他的脊背、这一躧翻跌下水去、行者却脚躧实地、纵云躧水、乱躧金莲、动静脚跟千样躧、把个县堂躧满、躧死四境居民等。

值得一提的是，经后人重新点校排印的典籍中，“躧”往往简化作“蹍”字。明清小说中尤为多见。如《西游记》人民文学出版社1980年版全用简化字“蹍”。而1994年版的李卓吾评本则全用“躧”。由黄肃秋校注，上海古籍出版社1981年版的明末清初文献《醒世姻缘传》，偶用“躧”，主要用“蹍”，如：

脚蹍的就是这地、将……香炉烛台蹍扁了、道路不平旁人蹍打哩、端了一把椅子蹍着等。

用“躧”如：

把素姐的脚躧了一下、素姐躧着狄希陈的两个肩膀、路见不平，旁人许躧等。

而影清同德堂刊本的《醒世姻缘传》则不见“蹍”。同一典籍不同版本的用字差异，详见下文表59。明清典籍中的这种用字现象，恰如李荣（1987：20）所言：“同一个字，简化不简化，小说里多数是任意的。”

王利器（1988）“蹍”字条指出，在北方口语中，“蹍”读如“泥”（读去声）。成都话中表示“踏上脚之后再用力令脚转动，使被踏之物碎烂”义时，年长者往往会说：“快把那个虫蹍死。”“蹍”读如“li⁴⁴”。① 从

① 《现大》“蹍”字条：“成都：用脚掌踏住擦、蹭：把这一路路一串蚂蚁儿～死/把口痰～了。”“蹍”应当是与“蹍”同词异形的方言俗字。

方言材料看，语言使用者在未准确知晓“躧”表踩踏义的读音时，因受“麗”简化为“丽”的影响，将“躧”随意简化作“蹁”，读音也随声符“丽”音而改变。

3.2　跴

“跴”表踩踏义最初偶见于明代文献，如：

(25) 回又不敢回，下又不敢下，脚跴着赚人坑不是耍。（明冯惟敏《海浮山堂词稿》归田小令“玉江引・纪笑”，明嘉靖四十五年刻本，基）

字形“躧”向“跴”的变化当受“灑/洒”“曬/晒”等组字声旁替换的类推影响。入清以后，通俗文献中“跴”开始多了起来。

(26) 因无煤炭，不能煎炼成铅。而罗城县冷峝山跴有煤路，可以运往。（《皇朝文献通考》卷30，四库本）

(27) 故虽经海兰察额森特带兵跴水过河，攻而未克。（《平定两金川方略》卷122，四库本）

(28) 我这如今，还别跴的甚么泥。（清王廷绍编述《霓裳续谱》卷8，清乾隆集贤堂刻本，基）

(29) 看的人都挤到菜园里，把半个好韭菜都跴了。（《歧路灯》卷七，清钞本，基）

(30) 论家事，这里是跴一头儿撬一头儿的。（《红楼梦》第88回，程甲本，基）

从文献记载看，“跴”在很长一段时期是作为表踩踏义的常用字形使用的。如早在18世纪中期的清语教科书《清文启蒙》中就使用这一字形：

(31) 身子虚飘，脚底下跴着棉花爪子是的，险些儿没有撩倒来着。（《清文启蒙》卷2，清雍正三槐堂刻本，《故宫珍本丛刊》第719册）

记录19世纪中期北京口语的《语言自迩集》,仍用“跴”字。直到20世纪30年代的《国音常用字汇》中仍以“跴”为正字,同时收有常用异体“跐”。然而,从上文的介绍我们知道,表踩踏义的词读“chǎi/cǎi”音由来甚久,而“跴”字的声符却不能明示“cǎi”这一读音。这就为“踩”字的最终产生奠定了基础。

4. 清中叶以后的“踩”

表踩踏义的“踩(cǎi)”晚至清代中后期才兴盛起来。元代文献偶见“踩”字,如范康《陈季卿悟道竹叶舟》第一折“岂不闻列御寇踩清风”,但其中的“踩”系后人所改。徐沁君校记:“‘踩’原作‘采’。今改。”“采”仅仅是一个记音成分,不必改字。用“采”字记录“踩”的读音,明清文献也偶见用例,不过字形写作繁体“採”,如《拍案惊奇》卷31,基)“那一伙人眼花撩乱,倒把钱氏拿住,口里道:‘快拿索子来!先捆了这淫妇。’就採倒在地下。”后世文献逐渐行用的“踩”亦非“采”的分化字,因为文献中借“采”表踩踏义的用例罕见。“踩”应当是语言使用者受汉语形声化影响而自造的一个俗字,这一字形恰与表“跳”义音“kuí”的“踩”字字形巧合。“踩(cǎi)”最后在现代汉语普通话中被大家认可并被确认为一个表达肢体动作的基本词,也是经过了较长时期的发展。因为晚至20世纪30年代的《国音常用字汇》中仍用“跴”而非“踩”。毫无疑问,“踩”字表踩踏义具有形、音上的明显优势。“踩”在清代的用例:

(32) 各引家口半投海虏,半投套虏,勾引两处达子,把河西踩个平土。(《梅中丞遗稿》卷1《定乱疏》,清顺治刻本,基)

(33) 时宋正发之堂弟宋长发见而赶至,踩上田坎拉劝,头撞廖升高上唇,将廖升高门牙撞断。(《刑案汇览》卷32,清道光刻本,基)

(34) 老幼人命不真系图赖者……有踩死者伤在腹背,其伤必阔大散漫。(《政学录》卷5,清光绪畿辅丛书本,基)

(35) 不防脚底下果跴滑了，咕咚一交跌倒。(《红楼梦》第40回，程甲本，基)①

(36) 库下有横梁为脚跴之处也。(《中外农学合编》卷八“林类植物”，基)

此外，明清文献中还见用“跴”字形的。“跴”，《正字通》卷酉集中“足”部：“俗字。旧注音猜。”如《聊斋俚曲集·禳妒咒》“脚儿跴在肩膀上”。又如《金瓶梅》中的“跴”：

把人的鞋儿也跴泥了。(第21回)|若是六月的跴小板凳儿，糊险道神，还差着一帽头子哩。(第30回)|野马跴场，野狐抽丝，猿猴献果。(第68回)|不听见里面动静，不免跴着太湖石，扒过粉墙去。(第82回)|等到晚夕，跴着梯櫈，越过墙。(第90回)

文献著录的情况反映出，当时“跴”系表踩踏义的“踩”的异体字：

(37) 读书作官……只当唯诺从人，作秦越之视，为两踩之船，当事无半句商量，背后冷言冷语。(《杨忠烈公文集》卷2《郑贵妃移宫及召对并李选侍移宫两朝登极始末纪》，清顺治刻本，基)此例“踩”字在清正谊堂丛书本《杨大洪先生文集》中作“两跴之船”(基)。足见二者系异体字。

总之，文献中记录基本词“踩”的字形用法纷纭，往往新旧、繁简并存，随意性大。呈现出不同的用字习惯。字形“跐”“踹”“躧”“跴”“跴”“踩”等，其形旁“足”反映了动作“踩”的发出者；声旁经历了“此”“耑”“麗”“柴”“西”“采”的变化过程，声旁“采”的示音功能最为准确。表59对元代至清末几部文献中“踩”的用字情况进行了统计(表中数据为各字形的出现次数)。同时，表中具体对照了同一典籍中不同版本用字上的差异。

---

① 人民文学出版社先后出版的《红楼梦》中，此例用字不统一：1964年第3版此例作“跴”，而1974年版则作“踩”，2000年版此例又作“跴”。

表 59 元至清中叶以后“踩”的用例及字形差异[①]

		版 本	用 字							
			踩							
			跐	采/採	躧	蹀	[illegible]	跴	踹	踩
元至明初	《新校元刊杂剧三十种》	中华书局（《新校元刊杂剧三十种》）	2	1						
	《朴通事谚解》	中华书局（《朝鲜时代汉语教科书丛刊》一）			5					
	《水浒传》	明容与堂刻本（据中华书局编辑所影印本翻印）	4		1					
明中叶至清初	《金瓶梅词话》	香港太平书局据“古佚小说刊行会”名义影印本为底本重印	5		31	5				
	《西游记》	上海古籍出版社			28					
		影明刻本（续四库）			26					
	《醒世姻缘传》	上海古籍出版社	1		3		21		1	
		影清同德堂刊本（古本小说集成）	1		22					
清中叶以后	《红楼梦》	俞校本（人民文学出版社）[②]						5	3	1
		程甲本（基）						2		3
	《歧路灯》	中州书画社								7
		清钞本（基）						6		
	《儿女英雄传》	人民文学出版社	4						16	1
		清光绪四年京都聚珍堂活字印本（基）			1				16	
	《中外农学合编》	清光绪三十四年刻本（基）								7

① 表中统计数据均来源于文末参考文献与引用书目中的相关文献。同一典籍不同版本统计数据的总量存有差异，因为不同版本往往异文。如人民文学出版社《儿女英雄传》第 31 回“一脚跐空了”，清光绪印本作“一足失空了”。又第 32 回“脚下跐的是砖地”，清光绪印本作“脚下蹈的是砖地”。

② 人民文学出版社 2000 年版《红楼梦》系以俞平伯校点《红楼梦八十回校本》（附后四十回）为底本。

表59显示：1）一个基本词的书写形式具有显著的时代性。基本词“踩”的习用字形经历了如下变化：“跐”（战国至清）→蹅（元代至清）→躧（明至清初）→跴（清代中期以前）→踩（清中叶迄今）。2）要准确了解一个基本词的用字情况，文献及其版本的选择尤为重要。3）考察基本词的产生，需对该词音形义诸要素的发展演变进行全面调查。

综上，第一，汉语史上，表“脚底接触地面或物体”义的词“踩”早在《庄子》中就已出现，但由于指称对象的通俗性，历史上表达此义在用字上长期缺乏一个通行的正字，读音“cǎi”也是由俗音渐渐确定而来。“踩”这一形体历经了漫长过程，最终以其简明清晰的表义、示音优势而流行开来。第二，结合“踩”在文献中的始见用例以及它在后世文献中的出现情况，综合现代汉语方言中的实际分布，我们认为“踩”最初应该是一个北方方言词。第三，历史上，“踩”的异形字如跐、蹅等，到现代汉语方言中已演变为“踩”的下位词。

第二节　汉语中“踩类词”主导成分的历时替换

汉语史上，表示“脚底接触地面或物体”义的成员构成较为繁复，主要是由于“踩踏语义场”的成员大多是通过不同的途径进入该语义场的。一种情况是，表示供脚踩踏的物体如“荐”“藉”“跖”等通过引申途径产生了表踩踏义的动词用法。另一种情况是，其他关涉下肢运动的词如“跋”“踖”“蹶”“踤”等亦通过引申方式进入了该语义场。另外，从古至今表踩踏义的词存在明显的方言差异，这是导致该语义场成员复杂的重要原因之一。本节拟对历史上不同时期居于“踩踏语义场”的主导成分及其更替情况加以考察。该语义场历史上成员构成的情况见表60：

表 60 汉语史上的“踩类词”成员①

<table>
<tr><th></th><th>总的成员</th><th colspan="3">主导成员</th></tr>
<tr><td rowspan="2">上古</td><td>本义表“踩踏”义：履、践、蹈（蹈）、跐、蹴（蹵、蹵）、躐（蹹）、躪（蹸/躝/閵/蔺/䗲）、蹍（跈）、蹑（跡）、蹭、蹢等。</td><td colspan="3" rowspan="2">履</td></tr>
<tr><td>引申表“踩踏”义：跋、踖（躤）、荐、藉、蹶、蹊、跖等。</td></tr>
<tr><td rowspan="3">中古</td><td>本义表“踩踏”义：跴、跿、踳、蹋（踏、蹹、蹹）、蹀、跞、登（蹬 dēng）、躜（躘）、踔等。</td><td colspan="3">两汉：（履）蹈</td></tr>
<tr><td rowspan="2">引申表“踩踏”义：跖、跆、蹒、蹂、踶、踤、躇、躧等。
假借表“踩踏”义：踋等。</td><td rowspan="2">三国至隋</td><td>中土文献</td><td>译经</td></tr>
<tr><td>踏/蹋、践</td><td>蹈、蹋/踏</td></tr>
<tr><td rowspan="2">近代</td><td>本义表“踩踏”义：蹁、踩（蹀、跴）、蹅 chǎ（蹅、叉、跤、扠）、跉、踘、跒、跡（蹀）、蹁、跦、踧、踃、踣、踜等。</td><td colspan="3" rowspan="2">唐至明初：踏（蹋）、蹅
明中叶至清：踩（采/跐/躧/蹁/跴/蹀/踹）</td></tr>
<tr><td>引申为“踩踏”义：踣、蹉、踹（chuài）、蹸、蹄、踈等。</td></tr>
</table>

1. 上古“踩类词”及主导词“履”

这一时期“踩踏语义场”总的特点是：(1)“履”的主导地位明确。(2)不同文献用词差异明显。如《战国策》用“藉、跖、蹵、蹑”等，《礼记》用“蹵、踖”等，《左传》用“蹊”等，《楚辞》用“躐、跖”等，《鹖冠子》用“躪”等，《逸周书》用“蹢”等。以及方言成分在文献中的使用，如《庄子》中的“蹍（跈）、跐”等。具体情况见表 61：

表 61 上古“踩类词”的基本情况

	《诗经》	《左传》	《国语》	《论语》	《孟子》	《庄子》	《韩非子》	《吕氏春秋》	《战国策》	总计
履	7/14	3②/10	0/2	1/2	0/1	7/14	2/12	5/12	1/2	26/69
践③	1/4	0/14	0/4	0/1	0/2	4/5	4/7	0/4	1/3	10/44
蹈	0/2	0/1		1/2	0/1	3/4	4/4	2/2	1/1	11/17

① 表中所列成员是指各阶段新产生的成员，前代成员继续行用于后代者不再重复标注。

② 另 2 例“如履薄冰”系直接引用《诗经》，故未计入。

③ 文献中凡用于名词如“勾践”者均未计入总的用例数。

续　表

	《诗经》	《左传》	《国语》	《论语》	《孟子》	《庄子》	《韩非子》	《吕氏春秋》	《战国策》	总计
其他	跋	蹊			蹴	蹍$_2$(跈)、蹶、蹭、跐		蹶	藉、跖、躄、蹑	
	《易》"荐";《礼记》"躄""踖";《楚辞・九歌・国殇》"躐";又《九章・哀郢》"跖";《鹖冠子》"躏";《逸周书》"躅";《荀子》"藉""荐"。									

(/前表"踩踏"义用例数,/后表总的用例数。下文表64、表65同此)

表61显示,无论是从文献分布范围还是具体用例看,"履"理当是上古该语义场的主导词。"践"虽早在《诗经》就有表踩踏义的用例,但频繁出现则是在战国以后。"蹈"的出现情况与"践"相类,不过,"蹈"总的出现次数及在文献中的分布范围不及"践"。

1.1　履

《说文・履部》:"履,足所依也。"徐灏《注笺》:"履,践也,行也。此古义也。"朱骏声通训定声:"此字本训践,转注为所以践之具也。"段玉裁注:"古曰屦,今曰履;古曰履,今曰鞵。名之随时不同者也。"《说文・履部》:"屦,履也。"段玉裁改"履也"为"屦也"。注:"晋蔡谟曰:'今时所谓履者,自汉以前皆名屦。'……履本训践,后以为屦名,古今语异耳。许以今释古,故云古之屦即今之履也。"王力(1999:1325)指出:"战国以前,'履''屦'不同义。'履'只用作动词,'屦'则作名词。……战国以来,'履''屦'同义。"故"履"之本义为动词"践踏",名词"鞋"系引申用法。① 上古"履"表踩踏义的用法如:

可以履霜、如履薄冰、履之卑②(以上《诗经》);履后土而戴皇

① "二大典"对"履"字词义的处理有别,《大字典》首列"履"之"践踏,蹈"义,《大词典》则依《说文》的训释首列"履"之"鞋"义。《大字典》的处理符合语言事实。

② 《诗・小雅・白华》:"有扁斯石,履之卑兮。"笺云:"王后出入之礼与王同,其行登车以履石。申后始时亦然,今见黜而卑贱。"孔疏:"作者以王黜申后,故睹其昔日所乘之石而伤之。言有扁扁然升之以乘车者,此石也,申后尝履之。今忽然见黜而卑,不复得履之,是其所以可伤也。"

天、登台而履薪、履士会之足(杜预注:蹑士会足,欲使行。)(以上《左传》);行不履阈①(《论语》);履肠涉血、令马履之、履虎尾、履王衣、士大夫履肝肺(以上《吕氏春秋》);康子履魏桓子(《战国策》);足之所履、履幕下、履危石、监市履狶②(以上《庄子》);足必履之(《韩非子》)。

1.2 践

《说文·足部》:“践,履也。”段注:“履之箸地曰履。”“践”,《集韵·狝韵》在演切:“《说文》‘履也’。或作跈。”《广雅·释诂一》:“跈,履也。”曹宪音:“跈,今之践字。”上古“践”字总的出现次数并不低,但表“踩踏”义的用例较少,大部分“践”用于表“到,登临”“实行”等引申义。上古“践”表踩踏义的用法如:

牛羊勿践履(《诗经》);践石以上(按:指踩着垫脚石才能上马)(《战国策》);马蹄践溜、康子践宣子之足(以上《韩非子》);蹄可以践霜雪、行者践其首脊、足之于地也践(以上《庄子》);不践阈、毋践屦③(以上《礼记》)。

1.3 蹈

《说文·足部》:“蹈,践也。”《释名·释形体》:“蹈,道也,以足践之如道路也。”“蹈”之本义即“踩踏”。上古“蹈”的用法如:

蹈虎尾(《尚书》);吾见蹈而死者矣(按:此指“蹈水火”)(《论语》);蹈炉炭、不避蹈水火、伏桀一日而蹈弦(以上《韩非子》);蹈白刃(《吕氏春秋》);蹈煨炭(《战国策》);蹈火不热、蹈水有道乎(以上《庄子》);蹈秦之腹(《荀子》);蹈火而死者(《墨子》);令其民蹈白刃(《商君书》)。

---

① 《论语·乡党》:“立不中门,行不履阈。”皇侃义疏:“‘行不履阈’者,履,践也。阈,限也。若出入时则不得践君之门限也。”

② 《庄子·知北游》:“正获之问于监市履狶也,每下愈况。”成玄英疏:“监,市之魁也,则今屠卒也。狶,猪也。凡今问于屠人买猪之法,云:履践豕之股脚之间。”

③ 《礼记·曲礼上》:“毋践屦,毋踖席,抠衣趋隅。”孔颖达疏:“践,蹋也。既并脱屦户外,其人或多,若后进者,不得蹋先入者屦。”

1.4 “履”“践”“蹈”在上古用法上的差异

（1）义域的宽狭。“履”所涉及的范围最宽。凡如山、川、雨、雪、冰、土、地、石、影等各种自然之物；日常生活用物如衣、履等；人物及人体部位；动物及其肢体以及诸如幕下、危险之境等各类对象均可与之搭配。其次是“践”，除了动物及其肢体以及有关处所，“践”与“履”的义域大部分重合。“蹈”在上古的用法有自身的特点，其涉及的对象主要集中于水、炭、火、刃等对生命构成威胁的物体，而且这些对象亦同时作为“蹈”之处所。详见表62：

表62 上古“履”“践”“蹈”的义域差异

	霜雪冰土石地影	武(迹)履(屦)苇阈溜衣物弦	足肠肝肺首脊腹魏桓子	鼠虎尾豨	幕下水火刃炭
履	++++++++	++ +++ ++	+++ +	+++	+
践	++ ++	+ + + +	+ +		
蹈		+	+	+	++++

（2）主宾语差异。动词涉及的主语情况：上古“履”的行为主体主要是人，物少见。“践”仍以人为主，物也可较自由地作为动作行为的主体。“蹈”的行为主体限于人。可见“蹈”的动作性更突出，故后世强调用力践踏时多用“蹈”。以上几者涉及的宾语语义类型差异较大。“履”“践”以受事宾语为主，而“蹈”所涉及的对象往往又是实施动作行为的场所，故宾语以“受事兼处所”类为主。参表63：

表63 上古“履”“践”“蹈”的主宾语情况

	行为主体类型		宾语语义类型			
	人	物	受事	处所	受事兼处所	其他
履	93%	7%	60%	7%	25%	8%
践	67%	33%	67%		33%	
蹈	100%		26%		74%	

另外，考察如《庄子》中“跐”“蹍（跈）”等方言成分，不仅有助于探明现代汉语普通话中“踩”的源头，而且也能为我们对庄子里籍的考证提供一些线索。详下。

2. 中古“蹈、蹋/踏”对“履”的替换

中古“踩踏语义场”的格局发生了重要变化，表现为：(1) 一批新成员相继产生。(2)“蹈”“踏/蹋”相继占据该语义场的主导地位，“履”已退居次要地位。(3) 中土文献与译经中的用词、用字存在差异。

2.1 西汉“履”字衰落，“蹈”字地位上升

2.1.1 基本情况

较之同一语义场其他成员，上古主导词“履”义域最广。处于上古与中古过渡时期的西汉，基本保持了这种状态。发展至东汉，“蹈”的用例已超过“履”。参表64：

表64 两汉中土文献中“踩类词”的基本情况

西汉				东汉			
	《淮南子》	《史记》	总计		《论衡》	《汉书》	总计
履	8/31	3/29	11/60	蹈	17/25	8/20	25/45
践	1/10	7/35	8/45	履	16/32	3/52	19/84
蹑	3/4	3/11	6/15	践	3/4	4/28	7/32
蹈	1/8	3/11	4/19	蹑	1/1	2/9	3/10

西汉“履”表踩踏义的用例虽然偏高，但从“履”字总的出现次数来看，其表义重心已不在表“踩踏”义上。如上文所述，战国以后，“履”已替代“屦”承负了表“鞋”义的任务。到了东汉，“蹈”已填补这一空位从而占据“踩踏语义场”的重要地位。

“蹈”表踩踏义主要见于战国后期文献，侧重作用于对行为主体不利的对象。西汉时期用例仍不多见。到了东汉，无论是中土文献还是译经中，“蹈”字用例均跃居首位，义域已大为扩展，可作用于各类对象，行为主体也由人及于雁鹄、大象等动物。既可用于轻踩，如“足蹈路而行”，亦可用于用力踩踏。中土文献中的用法如：

太公推著蹈龟、蹂蹈文锦于泥涂之中、跖蹈之、足蹈路而行、其行蹈地、雷公之足无所蹈履、象自蹈土、(雁鹄)蹈履民田(以上《论衡》);乱相蹂蹈、蹈其背以出血、蹈藉名都大郡、爪华蹈衰(苏林曰:"华,华山也。衰,衰山也。掌据之,足蹈之也。")、蹈飞豹、蹈獱獭(以上《汉书》)。

东汉"履"虽仍有较多用例,但其组合均系上古用法,如《论衡》中,"履"与"迹"搭配就占8例,可见在表达踩踏义上,"履"已基本从口语中退出。

同期汉译佛经中"踩类词"以用"蹈"为主,"履"用例少见。

(1) 菩萨欢喜,布发着地,愿尊蹈之。佛言:"岂可蹈乎?"菩萨对曰:"唯佛能蹈。"佛乃蹈之。(竺大力共康孟详译《修行本起经》卷上,T3/462b)

(2) 即升虚空去地七仞,足若蹈地。(昙果共康孟详译《中本起经》卷上,T4/155a)

(3) 足蹈门阃,天地震动。(又162a)

(4) 佛告梵志:"饭具米粮,是应食噉,不宜足蹈。"(又163b)

(5) 少睡卧行步出入,心安谛无乱,时徐举足蹈地。(东汉支谶译《道行般若经》卷6,T8/454c)

(6) 是所受决处,不当以足蹈其地。(东汉支谶译《佛说阿阇世王经》卷下,T15/405a)

此外,偶见于上古的"蹑",两汉时用例有所增加。《说文·足部》:"蹑,蹈也。"《战国策·秦策四》"蹑其踵"鲍彪注:"蹑,蹈。"《淮南子·览冥》"纵矢蹑风"高诱注:"蹑,蹈也。"《广雅·释诂一》:"蹑,履也。"两汉"蹑"字用法如:

足蹑麋鹿、足蹑郊菟(以上《淮南子》);陈平蹑汉王足、张耳蹑之(以上《史记》);蹑平陆而驰骋(《论衡》)等。

2.1.2 蹋(踏/蹹/蹋)

《说文·足部》:“蹋,践也。”段注:“俗作踏。”《释名·释姿容》:“蹋,塌也,塌着地也。”据段《注》,“踏”当为“蹋”之后起俗字。《广韵·合韵》:“踏,着地。”“蹋”又作“蹹、蹋”,《集韵·合韵》:“踏,践也。或作蹹。”《广韵·盍韵》:“蹋”,同“蹋”。《集韵·盍韵》:“蹋,或作蹋。”《汉书·霍去病传》:“卒乏粮,或不能自振,而去病尚穿域蹋鞠也。”《资治通鉴·汉宣帝地节三年》:“后两家奴争道,霍氏奴入御史府,欲蹋大夫门。”胡三省注:“蹋,与蹋同。”可见,踏、蹹、蹋为蹋之或体。

“蹋”,首见于《战国策·齐策一》,字作“蹹”:“临淄甚富而实,其民无不吹竽、鼓瑟……六博、蹹踘者。”《史记》作“蹋”,《苏秦列传》:“其民无不吹竽鼓瑟,弹琴击筑,斗鸡走狗,六博蹋鞠者。”刘向《别录》:“蹵鞠,黄帝作,盖因娱戏以练武士。”对“蹋踘”之“蹋”的理解看法不一,黄金贵(1995:1427—1435)认为,“蹋鞠”之运动方式是人跳登球上并在球上做轻快踩踏的动作,与汉代出现的“蹴鞠”运动不同。《大字典》举《史记·卫将军骠骑列传》例,并引司马贞索隐“今之鞠戏……蹵蹋为戏”释为“踢”。《大词典》“踏鞠”条首引《战国策·齐策一》文,亦释为“踢球运动”。王凤阳(1993:715)认为“‘蹋鞠’即踢球”。本文同意“踢球”一说。

汉代“踏”字用例并不多见,中土文献主要作“踏”,译经中多作“蹋”(蹹):

(7) 王堇不踏蹴而逐耳,无不称病而走者,天下孰弗知?(《新书·淮难》)

(8) 一人以脚踏其两肩,手少挽其发,常弦弦勿纵之。(《金匮要略方论》卷23“杂疗方”)

(9) 时力人王,蹹地勇起,奋臂举手。(竺大力共康孟详译《修行本起经》卷上,T3/466a)

(10) 但有肉骨血在,人足践蹋常恶不敢视。(东汉安世高译《道地经》,T15/235a)

（11）身痛者，谓得刀杖瓦石蹴蹋。（安玄共严佛调译《阿含口解十二因缘经》，T25/54c）

2.2 三国至隋“蹋(踏)”字主导地位的确立

晚汉“蹈”的用法不断扩展从而居于中心地位，直至南北朝以前，“蹈”仍较常用。如《三国志》中“蹈”用例最多，凡 6 例，其组合为“务信誓而蹈水火、蹈白刃、触蹈锋刃、蹈履河冰、恐兵相蹈籍、更相蹈藉”。不过，此时“蹈”往往与其他同义词连文，如“蹈履、蹈籍(藉)”等，且旧有组合如“蹈刃”中词义更为抽象，可用于不顾危险等而从事某种活动。两晋以后，“踏(蹋)”的用法快速发展，并在较短时间内取得主导地位。详见表 65：

表 65　三国至隋“踩类词”的基本情况

<table>
<tr><td></td><td colspan="5">中土文献</td><td colspan="9">汉译佛经①</td></tr>
<tr><td></td><td></td><td>《三国志》</td><td>《齐民要术》</td><td>《古小说钩沉》</td><td>总计</td><td></td><td>《六》</td><td>《撰》</td><td>《修》</td><td>《增》</td><td>《出》</td><td>《贤》</td><td>《佛》</td><td>总计</td></tr>
<tr><td rowspan="6">三国至隋</td><td>踏</td><td>2/2</td><td>17/17</td><td>7/7</td><td rowspan="2">29/30</td><td>蹈</td><td>7/8</td><td></td><td>8/8</td><td>15/15</td><td>11/11</td><td>5/5</td><td>14/14</td><td>60/61</td></tr>
<tr><td>蹋</td><td>1/2</td><td>1/1</td><td>1/1</td><td>蹋</td><td>1/1</td><td>2/2</td><td>2/2</td><td>11/11</td><td>5/5</td><td>5/5</td><td>21/21</td><td rowspan="2">55/55</td></tr>
<tr><td>践</td><td>3/98</td><td>19/20</td><td>3/9</td><td>25/127</td><td>踏</td><td>2/2</td><td></td><td>3/3</td><td></td><td>1/1</td><td></td><td>2/2</td></tr>
<tr><td>履</td><td>6/58</td><td>1/11</td><td>4/24</td><td>11/93</td><td>践</td><td>1/1</td><td>1/1</td><td>3/3</td><td></td><td>3/3</td><td>7/7</td><td>6/6</td><td>21/21</td></tr>
<tr><td>蹑</td><td>0/8</td><td>9/9</td><td>0/4</td><td>9/21</td><td>履</td><td>2/10</td><td>0/1</td><td>0/3</td><td>1/8</td><td>4/27</td><td>4/5</td><td>9/13</td><td>20/67</td></tr>
<tr><td>蹈</td><td>6/33</td><td></td><td>2/3</td><td>8/36</td><td>蹑</td><td></td><td>2/2</td><td>4/4</td><td></td><td>1/1</td><td>10/11</td><td>1/1</td><td>18/19</td></tr>
</table>

表 65 显示：(1) 综合考察中土文献与译经的用词，至迟到隋代，“踏(蹋)”已居于主导地位。(2) 译经用词与中土文献有所不同，两晋以后，中土文献中“蹈”已基本退出使用，而佛经中“蹈”的用例却最多，且用法自由灵活。(3) “踏(蹋)”的用字，中土文献与译经取舍有异。前者

---

① 以下佛经的全称分别为：《六》指吴康僧会译《六度集经》、《撰》指吴支谦译《撰集百缘经》、《修》指西晋竺法护译《修行道地经》、《增》指东晋僧伽提婆译《增壹阿含经》、《出》指姚秦竺佛念的《出曜经》、《贤》指元魏慧觉等译《贤愚经》、《佛》指隋阇那崛多译《佛本行集经》。

主要用“踏”,“蹋”偶见使用,译经则相反。“蹋”本是正字,随着不断使用,中土文献中俗字“踏”反而取得了正字的地位,“蹋”则主要广泛行用于诸如佛经等俗文学之中。(4)不同文献用词存在差异。如在两汉至南北朝之间一直未能获得较大发展的“践”字,到《要术》中用例反而最多,其他文献依然少见。这反映出作者用词上的喜好。不过,该文献中新兴的口语成分“踏”率先获得了广泛使用。译经中主要以“蹈”“蹋”为主,但如《贤愚经》则主要用“蹑”,其次是“践”。为比较几者之间的差异,现以《齐民要术》及译经中的用词情况加以分析:

(1)从《齐民要术》“踩类词”的组合看“践”“踏”“蹑”在中古用法上的差异。

“践”:宜纵牛羊践之,践则根浮、以马践过为种、燥践多兜牟、令牛羊及人履践之、令人践垄背、践者茂而多实、足践令保泽、践者菜肥、令牛马履践令净、群羊践蹑而已等。

“踏(蹋)”:踏成三十车粪、勿听浪人踏瓜蔓、踏则茎破、以足踏之、足踏使坚平、人足践踏之乃佳、驱羊踏破地皮、不踏即枯涸、踏其苗令死、不踏则根不湿润、令壮士熟踏之、踏作饼、蹋杀人等。

“蹑”:薄地寻垄蹑之、促步以足蹑垄底、足蹑则苗茂、由脚蹑及摘时不慎、以足微蹑之、足蹑令坚、群羊践蹑而已、在窖中以脚蹑豆、复蹑令坚实等。

《齐民要术》表踩踏义的词汇系统中,各词在用力程度、行为主体类型方面存在差异,参表66:

表66 《齐民要术》中“踩类词”的用法差异

	行为主体			后附成分类型		用力程度		
	人	动物	均可	受事宾语	结果补语	用力	较轻	均可
踏	70%	6%	24%	73%	27%	76%		24%
践	63%	32%	5%	100%		6%		94%
蹑	89%	11%		100%		22%	44%	34%

上古"踩类词"中"践"字行为主体的范围较之"履""蹈"更宽。由表66知，发展至南北朝时期，"践"在该语义场仍然保持了这种使用状态：人与物都可与"践"自由广泛地搭配。"踏""蹑"主要由人实施，因此，二者的动作性、目的性较之"践"要强，二者所带后附成分的差异也反映了这一点。也就是说，作为肢体动词，"践"的典型性不及"踏"。另一方面，从动作行为的用力程度看，"踏"侧重于用力踩踏，在这一点上"踏"与"蹈"趋同性更强。而"蹑"似乎更侧重于轻踩，可用于"微蹑"等组合，这种用法还保留在后世"蹑手蹑脚""蹑迹潜踪"等用法中。

(2) 译经中"蹈""蹋"的使用情况：

"蹈"：蹈火行盗、蹈地常恐地痛、足蹈道堂、误蹈题者罗首、误蹈尔耳(以上《六度集经》)；蹈杀道中象马牛羊猪犊之属、见群象忽然来至蹑蹈其身、猛象群众普至踏蹈芭蕉(以上《修行道地经》)；以足蹈我发上过、世尊足蹈门阈上、世尊举足蹈地、悉皆蹈此莲花上、群暴恶象蹋蹈其身、群象蹋蹈其体(以上《增一阿含经》)；老见蹈藉、犹为老病所见蹈藉、以脚蹈践烧足乃觉、人不觉足往蹈之、蹋蹈水草、蹈则烧脚、使暴象蹋蹈杀之(以上《出曜经》)；经蹈其上、蹈上而过、蹈虚登上(以上《贤愚经》)；足蹈我身及头发上、两足蹈地、蹈地千辐、遣大群牛蹈而杀之(以上《佛本行集经》)。

"蹋(踏)"：蹋地呼曰、无踏斯土(以上《六度集经》)；践蹋塔地、蹋着脚底(以上《撰集百缘经》)；挽发相叉蹋、以手足蹋坏之、踏蹴吾等而令横死(以上《修行道地经》)；蹋蹈杀之时、蹋浣此衣、有黑暴象蹋蹈我身(以上《增一阿含经》)；以右脚蹋调达、蹋蹈水草、狂象蹋三善根苗、见如来行迹轮相在地而蹋坏者(以上《出曜经》)；蹋杀人民、以脚蹋船、践蹋苗稼(以上《贤愚经》)；脚蹋象牙、以蹄蹋地、蹋彼莲花台上而行、如象蹋破诸瓦坏、醉象蹋枯竹、蹋坏其花、蹋粪扫衣、打蹋母头、以脚足踏其头(以上《佛本行集经》)。

上述组合反映出中古译经中“蹈”“蹋”用法上一致性较强，常强调用力作用于对象，以使对象受到某种损伤，62％的“蹈”例、50％的“蹋”例即有使对象受损的语用义，“蹈”“踏”分别带有12％、13％的结果补语，反映出二者较之同一语义场其他成员用力更大。尽管译经中“蹈”使用频繁，可中土文献中反映出其早已失去口语基础。该语义场相关成员的词义区分参看黄金贵(1995：557—563)、王凤阳(1993：713—715)等。

小结：汉语“踩踏语义场”中，西汉以前“履”居于主导地位。东汉至南北朝以前，“蹈”使用较频繁。至晚到隋代，“踏(蹋)”已成为该语义场的主导词。同一时期，译经中的用词情况与中土文献同中有异，“蹈”在译经中的行用时间更长。

3. 近代“踩类词”的发展及重大变化

首先，这一时期不仅产生了一系列新的“踩类词”，而且新生词“踏”“躧”率先在北方完成对“踏”的替换，大约到明代中叶“躧”已全面替换“踏”成为“踩踏语义场”的主导词并一直保持到现代汉语普通话中。从字形来看，曾作为俗字的“踏”已彻底获得正字的地位，“蹋”已渐渐退出使用。其次，现代汉语普通话中基本词“踩”字的形体得以最终确定。另外，近代汉语中“踩类词”主要成员的用字情况极为繁复。

为了考察近代主要新成员的发展情况，本小节拟逐词加以介绍，并将主导词之间的演变更替过程贯穿其中。

3.1 “踏”在元代北方文献中的大量使用

表踩踏义的“踏”，历史上曾出现过多种异形字。在《元刊杂剧三十种》中就同时使用“查”“踏”“叉”。一字异体，古今载籍甚多。由于不明古籍用字特点，后人有误改“查”为“踏”的。如：

(12) 更怕我脚踏虚地难安稳。(关汉卿《诈妮子调风月》第一折，引自《新校元刊杂剧三十种》)徐沁君校：“踏”原作“查”。卢、定、隋本“查”改作“踏”，意虽是而字则非。吴本校勘记云:“疑当作‘踷’字。”所疑自是。北本即改作“踷”。

(13) 贵脚踷于贱地。(又第三折,同上)徐沁君校:“踷”原作“査”。……“査”字,卢、定、隋本均改作“踏”。

(14) 携手儿相将,轻踷践残芳。(石君宝《诸宫调风月紫云亭》第四折,同上)徐沁君校:“踷”原作“査”。今改。卢、隋本均改作“踏”,意虽是而字则非。

(15) 踷践东土,震动京畿,怎奈何四五处烟尘并起。(郑光祖《辅成王周公摄政》第三折,同上)徐沁君校:“踷”原作“査”。卢、隋本改作“踏”字,非。

作“踷”,如:

(16) 险些个踷翻一叶舟,性命似水上浮沤。(范康《陈季卿悟道竹叶舟》第三折,同上)

(17) 不听我处分,踷着正房门,我狠剁你娘三行棍。(武汉臣《散家财天赐老生儿》第四折,同上)

(18) 手摘星辰,脚平踷禹门潮信。(金仁杰《萧何月夜追韩信》第三折,同上)徐沁君校:覆本“踷”作“蹅”,不成字。隋本改作“踏”,不从。

作“叉”,如:

(19) 又不曾油鼎内叉,剑树上踷。(郑廷玉《看钱奴买冤家债主》第一折,同上)

“査”“叉”都是当时的一个记音符号,后来才在其表音的基础上增加了不同的形符以明示词义,如加“足”旁作“踷”“䟕”(《五灯会元》卷18“子陵自瑜禅师”:“赤脚䟕泥冷似冰。”《西游记》第38回:“行者先举步䟕入,忍不住跳将起来。”《玉篇·足部》:“䟕,䟕踏也。”《篇海类编·身体类·足部》:“䟕,踏也。”),加“扌”作“扠”(《金瓶梅词话》第87回:“被武松大扠步赶上揪番在地。”),还可作“插”(《醒世姻缘传》第59

回:“他自家一脚插在尿盆子里,嗔我不端出去。”)。或另造俗字来记录此音。如“蹅”,《金瓶梅词话》第21回:“我拶你去,倒把我一只脚蹅在雪里。”“蹅”后来作为表达此义的通用字形流行开来。不过,这一字形的最终确立甚为晚近,编撰于1915年的《中华大字典》仍未见收录。后世文献中“蹅”时见使用,如《西游记》第98回:“维河架海还容易,独木单梁人怎蹅!”现代汉语方言中,北京、济南、徐州、洛阳、成都、贵阳、广州等地仍保留“蹅”字表踩踏义的用法。从“蹅”首次在元杂剧中大量出现,我们推断,“蹅”应当是一个北方方言词,并在当时的北方话中占据了“踩踏语义场”的主导地位。

3.2 “踩”的出现及发展

关于“踩”的产生,本章第一节有述。

“踩”早在《庄子》中就已出现,但由于指称对象的通俗性,历史上表达此义在用字上长期缺乏一个通行的正字,读音“cǎi”也是由俗音渐渐确定而来。基本词“踩”的习用字形经历了复杂的变化:“跐”(战国至清)→跴(元代至清)→躧(明至清初)→跴(清代中期以前)→踩(清中叶迄今)。表踩踏义的“踩(cǎi)”晚至清代中后期才兴盛起来。

3.3 登/蹬

“登”,《集韵·隥韵》:“登,履也。”“登”表踩踏义如:

> 人相登蹑,死于堑中。(《水经注·穀水》)|两个在水中打出水面,各人踏浪登波。(《西游记》第22回)|解下虎筋绦子,穿在老鼋的鼻之内,……却使一只脚踏在盖上,一只脚登在头上。(又第49回)|你听听,不是猫把瓦登下来了哇?(《儿女英雄传》第31回)

“登”之“踩踏”义当由本义“升;自下而上”引申而来。“蹬”显系“登”之增旁字,《集韵·登韵》:“登,或从足。”即“蹬”为“登”字或体。随着逐步使用,“蹬”取得了正字的地位。《广雅·释诂一》:“蹬,履也。”王念孙疏证:“登、蹬,声相近……今人犹谓足跐物为蹬。”《慧琳音义》卷 8“梯蹬”注引《韵英》：“蹬，践也。”《类篇 · 足部》：“蹬，履也。”文献中“蹬”字用例并不多见。

近代汉语阶段，元代至清末“踩踏语义场”主导词使用的基本情况，见表 67：

表 67　元代至清末“踩类词”的基本情况

		踏	蹅						踩									蹬		
			查	蹅	𨄞	䟕	叉	扠	总计	跐	采/採	躧	蹀	𨇨	跴	踹	踩	总计	蹬	登	总计
元至明初	《元刊杂剧》	13	6	9			1		16	2	1							3	2		2
	《朴通事谚解》	1										5						5			
	《水浒传》	43						2	2	4		1						5	2		2
明中叶至清初	《金瓶梅词话》	21			1		1		2	5		31	5					41	1		1
	《西游记》	65		2		1			3			28						28	1	4	5
	《醒世姻缘传》	7								1		3		21		1		26	2	1	3
清中叶以后	《红楼梦》	7													5	3	1	9	2		2
	《歧路灯》	11															7	7			
	《儿女英雄传》	4								4						16	1	21		1	1

［说明］表 67 中，(1)《元刊杂剧》指《新校元刊杂剧三十种》；《水浒传》《金瓶梅词话》的统计数据均来自相关的影印本；《西游记》《醒世姻缘传》数据均统自上海古籍出版社本；《红楼梦》数据统自俞校本；《歧路灯》数据统自中州书画社本；《儿女英雄传》数据统自人民文学出版社本。(2) 表中首行“蹅”“踩”“蹬”字各栏下所列诸字为该字的众多同词异形字。

近代汉语阶段“踩类词”呈现出如下特点：(1) 主导词相继为“蹅”与“踩”。“蹅”集中见于元代北方文献，后世少见使用。“踩”大约在明代中叶以后全面替换“踏”从而取得在“踩踏语义场”的主导地位，并一直保持到现代汉语普通话中。(2) 由于指称对象的通俗性，所以在用字上长期缺乏一个通行的正字。元代北方主导词“蹅”字曾与多个异体字并用表踩踏义。“踩”字这一形体也是历经漫长过程，最终以表义、示音方面的优势战胜了众多异形字才得以最终确认。

要之,汉语中表达“踩踏”这一基本概念的主导成分经历了“履(上古)—蹈(东汉至三国)—踏(北魏至明中叶)—踩(明中叶至今)”三次更替。其中每次更替的时间及原因各不相同。“履”由上古占据“踩踏语义场”核心地位到西汉逐渐停止发展,缘于其表义重心由“践踏”向名词“鞋”义的转变。“蹈”由上古出现到两汉义域拓展,至东汉取得了主导地位,大约在北魏以前已丧失口语基础,译经中行用时间稍长。“踏”自北魏直至明代中叶这一漫长历史过程中一直居于主导地位,用法灵活,义域宽广。元代北方文献中“踏”的使用受到了新兴成分“躧”的冲击,并最终在明代中叶被新的成分“踩”全面替换。“踏”至今仍用于现代汉语诸多方言。“踩”这一字形以其简明清晰的表义、示音功能最终取得了表踩踏义的核心地位。

第三节 汉语中“踩类词”的非主导成员

非主导成员是指除了主导成员之外的所有表踩踏义的词。另外,个别成员虽然用例并不多见,但如果与主导词的讨论有关,上文已作介绍,此不再重复。对非主导成员的介绍基于这样的考虑:由于这些词进入“踩踏语义场”的途径不同,或由其他语义场引申而来,或是方言俗语等,因此,考察这部分成员对探讨该语义场与邻近相关义场中成员之间的词义联系,以及该语义场成员在历史上的地域分布都是必要的。

1. 上古“踩踏语义场”的非基本成员

【跋(bá)】(引) 《说文·足部》:“跋,蹎跋也。”本义为蹎仆、跌倒,引申为踩、踏。《诗·豳风·狼跋》“狼跋其胡”毛传:“跋,躐也。……老狼有胡,进则躐其胡。”《尔雅·释言》:“跋,躐也。”《汉书·扬雄传上》“跋犀牦”师古注引张晏曰:“跋,蹑也。”《文选·扬雄〈羽猎赋〉》

"跋犀牦"李善注引韦昭曰:"跋,蹋也。"《文选·张协〈七命〉》"扣跋幽丛"李善注引《诗》传曰:"跋,躐也。"《广韵·末韵》:"跋,躐也。"

【蹴(cù)】(本) 《说文·足部》:"蹴,蹑也。"《孟子·告子上》"蹴尔而与之"赵岐注:"蹴,蹋也。以足践踏与之。"《新书·连语》:"民之观者皆进蹴之,蹈其腹,蹶其肾。"又《阶级》:"蹴其刍者有罪。"《文选·司马相如〈子虚赋〉》"蹵蛩蛩,辚距虚,轶野马,轊騊駼"吕向注:"蹵、辚、轊,皆蹍踏也。"《资治通鉴·秦昭襄王五十六年至孝文王元年》"王以足蹴之"胡三省注:"蹴,蹋也。"

"蹴"又作"蹵"。《集韵·屋韵》:"蹴,或作蹵。"《礼记·曲礼上》:"以足蹵路马刍,有诛。"陆德明释文:"蹵,本又作蹴。"《战国策·韩策三》:"许异蹵哀侯而殪之。"鲍彪注:"蹵,犹留侯蹑汉王足,盖使之佯死。"吴师道补注:"蹵,一本作蹴,字通。"

【踖(jí)】(引) 《说文·足部》:"踖,长胫行也。"引申为践踏。《礼记·曲礼上》:"毋践屦,毋踖席。"郑玄注:"踖,躐也。"孔颖达疏:"毋踖席者,踖犹躐也。"陆德明释文:"踖,躐也。"《论衡·语增》:"则是烦苦相踖藉,不能甚乐。"黄晖校释引《释名·释姿容》:"踖,藉也。以足藉也。"《后汉书·明帝纪》注引《五经要义》:"籍,蹈也。"《众经音义》九引《字林》:"躤,践也。""藉""籍""躤"音义并通。《颜氏家训·兄弟》"则行路皆踖其面而蹈其心"王利器《集解》:"颜本注:'踖,……踏也。'郝懿行曰:'踖,践也。'"

《集韵·昔韵》"踖"又作"躤""踳""趞"。《玉篇·足部》:"躤,亦作踖。"《史记·司马相如列传》:"徒车之所辚轹,乘骑之所蹂若,人民之所蹈躤。"

【荐(jiàn)】(引) "荐"之本义为野兽、牲畜所吃的草。《说文·荐部》:"兽之所食草。"引申为由草编织成的席,进一步引申为践踏。《荀子·儒效》"以相荐撙"杨倞注:"荐,藉也。谓相蹈藉、撙抑,皆谓相陵驾也。"《集韵·霰韵》:"荐,藉也。"

【藉(jiè)】(引) 《说文·艹部》:"藉,祭藉也。"本义指古时祭祀朝聘时陈列礼品的草垫。引申为踩、踏。《左传·昭公十八年》“鄅人藉稻”孔颖达疏：“藉，犹藉蹈。藉，践履之义。”《荀子·王霸》“日欲伺间而相与投藉之”杨倞注：“藉，践也。”又《正名》“故穷藉而无极”杨倞注：“藉，践履也。”《战国策·燕策一》“呴藉叱咄”鲍彪注：“藉，践也。”《汉书·文帝纪》“其开藉田”师古注引臣瓒曰：“藉，谓蹈藉也。”《后汉书·廉范传》“虏自相辚藉”李贤注：“藉，相蹈藉也。”

【蹶(jué)】(引) 《说文·足部》：“蹶，僵也。”本义即僵仆、跌倒，引申为踩、踏。《广雅·释言》“蹶，踶也”王念孙疏证：“(蹶、踶)，皆谓蹋也。”《庄子·秋水》：“蹶泥则没足灭跗。”《吕氏春秋·知化》“子胥两袪高蹶而出于廷”高诱注：“蹶，蹈也。”陈奇猷《吕氏春秋新校释》引于省吾曰：“袪不应言蹈，注说非是。蹶应读作揭。”奇猷案：“高说不误。《左传》疏云：‘高蹈，高举足而蹈也，故言犹远行也。’‘两袪高蹶而出于廷’犹言两手举衣、大踏步而出于廷。”《文选·扬雄〈羽猎赋〉》“蹶松柏”李善注：“蹶，踏也。”张衡《思玄赋》“蹶白门而东驰兮”旧注引《汉书音义》韦昭曰：“蹶，蹋也。”李周翰注：“蹶，履也。”《全唐文》卷347 唐李白《大鹏赋》：“尔乃蹶厚地，揭太清。”《新唐书·李嗣业传》：“有大石塞隘，以足蹶之，抵穹壑。”《太平广记》卷438“李道豫”条引南朝梁任昉《述异记》：“〔李道豫〕其家犬卧于当路，豫蹶之。犬曰：‘汝即死，何以踏我？’豫未几而卒。”明何景明《寄孙世其》诗之一：“莫将千里志，蹔悔蹶霜蹄。”

【躐(liè)】(本) 《玉篇·足部》：“躐，践也。”《楚辞·九歌·国殇》：“凌余阵兮躐余行，左骖殪兮右刃伤。”王逸注：“躐，践也。”汉扬雄《长杨赋》：“破穹庐，……遂躐乎王庭。”李善注引王逸《楚辞》注：“躐，践也。”宋苏轼《策略》第三：“使天下之事各当其处而不相乱，天下之人各安其分而不相躐也。”《集韵·叶韵》：“躐，或作蹹。”《正字通·足部》：“蹹，俗躐字。”

【躏(lìn)】(本) 《鹖冠子·王𫓧》：“为之父母，无所躏跞。”《汉书·王商传》：“百姓奔走相蹂躏。”《文选·司马相如〈上林赋〉》“躏玄鹤”

李善注引郭璞曰："蹦，践也。"《新唐书·郭子仪传》："掠泾、邠，蹦凤翔。"《说文通训定声·干附部》："蹦者，蹸之俗字。"《广雅·释言》"辚，轹也"王念孙疏证："（辚、蔺、闔、躏、蹸），并字异而义同。"

"蹦"亦作"躏"。《广韵·震韵》："躏，蹂躏。"三国魏曹丕《校猎赋》："遂躏封豨，藉麈鹿，捎飞鸢。"

【蹍(niǎn)】(方) 《广雅·释诂一》："蹍，履也。"《类篇·足部》："蹍，践也。"《庄子·庚桑楚》"蹍市人之足"成玄英疏："蹍，蹋也，履也。"陆德明释文引《广雅》云："履也。"又《徐无鬼》"恃其所不蹍而后善博也"成玄英疏："践、蹍，俱履蹈也。"张衡《西京赋》："当足见蹍，值轮被轹。"李善注引薛综曰："足所蹈为蹍，车所加为轹。"《世说新语·忿狷》："鸡子于地圆转未止，仍下地以屐齿蹍之，又不得，瞋甚。"明杨慎《养龙坑飞越峰天马歌》："四蹄翩然不蹍地，六飞如在空中行。"

"蹍"字读音，《集韵·狝韵》知辇切："蹍也。"又泥展切："践也。"《大字典》注："zhǎn（旧读 niǎn）。"《王力古汉语字典》"践踏"义音 niǎn，是。从上引文献看，音 niǎn 表"践踏"义的"蹍"大概是中原及其外围地区行用的一个方言词。《现汉》"蹍"字条："niǎn〈方〉（动）踩。""蹍"至今仍行用于哈尔滨、太原、徐州等北方方言区。

"蹍"，字又作"蹙"，《广雅·释诂一》"蹍，履也"王念孙疏证："蹍，字作蹙。"又《淮南子·说山》"足蹙地而为迹"、又《说林》"足以蹙地者浅矣"、又《修务》"是谓犹释船而欲蹙水也"，高诱并注："蹙，履也。"

"蹍"，字又作"趁、跈"等。"跈"系方言俗字。《集韵·狝韵》尼展切："趁，践也。或作跈、蹍、踂。"可见，在表践踏义上，"跈""蹍"为异体字。《庄子·外物》"哽而不止则跈"陆德明释文引郭云："跈，践也。……本或作蹍，同。"《玉篇·足部》《广韵·铣韵》并云："跈，蹈也。"

字又作"蹨"，"蹨"与"跈"在表踩踏义上系方言用字上的差异。《玉篇·足部》："蹨，蹨蹀，迹也。"《广韵·狝韵》："蹨，践也。"《集韵·铣韵》："蹨，蹈也。或作跈、趁。"《正字通·足部》："乃殄切，音捻。

《广韵》‘蹂蹨也’。一说俗因《说文》手部‘捻’,故作蹨。”孙锦标《南通方言疏证》:“《通俗编》:‘蹨,音捻。’《玉篇》‘蹂也’。《类篇》‘蹈也’。”

字又作“躎”。《龙龛手镜·足部》:“躎,蹈躎。”《篇海类编·身体类·足部》:“躎,蹈也。”《正字通·足部》“跡”字条云:“俗跈字。与走部趁作趂同。”又足部“躎”字条云:“躎,俗蹑字。……旧注‘蹈也’……改音碾、忝,并非。”此说不确。

【蹜(qiū)】(方) 《庄子·秋水》“然而指我则胜我,蹜我亦胜我”成玄英疏:“以脚蹜踏于风,风亦不能折脚。”陆德明释文:“鳅,音秋。李云:藉也。藉则削也。本又作蹜。”《集韵·尤韵》雌由切。清胡文英《吴下方言考》卷6:“吴谚谓用力踏物曰蹜。”石汝杰等《明清吴语词典》:“蹜:〈动〉用力踩。”

【蹊(xī)】(引) 由“小路”义引申为践踏。《六书故·人九》:“蹊,践也。”《左传·宣公十一年》:“牵牛以蹊人之田,而夺之牛。”八卷本《搜神记》卷7:“晨有二牛蹊践狼藉,归遍里中。”《新唐书·李广弼传》:“泛水、崿岭尽为贼蹊,子能尽守乎?”《太平广记》卷434“银牛”条出《酉阳杂俎》:“有一人骑白牛,蹊人田。”《聊斋志异·成仙》:“黄吏部家牧佣,牛蹊周田,以是相诟。”

【蹠(zhí)】(引) 《说文·足部》:“蹠,楚人谓跳跃曰蹠。”引申为踩踏。《广雅·释诂一》:“蹠,履也。”《广韵·昔韵》:“蹠,足履践也。”《楚辞·九章·哀郢》“眇不知其所蹠”王逸注:“蹠,践也。”《史记·苏秦列传》:“被坚甲,蹠劲弩。”《淮南子·主术》“一人蹠耒,而耕不过十亩”高诱注:“蹠,蹈。”又《原道》:“兽蹠实而走。”《汉书·扬雄传上》“蹠彭咸之所遗”师古曰:“蹠,蹈也。”《文选·曹植〈七启〉》“蹈虚远蹠”李善注引《广雅》曰:“蹠,履也。”

【跖(zhí)】(引) 《说文·足部》:“跖,足下也。”本义即今之脚底、脚掌,引申为踩踏。《说文句读·足部》:“跖,一曰蹑也。”《淮南子·齐俗》“修胫者使之跖镬”高诱注:“长胫以蹋插者,使入深。”王念孙《读书杂志·淮南内篇第十一·齐俗》按:“跖,蹋也。”《汉书·扬雄传上》“跖魂负沴”师古曰:“跖,蹈也。”《文选·张协〈七命〉》:“下无跖实之蹊。”李善注:“《广雅》曰:‘跖,履也。’跖与蹠同。”李周翰注:“跖,蹋蹊路也。”《王力古汉语字典》“‘跖’与‘蹠’同音……典籍中二字通用,实同一词。”

【躅(zhú)】(本)　《逸周书·太子晋》“师旷东躅其足曰”孔晁云:“东躅,踏也。”王念孙《杂志》:“‘东躅’二字义不可通。‘东’当为‘束’字之误也。束、躅迭韵字,谓数以足踏地而称善也。”王说似也可商。明刘基《鸡鸣一首赠宗文侄》:“朝露白如玉,我不敢躅,恐湿我足。”《王力古汉语字典》“躅”字条将此义作为僻义归入[备考]栏。

小结:以上共收列上古 14 个表踩踏义的词,其中 8 个词是通过引申途径进入“踩踏语义场”的,4 个词本义为踩踏,2 个词为方言成分。可见,上古时期,非基本成员进入该语义场的主要方式是引申。

2. 中古“踩踏语义场”的非基本成员

【踄(bù)】(俗)　《说文·足部》《玉篇·足部》《广韵·铎韵》并云:“踄,蹈也。”《正字通·足部》:“踄,俗字。……义与蹈同。赘作踄,非。”

【踳(chōng)】(方)　《广雅·释诂二》:“踳,蹋也。”《玉篇·足部》《广韵·锺韵》并云:“踳,蹋也。”《广韵》书容切。许宝华等《汉语方言大词典》“踳”字条:“(动)踏;踩。江淮官话。江苏盐城、阜宁[ts‘oŋ31]踳碓踩碓舂米。”

【躇(chú)】(本)　《列子·天瑞》“若躇步跐蹈”张湛注:“四字皆践踏之貌。”殷敬顺释文:“(躇步跐蹈)四字皆践踏之貌。”《大词典》为此单列义项“践踏貌”。

【踔(chuō)】(本)　《说文·足部》:“踔,踶也。”徐锴系传:“踶,亦当蹋意也。”段玉裁注:“许意踔与蹈义同。”然文献中“踔”多用于表跳跃义,表踩踏义罕见。

【踧(cù)】(假)　清朱骏声《说文通训定声·足部》:“踧,假借为蹴。”《后汉书·陈蕃传》:“黄门从官驺蹋踧蕃曰。”“踧”通“蹴”。

【踤(cù)】(引)　《说文·足部》:“踤,触也。”本义为碰触、撞击,引申为踏蹴。《太玄·逃》“踤于林”司马光集注引吴曰：“踤，蹋也。”《汉书·扬雄传下》：“帅军踤陆”师古曰：“踤，足蹵之也。”《广韵·术韵》：“蹵，骇蹋也。”《集韵·术韵》：“踤，蹋也。”

【既(dì)】(本) 《广雅·释诂二》《玉篇·足部》《广韵·霁韵》《集韵·霁韵》并云：“既，蹋也。”

【踶(dì)】(引) 由“脚踢”义引申为踩踏。《广雅·释诂五》“蹶，踶也”王念孙疏证：“蹶、踶皆谓蹋也。踶，字亦作蹏，又作蹄。”《汉书·武帝纪》“故马或奔踶而致千里”师古曰：“踶，蹋也。”《晋书音义》中：“踶，蹋也。”《乐府诗集·清商曲辞六·江陵乐一》：“不复蹋踶人，踶地地欲穿。”《文选·左思〈魏都赋〉》“云雀踶甍而矫首”吕向注：“踶，踏。”唐陆龟蒙《采药赋》：“蜂咋叶而先尽，莺踶枝而易落。”《玉篇·足部》《广韵·霁韵》《集韵·脂韵》并云：“踶，蹋也。”

【蹀(dié)】(本) 《广雅·释诂一》：“蹀，履也。”《淮南子·俶真》：“足蹀阳阿之舞，而手会绿水之趋。”何宁案：“《大藏音义》24 引许注《淮南子》云：‘蹀，蹈也。’”张衡《南都赋》“罗袜蹑蹀而容与”李善注引许慎《淮南子》注曰：“蹀，蹈也。”《慧琳音义》卷 34“蹀足”引《古今正字》：“蹀，蹈也。”《集韵·帖韵》：“蹀，蹈也。”

【蹂(rǒu)】(本) 《说文·足部》：“内，兽足蹂地也。”《集韵·宥韵》：“蹂，或作内。”《广雅·释诂一》“内，履也”王念孙疏证：“蹂，与内同。”蹂字本义即指兽足践踏地面，泛指践踏、踩踏。《史记·项羽本纪》：“王翳取其头，余骑相蹂践争项王。”《汉书·王商传》“百姓奔走相蹂躏”师古曰：“蹂，践也。”又《匈奴传上》“以骑驰蹂乃稼穑也”师古曰：“蹂，践也。”又《汉书·扬雄传下》：“蹂尸舆厮，系累老弱。”《后汉书·班彪传》“蹂躏其十二三”李贤注：“蹂，践也。”《玉篇·足部》《广韵·有韵》《集韵·宥韵》并云：“蹂，践也。”

【跚(shān)】(方) “跚”表踩踏义早见于《抱朴子·内篇·畅玄》：“徘徊茫昧，翱翔希微，履略蜿虹，践跚璇玑。”又《外篇·喜遁》：“不能凌厉九霄，腾跚玄极。”后世表踩踏义的“跚”零星见于北方文献，如元关汉卿《王闰香夜月四春园》第二折："则我这绣鞋儿莫不蹦着那青苔溜。"又《五侯宴》第三折："引着沙三去蹦橇，伴着王留学调鬼。"（上引2例见《汇校详注关汉卿集》）"蹦橇"即今言踩高跷。元无名氏《朱砂担》第三折："他偶然蹦破脚，在后边慢慢的行哩！"从文献用例看，"蹦"当是一个方言词。

【跆(tái)】(本)　《玉篇·足部》："跆，蹋跆也。"宋晁补之《谒岱祠即事》诗："高举躐风海，深蹯跆火轮。""跆"即用脚踩踏。"跆"往往与"藉(籍)"同义连文。《汉书·天文志》"兵相跆籍"师古注引苏林曰："跆，登蹑也，或作蹈。"《后汉书·桓谭冯衍传上》"更相骀藉"李贤注："《前书音义》曰：'跆，蹋也。'今此为'骀'，古字通。"宋洪迈《容斋续笔·诗文当句对》："乘其跆藉，取彼鲸鲵。""跆藉"还引申为"凌越、轻慢"义，如《文选·夏侯湛〈东方朔画赞〉》"跆籍贵势"李善注引邓展曰："跆，蹑也。"即不畏贵势之士。

小结：中古时期共收列12个词，以引申途径进入"踩踏语义场"的有3个，本义为踩踏义的5个，通过假借进入该语义场的1个，方言词2个，方言俗字1个。可见，中古新产生的表踩踏义的成员占了多数，引申已不再是非基本成员进入该语义场的主要方式。

3. 近代"踩踏语义场"的非基本成员

【踾(bì)】(本)　《集韵·职韵》："踾，踏也。"《小学蒐佚·声类》："踾，蹋也。"

【踣(bó)】(引)　《说文·足部》："踣，僵也。"引申为踩踏。唐杜甫《高都护骢马行》："腕促蹄高如踣铁，交河几蹴曾冰裂。"仇兆鳌注："踣，踏也。邵注：'踣铁，言马蹄之坚。'"清曹寅《不寐》诗："恶马踣铁蹄，破枥如斧门。"

【跑(bó)】(方)　《广雅·释言》："跑，趵也。"《玉篇·足部》："跑，蹴也。"《广韵·觉韵》蒲角切："跑，秦人言蹴。"

【踄(bù)】(方)　《吴下方言考》卷8："踄，踏也。吴中谓偶然跐踏为踊(音步)。”石汝杰等《明清吴语词典》“踊”字条:“〈动〉误踩。”

【蹉(cuō)】(方) 唐慧琳《一切经音义》卷14:“蹉,字书:蹵也。”又卷83:“蹉,《考声》:‘蹋也。’”《新刊全相平话三国志》卷中:“吾将一百万军,千员名将,蹉碎樊城、新野。”《吴下方言考》卷6:“吴中谓蹍为蹉。”又作“蹅”,“吴谚谓足下踏物而蹍之曰蹅(音初)”。石汝杰等《明清吴语词典》“蹉”字条:“〈动〉(用脚)蹍,踩。”《儒林外史》第22回:“不觉一脚蹉了个空,半截身子掉下塘去。”西南官话中,云南昭通,“蹉”可作为下位词使用,姜亮夫《昭通方言疏证·释人》:“昭人谓踏入泥水中曰蹉。”今宁波话仍说“蹉空,蹉了一个空”。

“蹉”俗作“蹅”。《正字通·足部》:“蹅,俗蹉字。”《广韵·歌韵》:“蹅,踏也。”《集韵·戈韵》才何切:“蹅,踏也。或从赞。”“躜”,《广雅·释诂二》:“躜,蹋也。”《广韵·歌韵》昨何切:“蹋也。”

【蚡(fēn)】(俗) 《集韵·文韵》:“蚡,蹷也。”《古文苑·宋玉〈大言赋〉》:“身大四塞,愁不可长;据天蚡地,迫不得仰。”章樵注:“蚡,蹴也。”《正字通·足部》:“俗字。旧注‘音分,蹷也’误。”

【踘(jū)】(本) 《玉篇·足部》:“踘,踘蹋也。”《广韵·屋韵》《集韵·屋韵》并云:“踘,踏也。”《正字通·足部》:“踘,蹋也。”在表“古代的一种皮球”义时,“踘”与“鞠”异体。

【跞(lì)】(本) 《篇海类编·身体类·足部》:“跞,践也。”柳宗元《古今诗·行路难三首》之一:“遗余毫末不见保,躏跞硼壑何当存。”《正字通·足部》:“郎敌切,音力。跞,践也。与轹通。”

【踝(lì)】(俗) 《篇海类编·身体类·足部》:“踝,践也。”《正字通·足部》:“俗字。”

【踻(lòu)】(俗) 《玉篇·足部》:“踻,蹋也。”《集韵·候韵》郎豆切:“蹋也。”《正字通·足部》“俗字”。

【跊(mèi)】(俗) 《集韵·队韵》莫佩切:“跊,践也。”《正字通·足部》:“俗字。”

【踋(qiú)】(俗) 《广韵·尤韵》《集韵·尤韵》并云:“踋,蹋也。”

《正字通·足部》："踈，俗字。"

【睇(tī)】(俗) 《玉篇·足部》："睇，睇蹋，践也。"《集韵·齐韵》天黎切："蹋也。"《正字通·足部》："俗踶字。"

【蹄(tí)】(引) 《说文·足部》："蹏，足也。"段注："俗作蹄。"由动物之足引申表踩踏义。《集韵·齐韵》田黎切："蹏，一曰蹋也。或从帝、从是。"《三国志·吴书·诸葛瑾传》："安有四五人把持刑柄，而不离刺转相蹄啮者也。""蹄啮"即蹄踏口咬。此引申指互相倾轧。

【踈(tú)】(俗) 《玉篇·足部》："踈，蹂也。"《篇海类编·身体类·足部》："踈，蹂也。一曰践也。"《正字通·足部》："俗字，旧注'音秃。蹂也，践也'，又'踈踈，行不进'并误。"

【踀(tùn)】(俗) 《集韵·恨韵》佗恨切："踀，蹋也。"《正字通·足部》："俗字。旧注'吐困切，音褪，蹋也'，误。"现代汉语方言厦门话中还见使用。

【踍(zòu)】(俗) 《玉篇·足部》："踍，蹋也。"《集韵·候韵》则候切："蹋也。"《正字通·足部》"踍，俗字。"

小结：以上共收列 17 个词，以引申方式进入该语义场的 2 个，本义表踩踏义的 3 个，方言词 3 个，而属于用字差异的 9 个。可见，近代汉语阶段，"踩踏语义场"新生成员通过引申途径进入该语义场的成员已不多见，主要是一些方言用字。

第四节 "踩类词"在现代汉语方言中的共时分布

现代汉语方言呈现了"踩类词"的历史发展结果。同时，与其他关涉肢体动作的基本词一样，"踩类词"在现代汉语方言中的构成极为复杂。一方面是因为不同方言区指称同一概念选择了不同的词汇形式，甚至即使是同一个词，不同方言点用字差异也较突出；另一方面是因为不同方言区的人对词义宽狭的区分程度不同。"踩类词"在现代汉语 47 个方言点用词上的差异如表 68 所示：

表 68 “踩类词”在现代汉语方言中的分布

	哈市	北京	济南	牟平	洛阳	西安	西宁	银川①	乌市②	成都	贵阳	柳州
踩	+	+	① +	+	+	② +	+		② +	① +	+	+
踏						① +		+	① +	② +		
其他	踶	踶	② 踏 跐蹅 踶	跐	跐 蹅		蹨	蹨	踹	蹅	叉	

	武汉	徐州	扬州	南京	合肥	绩溪	忻州	太原	万荣	长沙	娄底	双峰
踩	① +	+	+	+	+	+	+	+	+	① +	+	① +
踏	② +		+	+		+			+		+	② +
其他		pʻɛ^{35} 蹅 踶	pʻɛ^{11}	pʻae^{11} 造			扎	tsa^{53} 踹 碾		① 将	tʻɤŋ^{51}	

	南昌	黎川	萍乡	于都	梅县	丹阳	苏州	崇明	上海	杭州	宁波	金华
踩	① +					+						
踏	② +		+	+	① +		+	+	+	+	+	+
其他		top^{55}	tʂʻɥɛ̃^{35} 踳		② naŋ^{53} piak^{55}					闹	踔	tɕyɑ^{535}

	温州	建瓯	福州	厦门	潮州	雷州	海口	广州	东莞	阳江	南宁	
踩	② +							② +	+	② +	+	
踏	① +		+	① +	+	+	+	+				
其他		① 藉 ② nɔ^{24}	① 藉 piaʔ^{5} tsʻyʔ^{5}	② lap^{42} lɔk^{55} lam^{21} 踗		lem^{21} tsʻep^{11} 躏	tip^{33}	① jai^{35} nok^{2} 蹅		① ŋai^{21} ③ nɐk^{54}	nək^{33}	

［说明］(1) 词语下加横线表示该词词义与“踩踏”义存在差异。(2) 补充调查的方言有：徐州(赵天为博士告知徐州主要说“踩”)、洛阳(洛阳人田艳告知主要说“踩”)、海口(海南大学方言研究所辛世彪先生见告，踩踏义海口说“踏”，音⊆ʔda)。

---

① 属兰银官话区的宁夏灵武人刘鸿雁博士见告，灵武话踩踏义说“踏”，故我们认为银川也应当说“踏”。

② 乌鲁木齐的用词情况是通过在乌鲁木齐出生并长大的侯风云博士知悉的。乌鲁木齐口语中表脚底接触地面或物体义主要说“踏”，“踩”也说，但说得少。“踶”也说，不过是表示用脚踏住并用力揉搓。

1. 基本情况

第一，“踩”字的使用：

（1）使用范围宽，使用频率高。大致有29个点说“踩”，从总体上看，“踩”的使用频率最高。不过仍存在局部的不平衡，如中原官话西安方言“踩”的使用频率排在“踏”后，而西宁点方言词典未列“踩”单用表踩踏义的用法。吴语温州方言以说“踏”为主，“踩”次之。粤语广州、阳江两地虽说“踩”，但使用频率较低。可见，“踩”不仅体现出由北向南的逐步发展，在官话区内部，也仍在继续扩散。

（2）义域宽狭有别。绝大部分方言“踩”是作为上位词使用的，即不管用力轻重、支配对象的类属等。如南宁“踩”表示“① 脚底接触地面或物体：渠～着狗屎喇② 腿和脚向脚底的方向用力：～单车/～打谷机③ 踏：渠一支脚～住门坎绑鞋带”等多个义项。而有的方言中，“踩”与“踏”存在词义分工，即“踩”表示一般意义上的踩，而“踏”表示用力踩，如南京等。

“踩”字表踩踏义几乎晚至清代中叶才逐渐行用开来，到现代汉语方言中“踩”已得到广泛使用，且主要作为上位词，这反映出“踩”在表踩踏义上具有的显著优势。

第二，“踏”的使用。

官话区兰银官话的银川，中原官话的西安、万荣，西南官话的成都、武汉，江淮官话的扬州、南京说“踏”，而“踏”的使用频率较之“踩”或其他成分一般要低。“踏”集中在客家话、赣语、吴语、闽语、粤语等南方方言。“踏”从中古后期一直到明代中叶都是该语义场的主导词，至今仍在南方方言广泛使用，不仅反映出南方方言较之北方方言有更古的语言层次，也说明“踩”是作为一个北系方言词慢慢向外扩散开去的。正如上文所述，“踏”在语义上往往倾向于“用力踩”，随着“踩”字义域的不断扩展，我们预测，“踏”的行用范围将进一步缩小。

第三,“其他”类中“踩类词”的情况。

“踩类词”在现代汉语方言中的复杂程度主要体现在“其他”类。这一大类不仅反映出明显的南北差异,而且较为清晰地从另一方面再现了“踩类词”在历史上的发展层次。“踩类词”中有一部分值得关注的特征词。

首先,北方方言中的几个代表性成分:

(1)“蹍”。字又作“蹨”等。本章第三节我们简单介绍了“蹍”在历史上的使用情况。“蹍”较早见于《庄子》,可以说,“蹍”当初就是作为一个方言词出现的。尽管在文献中其出现频率一直不高,但从现代汉语方言中反映的情况来看,“蹍”曾扩散到广大北方地区。至今官话区如东北官话哈尔滨,兰银官话银川、乌鲁木齐,中原官话西宁、徐州以及晋语的太原等仍见“蹍”字的使用。不过,“蹍”在这些地区的地位或者说使用范围并不一致,作为一般意义上的“踩”义,有哈尔滨,如“踩:走道儿都怕蹍死蚂蚁”。董绍克等《山东方言词典》“蹍(nian^{55})”字条:“(1)踩:一不小心,把小鸡蹍死一只。(2)用脚揉着踩。”但“蹍”字仍侧重作用于虫子、蚂蚁、小鸡等弱小动物。因此,“蹍”又引申为用脚踏住并用力揉搓义,如太原方言,“碾(nie^{53})”:“用脚掌左右向踩:把地上的毛毛虫碾死。”银川方言,“蹨(nian^{53})”:“脚踏住然后转动:蹨蚂蚁/蹨死蝎子。”徐州方言,“蹍(ȵiæ̃^{35})”:“踩,用脚搓:蹍死一个蚂蚁。”因此,“蹍”主要是作为“踩踏语义场”的一个下位词使用的。据许宝华等《汉语方言大词典》,闽语区的厦门、汕头,吴语区的上海、嘉定“蹍(蹨)”曾被使用。胡明扬(1992)《海盐方言志》“蹨(⊆niɛ)”:“① 小心地踩下去② 用脚底碾。”可见,历史上“蹍”字在向北扩散的同时,也向南方大部分地区扩散过。

(2)“踷”。元代北方文献“踷”就广泛用于表踩踏义。“踷”至今仍主要见于北方方言。南方方言中广州话“踷”可作为下位词使用。各地“踷”的词义也有宽、狭之别,洛阳、成都、贵阳(字作“叉”)等地,“踷”表示脚底接触地面或物体义,如贵阳“叉”义同“踩①”表示脚底接触地面或物体：叉了我一大脚/叉得脏稀稀的。而济南、广州“蹅”表示脚踩入稀或烂的地方。总体上看，“蹅”主要用于不经意踩入泥、水等不利的环境中，词义缩小。

（3）“跐”。历史上“跐”早见于《庄子》，但扩散的势头不强，文献用例不多见，直到明中叶以后用例才逐渐增多。“跐”俗音与“踩”同，我们认为历史上表踩踏义的“跐”与“踩”是同词异字。现代汉语方言中，中原官话洛阳、冀鲁官话济南以及胶辽官话牟平三地仍见使用。不过是作为下位词用于有限的范围，如牟平“跐”表示“为了支持身体用脚踩、踏：跐着石头/跐着肩膀儿/没有跐的东西”。这些地区上位词仍用“踩”。

（4）“踹”。“踹”见于乌鲁木齐、太原，虽表踩踏义，但其使用范围与“蹅”基本一致，如乌鲁木齐“踹”表示“踩：莫小心踹咧一脚泥巴”，太原“踹”：“踩：不小心一脚踹进臭水沟黑里咧”。

（5）晋语中的“扎”（忻州）、“tsa^{53}”（太原）。如忻州：“在炕上踩：他穿上鞋扎咾几下。”“扎”表踩踏义应当是一个记音词，太原以有音无字方式处理，两地读音声韵调相同，系同一词。这是晋语区表踩踏义的一个下位特征词。

（6）中原官话、江淮官话中的“p‘ε^{35}”（徐州）/“p‘ε^{11}”（扬州）/“p‘ae^{11}”（南京）许宝华等《汉语方言大词典》（1992）“踊（＊pài）”字条：“踩踏。江淮官话。江苏东台［p‘ε^{31}］他踊呃我一脚。”《现大》“踯（p‘ε^{35}）”字条：“脚底向外用力蹬：一脚把我踯倒了/铁门踯不开　《徐州十三韵》陆噻韵啡：‘排上声，脚踯。’”徐州沭阳人李娟博士见告，在沭阳方言中，凡表用脚接触地面或物体都说“p‘ε^{35}”，甚至“脚底向外用力蹬”义也说“p‘ε^{35}”。“踊”“踯”“p‘ε^{35}”系同一词。扬州“p‘ε^{11}”：“踩；踏：麦田头就能 p‘ε^{11}了□［·mæ̃］?”南京“p‘ae^{11}”：“踩，是较新的说法：他在上头 p‘ae^{11}了一脚/p‘ae^{11}死了一只蚂蚁。”徐州、南京该词读上声，扬州读阴平。尽管声调有异，可以肯定，以上方言中所表示的当是同一词，这应当是江淮官话区表踩踏义的一个特征词，徐州说“p‘ε^{35}”大概是受邻近江淮官话的影响所致。

以上主要系北方方言“踩踏语义场”的几个特征性成分。而南方方言中，该语义场的成员构成更为复杂，而且有音无字的词甚多，其本字目前大多无从稽考，我们只能根据已有方言研究成果——几套方言大词典或有关方言志、方言词典，将主要用词现象罗列于前文表 68。

现就南方方言“踩类词”的有关情况加以说明。

(1) 与北方方言相类，南方方言“其他”类中，多数词是作为下位词使用的，如湘语区的“将(tɕian^{45})”(长沙)、降(tɕiɔ̃^{45})(娄底地区新化县①)表示“使劲搓揉地踩”，词义大致相当于“踬”。受其影响，与长沙邻近的赣语萍乡话中说“酱(tsiõ^{11})”，几者应当是同一词，不过“酱(tsiõ^{11})”的义域更宽，表示：“践踏；踩：饭跌到地下里，他硬要去酱一脚/好生仔走，不要去泥内里泥地里酱”。这也反映出湘赣方言间的密切关系。

(2) 吴语区的“踔(nɔ^{112})”(宁波)、“闹”(杭州)。北部吴语宁波话中的“踔(nɔ^{112})”是一个阳上字，朱彰年等编《宁波方言词典》“踔”字条：“踩；踏　谜语：天里一沰豆腐，跌落～腐(雪)。俗语：走路怕～煞蚂蚁。”胡明扬(1992)《海盐方言志》作“淖(nɔ$^{⊇}$)”：“(脚)踩。”杭州话作“闹”。可见，“踔”当为训读字，“淖”“闹”为记音字。

(3) 吴语、闽语、粤语中的“踳”。“踳”，《广韵・药韵》《集韵・药韵》并云“践也”，女略切。许宝华等《汉语方言大词典》(1992)“踳”字条：“用脚踢、踩。㊀ 吴语。浙江嘉兴：踳脚踩脚。㊁ 闽语。广东潮州[nek^{2}]踳被踩被子。广东汕头[nek^{2}]我踳你跋落去我踩你落下去。”现代汉语方言闽语建瓯话中的“nɔ^{24}”(阴入字)本字亦当为“踳”。广西玉林话(粤语)“渠[ȵok^{53}]我一脚/[ȵok^{53}]泥浆脱砖打土坯。/[ȵok^{53}]水梯踩水”中的“ȵok^{53}”，据周成松(2000)考证本字当为“踳”，所言不失。现代汉语粤方言广州“nok^{22}”、阳江“nɐk^{54}”以及南宁平话的“nək^{33}”，从其音义关系看，本字亦当为“踳”。因此，通过这一个“踩类词”我们

① 罗昕如《新化方言研究》，湖南教育出版社，1998。

也可窥见吴语、闽语、粤语之间的密切关系。

(4) 闽语中的几个特征词，闽北（建瓯）、闽东（福州）的“藉”。此字表践踏义早见于上古。李如龙等《福州方言词典》作“躤”。林寒生《闽东方言词汇语法研究》作“踖”。闽南（厦门）的“lap^{42}”、粤西闽语（雷州）的“蹦”。“蹦”上古即表践踏义。可见，闽语中有较多的上古层词汇，从而反映出闽语的古老。

(5) 粤语的“jai^{35}”（广州）、“$ŋai^{21}$”（阳江）都是当地使用频率最高的“踩类词”，系同一词。

(6) 厦门的“lam^{21}”、雷州的“lem^{21}”仅韵母舌位高低之别。根据同一方言大区词汇成分的特点，我们认为以上二者系同一词。

(7) 另外，我们想就湘赣语中的舌头音字作一点推测，湘语区的“$t‘ɤŋ^{52}$”（娄底：踩；踏：～哩脚个泥巴）、“捅（$t‘uŋ^{42}$）”（邵阳：踩进）①，赣语区的“top^{55}”（黎川：踩：～了一脚个牛屎。）等词的音义与笔者家乡话（属湘方言岛），表示踩进烂泥或深水等不利处所中说“$_{⊆}$doŋ”的情况一致。从历史文献看，表踩踏义与此音义较为接近的舌头音字难以查考。据此，我们推测，这一成分的来源可能源于少数民族语言。汉语中踩踏义在苗瑶语中的说法分别为：黔东苗语（ten^{8}）、湘西苗语（$ʈa^{5}$）、布努瑶语（ton^{6}）、勉瑶语（tun^{6}）、标敏瑶语（$duan^{5}$）②。由于布努瑶语主要分布在广西西部、湖南等地，勉瑶语散居在广西、湖南、江西等地，所以我们推测湘语、赣语中的“$t‘ɤŋ^{52}$”等词可能与少数民族语言存在密切关系。

以上是现代汉语方言中“踩类词”的基本情况。下面就其主要特点作一小结。

2. 主要特点

概括地说，“踩类词”在现代汉语方言中的分布呈现出如下特点：

---

① 见储泽祥《邵阳方言研究》，湖南教育出版社，1998。

② 见中央民族学院苗瑶语研究室编《苗瑶语方言词汇集》，中央民族学院出版社，1987。

（1）南北差异明显，古今层次分明。南北差异明显，表现为南北方言各自具有的一些特征性成分，以及“踩”由北向南的逐步扩散。古今层次分明，指上古层的词语如“藉、躪”等仍行用于东南沿海的闽语中，中古层的“踏”集中出现于长江下游的湘语、赣语、吴语、闽语、粤语中，近代层的“踩”更为频繁地使用于长江以北地区。

（2）北部方言内部是独立性中显统一，南部各方言之间总的来说是独立性更强。前者如北部方言中的几个特征性成分，在北方方言区内部的分布范围仍较广泛。后者的独立性表现在一个大方言区如闽语中又呈现出一些个性，如闽北、闽东的“藉”，粤西闽语的“躪”、闽南的“lap^{42}”等，体现出同中之异。

（3）来源各异，构成复杂。来源各异，不仅指“踩踏语义场”内部主要成分通过竞争更替最终留存下来，历史上“踩类词”中一些非主要成分也在部分方言中得到了使用。同时，其他语义场的成分通过引申途径也进入该语义场，进一步丰富了“踩类词”。另外，个别方言中还可能存在少数民族词汇底层，这无疑增加了该语义场构成的复杂性。

（4）“踩类词”中各相关成分在不同方言点的词义范围差异较为明显，主要表现为有的方言中词义区分更为细微，对脚底用力大小、脚所及之处等都加以区分。有的方言则统一使用上位词“踩”。

第七章

“走”类下肢动词的发展

“走”自古就是表示下肢运动的基本动词。现代汉语普通话中表示“人或鸟兽的脚交互向前移动”义用“走”表示。然而“走”字此义的产生却是晚唐五代的事了，此前“走”字的基本词义相当于今天的“跑”。“走”作为一个基本动词，早已为学界所关注，研究成果主要有：第一，“走”与其所在语义场——“行走语义场”中主要成员之间的消长情况。参杜翔（2002、2004）、谭代龙（2008）；第二，“走”字“行走”义的产生及其原因探究，具体成果详下；第三，“走”字词义及主要语法功能在现代汉语方言中的基本表现，参刘秀莹等（2004）。以上研究自然是抓住了“走”字问题的关键，尤其是近年来对“走”字方言情况的考察进一步表明，“走”字研究已从普、方、古等诸方面展开。本章拟：1）描写“走”字“行”义的产生及“走”对“行”的历时替换；2）梳理“走”的词义衍生脉络；3）考察“走类词”在现代汉语方言中的分布。

第一节　“走”字“行”义的产生及“走”对“行”的历时替换

汉语史上表示“人或鸟兽的脚交互向前移动”义，古代用“行”，现代汉语普通话用“走”，二者存在历时替换关系。古代的“走”相当于今天的“跑”。“走”究竟在什么时候产生出了“行走”义？其产生的原因是什么？“走”字基本词义的变化反映了怎样的词义演变规律？“走”对“行”的替换大致在何时完成？本节将对此展开讨论。

1. “走”字“行”义的产生

1.1 研究现状回顾

1.1.1 “走”字“行走”义产生的时间

(1) 产生于上古。任学良(1987)、罗正坚(1993)认为“走”早在上古就产生了“行走”义。任先生认为古代的走字“也有‘行’、‘去(往)’即和今天的‘走’同样的意义。……说古代的‘走’只有‘跑’的意义，是不全面的。”《大字典》“走”字条亦以《礼记·玉藻》“走而不趋”例作为“步行，脚交互向前迈动”义项的书证之一。任先生所引书证：

(1) 君若从君而走患，则不如违君以避难。(《国语·鲁语下》)

(2) 请吾子之就家也：某将走见。(《仪礼·士相见礼》)

(3) 寡君寝疾……并走群望，有加而无瘳。(《左传·昭公七年》)

(4) 一命而偻，再命而伛，三命而俯，循墙而走，亦莫余敢侮。(《左传·昭公七年》)

罗先生所引上古书证：

(5) 齐中大夫有夷射者，御饮于王，醉甚而出……门者刖跪请曰：“足下无意赐之余沥乎？”夷射叱曰：“去！刑余之人，何事乃敢乞饮长者！”刖跪走退。(《韩非子·内储说下》)

(2) 产生于魏晋南北朝时期。潘允中(1989：78)、杨克定(1992，1994)、杨荣祥(2002)、白云(2007)认为产生于魏晋南北朝时期。潘先生所引此期书证：

(6) 语我不游行，常常走巷路。(南朝《读曲歌》)此例白云(2007)亦引。

(7) 尝乘船过钱塘江，中央，见有一蚁著一短芦走。(《初学记》卷20等引《齐谐记》，《钩沉》191)

杨克定先生所引用例：

(8) 汉陈留考城史姁……年少时，尝病，临死，谓母曰："我死当复生。"……及死埋之，柱如其言。七日往视，杖果折。即掘出之，已活，走至井上浴，平复如故。(晋干宝《搜神记》卷15)

(9) 吴郡……陂吏丁初……日暮回，顾有一妇人……复疑："……恐必鬼物。"初便疾走，顾视妇人，追之亦急。初因急行，走之转远，顾视妇人，乃自投陂中……(又卷18)

(10) 吏遂以朱点龟眼。姥见，遂走上北山，城遂陷。(《类林杂说》卷10引《述异记》，《钩沉》140)

杨荣祥(2002)认为："《世说》以后，'走'……逐渐不表奔跑、疾走义，而表行走义。"

(3) 产生于唐代。祝敏彻等(1984)、杜翔(2004)、蒋绍愚(2002)认为敦煌变文中"走"字"行走"义已经产生。

(4) 产生于宋代。《大词典》"走"字条"行走，步行"义下所引始见书证为宋代《新编五代史平话·汉史上》："[承义]归家泣告父亲道：'孩儿每出外闲走，被军人笑骂。'"

(5) 大约起源于明代。王力(1993)认为"'走'当'行路'讲，大约起源于明代"。

1.1.2 "走"字"行走"义产生的原因

对此，学者们已进行了宝贵的探索，得出了一些有价值的结论。这对我们进一步全面认识"走"字"行走"义的产生原因是富有启发性的。主要意见有：

(1) 同语义场的结构调整即相关成员的推移排挤

徐国庆(1999：6)认为："'跑'的出现，引起'走'与'行'的语义变化。……由于'跑'取代了'走'的意义，便使'走'又具有了'行'的意义。”杨荣祥(2002)发表了类似看法:“又如‘行’、‘走’、‘奔’、‘跑’,在词汇发展中也表现出互相推移的现象。……即‘奔’排挤‘走’,‘走’排挤‘行’,‘跑’又排挤了‘奔’。”

(2)“走”字词义构成的特性与相关成员的词义影响

关于“走”字本身词义构成的特性引起词义的改变,祝敏彻等(1984)认为:“上古的‘走’除‘跑’义外,还有‘快步走’的意义……正是这后一种意义在唐代演变成了‘行走’。”相关成员的词义影响,如杨克定(1994):“‘走’因受到‘行’的影响而趋于同义(或产生了行义)。……直接连用,就是具有共同语义特征(都表示脚的向前运动)的‘走’与‘行’趋于同义(或另一个产生新义)的重要原因。”

(3)客观事物边界的模糊性引起了词义的改变

史存直(1989:68—69)在讨论“词义的转移”问题时指出:“词义的转移,考其原因,约可分为三种:第一种是由于事物的界限含混不清而引起的词义的转移……‘走’,本是疾趋的意思,其所以能转为‘步行’的意思,当然是由于徐疾是相对的,其间并没有明确的界限。”

(4)语用产生的“词义偏移”推动了词义演变

蒋绍愚(2002)认为,“走”和“行”的区别就在于行进速度的快慢与方式的区别。在具体语境中造成的“词义偏移”(如[逃跑]义和[趋向]义对“快速”与方式“两腿弯曲程度大,步子大”的忽略)积累得多了就会推动词义演变从而发展出新的义位。

此外,有学者对这一问题进行了思考,但尚未探明引起词义变化的原因,如苏宝荣(2000)指出:“所谓‘词义转移’,实质上是词义重心的转移。……有少数词义,目前我们还说不清‘重心转移’的线索,如……‘走’从古代的‘跑’义演变为今天的‘行走’义。”

以上意见分别从不同角度考察了“走”字词义演变的原因。究竟哪一种意见更贴近事实呢?我们认为,以上看法既值得重视又还有进一步讨论的必要。① 所谓的“推移排挤说”,首先应探明的是,“走”

字的词义变化与“跑”的产生究竟孰先孰后？据陈莉(2006)：“‘跑’最早表‘奔，疾走’义应该在元明之际。”另外，“走”不表“跑”义是否是受“奔”的排挤所致？这是应当弄清楚的。② “词义影响说”，祝敏彻等先生认为“行走”义的“走”根源于表“快步走”的“走”，那么表“跑”义的“走”是否产生了“行走”义呢？这才是问题的关键。杨克定先生认为“走”字“行走”义的产生系“走”受“行”的词义影响所致，主要途径在于二者在句法平面上的线性组合。那么，二者连文是否具有广泛性？除了连文外，“走”是否还能通过其他途径受到“行”的词义影响？连文所受影响与其他途径所受影响谁更大？这些问题尚待明确。③ 语义界限的模糊导致词义发生转移的意见值得重视，不过史存直先生语焉不详。另外，除了“走”“行”的边界词义，“走”字典型的语义范畴又是怎样发生变化的？这是必须回答的问题。④ 蒋绍愚先生从语用的角度揭示了语义演变的渐变性特点，重视了对临时语境义与固定义位的考察与区分。不过，蒋先生通过对“走”字“逃跑”义与“趋向”义的分析提出了“词义偏移”对“走”字中心义位改变的推动。然而，“逃跑”与“趋向”义应该说上古就已成为固定义位，为何这种影响要持续上千年方“见成效”？另外，蒋先生在描写敦煌变文中的“走”时还指出，此时“走”所处的句法结构已与“行”相同，从而“走”的词义也与“行”趋同：有很多“走”处在“走＋V＋L”(即“走＋到达/趋向动词＋处所成分”)中时，表示行进到某处或向某处行进，主要表示“行进”，不注意速度和方式。这种用法与“行至”“行入”等并无不同，因此“走”的词义大致可以认为不是“奔跑”而是“行走”。但据我们考察，“走”字这种用法在唐以前就并不鲜见，并非此时才出现，如：

(11) 走出门者何白马也？(《韩非子·内储说上》)

(12) 其母产武时，并产一蛇，蛇出即走上南山，至母死，无何而来，哀泣良久又去。(《真诰》卷13)

(13) 公如其言伐树，树断，有一青牛出，走入沣水中。(《太平御

览》卷44等引《录异传》,《钩沉》341)

(14) 于是化为老鼍,走出庭中。(《太平广记》468引《志怪》、《太平御览》932引《许氏志怪》,《钩沉》354)

从蒋文所举相关用例(如《舜子变》:“舜子走入宅门,跪拜阿孃四拜。”)来看,“走”主要表“快步走”义,并非不注意速度。

综上,无论是“走”字行走义的产生时间还是产生原因学界都给予了充分关注,而且意见纷呈,这反映出“走”字词义演变的特殊性和复杂性。因此对“走”这一基本义位的产生情况加以考察有助于我们探究词义演变中带有规律性的东西。下面我们拟在全面考察“走”字语言事实的基础上,作一初步分析。

1.2 基本语言事实

要全面客观地分析“走”字行走义产生的可能原因,在了解上古、中古“走”字基本词义的基础上,还需了解“走”的具体用法,既要看到其词义演变的“个性”,同时也必须了解“走”在“行走语义场”这个系统中所处的位置及受到的影响。

1.2.1 上古、中古“走”的基本词义

上古、中古“走”字词义的分布情况见表69①:

表69 上古、中古“走”字词义

	总计	快跑	逃跑	趋向(往)	使……逃跑	使……跑	流动/移动	离开/失去
上古	《左传》(37)	17	12	7				
	《孟子》(5)	1	2	1		1		
	《韩非子》(50)	20	11	16		3		
	《战国策》(68)	9	35	16	7	1		
	总计	47	60	40	7	5		

① 表中文献后的数据系“走”在各文献中的总出现次数。《齐民要术》中形容词用法1例:“良,多赤,血气也;驽,多青,肝气也;走,多黄,肠气也。”(卷6“养牛、马、驴、骡第五十六”)

续 表

	总　计	快跑	逃跑	趋向（往）	使……逃跑	使……跑	流动/移动	离开/失去
中古	《淮南子》(63)	42	14	3	1	2	1	
	《史记》(310)	27	137	114	16	7		
	《论衡》(45)	36	8	1				
	《太平经》(10)	9						1
	《齐民要术》(16)	12					2	1
	总　　计	126	159	118	17	9	3	2

可见,上古、中古“走”的本义“跑”及引申义“逃跑”“趋向”为常用义。

1.2.2　上古、中古“走”字具体用例

我们主要就“快跑”义不甚显著的文献用例(“非典型用例”)加以介绍,因为学者们正是对这部分用例中“走”字词义的判定意见不一。表70、表71中所列用法有的系临时语境义,有的已成为固定义位。

1.2.2.1　上古非典型的“走”字用例

表70　上古非典型的“走”字用例

① 前往、趋往	请吾子之就宫,某将走见。(《仪礼·士昏礼》)│若从君以走患,则不如违君以避难。(《国语·鲁语下》)
② 趋走、归附	郑有他竟,望走在晋。(《左传·昭公十八年》)
③(液体、气体等)流动	水之流也,固走下。(《逸周书·周祝》)
④ 快走	故其鼎铭云……三命而俯,循墙而走。(《左传·昭公七年》)│共叔痤反走,再拜辞曰。(《战国策·魏策一》)│孔子再拜趋走。(《庄子·盗跖》)│夷射叱曰:“去!”……刖跪走退。(《韩非子·内储说下》)│将军还走,北面再拜曰。(《吕氏春秋·乐成》)│郑国有灾,晋君、大夫不敢宁居,卜筮走望。(又《昭公十八年》)

几点说明:

(1) 从表69可知,“走”字上古表“趋往”义与“快跑”义同样普

遍。表“趋往”义时，“走”后往往接处所成分（如《孟子·离娄上》“犹水之就下，兽之走圹也”）或一些抽象名词（如“走患”“走祸”）。此时“走”字[＋快速]义虽仍存在，但语用上的关注焦点已落在了“走”所趋往的目标上。古人对此从读音上进行了区分，如周祖谟（1966）说：“案：走之字义，有趋走、走向之分。古者趋走之走，读上声；走向之走，读去声。”洪诚（1984）说：“古注往往给常见的字注音，表面看是注音，实际也是为了释义。……‘长史欣恐，还走其军……’正义曰：‘走音奏。’……走字本义读上声，训趋，……现在既变读去声，意义是‘走向’或‘走往’的意思（也就是疾奔往），要带目的语。”

(2) 上古“走”出现了表“趋走、归附”义的用法，其[＋快速]义不甚显著。

(3) 在一些谦敬场合中，上古部分“走”可理解为“快走”义，速度较“快跑”慢，“走”与“趋”词义部分重合。另外诸如“大夫不敢宁居，卜筮走望”（《左传·昭公十八年》）等用法中，“走”字含义因受语境限制，[＋快速]义有所弱化，但从“不敢宁居”看，[＋快速]义仍然存在，故孔颖达《正义》曰：“言为郑卜筮，何故有灾？……奔走而望祭之，祭山川，故为望。”

另外，在一些训诂纂集类工具书如《故训汇纂》中，“走”字条下收有古注“步曰走”，其所引书证均出自上古文献。能否据此认定“走”在上古就可表行走义呢？先看看其具体的文献用例及古注：

(15) 瞽奏鼓，啬夫驰，庶人走。（《尚书·胤征》）陆德明《经典释文》注：“车马曰驰。步曰走。”

此例李民、王健（2004）《尚书译注》引蔡沈说：“曰驰曰走者，以见日蚀之变，天子恐惧于上，啬夫庶人奔走于下，以助救日如此其急。”又：

(16) 故夏书曰：瞽奏鼓，啬夫驰，庶人走。（《左传·昭公十七年》)杜预注:“车马曰驰,步曰走,为救日食备也。”正义曰:“啬夫……未必驰车,盖驰、走相对,变其文耳。”

可见,上述古注中“步曰走”的“步”字,是作为人类的一种肢体动作,与车马的驰行相对待而言,并非表慢行义。

据我们考察,上古在以“奔、走、趋、行、步”为主要成员的行走语义场中,“步”除了以表慢行义与其他成员相互区别外,还可表示一般意义上的行走。《说文・步部》:“步,行也。”《尚书・武成》:“王朝步自周。”孔传:“步,行也。”《吕氏春秋・去尤》:“人有亡铁者,意其邻之子,视其行步窃铁也……动作态度无为而不窃铁也。”

因此,对待诸如“步曰走”这类古注,我们应当谨慎,否则就难以客观了解“走”字行走义的产生时间。

1.2.2.2 中古非典型的“走”字用例

表 71 中古非典型的“走”字用例

①(固体等)移动	譬若播棊丸于地,员者走泽。(《淮南子・齐俗》)|又使……移动。 走箭飞镞。(王褒《四子讲德论》并序,《全汉文》卷 42)
② 离开	相贫之家,财去人走,何时可合。(《太平经》卷 114)
③ 丧失、失去	民心走,国必亡。(《大戴礼记・胜德》)|易汤则走失豆味。(《齐民要术・作酱等法第七十》)
④ 排泄	但为不净出,但为不净走。(东汉安世高译《七处三观经》,T2/880b)
⑤ 车船运行	且妾闻奚公之车,不能独走,莫耶虽利,不能独断。(《韩诗外传》卷 8)
⑥ 死亡	既而脱然靡验,并走无征,礼踰绝浆,慕深泣血。(《汉魏南北朝墓志汇编》)
⑦ 经历、通过	其支者,……出走耳前过客主人前,交颊,至目锐眦。(《灵枢经・经脉第十》)
⑧ 为某种利益、事务而趋走	冒寒触暑,以走权门。(《抱朴子・外篇・交际》)
⑨ 快走	尹需反走,北面再拜曰。(《淮南子・道应》)|跳丸剑之挥霍,走索上而相逢。(张衡《西京赋》,《全后汉文》卷 52)|卓母年九十,走至坞门曰“乞脱我死”,即斩首。(《三国志・魏志・董卓传》裴注)|今吾沐涂树之枝,日方中,无尺荫,行者疾走。(《齐民要术・种谷第三》)

续 表

⑩ 神异之人的快速行进	当有贱妇人，生一男儿，堕地便走入灶中死。(《三国志·魏志·方技传》)|即掘出之，已活，走至井上浴，平复如故。(《晋干宝搜神记》卷15)|须臾便活而起走，以石上菖蒲塞其鼻即死。(《抱朴子·内篇·仙药》)
⑪（动物）游/爬行	玄驹也者，蚁也。贲者何也？走于地中也。(《大戴礼记·夏小正》)|有无数虫游走脓里。(鸠摩罗什等译《禅秘要法》卷上，T15/244a)|虫钻至骨，便周行走入身。(《抱朴子·内篇·登涉》)|湑箕漉取汁，用沃米，令上谐可走虾。(《齐民要术·素食第八十七》)
⑫ 词义泛化、抽象化	何徒远走，亡匿于幕北寒苦无水草之地。(《史记·匈奴列传》)|语我不游行，常常走巷路。(南朝《读曲歌》)|吾年过五十，……每以家弊，东西游走。(《陶渊明集》卷七"与子俨等疏")|君体闲共治，走合唯良。(《魏故谏议大夫建城侯山君之墓铭》)
⑬［＋快速］义弱化	山神念是比丘无过……我可拥护令脱是厄，便化作大猪身，徐走王边。(三国吴支谦译《佛说义足经》卷上，T4/176a)

几点说明：

(1) 随着行用时间的延续，“走”到中古快速发展出诸多引申义，表71①—⑧可看作固定义位。这些引申义较之“走”字本义，其［＋快速］义已不被强调，而重在从［＋移动］义上进一步衍生发展。

(2) 表71⑨列举了中古“走”表“快走”义的用法，一是在一些谦敬场合。另外，在某种特殊情景下动作发出者无法快跑，但仍强调行进的快速，如“跳丸剑之挥霍，走索上而相逢(《文选·张衡〈西京赋〉》)”。《大字典》“步行，脚交互向前迈动”义引此例为始见书证，这是值得商榷的。“跳丸剑之挥霍”，大意为“疾速舞弄丸剑”。“走索上而相逢”，薛综注：“索上，长绳系两头于梁，举其中央，两人各从一头上，交相度，所谓舞絙者也。”可见，作为一种历史悠久的杂戏，“走索”系拥有特殊技能的表演者在高高的悬索上的惊险表演，或静若白鹤，或疾步如飞。又如，在生命受到威胁的惊恐状态下，动作主体往往行步匆匆：卓母年九十，走至坞门曰“乞脱我死”，即斩首。(《三国志·魏志·董卓传》裴注)

(3) 表71⑩所引例中，动作发出者均系神异之人，如堕地即可举步的婴孩、死而复生者等。我们认为这是一种特殊情形，属有标记形式，“走”字含义不可以今律古解为“行走”。

(4) 现代汉语普通话中，“走”字原型范畴指[＋人或鸟兽的脚][＋交互][＋向前][＋移动]而表71⑪中所引用例显然已失去其原型特征，动作发出者系蚁、虫、虾等动物，因此“走”字可解为游行或爬行义，非典型的“行走”义。同时，其[＋快速]义已不被强调。

(5) 当出现“远走”“常常走”“游走”等组合时，“走”字表达的是一种更泛化、抽象的动作，[＋快速]义已不显著。但从上下文语境看，“走”字[＋快速]义仍未被忽略。表71⑫所引例中，首例上文是“单于即不能，即南面而臣于汉”，因此，其中的“走”可解为“快速逃离”。次例引南朝《读曲歌》，结合下文“败桥语方相，欺侬那得度?”来看，“语我不游行，常常走巷路”恰成转折语气，“走”亦可解为“奔走”，因与“常常”组合，行为动作惯常化，[＋快速]义弱化。最后“东西游走”例，大意是“为生计奔忙”。末例“走合唯良”更可作为一般行为动词理解，肢体动作已淡化。

(6) 表71⑬引例中，“走”虽受“徐”限制，但结合上下文语境看，“走”字不仅[＋快速]义没有消失，而且其动作还带有趋向性。故“走”仍不可换作“行”。

因此，从上文的分析看，“走”字上古就可表“快步走”义，同时也有一些抽象用法。至中古，“走”字衍生出了大量引申义，其[＋快速]义已不被强调。另外，“走”字词义泛化现象增多，义域扩展，可用于人(常人/非常人)、物(有生命之物/无生命之物)等多种对象。总之，“走”之理性义中[＋快速]义的特征在一些具体语境中已大为弱化甚至被忽略。这些用法无疑为“走”之“行走”义的产生创造了一定的语用背景。

1.2.3　上古、中古“行”“走”词义比较

由于“行”“走”自古就处于同一个语义场，二者无论是句法结构还是词义引申发展的方向、途径无疑都会表现出诸多相同的特点。

表72是对二者引申义及具体语境义的比较分析：

表72 “行”“走”词义比较①

词义	“行”字情况		词义	“走”字情况	
	时间	文献用例		时间	文献用例
①往	春秋	“与子偕行。”毛传：“行，往也。”（《诗·秦风·无衣》）|孔子君命召，不俟驾而行。（《孟子·万章下》）	①往	春秋	请吾子之就宫，某将走见。（《仪礼·士昏礼》）|臣不俟驾，颠倒衣裳而走，礼也。（《荀子·大略》）
②离开	春秋	其夫攻子明，杀之，以其妻行。（《左传·襄公二十二年》）|我死，女必速行，无适小国，将不女容焉。（又《僖公七年》）|将行。以其族适晋。（《国语·晋语二》）韦昭注：“行，去也。”	②离开	汉代	郦生瞋目案剑叱使者曰：“走！”（《史记·郦生陆贾列传》）|民心走。（《大戴礼记·盛德》）|相贫之家，财去人走，何时可合。（《太平经》卷114“大寿诫”）
③流动（通）	春秋	风行天上。（《易·小畜》）|尧之时，水逆行，泛滥于中国。（《孟子·滕文公下》）|寒则腠理闭，气不行，故气收矣。（《内经素问·举痛论第三十九》）|血脉流行，泛扬动静，自有节度。（《论衡·书虚》）	③流动（通）	战国	水之流也，固走下。（《逸周书·周祝》）|水出于山而走于海。（《吕氏春秋·审己》）|辛走气，气病无多食辛……酸走筋。（《内经素问·宣明五气第二十三》）
④死亡	秦	齐鄙人有谚曰：“居者无载，行者无埋。”（《吕氏春秋·知接》）	④死亡	魏晋	既而脱然靡验，并走无征。（《汉魏南北朝墓志汇编·魏故使持节散骑常侍安南将军都官尚书冀州刺史元公墓志铭》）
⑤（车船等）运行、移动	战国	释舟陵行。（《楚辞·天问》）蒋骥注：“行，移也。”|舟止，从其所契者入水求之。舟已行矣，而剑不行。（《吕氏春秋·察今》）	⑤（车船等）运行、移动	汉代	譬若播棋丸于地，员者走泽，方者处高。（《淮南子·齐俗》）|多饶风雪，飞沙走砾。（《洛阳伽蓝记》卷五）

① “行”“走”用法所列时间系其始见书证的时间，某类用法后世仍见使用者，适当举例。另外此处统称“词义”而不称“义位”，主要是为了全面比较二者用法上的特点，我们将有关语境义如“快走”义亦罗列在一起，而这类用法并不是一个固定的义位。

续　表

词　义	“行”字情况		词　义	“走”字情况	
	时间	文献用例		时间	文献用例
⑥ 快走	春秋	楚丘曰：“是将行，而归为子祀。”（《左传·昭公五年》）杜预注：“行，出奔。”|天有教使，奔走而行。（《太平经》卷112“有过死谪作河梁诫”）|鲁城门久朽欲顿，孔子过之，趋而疾行。（《论衡·幸偶》）	⑥ 快走	春秋	三命而俯，循墙而走。（《左传·昭公七年》）|郑国有灾，晋君、大夫不敢宁居，卜筮走望。（又《昭公十八年》）|孔子再拜趋走。（《庄子·盗跖》）

可见，“行”自先秦就产生了诸多引申义。受其影响，“走”也发生了同步引申，从而产生了众多与“行”相同的引申用法，二者在相关引申义位上成了同义词，从而导致“走”与“行”的趋同性增强，如表72中义位①—⑤。同时，在具体语境中，二者均可表快走义，词义差距缩小。这些都是同一语义场中两个成分互相影响的结果。

1.2.4　“走”字“行走”义的产生

尽管中古时期“走”字已出现了大量[＋快速]义不被强调的用法，但通过广泛的语料调查，目前我们尚未发现“走”字单独表“行走”义的典型用例。① 一直到初唐，即使在一些口语性较强的诗作或译经中，“行”“走”词义仍然对立，如：

---

①　主要调查语料：**中土文献**：1)《僮约》、《大戴礼记》、《黄帝内经》(灵枢、素问)、《难经》、《神农本草经》、《韩诗外传》、《淮南子》、《贾谊新书》、《法言》、《史记》、《春秋繁露》、《论衡》、《潜夫论》、《风俗通义》、《太平经》、《吴越春秋》、《新论》、《越绝书》、《东观汉记》、《金匮要略》；2)《抱朴子》《法显传》《古小说钩沉》《列子》《三国志》《三国志裴注》《华阳国志》《世说新语》《搜神后记》《陶渊明集》《真诰》《奏弹刘整》《洛阳伽蓝记》《齐民要术》《文心雕龙》《颜氏家训》《汉魏南北朝墓志汇编》《先秦汉魏晋南北朝诗》。**汉译佛经**：1)(东汉)安世高译：《长阿含十报法经》《五阴譬喻经》《安般守意经》《七处三观经》；2)(东汉)支娄迦谶译：《道行般若经》；3)(东汉)支曜译：《成具光明定意经》；4)(东汉)昙果共康孟祥译：《中本起经》；5)(东汉)昙果共竺大力译：《修行本起经》；6)(东汉)安玄共严佛调译：《法镜经》；7)(三国·吴)支谦译：《菩萨本缘经》《瑞应本起经》《撰集百缘经》《大明度无极经》《维摩诘经》《慧印三昧经》《孛经抄》《义足经》；8)(三国·吴)康僧会译：《六度集经》；9)(东晋)僧伽提婆译：《增一阿含经》《中阿含经》；10)(北凉)昙无谶译：《优婆塞戒经》；11)(姚秦)竺佛念译：《出曜经》；12)(元魏)慧觉等译：《贤愚经》；13)(元魏)吉迦夜共昙曜译：《杂宝藏经》；14)(南齐)求那毗地译：《百喻经》；15)(隋)阇那崛多译：《佛本行集经》。

(17) 王役逼驱驱，走多缓行少。（王梵志《人生一代间》）

(18) 一物坐也卧，立也卧，行也卧，走也卧，卧也卧。（《曹著与客谜》，《全唐诗》卷877）

(19) 时彼贫生善能谈说，为诸作者巧说当机。诸人乐闻，执作随走，欲听其话，不暇徐行。（唐义净译《根本说一切有部毗奈耶》卷34，T23/812b）

总之，初唐时期，“行”“走”在行进速度上的对立仍然是显著的。直到中晚唐，“走”字才出现了表“行走”义的典型用例，如：

(20) 静愁惟忆醉，闲走不胜眠。（姚合《九日寄钱可复》，《全唐诗》卷497）

(21) 陵有老母，八十有五，走待人扶，食须人餵。（《敦煌变文集新书》卷五《苏武李陵执别词》）

(22) 随他女伴赏春时，走下阶来独自迟。（《敦煌词·水古（鼓）子》，《全唐五代词》卷副编卷二）

(23) 三十年来住子湖，二时粥饭气力粗。无事上山走一转，试问时人会也无。（利踪《颂》，《全唐诗续拾》卷32）

(24) 芒鞵织得甚坚牢，万两黄金价不高。当时不听妻儿语，跟我蓬莱走一遭。（芒鞵道人《芒鞵诗》，《全唐诗续拾》卷54）

“走”字历经漫长的语用过程后，至中晚唐时期中心词义发生了本质的变化。这也正是晚唐五代语言变化剧烈的一个显证。

不过，从我们对晚唐五代大量文献的调查情况来看，“走”字行走义的出现不仅是“千呼万唤始出来”，而且也仅仅是“小荷才露尖尖角”。如《敦煌变文集新书》中，“走”字单用是131例，其中表“跑”义47例，表“快步走”义35例①，而表“行走”义仅2例（同书“行”字表“行

① 可见，变文中“走”字的词义特点呈现出中古向近代的过渡性。“走”仍有相当一部分用例应当理解为“快步走”义，这类用例中的“走”，其“快速”义已经弱化，但还往往用于卑者见尊者等特殊场合，处于有标记语境中，故不能作“行走”义理解。如：拜舞谢恩，走出朝门，领军三十余万，登途进发。（《韩擒虎话本》）|二将辞王已讫，走出军门，……人如电掣，马似流星。（《汉将王陵变》）

走”义多达 376 例）。

为何“走”字行走义的产生如此艰难呢？

1.3　从基本语言事实看“走”字“行走”义产生的原因

（一）客观事物边界的模糊性为词义的演变提供了基础

所谓的模糊性，是指从人类认知的角度来看，对象之间既有原型（prototype），又有边缘情况（borderline cases）的特定类型。“走”与“行”是以行进速度的快慢相区别的两个概念，而“快”“慢”之间的语义本身就是相对的、模糊的，具有量的渐变性，这就导致了“行”“走”词义之间模糊区域的存在。此二者词义的模糊性不仅表现在对象之间的界限，也表现在同一成分内部的词义构成。我们不妨先了解古代“行走语义场”中几个基本成分之间以速度快慢所作的大致区分：

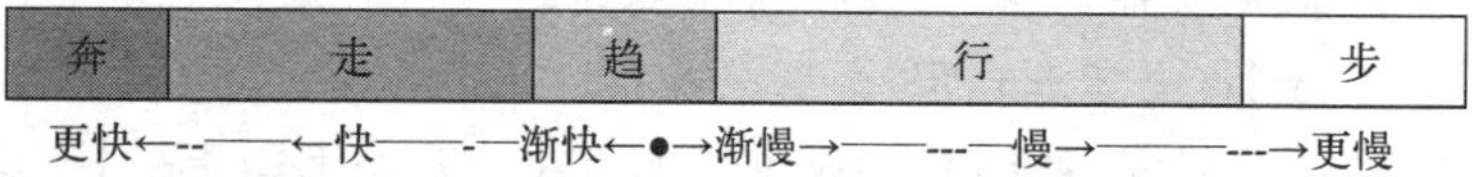

图 2　古代“行走语义场”主要成分之间的词义纠葛

从图 2 来看，① 尽管人们以往认为古代“行走语义场”是以“走”“趋”“行”三分的，但由于“走”与“趋”自古就是同义成分，而且在上古、中古的一些特定语境中，“走”就表“快步走”义，因此词义范围侵入了“趋”的领域。② “走”与“行”本身也是原型范畴，其各自词义内部也存在行进速度快慢上的差异，具体语用中，二者往往通过一些所谓的模糊限制成分（linguistic hedges）来体现表意上的模糊性，如：

若鹿迅走（《逸周书》）曾不能疾走（《战国策》）、以极走（《韩非子》）、疾走出门（《韩非子》）、疾走不休（《庄子》）、徐走王边（三国吴支谦译《佛说义足经》）等。

疾行先长者（《孟子》）、徐行而进（《管子》）、徐行而去（《战国策》）、武王疾行不辍（《吕氏春秋》）、竺乃急行归/初因急行/我当缓行(《搜神记》)、急行则坌尘而蚌颡也(《齐民要术》)、徐徐缓行(隋阇那崛多译《佛本行集经》)、两步作一步急行/行如奔电(《敦煌变文集新书》)等。

因此,位于行进速度“快”与“慢”之间的“趋”这一词汇形式的存在就似乎并不那么重要。因为语言使用者可以通过一些模糊限制成分进行相对明确的速度上的区分。正因为此,“趋”从表达一般的“快步走”义引申为“古代的一种礼节,以碎步疾行表示敬意”,而且这一引申义位在使用中几乎占据了“趋”字自身词义系统中心义的地位。有鉴于此,我们认为,古代“行走语义场”所谓的“三分”系统,实质上是以“走”与“行”为基本格局的,也就是说,“走”“行”居于古代该语义场的主导地位从而维持了该语义场的基本平衡。这种局面无疑“方便”了“走”“行”词义的趋同,为“走”字词义的演变提供了重要的语用基础。

当然,从另一方面分析,由于“走”“行”在“行走语义场”并非两个相邻的成员,相隔成分词义趋同是有一个过程的。更主要的是,二者在上古、中古直至近代初期一直是支撑该语义场的两个支柱,其各自词义的原型范畴相当稳固。这无疑又放慢了“走”字行走义产生的速度。

(二) 语言使用促使“走”字[+快速]义逐渐磨损从而导致词义的根本改变

[+快速]作为“走”“行”相互区别的核心义素,在漫长的语言使用过程中逐渐磨损。这种现象在词义演变的过程中并不鲜见。“英语中有一类表达强化的词汇(intensifier),它们的语义都经历着弱化的过程,可以说它们的弱化在很大程度上是由过度使用或滥用造成的。当初人们觉得形容词 great、wonderful、excellent、marvellous 不够劲,于是用了 stupendous、monstrous、terrible、appalling、fearful、terrific、horrid、dreadful,但这些新的强化词经过滥用后,也正在逐步弱化。……甚至连动词也不例外,如 I'm dying to see you 中的 die

最初是一种极度的夸张，在现代英语中，其强化意义已远不如从前。”（赵一农，1999）“法语里有 ennuyant‘烦扰人的’，embêtant‘讨人嫌的’，fatigant‘令人疲倦的’，crispant‘令人肉麻的’，esquintant‘令人困惫的’，…… barbant‘该死的’，canulant‘气死人的’，等等。这些词……它们分属于不同的环境，却一个高似一个；经常使用会使它们磨损，以致必须发明另外的词来代替。”（房德里耶斯，1992：242—243）那么，“走”字[＋快速]义被磨损的具体过程又是怎样的呢？

1. “走”与“行”词义的逐渐趋同，缩小了二者在行进速度上的差异

（1）“行”在“行走语义场”的特殊地位为其与“走”词义的趋同提供了可能性

自上古以来，“行”虽然与同语义场其他成员以速度的快慢为限定性义素相互区别，但与此同时，“行”又一直肩负着该语义场上位词的任务，即上位义和下位义同时体现在“行”这个词的词义聚合中。《说文・行部》：“人之步趋也。”段注：“步，行也。趋，走也。二者一徐一疾，皆谓之行，统言之也。”许意是说，“行”乃快慢行走之总称。因此“行”与“走”在“快速”义上就存在词义重合，从而为二者词义的趋同提供了可能。

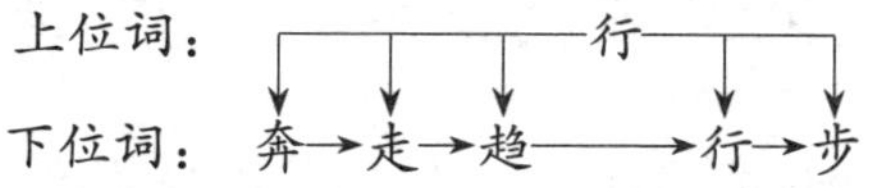

（2）“行”“走”同场同规则的词义引申加速了二者的趋同

“行”“走”自古就在同一语义场内相互影响、相互制约。二者词义上相互影响的结果恰如上文表 72 所示，“行”与“走”在上古、中古就已在众多引申义位上构成了同义关系，也就是说，随着二者同向、同规则引申途径的不断增多，二者词义差异在逐步缩小，相应地，趋同性在不断增强。这诸多引申义位又主要是其词义抽象化、泛化的表现，因此“走”区别于“行”的核心义素[＋快速]已

被弱化。

(3) 线性组合中,“行走”连文的用法为“走”字词义的演变起了一定的推动作用

上古尚未见“行”“走”连文的现象。到了中古,中土文献中二者在“移动”义上有连文用法,如“觉炙行走皮中”(《搜神后记》卷 9)①。而佛经中因句式整饬的需要,连文现象增多。如“尔乃立行走,体貌形容成”(刘宋释宝云译《佛本行经》卷 2,T64/09c)等。不过,这种连文现象并不普遍,②而且这种用法中二者的结构较为松散,如“人兽诸飞鸟,瞻仰佛身相,行走皆止住”(后秦鸠摩罗什译《大庄严论经》卷 10,T4/312c)。同样的意思,既可用“行走”,也可用“走行”,如“盲者得视,聋者得听,跛者行走”(西晋竺法护译《度世品经》卷 4,T10/643c)、“诸有盲者则皆得视。诸跛躄蹇者则皆得走行”(东汉支娄迦谶译《佛说无量清净平等觉经》卷 4,T12/298c)。二者连文可表快跑义,如“驰进行走”(西晋竺法护译《生经》卷 5,T3/104a)、“入已东西交横行走,彼等如是驰走之时”(隋达摩笈多译《起世因本经》卷 3,T1/377a)。不过,同时期,“行走”也出现了表步行义的用法,如“身体长大,虚疏柔软……不能行走”(陈真谛译《佛说立世阿毗昙论》卷 8,T32/211a)。

总之,随着“行”“走”连文用法的逐渐增多直至凝固成词表步行义,二者在表示行进速度上的差距也在逐步缩小,从而推动了“走”字词义的演变。

2. 在“走”字词义系统内部,其诸多引申义影响并推动了中心义位的演变

从上文表 70、表 71 的考察来看,“走”早在上古、中古就发展出了

① 汉代医籍中有“行”“走”连文的用法,如“客于胫,则梦行走而不能前”(《灵枢经·淫邪发梦第四十三》)等。不过,据张显成(2000:17—18),这些医籍的确切年代尚有争议。

② 因此,认为“走”字行走义的产生主要源于“行”“走”在句法平面上的线性组合即“行走”连文,这是与语言事实不大相符的。

丰富的引申用法，这些用法中，“走”的[＋快速]义往往不被强调，如用于动物的爬行、固体的移动等。这些用法无疑会反过来影响语言使用者的心理，这种影响将如房德里耶斯所说：同一个词常用于不同的上下文也容易受到磨损，改变它的价值。……一个词愈是频繁地用于不同的上下文，它的意义就愈有发生变化的危险。每一个新的上下文都会把人的心理引到新的方向，结果向他提示要创造一些新的意义。（房德里耶斯，1992：220—221）因此，“走”字诸多引申义无疑会反过来影响其中心义位发生动摇直至最终改变。

要之，“一个演变的结果，常是两个或两三个动因交互作用的”（张志毅、张庆云，2005：270）。“走”字行走义产生的原因既与“走”本身的表义特点有关，同时又与“行走语义场”这个特定词汇、词义系统的影响、制约有关。“走”字中心义位的演变涉及语义、语言使用诸多因素的共同作用。

通过考察“走”字词义发展变化的过程，我们对其中所涉及的问题有了一些新的认识：

（1）一般来说，一个基本词中心义位的变化是渐变性的部分质变，这是与语言的交际功能相一致的。因此，要对基本词的中心词义作出正确的判断，应当从历时的角度进行宏观认识，而非仅仅局限于某个共时平面的个别孤例。

（2）区分一个词的语境义与词义。词义是在临时语境义的基础上抽象出来的，因此，我们既要敏锐地捕捉词语丰富的语境义，又要不断分析归纳，对一个词新义位的产生时间作出较为合理的判定。

（3）在认识影响一个基本词中心义位演变的原因时，我们必须同时考虑词义演变的共性与每个词本身所呈现出的个性，这样才能不断发现词义演变的鲜活事实，从而有助于进一步总结提炼词义演变的基本规律。

（4）在基本词词义演变研究的例句确认过程中，我们不仅要关注研究对象的上下文语境，还需要从词的时代性等多方面加以综合判断，仅仅着眼于个别孤例，有时是很难作出准确判断的。

因此，考察词义发展演变的动因应立足于研究对象的基本事实。

有了这样一些基本认识，我们再回过头来看有关“走”字词义演变的既有研究成果，就不难发现，认为“走”字“行走”义产生于上古，那是忽略了“走”字本身表义的特殊性，即它与同语义场相邻成员词义界限的模糊性；认为中古产生此义的诸多引例反映出研究者对具体语境义与词义界限的混淆。

2. “走”对“行”的替换过程

与同语义场相邻成分词义界限的模糊性使得“走”自上古、中古以来一直就有表“快步走”的用法，甚至个别语境中，“走”之“快速”义已大为减弱。那么，这些语境义发展到什么时候才使得“走”之“行走”义成为一个固定的义位呢？我们认为，要对此问题作出明确判定，最基本的依据仍然是将“走”置于具体的语境中，因为一旦脱离了具体语境，“走”字词义就很难判定。至于什么语境下的用例才算“行走”义，概括地说，“走”字应处于一种非标记语境，也就是说，动作行为“走”应当是正常行为主体在正常状态下发出的。因此，从目前掌握的材料来看，我们认为“走”表“行走”义的典型用例见于晚唐五代作品。

2.1 “走”字“行走”义的出现

“走”字“行走”义的产生究竟是以一种怎样的面貌呈现出来的？蒋绍愚(2002)认为：“在敦煌变文中，{走}的[行走]义已经比较常见。”现转引蒋文所举用例：

(25)《汉将王陵变》：“陵有老母，八十有五，走待人扶，食须人喂。”

(26)《金刚般若波罗蜜经讲经文》：“信脚夜行迷暗走，不知南北与西东。”

(27)《祇园因缘记》:"望舍利弗边并无火,即自行走。"

(28)《降魔变文》:"岂容不知急缓,来至此间,不识闲忙,走向此间坐睡。"

(29)《太子成道变文(三)》:"毗沙门空中嗔怒一喝,喝去泥神,趁走太子辇前,一步一礼。"

首例毫无疑问是"走"字"行走"义产生的典型用例,也是我们判定此义出现于晚唐五代的主要依据。例(26)、例(27)蒋先生认为是"走"和"行"分别并用、连用,故"走"表"行走"义。对此我们认为,由于"行"字在"行走语义场"中的特殊性,即既可作下位词表"行走"义,亦可作上位词表"快步走""跑"等义,所以"走""行"连用或并用是否就意味着"走""行"同义,也就是"走"字有了"行走"义,这还需要具体分析,如:

鼓吹幡旗道两边,行男走女喜骈阗。(王建《田侍郎归镇(一作上魏博田侍中八首)》,《全唐诗》卷301)"走""行"并用表"快跑"义。||王役逼驱驱,走多缓行少。(王梵志《人生一代间》)|一物坐也卧,立也卧,行也卧,走也卧,卧也卧。(《曹著与客谜》,《全唐诗》卷877)|(净)有脚有手,也会行,也会走,也有鼻头也有口。(《张协状元》第52出)上引例中"走""行"反义对举。||野麋断羁绊,行走无拘挛。(白居易《游悟真寺诗(一百三十韵)》,《全唐诗》卷429)|马肥快行走,妓长能歌舞。(又《有感》三首之一,《全唐诗》卷444)|十五锐行走,快马不能追。(郭周藩《谭子池》,《全唐诗》卷488)以上例"行走"连文表"快跑"义。

蒋文所引例(26)"信脚……走"例,据上下文语境看,不当为"行走"义。类似用法变文卷5《董永变文》"所以各自波逃,信足而走"中"走"即为"快跑"。蒋文所引《降魔变文》"走向此间坐睡"例我们也认为可以看作表"行走"义。例(29)"趁走太子殿前"不当为"行走"义。

杜翔(2002)亦认为:“……到了敦煌变文,这样的例子比较常见。”但杜文除了“陵有老母……走待人扶”例外,另仅例举了变文中卷2《双恩记》“曲身而走出班行”。此例显然不能认为表“行走”义。下文我们将对相关问题加以讨论。

另外,蒋文还引了诸如《张议潮变文》“下有押衙陈元弘走至沙州界内,以(与)游弈使佐承珍相见”文认为,此类“走”字是否有“快速”义难以确定。此例具体语境是这样的:

> 大唐差册立回鹘使中丞王端章持节而卦单于,下有押衙陈元弘走至沙州界内,以(与)游弈使佐承珍相见。承珍忽于旷野之中,迥然逢着一人,猖狂奔走,遂处分左右领至马前,登时盘诘。陈元弘进步向前,称是“汉朝使命,北入回鹘充册立使,行至雪山南畔,被背乱回鹘劫夺国信,所以各自波逃,信足而走,得到此间,不是恶人”。

可见,“走至沙州界内”的陈元弘是在“猖狂奔走”,“走”字“快速”义甚明。

其实,从我们调查的情况来看,“走”字“行走”义的出现不仅是“千呼万唤始出来”,而且也仅仅是“小荷才露尖尖角”。我们对晚唐五代大量文献进行了调查,所见用例甚为罕见,除上述变文中的两例外,另有下述两例似可作“行走”义理解:

(30) 静愁惟忆醉,闲走不胜眠。(姚合《九日寄钱可复》,《全唐诗》卷497)

(31) 随他女伴赏春时,走下阶来独自迟。(《敦煌词·水古(鼓)子》,《全唐五代词》副编卷二)

那么,为何尽管有了不少因素在影响着“走”字词义的变化,其“行走”义的产生却仍如此艰难?从上文图2我们知道,“走”“行”在“行走语义场”并非两个相邻的成员,相隔成分词义趋同是有一个过程的。更主要的是,此二者在上古、中古直至近代初期一直是支撑该语义场的两个支柱，其各自词义的原型范畴相当稳固。因此，我们可以设想，如果没有外力的强大影响，“走”要在“行走”义上替换“行”是不太可能的。因为“跑”与“行走”是两个关乎人们日常生活的重要概念，“行”“走”都无法“推卸”自己的“职责”。

2.2　“走”“行”表“行走”义的消长情况

“走”字词义由缓慢变化到基本替换“行”的大致面貌如下：

表 73　“走”“行”表“行走”义的消长情况①

时代		文献	用例对比		“走”字用法说明
			行	走	
晚唐五代		《敦煌变文集新书》	376/1089	2/175	单用 131 见，其中“跑”义 47 见、“快步走”义 35 见、“行走”义 2 见。
宋代	北宋	《五灯会元》（19、20 卷）	100/207	3/29	单用 28 见。“跑”义 10 见、“快步走”义 3 见、“行走”义 3 见。
	南宋	《张协状元》	32/88	6/21	单用 19 见。“跑”义 3 见、“行走”义 6 见（全系宾白）
		《朱子语类》（后 40 卷）	86/967	12/99	单用 68 见。“跑”义 12 见（1 例可理解为“快走”义）、“行走”义 12 见。
元代		《新校元刊杂剧三十种》	78/334	12/65	单用 62 见。“跑”义 24 见、“快步走”义 3 见、“行走”义 12 见（其中“走一遭”5 见）。
明代	明初	《老乞大谚解》	34/55	2/12	单用 11 见。“跑”义 1 见，“行走”义 2 见。
		《朴通事谚解》	12/45	2/30	单用 29 见。“跑”义 13 见、“行走”义 2 见。
		《水浒全传》（31—50 回）	125/401	142/313	单用 300 见。“跑”义 40 见、“行走”义 142 见（其中“走一遭”20 见）。

① 由于调查对象总的出现频率很高，故只选取相关文献的部分内容。所选内容基本考虑在作者的行文风格、用词习惯定型之后。另外，尽管“行”可以作为上位概念表“快走”甚至“跑”义，但在具体统计时，我们仍只按“行”的“行走”义位进行统计，未进一步细分。而对“走”来说，为更具体地观察其词义的变化，统计时将其语境中可理解为“快走”义的用例也作了大致的区分。

续 表

时代		文献	用例对比		“走”字用法说明
			行	走	
明代	明中叶	《金瓶梅》(51—60回)	12/87	129/165	单用163见。“跑”义24见、“行走”义129见(“走一遭”3见)。
明代	明中叶	《西游记》(91—100回)	37/401	44/85	单用80见。“跑”义9见、“行走”义44见。
清代	明末清初	《醒世姻缘传》(41—60回)	10/139	161/197	单用188见。“跑”义3见、“行走”义161见。

(/前为表“行走”义用例数,/后为总出现次数)

表73显示:(1)“走”字“行走”义自晚唐零星出现直至元末,用例仍不多见,也就是说经过三四百年时间的发展,“走”字词义重心仍十分稳定。(2)唐至元末表“行走”义的“走”字用例仍不十分典型。(3)到元末明初的《水浒全传》,仅20回内容中,“走”表“行走”义的用例就超过了“行”。“走”字词义重心已由表“跑”义转向表“行走”义。而词义演变的基本规律是渐变性的部分质变,“走”到明初词义的转变呈现出一种突变状态。(4)发展至明代中叶,“走”字“行走”义用法更趋成熟,至此,我们可以说,“走”已基本替换“行”成为表达“行走”义的基本词。从我们对明末清初文献《醒世姻缘传》的进一步调查来看,这种替换是较为彻底的。现对表73中“走”字具体用例加以简要介绍。

第一,变文中“走”的词义特点呈现出中古向近代的过渡性。“走”有相当一部分用例应当理解为“快走”义,这类用例中的“走”,其“快速”义已经弱化,因此有学者认为这部分用例有的已表“行走”义。实际上“走”还常处于有标记语境中,故不能作“行走”义理解。如:

其催子玉于阶下立通曹官入□□皇帝,唱喏走入,拜了起居,再拜走出。(《唐太宗入冥记》)|拜舞谢恩,走出朝门,领军三十余万,登途进发。(《韩擒虎话本》)|舜子走入宅门,跪拜阿娘

四拜。(《舜子变》)|曲身而走出班行,仰目而直言启白。(《双恩记》)|二将辞王已讫,走出军门,……人如电掣,马似流星。(《汉将王陵变》)|其太子走至殿下,奏告大王曰。(《太子成道经》)

上引诸例中"走"往往用于卑见尊等特殊场合,故"走"应作"快步趋走"义理解。

第二,宋代至《水浒全传》以前,"走"字"行走"义用例不多,现酌举数例:

(32) 自家也知得合行大路,然被小路有个物事引着,……走从小路去。(《朱子语类》卷119)

(33) 只是公等不曾通得这个门路,每日只是在门外走。(又卷121)

(34) 狐性多疑,每渡河,须冰尽合,乃渡……又狐每走数步,则必起而人立,四望,立行数步,乃复走。走数步,复人立四望而行。(又卷138)

(35) (外旦、正末行路科。)(外旦问正末:)怎生走了几日,到不得太安神州?(正末云:)兀那高山便是。(《小张屠焚儿救母》第二折)

(36) 偏我出外时顶着房子走?也要投人家寻饭吃里!(《老乞大谚解》上,引自《朝鲜时代汉语教科书丛刊》(一))

(37) 你赶过马来在一处着,容易照管。月黑了,恐怕迷失走了,悮了走路。(《同上》)

(38) 那驴养下来的,只趕着我走,……把我的两对新靴子都走破了!(《朴通事谚解》上)

(39) 你慢慢儿走,那瓦水润了,无些气力,只怕躧破了。(《朴通事谚解》中)

第三,到了《水浒全传》中,表"行走"义的"走"已运用自由,到明代中叶如《金瓶梅》等文献中,"走"有了重叠用法。此不赘举。

2.3 从“走”“行”表“行走”义的消长看“走”替换“行”的动因

从以上考察我们知道，“走”字“行走”义的产生历经了一个漫长的过程，并非根源于“跑”的介入。相反，由于“走”字词义的变化，才有了新成分“跑”产生的需要。二者之间的因果关系不可倒置。同时，一方面，“走”表“行走”义的基本条件已经具备；另一方面，我们从上文表73可以看出，“行”字表“行走”义的用例，总的来说，并未在其本身词义系统中占绝对优势，也就是说，“行”字的词义是甚为丰富复杂的。因此，“行”自身的特点也为“走”取而代之提供了一定的可能性。尽管如此，由于“行”“走”一直没有“推卸”各自重要表义任务的理由，因此二者依然维持着这种表义现状。到了明代，由于“跑”的“应时而生”，“走”字词义很快完成了由“跑”向“行走”义的转移，从而迅速“接管”了“行”的表义任务。正是由于新成分“跑”的促动，“走”“行”之间的替换在明代才呈现出了突发性。这一替换现象，充分反映了词汇系统中相关成分之间的相互作用、相互影响。

要之，汉语中“行走”义概念从上古至明初一直由“行”字表达。与此同时，同语义场的“走”因其本身边缘词义的模糊性等因素，在“跑”义的基础上逐渐产生了“行走”义用法。“走”字这一词义变化到明代受“跑”字的推动影响产生了突变，并在“行走”义位上迅速替代了行用上千年的“行”字，从而奠定了现代汉语中“行走语义场”“跑—走”二分的基本格局。

第二节 “走”的词义衍生

本节首先梳理“走”的历史词义，在此基础上对“二大典”义项的设立、释义等问题作一些说明。其次，考察“走”字词义衍生发展的途径及特点，以了解基本动词以及肢体动词词义发展的有关特性。

1. “走”字历史词义的梳理及“二大典”相关问题试补

“二大典”关于“走”字义项处理意见的异同：《大字典》列27个义

项,《大词典》列34个义项。其中"二大典"释义、例证大致相同的义项22个;《大字典》设立义项,而《大词典》未设立的义项5个;《大词典》设立义项,而《大字典》未设立的义项12个。

我们对"走"字历史词义的梳理主要遵循义项的概括性和独立性原则。因此尽量避免义项与义项间的交叉重复,同时尽可能再现语言事实,力求不漏掉"走"字应有的义项。但本文对"二大典"中(1)《大字典》"(22)草名。《管子·地员》'其草如茅与走'"、《大词典》"34.草名。《管子·地员》:'其地不干,其草如茅与走。'";(2)《大词典》"3.有时特指狗。参见'走马报'"二义暂未考虑立项。由于前一"走"字与我们讨论的动词"走"缺乏意义关联,且仅系孤例,其是否为古代某地的一个方言用法亦未可得知。后者"走"之"狗"义与笔者的理解并不一致。当然,由于"二大典"对此二义的处理都是受词典编纂性质和任务决定的,我们无意反对其处理方式。

"走"字的历史词义,我们主要以时间脉络为经,分上古、中古、近代几个阶段;同时,以共时使用频率为纬展开梳理。为方便阅读,各阶段的情况我们分列表格加以介绍,详见表74—76:

表74 "走"的历史词义及"二大典"的处理情况之一

	"走"字义位及始见时代	"二大典"的处理情况
上古	①〈动〉跑。《尚书·胤征》:"啬夫驰,庶人走。" 又使……跑。	《大字典》:(1)跑,疾趋。《尚书·多士》:"攸服奔走。" 《大词典》:1.疾趋,奔跑。《左传·昭公七年》:"循墙而走。"
	②〈动〉逃跑。《左传·隐公十一年》:"颍考叔挟辀以走。" 又使……逃跑。	《大字典》:(2)逃跑。《左传·定公十年》:"魋惧,将走。" 《大词典》:9.逃跑;逃奔。引例同《大字典》。
	③〈动〉趋向(往)《左传·昭公十八年》:"郑有他竟,望走在晋。"《仪礼·士昏礼》:"请吾子之就宫,某将走见。" 又使……趋走。	《大字典》:未就"趋向、趋走"义单独设立义项。 《大词典》:单设"趋向;归附"义。 《大字典》:(4)往。《仪礼·士相见礼》:"某将走见。" 《大词典》:4.前往。引例同《大字典》。

续　表

	“走”字义位及始见时代	“二大典”的处理情况
上古	④〈动〉(液体、气体等)流动。《逸周书·周祝》:“水之流也,固走下。”	《大字典》:未立义项。也未见其他义项下举液体、气体流动例。 《大词典》:24. 流动;滚动。《水经注·沁水》:“众谷走水。”
上古	⑤〈名词〉车轮。《墨子·备路传》:“以车两走。”	“二大典”释义、书证同:车轮。《墨子·备路传》:“以车两走。”

表 74 简要分析:

(1) 上古我们共列 5 个义项。其中义项①、②、⑤的释义及书证与“二大典”基本相同。不同之处在于:第一,义项①我们附列又义“使……跑”。将《大词典》的义项“(11) 驰骋”“义项(12) 驱使、派遣义”一同归并到上古的义项①;第二,义项②我们附列又义“使……逃跑”,并将《大词典》的义项“(10) 谓驱逐,使溃逃”归并到上古的义项②下。

(2) 义项③,我们合并了《大词典》的义项“(4) 前往”“(5) 趋向、归附”两个义项。因为我们认为,“趋向”“前往”义没有本质上的不同。表趋向义的“走”后多接处所宾语,强调动作行为的方向。此义古人往往从读音(读去声)上给予了分别。汉以后此种用法逐渐减少。同时,上古的义项③还合并了《大词典》的“(8) 通向。《史记·张释之冯唐列传》‘此走邯郸道也’”。

(3) 义项④,《大字典》未收此义,《大词典》书证偏晚。

表 75　“走”的历史词义及“二大典”的处理情况之二

	“走”字义位及始见时代	“二大典”的处理情况
中古	①〈动〉(固体等)移动。《淮南子·齐俗》:“譬若播棊丸于地,员者走泽。” 又使……移动。王褒《四字冲德论》并序,《全汉文》卷 42:“走箭飞镞。”	《大字典》:(6) 指物体的移动。苏轼《新滩阻风》:“渐觉平沙走。”又(9) 滚动。岑参诗:“随风满地石乱走。” 《大词典》:26. 移动;挪动。《二刻拍案惊奇》卷 21:“走起身来一把扭住道。”沈从文《边城》:“下棋有下棋规矩……各有走法。”

续　表

	“走”字义位及始见时代	“二大典”的处理情况
中古	②〈动〉离开。《太平经》卷 114:“相贫之家,财去人走,何时可合。”	《大字典》:《南史·张邵传》:“百姓咸有走情。” 《大词典》:《宋书·张畅传》:“但以关扃严密,不获走耳。”
	③〈动〉丧失、失去。《大戴礼记·胜德》:“民心走,国必亡。”	“二大典”释义、书证同:《五代史平话》:“脚板下走了七魂。”
	④〈动〉排泄。汉安世高译《七处三观经》:“但为不净出,但为不净走。”T2/880b	《大字典》:(17) 冯梦龙《笑府》:“当走大便。” 《大词典》:21. 韩愈《韦公墓志铭》:“以走潦水。”
	⑤〈动〉车船运行。《韩诗外传》卷 8:“且妾闻公之车,不能独走,莫耶虽利,不能独断。”	《大字典》:未立义项。 《大词典》:29. 指车船等交通工具的运行。《水浒传》第 19 回:“那船便使转来,望小港里串着走。”
	⑥〈动〉死亡。《汉魏南北朝墓志汇编》:“既而脱然靡验,并走无征,礼踰绝浆,慕深泣血。”	“二大典”释义、书证同:死的讳言。《儿女英雄传》第 32 回:“撒手一走之后。”
	⑦〈动〉经历、通过。《灵枢经·经脉第十》:“其支者,从耳后入耳中,出走耳前过客主人前,交颊,至目锐眦。”	《大字典》:(14) 由,经过。如《天工开物》:“其余方圆用器,走焊、炙火粘合。”浩然《艳阳天》:“现在你愿意走这道手续了,我同意。” 《大词典》:23. 从;经由。如《儒林外史》第 20 回:“另上南京船,走长江去了。”
	⑧〈动〉为某种利益、事务而趋走。《抱朴子·外篇·交际》:“冒寒触暑,以走权门。”	《大字典》:(10) 通关节。《新唐书·杨虞卿传》:“皆走门下。” 《大词典》:6. 引申为拜谒;趋奉。封演《封氏闻见记·贡举》:“权门贵盛,无不走也。”
	⑨〈名〉自称的谦词。犹言仆。《文选·司马迁〈报任少卿书〉》:“太史公牛马走司马迁再拜言。”后泛指供驱使的人,有时含蔑称意。例证同“大字典(26)”。	《大字典》:(25) 古自谦之词,犹言“仆人”。《左传·襄公三十年》:“吏走问诸朝。”(26) 供驱使的人,……宋梅尧臣《建德新墙》:“群走皆不怡。” 《大词典》:32. 自称的谦词。犹言仆。《文选·司马迁〈报任少卿书〉》:“太史公牛马走司马迁再拜言。”33. 小吏,下吏。梅尧臣《建德新走》:“群走皆不怡。”
	⑩〈名〉泛指兽类。汉张衡《西京赋》:“下无遗走。”	《大字典》:(21) 泛指兽类。汉张衡《西京赋》:“下无遗走。” 《大词典》:借指兽类。《文选·张衡〈西京赋〉》:“下无遗走。”

表 75 简要分析:中古单列 10 个义项。其中:

(1) 义项①“〈动〉(固体等)移动”合并了《大字典》第6“(指物体的)移动”、第9“滚动”两个义项。

(2) 义项②、③同意“二大典”的处理意见,单独立项,尽管二义均见于汉代,但“离开”主要是针对人的自主动作行为,而“丧失”主要指物类的非自主行为,故此二义我们主张单独立项。同时,我们将“二大典”相同的义项“叱人离开”义合并到义项②。因为此义主要是语境带出的语用义,如《史记·郦生陆贾列传》:“郦生瞋目案剑叱使者曰:‘走!’”

(3) 义项④“排泄”义涉及的对象包括自然之物“水”等以及人体内的不净之物。

(4) 义项⑦“〈动〉经历、通过”系增设的义项。同时根据语言事实,我们还会在近代汉语阶段设立相关的介词义,补充了“二大典”对此义处理的不足,因为“二大典”未对此义的动词和介词用法加以区分。

(5) 合并“二大典”的“供驱使之人”义到中古的义项“⑨ 自称的谦词,犹言仆”。

(6) 义项⑧“为某种利益而奔走、通关系”义,包括了“二大典”的“奉献,赠奉”义。因为就“二大典”所引例证,如明何良俊《四友斋丛说·史四》“走金帛聘四方能诗之士”分析,“走金帛”中“金帛”当为“走”的工具宾语,即以金帛去求取某种利益、达到某种目的。

中古时期,“走”字词义通过隐喻、转喻等途径,进一步抽象化。我们所列的10个义项中,“走”作为肢体动词的用法在减少,大多抽象化为一般动词。

表76 “走”的历史词义及“二大典”的处理情况之三

	“走”字义位及始见时代	“二大典”的处理情况
近代	(1)〈动〉行走。《敦煌变文校注·汉将王陵变》:“陵有老母,八十有五,走待人扶,食须人喂。”	《大字典》:(3) 步行,脚交互向前迈动。汉张衡《西京赋》:“走索上而相逢。” 《大词典》:13. 行走;步行。《新编五代史平话·汉史上》:“孩儿每出外闲走,被军人笑骂。”
	(2)〈动〉流行,传布。唐卢贞《和刘梦得岁夜怀友》:“文翰走天下,琴尊卧洛阳。”	“二大典”释义、书证同:流行,传布。宋范成大《河豚叹》:“至今走末俗。”

续 表

	“走”字义位及始见时代	“二大典”的处理情况
中古	(3)〈动〉走漏、泄漏。《元典章·吏部七·掌印》:“使印之人非理刁蹬、取受钱物,或将机密事情因而走泄。”	《大字典》:(16)走漏;泄漏。高明《琵琶记》:“休要走了我的消息。” 《大词典》:22.泄漏。高明《琵琶记》:“你休要走了我的言语。”
	(4)〈动〉偏差,改变。宋陈亮《又乙巳书》之二:“卒走圣人样子不得。”《朴通事谚解》中:“这帽儿……着了几遍雨时,都走了样子。”	《大字典》:(7)背离,误差。宋陈亮《又乙巳书》:“卒走圣人样不得”。 《大词典》:19.变动;改变。例证同“大字典”。20.引申为偏差。《好逑传》:“侄女一向最有眼力,今日为何走了。”二义可合并。
	(5)〈动〉(亲友间)走动、交往。《金瓶梅》61回:“常在我家走的郁大姐。”	《大字典》:(8)(亲友间)走动、交往。《金瓶梅》第61回:“常在我家走的郁大姐。” 《大词典》:14.引申为走动;往来。引例同《大字典》。
	(6)〈动〉〈方〉爬(站)起来。唐蒋防《霍小玉传》:“生方与卢氏寝,忽帐外叱叱作声……生惶遽走起……倏然不见。”	《大字典》:(18)起床。《醒世恒言·独孤生归途闹梦》:“夜来做甚不好睡!今早走不起。”(19)起来,站起。《水浒全传》第111回:“从灶边走起来。”二义可合并。 《大词典》:未立义项。
	(7)〈动〉表示某些动作,代替某些具体或抽象意义的动词。《张协状元》十四出:“婆婆劝你休走智。”《西游记》51回:“与你走一路拳看看。”	《大字典》:未立义项。 《大词典》:27.谓操练武术或动手较量。《西游记》51回:“与你走一路拳看看。”28.开动;动用。康濯《买牛记》:“遇事不走脑筋。”
	(8)〈动〉指机械、仪表等的运转。例证同“大词典”。	《大字典》:未立义项。 《大词典》:31.指机械、仪表等的运转。《二十年目睹之怪现状》第30回:“照他的龙骨,恐怕走不动。”
	(9)〈介〉从,经由。《儒林外史》44回:“因走南京过,想起:‘……何不顺便去看看他?’”	“二大典”的处理意见见本表“中古”:(8)(动词)历经、经过义的说明。

表76简要分析:近代汉语阶段,我们单列9个义项。其中:

(1)义项④“偏差;改变”义合并了《大词典》的“(19)变动;改变”“(20)引申为偏差”两个义项。

(2)义项⑥“〈方〉爬(站)起来”系增设。此义项合并了《大字典》“(18)起床。《醒世恒言》‘夜来做甚不好睡!今早走不起’”“(19)起来，站起。《水浒全传》111回：‘从灶边走起来’”两个义项。因为义项(18)概括性不够，未能赅“走”字诸多的相关用法，“从床上由卧而坐起”即“起床”义，如：

(1) 生方与卢氏寝，忽帐外叱叱作声。……生惶遽走起。（唐蒋防《霍小玉传》，引自《全唐五代小说》第二册）

(2) 睡在楼上，听得母亲在下面与客人说笑，好生不忿。那寡妇见儿子走不起，便放心叫汪涵宇挖开板过来。（《型世言》第6回）

(3) 娶南瓜的二日，吴推官合南瓜尚睡觉不曾走起，荷叶雄纠纠走进房内。（《醒世姻缘传》第91回）

也可用于从地下由倒卧、匍匐而坐起或站起义，此类用法可涉及人或动物，如：

(4) 那厮道：“想是日里走得辛苦，倒头就睡着在这里。”向前双手摇那妇人，叫道：“……你走起来！你走起来！”（《三遂平妖传》第6回）

(5) 言罢两泪交流，拜倒于山门地下，不肯走起。（《喻世明言》卷29）

(6) 宋四公……肚里又饥……擘开一个蒸饼……嚼得两口……就那里倒了……宋四公多样时苏醒起来，思量道：“……店二哥与我买的爊肉里面有作怪物事！”宋四公忍气吞声走起来，唤渡船过来，过了渡，上了岸。（又卷36）

(7) 踏着核桃，又滑上一交。连忙走起来叫：“二娘。”（《欢喜冤家》第9回）

(8) 虽是轮流骑，却都疲了……任你踢打，只是不肯走起来。（《型世言》第17回）

还可表示“人用手和脚一起(抓住东西)往上或攀登”义，如爬上床：

(9) 一日,潜走到我床上来,我提床头剑刺之。(《初刻拍案惊奇》卷 4)

(10) 不则声,走上床,揭开帐子:把押番娘杀了。(《警世通言》卷 20)

(11) 顾大郎见说,果然害怕,只得放手,原走到自己床上睡了。(《醒世恒言》卷 19)

(12) 我不搀他过来,他怎好自己走上床去?(《儿女英雄传》第 28 回)

以及爬梯子、爬树等,如:

(13) 夫人道:"我与你悄地把梯子拿将来……你走上梯子,再在枝干上踏上去两层,……便从梯子走到梧桐枝上去……"对如霞道:"你且将梯儿倚好,走上梯去望外边一望,看可通得个消息出去?"(《二刻拍案惊奇》卷 34)

也可用于人由坐着而站起义,如:

(14) 到日西时,只见两个人踉踉跄跄走进店来。此时众人已不吃了酒,在店闲坐。那两个带了酒意问道:"你每一起是甚么人?"王惠认那后生的这一个,正是车户李旺,走起身来一把扭住道:"你认得我么?"(《二刻拍案惊奇》卷 21)

要之,以上诸多用法均指人借助手脚的力量使躯体由卧(坐)而起,或由低处往上、攀登等,即"爬(站)起"义。此义早见于唐代,如蒋防(唐代义兴即今之江苏宜兴县人)《霍小玉传》。明代用例增加。这种用法主要见于当时的吴语区,包括今天的江淮官话区。到清代,此义还偶见于具有北方方言背景的作品,如《醒世姻缘传》等。《大词典》未设立义项。

(3) 近代汉语时期,我们还增设了义项⑦"表示某些动作,代替某些具体和抽象意义的动词"。之所以增设此义项,主要鉴于"走"

字词义由肢体动词进一步抽象化为一般行为动词,表示进行某种活动。此义《大词典》义项(27)、(28)仅根据各具体用法单列义项,概括性不够。

(4) 此外,我们将《大词典》的义项10“谓驱逐,使溃逃。《史记》‘走魏将暴鸢’”、义项11“驰骋。韩愈《送张侍郎》‘丞相西来走马迎’”、义项12“引申为驱使;派遣。苏轼《策略二》‘走一介之使’”三个义项分别以使动用法归并到“跑”“逃跑”等义项下作又义处理,不单立项。

(5) 近代汉语阶段,“走”最显著的词义变化是,上古的“跑”义演变成了近代的“行走”义。另外,近代汉语阶段“走”有虚化为介词的用法。

总之,通过对“走”字历史词义的初步梳理,我们发现“二大典”在设立义项时有几点疏漏:(1) 有的义项,词义概括性不够。(2) 有漏略的义项。(3) 未能很好地体现历时的观念,义项产生的时代先后不明。(4) 有的书证偏晚。

2. “走”字词义衍生的途径及特点

综上,“走”有24个义项:①(动)跑。又使……跑。②(动)逃跑。又使……逃跑。③(动)趋向(往)。又使……趋走。④(动)(液体、气体等)流动。⑤(名)车轮。⑥(动)(固体等)移动。⑦(动)离开。⑧(动)丧失,失去。⑨(动)排泄。⑩(动)车船运行。⑪(动)死亡。⑫(动)经历,通过。⑬(动)为某种事务、利益而趋走。⑭(名)自称的谦词,犹言仆。后泛指供驱使的人。⑮(名)泛指兽类。⑯(动)行走。⑰(动)流行,传布。⑱(动)走漏,泄漏。⑲(动)偏差,改变。⑳(亲友间)走动,交往。㉑(动)(方)爬(站)起。㉒(动)表示某种动作,代替某些具体或抽象的动作。㉓(动)指机械、仪表等的运转。㉔(介)从,经由。

“走”作为一个典型的关涉肢体的基本动词,其词义主要通过怎样的途径朝着哪些方向发生了衍生？具体衍生过程如何？“走”字词义衍生呈现出哪些特点或规律？先看图 3：

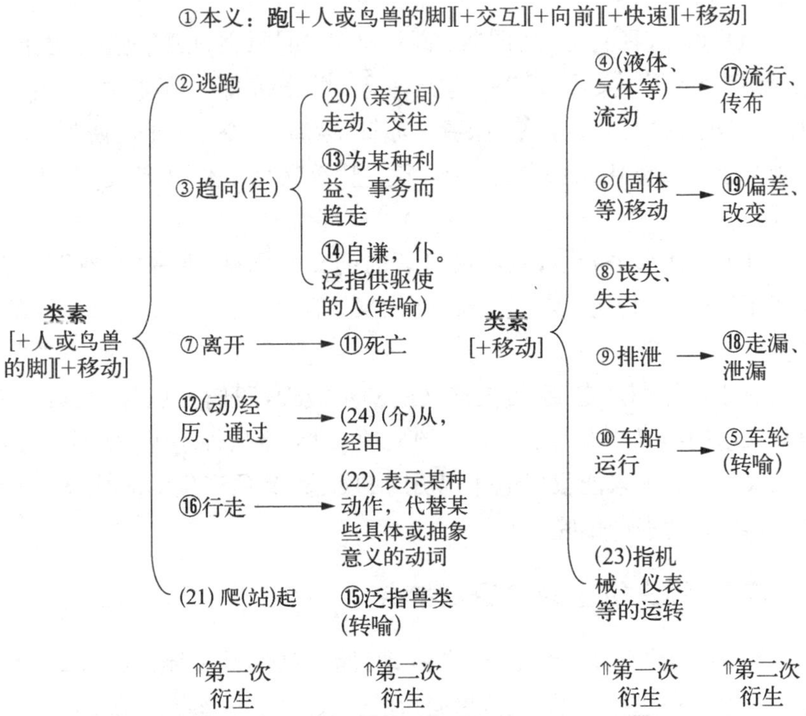

图 3　“走”的词义衍生

我们知道，从义位、义素分析的角度来看，一个词与同语义场其他成员能相互区别，主要是靠一些区别性或特征性义素。如晚唐五代以前的“走”主要通过[＋快速]义素与同语义场的“行”等成分相区别。然而从上图我们发现，在一个词本身的词义系统中，其源义或本义的衍生则主要是通过类素来实现的。张志毅、张庆云(2005：21—22)指出：“义位并不是义素的简单集合，而是由不同层次的义素组成的义素体系。高层次义素是概括性强的上位义素，低层次义素是比较具体的下位义素。”按照这种对义素区分主次或层次结构的思想来看,“走”字[+人或鸟兽的脚][+移动]两个义素就是其与同一语义场其他义位共有的义素即“类素”。现对“走”字词义衍生的特点加以简要说明。

(1) 从总体上看,“走”字的词义衍生主要是通过其本义义素构成中的类素[+人或鸟兽的脚][+移动]的传承作辐射式引申。

(2) 按所传承的类素数量看,类素传承越多,词义相对越具体;反之,词义更趋于抽象概括。上图显示,类素[+人或鸟兽的脚][+移动]同时作为词义衍生的原义素,衍生结果是词义的肢体动作特征更突出。只有类素[+移动]传承的词义衍生,衍生结果是词义更趋抽象泛化。

(3) “走”字的词义结构中,大多经历了两次衍生。第一次衍生产生的多是一些词义具体的动作。第二次衍生则是词义的进一步抽象、虚化。如:由动词“经历、通过”义引申出介词“从,经由”义;由“(气体、液体等)的流动”义引申指“名誉、文章、精神等抽象事物的流行、传布”义;由“具体物体的移动、走样”义引申为“注意力、思想认识等偏离正轨”义;由“对具体物体的排泄”义引申指对“信息等抽象事物的泄漏”义。

(4) 词义衍生的途径主要是隐喻和转喻。由指人或动物的具体动作,通过隐喻引申指一系列可移动的无生命之物,如车船、机械仪表的某个部位,以及不能移动的无生命之物如信息、思想等。通过转喻引申表“实施动作行为的人或物”,如由车轮的移动转指车轮、由人的奔忙趋走转指趋走之人、由走兽的快跑转指走兽等。

(5) “走”字词义衍生的特点反映出词义衍生由具体到抽象的一般规律。

总之,构成一个义位的义素不仅体现出层级差异,而且不同义素分担的职责也不相同。层级相对较低的区别性义素在与同语义场其他成员的相互区别中具有重要作用,但在其本身词义衍生的过程中却容易被忽略,如上图中除“逃跑”“趋走”少数几个义项外,其余义项中[+快速]义素大多被忽略。而类素在词义的衍生过程中往往被传承,从而保证了该词词义类型特征或显或隐的体现。

第三节 “走类词”在现代汉语方言中的共时分布

1. 基本情况

所谓“走类词”就是指表示行走意义的词。现代汉语方言中“走类词”的基本用词情况如表 77 所示：

表 77 “走类词”在现代汉语方言中的共时分布

	哈市	北京	济南	牟平	洛阳①	西安	西宁	银川	乌市	成都	贵阳	柳州	武汉	徐州	扬州	南京
走	+	+	+	+	+	+	+	+	+	+	+	+	+	+	+	+
行																
其他			蹀躞		蹚			跑趰趙	跑	奔		跙	跑	跑跦踩蹢趙	跑趷跐	
	合肥	绩溪	忻州	太原	万荣	长沙	娄底	双峰	南昌	黎川	萍乡	于都	梅县	丹阳	苏州	崇明
走	+		+	+	+	+			+		+	+		+	①+	
行		+		+			+	+		+	+	+	+	+		+
其他							t‘ɤŋ52			超				踱	②跑	跑
	上海	杭州	宁波	金华	温州	建瓯	福州	厦门	潮州	雷州	海口	广州	东莞	阳江	南宁	
走	+	+	+	+	①+											
行	+		+		②+	+	+	+	+	+	+	+	+	+	+	
其他	跑蹤	跑跋踱趟		踉	趔蹑	踉	趌趨	蹧蹽		lu24 踚	mai33 趉	趷跙				

① 方言词典未收“行走”义用词，补充调查洛阳人田艳获知。

“走类词”在现代汉语方言中的分布清晰地反映出现代汉语方言中表行走义的用词特点：

(1) 用词情况主次分明：以使用上位词“行”“走”为主，下位词少见。“走类词”在现代汉语方言中总的用词情况并不复杂，所有方言中都有表达行走义的上位词，或者用“走”，或者用“行”。

(2) 地理分布特征突出：两大区域、三个层次。“两大区域”是指以长江为界，大致分为南北两大部分。长江以北地区主要用“走”，长江以南主要用“行”。上古一直到晚唐五代以前的主导词“行”主要沉积在东南沿海一带，北自崇明岛南迄海口。其中大概只说“行”的南方方言有徽语、闽语、粤语、平话。“三个层次”是指说“行”的最古层，说“走”的近代层，以及说“跑”的较新层。从历史上看，“行”自上古一直到晚唐五代以前作为“行走语义场”的主导词得到了广泛使用；“走”字自晚唐五代开始表“行走”义并逐渐占据核心地位。“跑”大概在明代有了“快跑”义的用法，但“跑”字很快又引申出一些并不强调[＋快速]义的用法，可以表示一般意义的行走。现代汉语方言中，像吴语区的崇明、上海、苏州、杭州等地“跑”可用于表行走义。如苏州话中，快走可以说跑，慢走也可以说跑，“走”与“跑”在表行走义上就是同义词，如“路浪滑，要慢慢交跑，当心跌跤”。我们不禁会问，为何吴语地区的“跑”往往还可用于表行走义？这与表快跑义的“跑”字的来源有无关系？“走”由“快跑”义向“行走”义的词义演变对“跑”的词义发展又有什么影响？有多大影响？这些影响反映了词汇、词义系统内部的哪些规律？只有结合对这些问题的思考，我们才能更客观全面地认识并解释“跑”的具体用法以及“走类词”在现代汉语中的分布。诸如此类的问题，姑且留待以后作进一步的考察。

(3) “走”的使用范围不断扩大。尽管“走”“行”在现代汉语方言中大体上可以南北二分，但二者的分布并非永远处于一种静止状态。从地理分布上可以看出，借着普通话推广发展的势头，“走”正在快速南侵从而挤占“行”的生存空间。具体表现就是南北交界的部分方言中“行”“走”并用。具体扩散路径，一是“走”由江淮官话经吴语区往南延伸，像南部吴语温州话中，尽管“行”仍见使用，但“走”的使用频率已超过“行”。同时，“走”又首先在近江大城市扩散，如赣语区中，尽管其余方言点或只说“行”或“行”“走”并说，但省城南昌已只说“走”。湘语区的情况与赣语区相似。可见，即使在现代汉语这个共时平面上，新的变化也时时在发生，通语对方言的影响以及强势方言对弱势方言的影响是不会停止的。

2. “走”在方言中的词义

“走”在现代汉语方言中的用法大致继承了其历史词义的主要内容，词义衍生的途径也主要是隐喻和转喻。归纳起来，“走”在现代汉语方言中的主要义项有：① 跑。② 逃跑；躲避。③ 到；往。④ 离开。⑤ 移动；挪动。⑥ 漏出；泄漏。⑦（车、船、钟表等）运行。⑧ 改嫁（寡妇再嫁）。⑨ 人或鸟兽的脚交互向前移动。⑩ 由于祈使句末，既表示动作的去向（离开原地），又表示祈使语气。⑪ 改变或失去原来的样子。⑫（亲友之间）来往、走动。⑬ 介词：表示经由的路线、途径；表示时间的起点，或行为的来源等。各方言词义的具体内容见表78：

表78　“走”在现代汉语方言中的义项

地点＼词项	①	②	③	④	⑤	⑥	⑦	⑧	⑨	⑩	⑪	⑫	⑬
哈　市									+				
北　京													
济　南				+		+			+		+	+	
牟　平									+		+	+	+
洛　阳								+					
西　安				+	+				+		+	+	

续 表

词项 地点	①	②	③	④	⑤	⑥	⑦	⑧	⑨	⑩	⑪	⑫	⑬
西 宁				+	+	+			+		+	+	
银 川	+			+	+	+			+	+	+	+	+
乌 市	+			+	+	+			+		+	+	+
成 都			+	+		+	+		+		+		+
贵 阳			+	+			+		+		+	+	+
柳 州		+							+				
武 汉				+	+				+				
徐 州													
扬 州													+
南 京				+	+				+				+
合 肥													
绩 溪		+											+
忻 州									+				
太 原	+			+	+	+			+		+	+	+
万 荣			+	+				+	+	+		+	
长 沙									+				
娄 底	+												+
双 峰													
南 昌				+					+				
黎 川	+												
萍 乡									+				+
于 都				+	+	+			+		+	+	+
梅 县	+	+											
丹 阳				+	+	+			+			+	+
苏 州													
崇 明													
上 海					+	+			+		+		
杭 州				+	+				+			+	

续 表

词项 地点	①	②	③	④	⑤	⑥	⑦	⑧	⑨	⑩	⑪	⑫	⑬
宁　波					+		+		+		+	+	
金　华				+	+				+				
温　州			+						+				
建　瓯													
福　州	+	+		+							+		
厦　门	+										+		
潮　州													
雷　州	+	+			+								
海　口	+	+											
广　州	+	+		+		+					+		
东　莞	+			+									
阳　江													
南　宁													

[说明] 除表 78 所列义项外，个别方言中“走”还有如下一些用法：(1)（名）走路的姿态；姿势。牟平：这两步走儿挺好/一看走儿就像。(2)（动）抵消。武汉：我们两个人的帐走了。(3)（动）婉辞。指小孩夭折。（广州）(4)（名）（马）善奔跑的技能和本领。银川：这匹马有走呢。(5)（动）为某种事务而奔走。（海口）(6)（动）母猪、母牛等发情。（于都）(7)（动）（液体）向四周扩散。（丹阳）(8)（动）过：走油（广州）。另外，宁波方言中“⑤ 移动；挪动。⑦（车、船、钟表等）运行。⑪ 改变或失去原来的样子”三个义项系汪维辉先生见告，方言词典未收。

总的来说，“走”字在现代汉语方言中的词义既有对历史词义的继承，又有进一步的发展。现代汉语方言中，“走”的常用义仍然是行走（共 25 个点）。其次，引申义“④ 离开”（19 个点）、“⑪ 改变或失去原来的样子”（15 个点）、“⑤ 移动；挪动”（14 个点）、“⑫（亲友之间）来往”（13 个点）、“⑬ 介词：表示经由的路线、途径；表示时间的起点，或行为的来源等”（13 个点）、“① 跑”（12 个点）、“⑥ 漏出；泄漏”（10 个点）等使用也较广泛。

其次，南北不同方言对“走”字词义的继承体现出时间层次。南方方言如赣语、客家话、闽语、粤语中还保留了“走”的“快跑”义，以及早见于中古、近代的“为某种事而奔波”义，现在海口话中还保留了这种说法，这一义位现代汉语方言中已主要由“跑”来承担了。可见，随着“走”字基本词义的转移，“跑”不仅在“快跑”义上“接管”了“走”，在其他引申义位上，“走”也有词义的卸载。相反，北方方言中“走”还在不断产生一些新的用法，体现出“走”字词义在方言中的不断发展，如中原官话的“改嫁”义。

第三，与“走”字历史词义相比，现代汉语方言中“走”字词义进一步抽象、虚化。13个点有了介词用法，并且表示空间方位的介词抽象为表时间的介词，如南京有“表示经由的路线、途径：这笔款子只得走银行过来”“表示行进的起点或行为的来源：这趟火车走西站开出/这些东西你走哪块弄得来的?”“表示时间的起点：走那一回以后，我就再也没见着过他”等用法。西北地区“走”还有虚化为语气词的，如“我跟上你找他走/你跟上印们要走/走街上走”等，以及通过转喻产生的新用法，如“走路的姿态(牟平)”“马善跑的本领(银川)”等。

结　语

基本词史这项研究工作的特点恰如吕叔湘先生对历史语法研究工作的特点所总结的一样，“要求细针密缕，多少有点象绣花”（吕叔湘《近代汉语读本·序》）。因为只有从微观入手，才可能客观、准确地揭示研究对象的基本事实。与此同时，我们还必须从宏观着眼，这就是“心中要有一部词汇史”，否则就可能只见树木不见森林，甚至被浩繁的语言材料所淹没以致难以把握语言发展演变的方向和规律。本文通过对六个基本词的初步考察，深感音韵、文字、语法等相关领域的知识对这项研究工作亦具有举足轻重的作用。正因为此，笔者在学力很有限的情况下进行基本词史的研究，所做的工作离希望达到的目标就还有一段相当的距离。下面拟对本课题的研究作一简单小结。

第一节　基本事实

1. 基本词的来源

现代汉语普通话中基本词的来源以及各词读音、字形的产生途径与形成时间往往有异。

（1）词语来源：有从词汇系统内部孳乳分化而来的，如“背(bēi)”；有从词义系统内部引申分化或转移而来的，如“挑”“走”；有从方言俗语上升为通语词的，如"扔"；有直接借用古代经籍中的字形而词义有别的，如"捆"；有词义产生时间早而读音、字形却历经长期发展演变才得以最终确定的，如"踩"。因此，探明各基本词的来源对进一步考察各词的发展方向、演变特点无疑具有更强的针对性。

（2）语音演变：现代汉语普通话中基本词的读音往往历经演变分化，最终形成时间也早晚参差。如"背(bēi)"字，它源于"背(bèi)"字读音的分化，其音义演变反映出同一个词词义与语音变化的不同步现象；又如"踩"，其读音系方俗之音经过漫长历史演变而得以确定；与"踩"字读音来源相类的还有"扔"字。

（3）字形发展：有的如"背(bēi)""挑""走"等词的字形从古行用至今；另如表投掷、抛弃义的"扔"则由方言俗字逐渐取得官话基本词通用字形的地位，这一字形与上古经书中表"牵引"义的"扔"形体偶合；而表捆绑义的"捆"则可能借用于上古经籍中表编织义的"捆"；表踩踏义的"踩"字字形的最终确立更是历经跐、采、躧、蹀、蹰、踹、跴等众多字形的选择淘汰。此外，有关语义场中曾在某个历史时期成为主导词的如"掷""抛""撂""绑""踏"等字形的最终确定也有过异形混用的阶段，其中主要涉及方言与通语用字、正字与俗字之别。

2. 基本词的演变

由于基本词表达的都是自古就与人类共存并关乎人类日常生产、生活的重要概念，因此表达这些概念的词语在定型于现代汉语普通话基本词之前无论是词汇形式还是词义内容大都历经发展演变。本文所涉及的对象发展演变的情况如下：

2.1　词汇形式的更替

（1）更替过程　大致有"负—背(bēi)"，"荷—担—挑"，"投—掷—抛—丢、摔、撂、扔"，"弃、(捐)、舍—抛—撇、丢—扔"，"束、缚—捆、绑、拴、扎"，"履—蹈—踏—踩"，"行—走"等几组词的替换。

(2) 演变动因

关于词汇尤其是常用词、基本词演变更替的动因前修时彦有过深入探讨(参李宗江 1999;汪维辉 2000a 等)。总的来说有诸如社会动荡、思想文化发展、方言地位升降等外部原因与语言系统尤其是词汇系统自我调节等内部原因。造成本文有关基本词演变更替的动因也大抵如此。

第一,内部原因。这是本课题所涉及的对象发生演变更替的基本动因,具体表现:① 被替换词发生快速的词义引申导致表意重心的转移,从而为新词的产生以致在相关义位取而代之提供了条件。如“负”在背负义上被“背(bēi)”所替换;“投”在投掷义上被“掷”所替换;“履”在践踏义上被“蹈”等词所替换,等等。② 被替换词义域过宽,造成表意的明晰性不够,同时承担的表意任务繁重,这些不足为表意清晰、词义负担更轻的词语的产生提供了可能。如“负”被“背(bēi)”所替换;“担”被“挑”所替换,等等。③ 与词语义域过宽相反,有的词与生俱来带有表意上的不足,词义范围受限,尽管行用于某一语义场,但往往隐含或带有某种义素,制约了其发展成为上位词,以致被表意更趋完善的上位词所取代。如“蹈”的隐含义素[+用力];“摔”“掼”的隐含义素[+用力]、[向下];“扎”的隐含义素[+将各类原材料整理加工]等都制约了它们在各自语义场的发展。除了被替换词本身表意上存在的不足以致被淘汰替换的原因外,另有,④ 因词汇系统内部词语之间的促动影响造成的更替。如“走”,它在漫长的历史过程中与“行”维持着“行走语义场”的基本格局,直到元末明初受到“跑”进入该语义场的强大推动从而迅速完成对“行”的替换,奠定了该语义场以“走”“跑”为核心的新格局。从总体上看,造成词语更替的内部原因往往是因为旧词自身的不足,如表意的局限性、语法功能的衰退等等。另一方面,有的新词也的确具有表意上的优势,如“挑”,由于它源于“支起、悬挂”义,故在表意上恰与“担挑”的形制相似,表意直观。

第二,外部原因。具体说是指随着政治、经济、文化中心的变迁,通语或官话基础方言发生变化,导致有关词语在各自语义场地位的升降。如"挑"于明代中后期在北方地区的快速发展。"扔"之所以在清代中后叶逐步发展并取得现代汉语普通话基本词的地位,与其本身作为一个北方方言词以及官话基础方言的向北转移也不无关系。此外,如"抛"对"掷"的替换,"踩"对"踏"的替换等,其内在动因一时难以探明,这恐怕只能暂时归因于"跟语言使用者的喜新厌旧心理有关"①。总之,以上就是所谓"概念改变名称"的基本动因。

2.2　词义内容的演变

简单地说就是指在不改变表达形式的情况下,一个词的基本词义或者说常用义发生了变化,即"词改变了意义"。如"走"字,从其产生直到晚唐五代以前主要表"人或鸟兽的脚交互向前快速移动"义。然而就在这一漫长的历史过程中,由于它与同语义场其他成员如"趋""行"等边缘词义的模糊性,导致其词义发生变化。同时,同一语义场"行"字词义引申的特点推动了"走"字循着同一规则朝着大致相同的方向发生词义的同步引申。"走"字众多引申义位的不断使用,又反过来加速了"走"区别于"行"的核心义素[＋快速]义的磨损。总之,在线性句法组合、语义、语用等诸多因素的作用下,"走"字词义逐渐由"跑"演变为"行走"。"走"字大量引申义位的产生主要是通过传承其本义中的"类素"即[＋人或鸟兽的脚][＋移动]通过隐喻、转喻等途径实现的。从"走"字词义演变的特点,我们认为基本词中心词义的变化一般是渐变性的部分质变。

3. 基本肢体动词发展演变的特点

以肢体部位作为标准将动词分出这样一个较小的范畴,这是否

① 汪维辉(2000a：413)在阐述常用词演变更替的原因时指出:"常用词似乎存在着一种内部更新机制,一个词用久了以后,常常会被一个新的同义词所取代,许多词看来是这样的。这也许跟语言使用者的喜新厌旧心理有关。"

仅仅是为了研究需要，便于语义场的划分？通过考察，我们认为，肢体动词除具有一般行为动词的共性之外，还具有其自身的个性。总的来说，进行肢体动词的研究，首先可以为一些特殊词义的解释、不同类型语言用词差异的比较分析提供认知上的依据；其次，可以为肢体动词与一般行为动词词义异同以及词义演变特点的比较提供素材。

客观世界中，人类肢体之间的关联性映射到语言中，便是肢体动词表意上的类型特性：也就是不同肢体部位用词上可以互通，词义上可以由一个部位延伸到其他部位。如现代汉语方言中“背”的（肩）扛、挎义，（手）提、拎义，（嘴）叼东西义等。“担”在历史上以及现代汉语方言中的（肩）扛、挎义，（背）驮、负义，（手）提、拿义等。“走”的爬起、站立义，（手）移动、挪动义（如走笔、走棋），动脑义（如走智、走脑筋）等。相应地，借助同一肢体部位表达不同概念的词，词义上也具有趋同性，如“跳”的快走、疾驰义①；“跑”的行走义②；“踩”的行走义③等。有了对肢体动词表意特性的基本认识，我们就不难从认知角度对以上词义予以解释，同时也有助于我们对诸如英语、法语等印欧语中肢体动词词义高度概括性的理解和认识。

考察肢体动词还有助于追踪词义从具体动作域向抽象概念域引申的过程。如表投掷义的“扔$_1$类词”往往在动作的用力程度、动作方式、行为目的等诸方面有更细微的区分，充分反映了作为具体肢体动词的丰富个性，而表抛弃义的“扔$_2$类词”这些个性就往往被忽略从而表现出词义更抽象、泛化的一般行为动词的特点。

---

① 《史记·荆燕世家》：“至梁，闻汉遣灌将军屯荥阳，泽还兵备西界，遂跳驱至长安。”裴骃集解引《汉书音义》：“跳驱，驰至长安也。”司马贞索隐：“跳，谓疾去也。”

② 闻一多《关于儒·道·土匪》：“喜欢在穷乡僻壤跑，吃土匪的亏的机会特别多。”巴金《家》八：“他气咻咻地埋着头在跑，没有看见觉慧，却被觉慧一把抓住了。”

③ 《西湖二集·商文毅决胜擒满四》：“遥望见山下一股清泉，项忠一步步踩将下来。”碧野《我们的力量是无敌的》第一章：“迂回行军已经三个晚上了，骡马的蹄子和战士们的脚踵已经踩过了两个县份的土地。”

第二节　理论与方法

1. 相关理论

1) 语义场理论：本文通过对六组词的考察发现，以语义场为描写框架对基本词史的研究具有较好的理论和实践意义，可以说它既是一种理论又是一种研究方法。首先，将研究对象置于特定系统中便于观察各成员之间相互制约、相互影响尤其是主导词之间的消长情况。其次，有助于比较表达同一概念的词语在不同历史时期语义场中的构成情况及变化；有助于比较相关概念在不同系统中的异同。再次，由于语义场本身要求全面、细致的特点，决定了进入各语义场成员的丰富、复杂性，从而有利于更加全面地对研究对象加以系统分析，避免了仅着眼于主导词之间演变研究的不足。

2) 义位、义素分析思想：蒋绍愚(2005a：37)指出："在讨论词义的发展变化……时，都不能笼统地以词为单位，而要以义位为单位。"义位分析的必要性对基本词史的研究更是至关重要。作为多义词的基本词，不同词语之间的更替往往是某一个或某几个义位之间的演变。同时，着眼于义位就会发现，同一词的不同义位往往经历着并不一致的变化，如"扔"的"扔$_1$""扔$_2$"两个义位的历时发展。此外，观察新、旧成分替换的内在动因时，往往必须从新、旧词各自的词义系统入手，仔细分辨各词词义系统中不同义位使用频率的消长，从而抓住词语的表意特点，如表意重心是否转移等。而"义位并不是义素的简单集合，而是由不同层次的义素组成的义素体系"(张志毅、张庆云，2005：21)。因此，着眼于微观解剖的义素分析对辨析基本词词义更是词义分析的突破口。首先，义素分析有利于探明基本词词义的来源，如"挑"字肩挑义的产生。其次，义素分析对研究词义的引申发展具有以简驭繁的作用，如对"背(bēi)""挑""投"等词相关义位的构成义素加以剖析，能较好地厘清其各自引申发展的脉络。再次，只有对相关义位的构成义素加以剖析，才能较好地比较有关语义场之间的异同，如“捆绑语义场”与“系结语义场”“缠绕语义场”之间的异同分析。

总之，只有着眼于义素，以义位为单位，才能切实探明词语义位的分合及词义的发展变化，从而探明词汇系统本身的自足与自我约束机制。

3）认知语言学的有关理论：如“基本层次概念”“范畴化的原型理论”“概念隐喻和隐喻概念系统”等对基本词尤其是肢体动词词义分析具有重要作用。难以用传统词义引申理论解释的词义现象，运用认知语言学的有关思想可得到较好的说明。

2. 方法运用

通过本课题的考察，发现基本词史的研究既有与整个汉语史研究相同的诸如文献考证与历史比较、宏观与微观结合等基本方法，又有侧重于本领域的一些研究思路与操作手段。

1）历时考察与共时分析的有机结合。

一方面，要想探明现代汉语普通话中各基本词的来源、发展，必须通过对研究对象的历时演变过程加以考察。我们通过历时考察了解到，关涉肢体的词语如动词“吃”、“喝”、“背”、“挑”、“扔”、“捆”、“搬”、“拿”、“割”、“踩”（指音、形、义的最后确定）、“站”、“走”、“跑”等；名词“肚（子）”、“嘴（人嘴）”等都产生于近代并经过逐步发展取得了现代汉语普通话基本词的地位。这无疑印证了吕叔湘先生“现代汉语只是近代汉语的一个阶段，……它的常用词汇是近代汉语的常用词汇，只是在这个基础上加以发展而已”（《近代汉语读本·序》）的结论。

另一方面，各研究对象演变的最终结果还得依赖现代汉语方言的共时分布现象加以验证。共时分析的具体作用表现在：① 印证历时演变的结果，包括演变发生的开始、演变的历时层次甚至官话基础方言的变迁等，如“挑”在现代汉语方言中的分布特点对其历史演变过程的再现。② 抓住一些方言中的下位词(往往是特征词)加以分析，有助于观察方言发展的特点及方言之间的相互影响。如尽管不属于同一方言区但因地缘关系邻近的不同方言，用词往往相同。如表“踩踏”义的“p‘ε^{35}”(徐州)、“p‘ε^{11}”(扬州)、“p‘ae^{11}”(南京)用词同；“将”(长沙)、“酱”(萍乡)用词同。表捆绑义的“缯”，西安、万荣与忻州、太原用词同；“t‘ia^{24}”(长沙)/“t‘iaʔ^{5}”(南昌)/“t‘iaʔ^{5}”(于都)等地同。表行走义的“跙”柳州与广州同，反映出邻近方言之间的相互影响。即使是同一方言区，不同方言点的亲疏远近或新、老程度也有不同，如湘语区老湘语的娄底、双峰用词往往相同，而与新湘语长沙有异。同为西南官话，成都的用词较之贵阳、武汉似乎更显陈旧，这与成都话被湘语、客家话等包围不无关系。③ 方言的共时分布往往再现了移民历史的痕迹或折射出各方言形成的轨迹。如“绹”在湘语、两广以及四川境内的分布，较为清晰地再现了两湖地区往外移民的痕迹。④ 从系统的角度，全面考察各语义场的用词情况，还有助于探明各方言的词汇构成，有助于揭示汉语与少数民族语言之间的关系。如表 79 所示：

表 79　汉语中关涉肢体的基本动词与少数民族语言之间的关系

汉语							少数民族语							
普通话	方言						侗台语族				苗瑶语族			
	闽语	粤语	平话	湘语	赣语	客家话	壮语	黎语	毛南语	水语	苗语	布努瑶	标敏瑶	勉瑶
背	建瓯：mai^{44} 福州：mai^{242} 雷州：ma^{33}	广州、阳江：孭	南宁：孭				ma mi me		ma					

续　表

汉语							少数民族语							
普通话	方言						侗台语族				苗瑶语族			
扔$_1$		东莞：vəŋ^{213}			黎川：fiaŋ^{53} viaŋ^{13}	梅县：fit^{11}	vut wet vit	fik				fiŋ^{5}		fɛ^{7} feŋ^{5}
扔$_2$		广州：ueŋ^{53} 东莞：vəŋ^{21}			南昌：fak^{55}	梅县：fit^{11}	vut wet vit	fik		wut^{8} wət^{8a}		fiŋ^{5}		fɛ^{7} feŋ^{5}
踩				娄底：t‘ɤŋ^{52} 湘方言岛⊆doŋ	黎川：top^{55}						黔东 ten^{8} 湘西 ţa^{5}	ton^{6}	duan^{5}	tun^{6}

由此可见，历时考察与共时分析有机结合有助于加深对基本词的全面研究。

2）定性、定量分析的结合；组合搭配与语境差异分析的结合。这是基本词研究的方法，也是具体操作手段。表现之一通常是以一系列简明扼要、清晰直观的统计图表展示语言事实。

总之，基本词史的研究成果对汉语史分期、方言间亲疏关系的分析、汉语与少数民族语言关系的考察，以及追溯官话基础方言的变迁等问题都具有重要作用。

参 考 文 献

白涤洲遗稿,喻世长整理　1954　《关中方音调查报告》,北京:中国科学院。

白利利　2005　《"睡觉"类常用词的历史演变》,陕西师范大学硕士学位论文。

白　云　2005　《汉语五类常用动词比较研究》,厦门大学博士学位论文。

白　云　2007　《"走"词义系统的历时与共时比较研究》,《山西大学学报》,第2期。

贝罗贝,刘华丽　2013　《汉语"等待"义动词历时考察》,载中国社会科学院语言研究所《历史语言学研究》编辑部编,《历史语言学研究》第六辑,北京:商务印书馆。

陈保亚　1996　《论语言接触与语言联盟》,北京:语文出版社。

陈　莉　2006　《〈训世评话〉词汇研究》,南京大学硕士学位论文。

陈秀兰　2001　《敦煌变文与汉语常用词演变研究》,《古汉语研究》,第3期。

陈秀兰　2004a　《从常用词看魏晋南北朝文与汉文佛典语言的差异》,《古汉语研究》,第1期。

陈秀兰　2004b　《魏晋南北朝文与汉文佛典语言比较研究》,韩国:新星出版社。

陈亦文　2010　《名量词“棵”的历史变迁》，载四川大学汉语史研究所编，《汉语史研究集刊》第十三辑，成都：巴蜀书社。

陈章太，李行健　1996　《普通话基础方言基本词汇集（词汇卷）》，北京：语文出版社。

储泰松　2005　《唐五代关中方音研究》，合肥：安徽大学出版社。

储泽祥　1998　《邵阳方言研究》，长沙：湖南教育出版社。

崔宰荣　2001　《汉语“吃喝”语义场的历史演变》，载北京大学中文系《语言学论丛》编委会编，《语言学论丛》第二十四辑，北京：商务印书馆。

邓晓华　1999　《客家话跟苗瑶壮侗语的关系问题》，《民族语文》，第3期。

丁喜霞　2006　《中古汉语常用并列双音词的成词和演变研究》，北京：语文出版社。

丁喜霞　2013　《汉语常用词的演变模式初探》，《河南大学学报》，第2期。

董秀芳　2011　《词汇化：汉语双音词的衍生和发展》（修订本），北京：商务印书馆。

董志翘　1998a　《〈洛阳伽蓝记〉在中古汉语词汇史研究上的语料价值》，《古汉语研究》，第2期。

董志翘　1998b　《再论“进”对“入”的历时替换——与李宗江先生商榷》，《中国语文》，第2期。

董志翘　2000　《〈入唐求法巡礼行记〉词汇研究》，北京：中国社会科学出版社。

杜　翔　2002　《支谦译经动作语义场及其演变研究》，北京大学博士学位论文。

杜　翔　2004　《“走”对“行”的替换与“跑”的产生》，《中文自学指导》，第6期。

符淮青　1996　《词义的分析和描写》，北京：语文出版社。

符淮青　2004　《现代汉语词汇》增订本，北京：北京大学出版社。

高葆泰，林　涛　1993　《银川方言志》，北京：语文出版社。

郭晓妮　2009　《汉语常用词多义义场的历史演变初探——以动词“提”为例》，《合肥学院学报》，第5期。

郭在贻　2002　《郭在贻文集》第一卷，北京：中华书局。

何九盈　2000　《中国古代语言学史》，广州：广东教育出版社。

何九盈，蒋绍愚　2010　《古汉语词汇讲话》，北京：中华书局。

和　谦　2007　《古汉语常用词意义演变个例研究》，西北大学硕士学位论文。

洪　诚　1984　《训诂学》，南京：江苏古籍出版社。

洪成玉　1995　《抱·抛·炮》，《语文建设》，第12期。

侯精一　2002　《现代汉语方言概论》，上海：上海教育出版社。

胡明扬　1992　《海盐方言志》，杭州：浙江人民出版社。

郝懿行(清)　《证俗文》，《续修四库全书》第192册，上海：上海古籍出版社，影印清光绪十年东路厅署刻本。

黄　成　2011　《上古汉语三组常用词演变研究》，西南大学硕士学位论文。

黄金贵　1995　《古代文化词义集类辨考》，上海：上海教育出版社。

黄金贵　2001　《古代文化词语考论》，杭州：浙江大学出版社。

黄景欣　1961　《试论词汇学中的几个问题》，《中国语文》3月号；又收入《黄景欣语言研究论文集》，南京：江苏教育出版社，1995。

黄坤尧　1992　《经典释文动词异读新探》，台北：学生书局。

黄　生(清)撰　黄承吉合按　1984　《字诂义府合按》，北京：中华书局。

贾彦德　1999　《汉语语义学》，北京：北京大学出版社。

江　荻　2008　《基本层次范畴与核心词集构建》，载北京大学中文系《语言学论丛》编委会编，《语言学论丛》第三十八辑，北京：商务印书馆。

蒋礼鸿 1981 《义府续貂》,北京:中华书局。

蒋礼鸿 1997 《敦煌变文字义通释》增补定本,上海:上海古籍出版社。

蒋绍愚 1989/2005a 《古汉语词汇纲要》,北京:北京大学出版社/北京:商务印书馆。

蒋绍愚 1999 《两次分类——再谈词汇系统及其变化》,《中国语文》,第5期;又收入蒋绍愚《汉语词汇语法史论文集》,北京:商务印书馆,2000。

蒋绍愚 2000 《20世纪的古汉语词汇研究》,原载林焘主编,《20世纪中国学术大典》,福州:福建教育出版社;又收入《汉语词汇语法史论文集》,北京:商务印书馆,2000。

蒋绍愚 2002 《从"走"到"跑"的历史更替》,纪念李方桂先生诞辰一百周年汉语史国际学术研讨会,美国:华盛顿大学。

蒋绍愚 2004 《汉语颜色词的历史演变》,载《语言暨语言学》专刊外编之四,台北,12月;又收入蒋绍愚《汉语词汇语法史论文续集》,北京:商务印书馆,2012。

蒋绍愚 2005b 《近代汉语研究概要》,北京:北京大学出版社。

蒋绍愚 2005c 《关于汉语史研究的几个问题》,载浙江大学汉语史研究中心编,《汉语史学报》第五辑,上海:上海教育出版社;又收入蒋绍愚《汉语词汇语法史论文续集》,北京:商务印书馆,2012。

蒋绍愚 2006a 《汉语词义和词汇系统的历史演变初探——以"投"为例》,《北京大学学报》,第4期;又收入蒋绍愚《汉语词汇语法史论文续集》,北京:商务印书馆,2012。

蒋绍愚 2006b 《汉语"天"的意义的演变》,*Study in Chinese Language and Culture, Fest-schrift in Honour of Christoph Harbsmeier on the Occasion of his 60th Birthday*. Hermes Academic Publishing & Bookshop A/S;又收入蒋绍愚《汉语词汇语法史论文续集》,北京:商务印书馆,2012。

蒋绍愚 2007 《打击义动词的语义分析》,《中国语文》,第5期。
蒋绍愚 2012 《汉语词汇语法史论文续集》,北京:商务印书馆。
孔凡涛 2005 《关于基本词汇的反思》,《徐州教育学院学报》,第3期。
雷冬平 2006 《近代汉语常用双音虚词演变研究及认知分析》,浙江大学博士学位论文。
黎 明,邹哲承 1996 《定义不完善的“基本词汇”》,《荆门大学学报》,第2期。
李格非,赵振铎主编 1990 《汉语大字典论文集》,武汉:湖北辞书出版社;成都:四川辞书出版社。
李 慧 2014 《汉语“睡眠”、“清醒”义常用动词的演变研究》,湖北大学硕士学位论文。
李惠昌 1989 《关于司马迁忍辱求生的原因——“仆又佴之蚕室”的注释问题》,《汕头大学学报》,第3期。
李 荣 1952 《汉语的基本字汇》,《科学通报》,第7期。
李 荣 1982 《音韵存稿》,北京:商务印书馆。
李 荣 1987 《文字问题》,北京:商务印书馆。
李如龙 2011 《论汉语词汇的多元系统》,《江苏大学学报》,第1期。
李 实(明)著,黄仁寿等校注 1990 《蜀语校注》,成都:巴蜀书社。
李顺美 2011 《〈老乞大〉〈朴通事〉常用词汇研究——以〈老朴集览〉为中心》,复旦大学博士学位论文。
李维琦 2004 《佛经词语汇释》,长沙:湖南师范大学出版社。
李向真 1953 《关于汉语的基本词汇》,《中国语文》,4月号。
李小华 2009 《“僵”之“仆倒”和“僵硬”义演变更替及相关问题》,《古汉语研究》,第2期。
李 战 1997 《〈红楼梦〉中的“便”和“就”》,《暨南学报》,第1期。
李宗江 1999 《汉语常用词演变研究》,上海:汉语大词典出版社。
李宗江 1997a 《“也”的来源及其对“亦”的历时替换》,《语言研究》,

第 2 期。
李宗江　1997b　《“进”对“入”的历时替换》,《中国语文》,第 3 期。
李宗江　2002　《汉语重复副词的演变》,载四川大学汉语史研究所编,《汉语史研究集刊》第五辑,成都：巴蜀书社。
李宗江　2016　《汉语常用词演变研究》第二版,上海：上海教育出版社。
林　焘　1954　《汉语基本词汇中的几个问题》,《中国语文》,7 月号。
林　端　1998　《说“扔”》,《乌鲁木齐成人教育学院学报》,第 1 期。
林寒生　2002　《闽东方言词汇语法研究》,昆明：云南大学出版社。
刘宝霞,张美兰　2013　《近代汉语“丢弃”义常用词的历时演变与地域分布》,《古代汉语》,第 2 期。
刘君敬　2011　《唐以后俗语词用字研究》,南京大学博士学位论文。
刘叔新　1964　《论词汇体系问题——与黄景欣同志商榷》,《中国语文》,第 3 期。
刘叔新　2005　《汉语描写词汇学》重排本,北京：商务印书馆。
刘秀莹,连金发　2004　《台湾闽南话移动动词“走”的多义性及概念结构：语义延伸的途径》,载北京大学中文系《语言学论丛》编委会编,《语言学论丛》第二十九辑,北京：商务印书馆。
刘镇发　1998　《客、粤语与邻近民族语言的共同词》,《语文研究》,第 4 期。
柳士镇　1989　《从语言角度看〈齐民要术〉卷前〈杂说〉非贾氏所作》,《中国语文》,第 2 期;又收入《语文丛稿》,南京：南京大学出版社,1998。
鲁国尧　1984　《〈集韵〉——收字最多规模宏大的韵书》,《文史知识》,第 11 期;又收入《鲁国尧语言学论文集》,南京：江苏教育出版社,2003。
鲁国尧　2002　《“颜之推谜题”及其半解》上,《中国语文》,第 6 期;又收入《鲁国尧语言学论文集》,南京：江苏教育出版社,2003。

鲁国尧 2003a 《论“历史文献考证法”与“历史比较法”的结合——兼议语言研究中的“犬马—鬼魅法则”》,《古汉语研究》,第1期;又收入《鲁国尧语言学论文集》,南京:江苏教育出版社,2003。

鲁国尧 2003b 《泰州方音史与通泰方言史研究》,载鲁国尧著,《鲁国尧语言学论文集》,南京:江苏教育出版社,2003。

鲁国尧 2003c 《“颜之推谜题”及其半解》下,《中国语文》,第2期;又收入《鲁国尧语言学论文集》,南京:江苏教育出版社,2003。

陆澹安 1999 《小说词语汇释》,上海:上海古籍出版社。

陆德明(唐)撰,黄 焯断句 1983 《经典释文》,北京:中华书局。

陆宗达 2002 《训诂学简论》,北京:北京出版社。

罗常培,蔡美彪编著 2004 《八思巴字与元代汉语》增订本,北京:中国社会科学出版社。

罗常培,周祖谟合著 1958 《汉魏晋南北朝韵部演变研究》第一分册,北京:科学出版社。

罗昕如 1998 《新化方言研究》,长沙:湖南教育出版社。

罗正坚 1993 《读王力先生〈汉语词汇史〉札记》,《中国语文》,第3期。

吕传峰 2006 《汉语六组“涉口”基本词演变研究》,南京大学博士学位论文。

吕东兰 1998 《从〈史记〉、〈金瓶梅〉等看汉语“观看”语义场的历史演变》,载北京大学中文系《语言学论丛》编委会编,《语言学论丛》第二十一辑,北京:商务印书馆。

吕叔湘 1993 《我的一点希望——写给全国首届词汇学术讨论会》,载《词汇学新研究——首届全国现代汉语词汇学术讨论会选集》,北京:语文出版社,1995。

马建忠 2000 《马氏文通》,北京:商务印书馆。

梅祖麟 1984 《从语言史看几本元杂剧宾白的写作时期》,载《语言学论丛》第十三辑,北京:商务印书馆。

孟庆惠 2005 《徽州方言》,合肥：安徽人民出版社。
牛太清 2001 《量词"层"、"重"的历时替换》,《古汉语研究》,第2期。
牛太清 2003 《常用词"隅""角"历时替换考》,《中国语文》,第2期。
潘允中 1989 《汉语词汇史概要》,上海：上海古籍出版社。
钱大昕(清)著,方诗铭,周殿杰校点 2004 《廿二史考异》上、下,上海：上海古籍出版社。
邱丽佳 2010a 《先秦至隋几组常用词的演变研究》,苏州大学硕士学位论文。
邱丽佳 2010b 《"腹"与"肚"词义的断代演变》,《宁波教育学院学报》,第1期。
裘锡圭 1988 《文字学概要》,北京：商务印书馆。
任学良 1987 《〈古代汉语·常用词〉订正》,杭州：浙江大学出版社。
石安石 1999 《重新审视"基本词汇"问题》,载北京大学中文系《语言学论丛》编委会编,《语言学论丛》第二十二辑,北京：商务印书馆。
史存直 1989 《汉语词汇史纲要》,上海：华东师范大学出版社。
史光辉 2004a 《常用词"焚、燔、烧"历时替换考》,《古汉语研究》,第1期。
史光辉 2004b 《常用词"矢、箭"的历时替换考》,载浙江大学汉语史研究中心编,《汉语史学报》第四辑,上海：上海教育出版社。
苏宝荣 2000 《词义研究与辞书释义》,北京：商务印书馆。
苏培成 1995 《关于基本词汇的一些思考》,载《词汇学新研究——首届全国现代汉语词汇学术讨论会选集》,北京：语文出版社。
苏新春 1994 《如何划分汉语的基本词汇》,《广州师院学报》,第4期。
孙常叙 1957/2006 《汉语词汇》,长春：吉林人民出版社/北京：商务印书馆。

孙玉文 2002 《“背”音变构词所反映出的原始词和滋生词音义关系的两种值得注意的现象》，载《纪念王力先生百年诞辰学术论文集》编辑委员会编，《纪念王力先生百年诞辰学术论文集》，北京：商务印书馆。

谭代龙 2008 《义净译经身体运动概念场词汇系统及其演变研究》，北京：语文出版社。

谭治琪 2010 《陇东方言常用词本字考释》，《甘肃高师学报》，第4期。

唐 兰 1981 《殷墟文字记》，北京：中华书局。

唐作藩 2001 《破读音的处理问题》，载唐作藩著，《汉语史学习与研究》，北京：商务印书馆。

唐作藩 2013 《音韵学教程》（第二版），北京：北京大学出版社。

田范芬 2003 《几组全浊上声字未变去声探因》，《古汉语研究》，第2期。

汪维辉 1997 《东汉魏晋南北朝常用词演变研究》，四川大学博士学位论文。

汪维辉 1998a 《常用词历时更替札记》，《语言研究》，第2期。

汪维辉 1998b 《几组常用词历史演变的考察》，载四川大学汉语史研究所编，《汉语史研究集刊》第一辑，成都：巴蜀书社。

汪维辉 1999 《汉语基本词汇历时替换二例》，载杭州大学古籍研究所、杭州大学中文系古汉语教研室编，《古典文献与文化论丛》第二辑，杭州：杭州大学出版社。

汪维辉 2000a 《东汉—隋常用词演变研究》，南京：南京大学出版社。

汪维辉 2000b 《〈周氏冥通记〉词汇研究》，载浙江大学汉语史研究中心编，《中古近代汉语研究》第一辑，上海：上海教育出版社。

汪维辉 2000c 《从词汇史看八卷本〈搜神记〉的语言时代》上，载四川大学汉语史研究所编，《汉语史研究集刊》第三辑，成都：巴蜀书社。
汪维辉 2001 《从词汇史看八卷本〈搜神记〉的语言时代》下，载四川大学汉语史研究所编，《汉语史研究集刊》第四辑，成都：巴蜀书社。
汪维辉 2003a 《汉语“说类词”的历时演变与共时分布》，《中国语文》，第4期；又收入《汉语词汇史新探》，上海：上海人民出版社，2007。
汪维辉 2003b 《关于〈训世评话〉文本的若干问题》，《语言研究》，第4期。
汪维辉 2004a 《试论〈齐民要术〉的语料价值》，《古汉语研究》，第4期；又收入《汉语词汇史新探》，上海：上海人民出版社，2007。
汪维辉 2004b 《撰写〈汉语100基本词简史〉的若干问题》，载中国社科院语言研究所编，《历史语言学研究》一，北京：商务印书馆，2008。
汪维辉 2005a 《朝鲜时代汉语教科书丛刊》全四册，北京：中华书局。
汪维辉 2005b 《〈僮约〉疏证》，原载李浩、贾三强主编，《古代文献的考证与诠释——海峡两岸古典文献学国际学术会议论文集》，上海：上海古籍出版社；又收入《汉语词汇史新探》，上海：上海人民出版社，2007。
汪维辉 2005c 《论词的时代性和地域性》，美国第二届哥伦比亚大学古代汉语及汉语史研究与教学国际研讨会提交论文，美国纽约；又载《语言研究》，2006年第2期；又收入《著名中年语言学家自选集·汪维辉卷》，上海：上海教育出版社，2011。
汪维辉 2006a 《〈老乞大〉诸版本所反映的基本词历时更替》，《中国语文》，第1期。
汪维辉 2006b 《纵横结合研究汉语词汇》，载商务印书馆编辑部编，《21世纪的中国语言学》第2辑，北京：商务印书馆。

汪维辉 2007a 《汉语常用词演变研究的若干问题》,原载《南开语言学刊》,第1期;又收入《著名中年语言学家自选集·汪维辉卷》,上海:上海教育出版社,2011。
汪维辉 2007b 《〈齐民要术〉词汇语法研究》,上海:上海教育出版社。
汪维辉 2008 《关于基本词汇的稳固性及其演变原因的几点思考》,汉语历史词汇与语义演变学术研讨会提交论文(杭州)。
汪维辉 2009a 《域外借词与汉语词汇史研究》,原载《江苏大学学报》,第1期;又收入《著名中年语言学家自选集·汪维辉卷》,上海:上海教育出版社,2011。
汪维辉 2009b 《"遐-迩"与"远-近"》,原载《语言研究》,第2期;又收入《著名中年语言学家自选集·汪维辉卷》,上海:上海教育出版社,2011;又收入潘悟云等主编,《语言的演变与变异——首届历史语言学国际学术研讨会论文集》,上海:中西书局,2013。
汪维辉,秋谷裕幸 2010a 《汉语"站立"义词的现状与历史》,原载《中国语文》,第4期;又收入《著名中年语言学家自选集·汪维辉卷》,上海:上海教育出版社,2011。
汪维辉 2010b 《汉语史上基本层次范畴"上位化"现象初探》,第18届国际中国语言学会年会(IACL-18)暨第22届北美中国语言学会议(NACCL-22)论文提要,哈佛大学。
汪维辉,远藤光晓,朴在渊,竹越孝编 2011 《朝鲜时代汉语教科书丛刊续编》全二册,北京:中华书局。
汪维辉,胡波 2013 《汉语史研究中的语料使用问题——兼论系词"是"发展成熟的时代》,《中国语文》,第4期。
汪维辉,秋谷裕幸 2014a 《汉语"闻/嗅"义词的现状与历史》,《语言暨语言学》(*Language and Linguistics*),第15卷第5期。
汪维辉 2014b 《说"脖子"》,载朱庆之、汪维辉、董志翘等编,《汉语历史语言学的传承与发展——张永言先生从教六十五周年纪念文集》，上海：复旦大学出版社，2016。
王 力 1958/1980 《汉语史稿》，北京：科学出版社/北京：中华书局。
王 力 1980 《龙虫并雕斋文集》第一册，北京：中华书局。
王 力 1993 《汉语词汇史》，北京：商务印书馆。
王 力主编 1999 《古代汉语》校订重排本，北京：中华书局。
王凤阳 1993 《古辞辨》，长春：吉林文史出版社。
王光汉 2007 《合肥方言单音动词考释(3)》，《合肥学院学报》，第2期。
王 宁 1997 《现代汉语双音合成词的构词理据与古今汉语的沟通》，原载中国语文编辑部编，《庆祝中国社会科学院语言研究所建所45周年学术论文集》，北京：商务印书馆；又收入周荐编，《二十世纪现代汉语词汇论文精选》，北京：商务印书馆，2004。
王彤伟 2004 《〈史记〉同义常用词先秦两汉演变浅探》，陕西师范大学硕士学位论文。
王云路 2000 《中古常用词研究漫谈》，载浙江大学汉语史研究中心编，《中古近代汉语研究》，上海：上海教育出版社，2000；又收入王云路，《词汇训诂论稿》，北京：北京语言文化大学出版社，2002。
王云路 2010 《中古汉语词汇史》上、下，北京：商务印书馆。
王云路，方一新 1992 《中古汉语语词例释》，长春：吉林教育出版社。
王云路，方一新 2002 《汉语史研究领域的新拓展——评汪维辉〈东汉—隋常用词演变研究〉》，《中国语文》，第2期。
魏宜辉 2004 《从古文字分析"嗀"及相关诸字》，中国古文字研究会第14次年会，杭州。
萧 红 1999 《再论"也"对"亦"历时替换的原因》，《湖北大学学报》，第1期。

解海江,张志毅 1993 《汉语面部语义场历史演变——兼论汉语词汇史研究方法论的转折》,《古汉语研究》,第4期。

谢晓安 1958 《现代汉语的基本词汇——和孙常叙先生讨论基本词汇的特点本质》,《人文杂志》,第1期。

谢智香 2013 《汉语手部动作常用词演变研究——以〈世说新语〉语料为中心》,北京:中国社会科学出版社。

邢向东 2002 《神木方言研究》,北京:中华书局。

熊 飞 2002 《司马迁〈报任安书〉校读札记》,《语文研究》,第1期。

徐 复 1958 《从语言上推测〈孔雀东南飞〉一诗的写定年代》,原载《学术月刊》,第2期;又收入《徐复语言文字学丛稿》,南京:江苏古籍出版社,1990;又收入王云路、方一新编,《中古汉语研究》,北京:商务印书馆,2000。

徐国庆 1999 《现代汉语词汇系统论》,北京:北京大学出版社。

徐 流 1996 《从汉语词汇史角度论"为"与"搞"》,《重庆师院学报》,第3期。

徐时仪 2000 《古白话词汇论稿》,上海:上海教育出版社。

徐时仪 2004 《玄应〈众经音义〉所释常用词考》,《语言研究》,第4期。

徐时仪 2007 《乳、湩与奶及弃、丢与扔的兴替考》,《南京师范大学文学院学报》,第4期。

徐时仪 2013 《近代汉语词汇学》,广州:暨南大学出版社。

徐通锵 1991 《历史语言学》,北京:商务印书馆。

徐 颖 2010 《核心词汇理论与对外汉语教学》,上海师范大学硕士学位论文。

闫从发 2005 《常用词义项演变研究举隅》,西北大学硕士学位论文。

杨克定 1992 《苏轼诗歌中的趋向v及其发展变化》,载程湘清主编,《宋元明汉语研究》,济南:山东教育出版社。

杨克定 1994 《关于动词"走"行义的产生问题》,《东岳论丛》,第3期。
杨明泽 2010 《常用词"伪、假"之意义演变研究》,《柳州职业技术学院学报》,第3期。
杨荣华 2006 《四川安岳大平话音系研究》,四川师范大学硕士论文。
杨荣祥 2002 《从〈世说新语〉看汉语同义词聚合的历史演变》,载袁行霈著,《国学研究》卷九,北京:北京大学出版社。
杨世铁 2007/2015 《先秦汉语常用词研究》,安徽大学博士学位论文/北京:中国社会科学出版社。
杨树达 2007a 《积微居小学述林全编》全二册,上海:上海古籍出版社。
杨树达 2007b 《积微居小学金石论丛》,上海:上海古籍出版社。
杨同用 2003 《基本词汇问题的重新思考》,《语文研究》,第3期。
杨雅丽 1995 《"佴"词义考释》,《西北第二民族学院学报》,第2期。
殷晓杰 2010 《"面"与"脸"的历时竞争与共时分布》,载王云路主编,《汉语史学报》第九辑,上海:上海教育出版社。
游汝杰 2004 《汉语方言学教程》,上海:上海教育出版社。
于 飞 2008 《两汉常用词研究》,吉林大学博士学位论文。
俞理明 2008 《词汇历史研究中的宏观认识》,《江苏大学学报》,第3期。
俞理明 2014 《词汇的分层及其外围成分》,《苏州大学学报》,第1期。
袁家骅等著 2001 《汉语方言概要》(第2版),北京:语文出版社。
袁小眉 1990 《字词典释义的几个理论问题》,载李格非、赵振铎主编,《汉语大字典论文集》,武汉:湖北辞书出版社;成都:四川辞书出版社。
翟颖华 2012 《核心词研究述评》,《长江学术》,第3期。

张联荣 2000 《古汉语词义论》,北京：北京大学出版社。

张美兰 2013a 《明初汉语常用词新旧质素的兴替变化——以〈训世评话〉为中心》,《安徽理工大学学报》,第 4 期。

张美兰 2013b 《汉语常用词历时演变的新视角——以版本异文为视角》,《合肥师范学院学报》,第 2 期。

张 敏 1998 《认知语言学与汉语名词短语》,北京：中国社会科学出版社。

张庆庆 2007 《近代汉语几组常用词演变研究》,苏州大学博士学位论文。

张慎仪著,张永言点校 1987 《〈续方言新校补〉〈方言别录〉〈蜀方言〉》,成都：四川人民出版社。

张世禄 1986 《从训诂学看古汉语的基本词》,载江苏省语言学会编,《语言研究集刊》第一辑,南京：江苏教育出版社。

章太炎 1999 《新方言》,载《章太炎全集》七,上海：上海人民出版社。

张显成 2000 《先秦两汉医学用语研究》,成都：巴蜀书社。

张涌泉 2010 《汉语俗字研究》(增订本),北京：商务印书馆。

张永言 1982/2015 《词汇学简论》,武汉：华中工学院出版社/上海：复旦大学出版社。

张永言,汪维辉 1995 《关于汉语词汇史研究的一点思考》,《中国语文》,第 6 期；又收入张永言《语文学论集》,北京：语文出版社/上海：复旦大学出版社,1999/2015；又收入汪维辉《东汉—隋常用词演变研究》,南京：南京大学出版社,2000。

张志毅 2008 《〈汉语词汇〉的贡献与词汇学的新进展》,《汉字文化》,第 6 期。

张志毅,张庆云 2005 《词汇语义学》修订本,北京：商务印书馆。

赵川兵 2010 《近代汉语五组涉"手"类词演变研究》,南京大学博士学位论文。

赵涵茜 2011 《常用词词义扩大与缩小的认知语义研究》,青海师范大学硕士学位论文。
赵世举 2014 《试论核心词及其类型》,《武汉大学学报》,第3期。
赵艳芳 2000 《认知语言学概论》,上海:上海外语教育出版社。
赵一农 1999 《语义场内的词义联动现象》,《解放军外国语学院学报》,第4期。
赵振铎 1959 《虚词不能归入基本词汇吗》,《人文杂志》,第3期。
真大成 2012 《关于常用词"腿"的若干问题》,《语言研究》,第3期。
郑 奠 1959a 《汉语词汇史随笔》二,《中国语文》,7月号。
郑 奠 1959b 《汉语词汇史随笔》三,《中国语文》,8月号。
郑 奠 1959c 《汉语词汇史随笔》四,《中国语文》,9月号。
郑晓峰 1999 《罗杰瑞教授访问记》,《汉学研究通讯》,第3期。
钟 奇 2000 《从"踩"的本字看词语考释的几种方法》,《暨南学报》,第1期。
中央民族学院苗瑶语研究室编 1987 《苗瑶语方言词汇集》,北京:中央民族学院出版社。
周成松 2000 《玉林方言本字考》,载单周尧等主编,《第七届国际粤方言研讨会论文集》,北京:商务印书馆。
周 荐 1987 《基本词汇与一般词汇划分刍议》,《南开学报》,第3期。
周俊勋 2009 《中古汉语词汇研究纲要》,成都:巴蜀书社。
周晓维 2013 《〈论衡〉单音常用词研究》,四川师范大学硕士学位论文。
周 行 2002 《关于"基本词汇"的再探讨》,《汉字文化》,第1期。
周志峰 1998 《大字典论稿》,杭州:浙江教育出版社。
周祖谟 1959 《汉语词汇讲话》,北京:人民教育出版社。
周祖谟 1966 《问学集》,北京:中华书局。
朱莹莹 2007 《手部动作常用词的语义场研究》,四川大学硕士学位论文。

祝敏彻,尚春生 1984 《敦煌变文中的几个行为动词——穿、走、行李、去》,《语文研究》,第1期。

庄初升 1998 《从方言词汇看客家民系统的历史形成》,《韶关大学学报》,第2期。

金尼阁[法]著 1957 《西儒耳目资》,北京:文字改革出版社。

梅耶[法]著 岑麟祥译 1957 《历史语言学中的比较方法》,北京:科学出版社。

约瑟夫·房德里耶斯[法]著,岑麟祥、叶蜚声译 1992 《语言》,北京:商务印书馆。

布龙菲尔德[美] 1980 《语言论》,袁家骅等译,北京:商务印书馆。

罗杰瑞[美]著,梅祖麟译 2004 《关于官话方言早期发展的一些想法》,《方言》,第4期。

罗杰瑞[美]著,张惠英译 1995 《汉语概说》,北京:语文出版社。

桥本万太郎[日]著,余志鸿译 1985 《语言地理类型学》,北京:北京大学出版社。

入矢义高[日] 2004 《中国口语史的构想》,载《汉语史学报》第四辑,上海:上海教育出版社。

索绪尔[瑞士]著,高名凯译 1982 《普通语言学教程》,北京:商务印书馆。

斯大林[苏联] 1953 《马克思主义与语言学问题》,北京:人民出版社。

杰弗里·利奇[英]著,李瑞华等译 1987 《语义学》,上海:上海外语教育出版社。

威妥玛[英]著,张卫东译 2002 《语言自迩集——19世纪中期的北京话》,北京:北京大学出版社。

John Lyons 2000 *Linguistic Semantics: An Introduction*,北京:外语教学与研究出版社;英国:剑桥大学出版社。

工具书：

北京大学中国语言文学系语言学教研室编　2003　《汉语方音字汇》（第二版重排本），北京：语文出版社。

北京大学中文系语言学教研室　1995　《汉语方言词汇》（第二版），北京：语文出版社。

曹先擢，苏培成编　1999　《汉字形义分析字典》，北京：北京大学出版社。

辞海编辑委员会　1999　《辞海》（缩印本），上海：上海辞书出版社。

丁　度（宋）等编　2005　《宋刻集韵》，北京：中华书局。

丁福保　1988　《说文解字诂林》，北京：中华书局。

丁声树编录，李荣参订　1981　《古今字音对照手册》，北京：中华书局。

董绍克，张家芝主编　1997　《山东方言词典》，北京：语文出版社。

段玉裁（清）　1988　《说文解字注》（第 2 版），上海：上海古籍出版社。

谷衍奎　2003　《汉字源流字典》，北京：华夏出版社。

顾野王（梁）　1985　《原本玉篇残卷》，北京：中华书局。

顾野王（梁）撰，（宋）陈彭年等重修　1987　《大广益会玉篇》，北京：中华书局。

广东、广西、湖南、河南辞源修订组，商务印书馆编辑部编　1981　《辞源》（修订本），北京：商务印书馆。

桂　馥（清）　1987　《说文解字义证》，北京：中华书局。

郭锡良　2010　《汉字古音手册》（增订本），北京：商务印书馆。

韩孝彦（金）撰　宁忌浮校订　1992　《改并五音集韵》，北京：中华书局。

郝懿行（清）　1983　《尔雅义疏》，上海：上海古籍出版社。

慧琳（唐），希麟（辽）撰　1986　《正续一切经音义》，上海：上海古籍出版社。

季恒铨等主编　2002　《汉语常用字详解字典》,武汉：湖北教育出版社。

教育部国语统一筹编委员会　1932　《国音常用字汇》,台北：开明书店。

兰廷秀(明)撰　《韵略易通》,《续修四库全书》第 259 册,上海：上海古籍出版社,据华东师范大学图书馆藏明嘉靖三十二年高岐刻本影印。

李　圃主编　2004　《古文字诂林》(第 9 册),上海：上海教育出版社。

李　荣主编　2002　《现代汉语方言大词典》(6 卷本),南京：江苏教育出版社。

李　荣主编,王军虎编纂　1996　《西安方言词典》,南京：江苏教育出版社。

李如龙等编　1996　《福州方言词典》(修订版),福州：福建人民出版社。

李行健主编　1998　《现代汉语规范字典》,北京：语文出版社。

罗美珍等主编　2004　《客家话通用词典》,广州：中山大学出版社。

罗竹风主编　1990—1993　《汉语大词典》(12 卷本),上海：汉语大词典出版社。

毛　晃(宋)增注,毛居正重增　《增修互注礼部韵略》,《文渊阁四库全书》第 237 册,台北：商务印书馆影印。

梅家驹等编　1996　《同义词词林》(第二版),上海：上海辞书出版社。

梅膺祚(明)　1995　《字汇》,上海：上海古籍出版社。

钱　绎(清)　1984　《方言笺疏》,上海：上海古籍出版社。

石汝杰,宫田一郎[日]主编　2005　《明清吴语词典》,上海：上海辞书出版社。

司马光(宋)等编　1984　《类篇》,北京：中华书局。

孙　耀(明)撰　《音韵正讹》,《续修四库全书》第259册,上海:上海古籍出版社,影印北京大学图书馆藏清乾隆五十四年书业堂刻本。
王　力　1997　《同源字典》,北京:商务印书馆。
王　力主编　2000　《王力古汉语字典》,北京:中华书局。
王利器主编　1988　《金瓶梅词典》长春:吉林文史出版社。
王念孙(清)　2000　《广雅疏证》,南京:江苏古籍出版社。
王延栋　2001　《战国策词典》,天津:南开大学出版社。
夏征农主编　2003　《大辞海》语言学卷,上海:上海辞书出版社。
向　熹编　1997　《诗经词典》修订本,成都:四川人民出版社。
行　均(辽)　1979　《龙龛手镜》,北京:中华书局。
熊忠,黄公绍(元)　2000　《古今韵会举要》,北京:中华书局。
徐　复　1998　《广雅诂林》,南京:江苏古籍出版社。
徐中舒主编　1993　《汉语大字典》缩印本,成都:四川辞书出版社;武汉:湖北辞书出版社。
许宝华,宫田一郎[日]主编　1999　《汉语方言大词典》,北京:中华书局。
许慎(汉)撰,徐铉(宋)校定　1963　《说文解字》,北京:中华书局。
余迺永校注　2008　《新校互注宋本广韵》定稿本,上海:上海人民出版社。
于省吾主编　1996　《甲骨文字诂林》,北京:中华书局。
于省吾　2010　《甲骨文字释林》,北京:商务印书馆。
裕　恩(清)撰　《音韵逢源》,《续修四库全书》第258册,上海:上海古籍出版社,据北京大学图书馆藏清道光聚珍堂刻本影印原书版。
张舜徽撰　1983　《说文解字约注》,郑州:中州书画社。
张维耿主编　1995　《客家话词典》,广州:广东人民出版社。
张　相　1955　《诗词曲语辞汇释》第3版,北京:中华书局。

张永言等编 1993 《简明古汉语字典》,成都：四川人民出版社。
张玉书(清)等 1958 《康熙字典》,北京：中华书局。
震华法师编 1999 《中国佛教人名大词典》,上海：上海辞书出版社。
中国社会科学院语言研究所词典编辑室编 2013 《现代汉语词典》第7版,北京：商务印书馆。
中华书局编辑部 1978 《中华大字典》缩印本全二册,北京：中华书局。
周德清(元) 1978 《中原音韵》,北京：中华书局。
周祖谟 1993 《方言校笺》,北京：中华书局。
周祖谟 2004 《尔雅校笺》,昆明：云南人民出版社。
朱骏声(清) 1984 《说文通训定声》,北京：中华书局。
朱彰年等编著 1996 《宁波方言词典》,上海：汉语大词典出版社。
宗福邦等主编 2003 《故训汇纂》,北京：商务印书馆。

引 用 文 献

中土文献

《十三经注疏》,(清) 阮元校刻,北京:中华书局,1980。

《周易译注》,黄寿祺、张善文,上海:上海古籍出版社,2001。

《尚书译注》,李民、王健,上海:上海古籍出版社,2004。

《诗三家义集疏》全二册,(清) 王先谦撰,吴格点校,北京:中华书局,1987。

《逸周书汇校集注》,黄怀信等撰,李学勤审定,上海:上海古籍出版社,1995。

《春秋左传注》修订本,杨伯峻编著,北京:中华书局,2009。

《论语集释》,程树德撰,程俊英、蒋见元点校,北京:中华书局,1990。

《孟子正义》,(清) 焦循撰,沈文倬点校,北京:中华书局,1987。

《老子注译及评介》修订增补本,陈鼓应撰,北京:中华书局,2009。

《国语集解》,徐元诰撰,王树民、沈长云点校,北京:中华书局,2002。

《韩非子新校注》,(战国) 韩非著,陈奇猷校注,上海:上海古籍出版社,2000。

《吕氏春秋新校释》,(战国) 吕不韦著,陈奇猷校释,上海:上海古籍出版社,2002。

《墨子间诂》,(清) 孙诒让,北京:中华书局,2001。

《庄子集释》,(清) 郭庆藩撰,王孝鱼点校,北京:中华书局,2013。

《荀子集释》,(清)王先谦撰,沈啸寰、王星贤点校,北京:中华书局,1988。
《楚辞补注》,(宋)洪兴祖撰,白化文等点校,北京:中华书局,1983。
《楚辞集注》,(宋)朱熹集注,李庆甲校点,上海:上海古籍出版社,1979。
《孙子译注》,李零译注,北京:中华书局,2007。
《管子校注》全三册,黎翔凤撰,梁运华整理,北京:中华书局,2004。
《鹖冠子校注》,黄怀信撰,北京:中华书局,2014。
《战国策》,(西汉)刘向集录,上海:上海古籍出版社,1998。
《战国策注释》,(西汉)刘向辑、何建章注释,北京:中华书局,1990。
《尉缭子注译》,华陆综注译,北京:中华书局,1979。
《内经素问》四部备要本,上海中华书局据明顾氏影宋本校刊(65)。
《灵枢经》四部备要本,上海中华书局据医统本校刊(65)。
《史记》,(西汉)司马迁撰,(刘宋)裴骃集解,(唐)司马贞索隐,(唐)张守节正义,北京:中华书局,1982。
《太玄集注》,(西汉)扬雄撰,(宋)司马光集注,刘韶军点校,北京:中华书局,2013。
《新书校注》,(西汉)贾谊撰,阎振益等校注,北京:中华书局,2000。
《说苑校证》,(西汉)刘向撰,向宗鲁校证,北京:中华书局,1987。
《新序详注》,(西汉)刘向撰,赵仲邑注,北京:中华书局,1997。
《方言笺疏》,(西汉)扬雄撰,(清)钱绎笺疏,上海:上海古籍出版社,1984。
《方言校笺》,(西汉)扬雄撰,周祖谟校笺,北京:中华书局,1993。
《西京杂记校注》,(西汉)刘歆撰,(晋)葛洪集,向新阳等校注,上海:上海古籍出版社,1991。
《淮南鸿烈集解》全二册,刘文典撰,冯逸、乔华点校,北京:中华书局,2013。
《大戴礼记解诂》,(清)王聘珍撰,王文锦点校,北京:中华书局,1983。
《汉书》,(东汉) 班固撰,(唐) 颜师古注,北京: 中华书局,1962。
《论衡校释》,(东汉) 王充撰,黄晖校释,北京: 中华书局,1990。
《潜夫论笺校正》,(汉) 王符著,(清) 汪继培笺,彭铎校正,北京: 中华书局,2014。
《风俗通义校注》,(汉) 应劭撰,王利器校注,北京: 中华书局,1981。
《〈太平经〉正读》,俞理明著,成都: 巴蜀书社,2001。
《金匮要略》四部备要本,上海中华书局据医统本校刊(65)。
《东观汉记》四部备要本,上海中华书局据扫叶山房本校刊(45)。
《搜神记》,(晋) 干宝撰,汪绍楹校注,北京: 中华书局,1985。
《列子集释》,杨伯峻撰,北京: 中华书局,1979。
《华阳国志校补图注》,(晋) 常璩撰,任乃强校注,上海: 上海古籍出版社,1987。
《抱朴子内篇校释》增订本,(晋) 葛洪撰,王明注,北京: 中华书局,1996。
《抱朴子外篇校笺》上、下,(晋) 葛洪撰,杨明照校笺,北京: 中华书局,1991、1997。
《三国志》,(晋) 陈寿撰,(刘宋) 裴松之注,北京: 中华书局,1982。
《陶渊明集》,逯钦立校注,北京: 中华书局,1979。
《世说新语校笺》,(刘宋) 刘义庆撰,(梁) 刘孝标注,徐震堮校笺,北京: 中华书局,2001。
《后汉书》,(刘宋) 范晔撰,(唐) 李贤等注,北京: 中华书局,1965。
《颜氏家训集解》增补本,(北齐) 颜之推撰,王利器集解,北京: 中华书局,1993。
《六臣注文选》,(梁) 萧统编,(唐) 李善等注,上海: 上海古籍出版社,1993。
《宋书》,(梁) 沈约撰,北京: 中华书局,1974。
《真诰》,(梁) 陶弘景编,明正统《道藏》第 20 册,台北: 新文丰出版公司影印。
《齐民要术校释》第二版，(北魏) 贾思勰撰，缪启愉校释，北京：中国农业出版社，1998。
《洛阳伽蓝记校注》，(北魏) 杨衒之撰，范祥雍校注，上海：上海古籍出版社，1982。
《水经注校证》，(北魏) 郦道元著，陈桥驿校证，北京：中华书局，2013。
《古小说钩沈》重印第1版，鲁迅校录，北京：人民文学出版社，1951。
《汉魏南北朝墓志汇编》，赵超著，天津：天津古籍出版社，1992。
《全上古三代秦汉三国六朝文》，(清) 严可均校辑，北京：中华书局，1991。
《先秦汉魏晋南北朝诗》，逯钦立辑校，北京：中华书局，1983。
《全唐诗》全二册，(清) 彭定求等编纂，上海：上海古籍出版社，1986。
《全唐文》，(清) 董诰等编，北京：中华书局，1983。
《全唐诗补编》，陈尚君辑校，北京：中华书局，1992。
《王梵志诗校注》，(唐) 王梵志著，项楚校注，上海：上海古籍出版社，1991。
《游仙窟》，(唐) 张文成著，上海：上海书店，1985。
《柳宗元全集》，(唐) 柳宗元著，曹明纲标点，上海：上海古籍出版社，1997。
《南史》，(唐) 李延寿撰，北京：中华书局，1975。
《敦煌变文校注》，黄征、张涌泉校注，北京：中华书局，1997。
《敦煌变文集新书》，潘重规编著，台北：文津出版社有限公司，1995。
《入唐求法巡礼行记》，[日] 圆仁撰，顾承甫、何泉达点校，上海：上海古籍出版社，1986。
《玄怪录》，(唐) 牛僧孺撰，程毅中点校，北京：中华书局，2006。
《祖堂集》，(南唐) 泉州招庆寺静、筠法师合撰，全国图书馆文献缩微复制中心据韩刻本重新整理，影印出版，1993。

《全唐五代词》，曾昭岷、王兆鹏等编，北京：中华书局，1999。
《全唐五代小说》全八册，李时人编校，何满子审定，詹绪左覆校，北京：中华书局，2014。
《北梦琐言》，（五代）孙光宪著，贾二强点校，北京：中华书局，2002。
《旧唐书》，（后晋）刘昫等撰，北京：中华书局，1975。
《东京梦华录》，（宋）孟元老撰，邓之诚注，北京：中华书局，1982。
《唐宋八大家全集》，余冠英等主编，北京：国际文化出版公司，1997。
《五灯会元》，（宋）普济著，苏渊雷点校，北京：中华书局，1984。
《太平御览》，（宋）李昉等撰，北京：中华书局，1985。
《太平广记》，（宋）李昉等编，北京：中华书局，1995。
《云笈七签》，（宋）张君房辑，济南：齐鲁书社，据涵芬楼翻明正统道藏本影印，1988。
《禅林僧宝传》，（宋）惠洪撰，扬州：江苏广陵古籍刊印社，1992。
《王荆文公诗笺注》，（宋）王安石著，（宋）李壁笺注，高克勤点校，上海：上海古籍出版社，2010。
《朱子语类》，（宋）黎靖德编，王星贤点校，北京：中华书局，1994。
《老学庵笔记》，（宋）陆游撰，杨立英校注，西安：三秦出版社，2003。
《剑南诗稿校注》，（宋）陆游著，钱仲联校注，上海：上海古籍出版社，2005。
《容斋随笔》，（宋）洪迈著，上海：上海古籍出版社，1996。
《资治通鉴》，（宋）司马光编著，（元）胡三省注，“标点资治通鉴小组”校点，北京：中华书局，1956。
《全宋词》全五册，唐圭璋编纂，王仲闻参订，孔凡礼补辑，北京：中华书局，1999。
《新唐书》，（宋）欧阳修、宋祁撰，北京：中华书局，1975。
《永乐大典戏文三种校注》，钱南扬校注，北京：中华书局，1979。
《三朝北盟会编》，（宋）徐梦莘撰，《文渊阁四库全书》第350册，台北：商务印书馆影印。

《三朝北盟会编》全二册,(宋) 徐梦莘撰,上海: 上海古籍出版社,1987。
《学林》影清武英殿聚珍版丛书本,(宋) 王观国撰,中国基本古籍库。
《大元圣政国朝典章·刑部》,祖生利、李崇兴点校,太原: 山西古籍出版社,2004。
《新校元刊杂剧三十种》,徐沁君校点,北京: 中华书局,1980。
《校订元刊杂剧三十种》,郑骞校订,香港: 世界书局,1962。
《古本董解元西厢记》,(金) 董解元撰,《续修四库全书》第 1738 册,据明嘉靖刻本影印。
《元刊全相平话五种校注》,钟兆华著,成都: 巴蜀书社,1990。
《关汉卿全集校注》,王学奇等校注,石家庄: 河北教育出版社,1988。
《汇校详注关汉卿集》,蓝立蓂校注,北京: 中华书局,2006。
《南村辍耕录》,(元) 陶宗仪撰,北京: 中华书局,1959。
《近代汉语语法资料汇编》元代明代卷,刘坚、蒋绍愚主编,北京: 商务印书馆,1995。
《新编五代史平话》,中华书局上海编辑所编辑,北京: 中华书局,1959。
《元朝秘史》,《续修四库全书》第 312 册,上海: 上海古籍出版社,据民国二十五年四部丛刊三编影印。
《水浒全传》,(明) 施耐庵、罗贯中著,上海: 上海人民出版社,1975。
《明容与堂刻水浒传》,(明) 施耐庵著,上海: 上海人民出版社,据中华书局编辑所影印本翻印,1975。
《全本金瓶梅词话》,(明) 兰陵笑笑生撰,香港: 太平书局据"古佚小说刊行会"名义影印本为底本重印,1982。
《金瓶梅词话校注》,(明) 兰陵笑笑生原著,白维国等校注,长沙: 岳麓书社,1995。
《西游记》,(明) 吴承恩著,陈先行等校点,上海: 上海古籍出版社,1994。

《西游记》影明刻本，(明) 吴承恩撰，《续修四库全书》第 1792—1793 册，上海：上海古籍出版社，2002。

《型世言》，(明) 陆人龙编撰，陈庆浩校点，南京：江苏古籍出版社，1993。

《拍案惊奇》，(明) 凌濛初著，章培恒整理，王古鲁注释，上海：上海古籍出版社，1982。

《拍案惊奇》，(明) 凌濛初著，上海：上海古籍出版社，据藤井守先生复印广岛大学珍藏的三十九卷本《初刻拍案惊奇》影印，1985。

《二刻拍案惊奇》全二册，(明) 凌濛初著，章培恒整理，王古鲁注释，上海：上海古籍出版社，1983。

《二刻拍案惊奇》，(明) 凌蒙初著，上海：上海古籍出版社，据章培恒所拍日本东京内阁文库胶卷影印，1985。

《醒世恒言》，(明) 冯梦龙编著，顾学颉校注，北京：人民文学出版社，1956。

《醒世恒言》，(明) 冯梦龙编著，上海：上海古籍出版社，据台湾世界书局 1958 年出版的由李田意所摄日本内阁文库藏叶敬池原本影印，1987。

《古今小说》，(明) 冯梦龙编，许政扬校注，北京：人民文学出版社，1958。

《警世通言》，(明) 冯梦龙编，严敦易校注，北京：人民文学出版社，1956。

《三遂平妖传》，《古本小说丛刊》第三三辑，刘世德等主编，北京：中华书局，1987。

《冯梦龙全集》第 10 卷，魏同贤主编，南京：凤凰出版社，2007。

《广志绎》，(明) 王士性著，吕景琳点校，北京：中华书局，1981。

《逆臣录》，(明) 明太祖敕录，王天有、张何清点校，北京：北京大学出版社，1991。

《清平山堂话本》，(明) 洪楩编辑，程毅中校注，北京：中华书局，2012。
《庚巳编》，（明）陆粲撰，谭棣华、陈稼禾点校，北京：中华书局，1987。
《京本通俗小说》，无名氏等著，程毅中等校点，南京：江苏古籍出版社，1991。
《牡丹亭》，（明）汤显祖著，徐朔方、杨笑梅校注，北京：人民文学出版社，1963。
《海浮山堂词稿》明嘉靖四十五年刻本，（明）冯惟敏撰，中国基本古籍库。
《明清民歌时调集》，（明）冯梦龙，（清）王廷绍、华广生编述，上海：上海古籍出版社，1987。
《醒世姻缘传》，（明）西周生撰，黄肃秋校注，上海：上海古籍出版社，1981。
《醒世姻缘传》影清同德堂刊本，（明）西周生撰，《古本小说集成》，上海：上海古籍出版社，1995。
《杨忠烈公文集》清顺治刻本，（明）杨涟撰，中国基本古籍库。
《梅中丞遗稿》清顺治刻本，（明）梅之焕撰，中国基本古籍库。
《蒲松龄全集》，（清）蒲松龄著，盛伟编校，上海：学林出版社，1998。
《聊斋俚曲集》，（清）蒲松林著，蒲先明整理，邹宗良校注，北京：国际文化出版公司，1999。
《儒林外史》，（清）吴敬梓，北京：人民文学出版社，1977。
《红楼梦》，（清）曹雪芹、高鹗著，北京：人民文学出版社，2000。
《红楼梦》影清乾隆五十六年萃文书屋活字印本，（清）曹雪芹、高鹗撰，中国基本古籍库。
《歧路灯》，（清）李绿园著，栾星校注，郑州：中州书画社，1980。
《歧路灯》清钞本，（清）李海观撰，中国基本古籍库。
《儿女英雄传》，（清）文康著，松颐校注，北京：人民文学出版社，1983。
《儿女英雄传》清光绪四年京都聚珍堂活字印本，（清）文康撰，中国基本古籍库。
《皇朝文献通考》清文渊阁四库全书本,(清)官修,中国基本古籍库。
《平定两金川方略》清文渊阁四库全书本,(清)阿桂撰,中国基本古籍库。
《霓裳续谱》清乾隆集贤堂刻本,(清)王廷绍辑,中国基本古籍库。
《刑案汇览》清道光刻本,(清)祝庆祺撰,中国基本古籍库。
《政学录》清光绪畿辅丛书本,(清)郑端撰,中国基本古籍库。
《清文启蒙》清雍正三槐堂刻本,《故宫珍本丛刊》第719册。
《中外农学合编》清光绪三十四年刻本,(清)杨巩撰,中国基本古籍库。
《音韵逢源》,(清)裕恩撰,《续修四库全书》第258册,据北京大学图书馆藏清道光聚珍堂刻本影印原书版。
《老残游记》,(清)刘鹗著,北京:中国画报出版社,2014。
《官场现形记》,(清)李宝嘉著,唐松波校注,北京:金盾出版社,2006。
《品花宝鉴》,(清)陈森撰,北京:中华书局,2004。
《三侠五义》,(清)石玉昆,上海:上海古籍出版社,1980。
《李氏音鉴》,(清)李汝珍,《续修四库全书》第260册,上海:上海古籍出版社,2002。
《海上花列传》,(清)韩邦庆著,典耀整理,北京:人民文学出版社,1982。
《近代汉语读本》,刘坚编著,上海:上海教育出版社,1985。
《朝鲜时代汉语教科书丛刊》全四册,汪维辉编,北京:中华书局,2005。
《京语会话》,梁承敏、朴在渊编,韩国:鲜文大学中韩翻译文献研究所,2004。

汉译佛经[(日本)大正新修大藏经]:

《安般守意经》　　(东汉)安世高译

《长阿含十报法经》	（东汉）安世高译
《道地经》	（东汉）安世高译
《七处三观经》	（东汉）安世高译
《五阴譬喻经》	（东汉）安世高译
《阿含口解十二因缘经》	（东汉）安玄共严佛调译
《法镜经》	（东汉）安玄共严佛调译
《中本起经》	（东汉）昙果共康孟祥译
《修行本起经》	（东汉）昙果共竺大力译
《阿阇世王经》	（东汉）支娄迦谶译
《般舟三昧经》3 卷本	（东汉）支娄迦谶译
《道行般若经》	（东汉）支娄迦谶译
《文殊问菩萨署经》	（东汉）支娄迦谶译
《遗日摩尼宝经》	（东汉）支娄迦谶译
《佛说无量清净平等觉经》	（东汉）支娄迦谶译
《成具光明定意经》	（东汉）支曜译
《六度集经》	（三国·吴）康僧会译
《孛经抄》	（三国·吴）支谦译
《大明度经》	（三国·吴）支谦译
《大明度无极经》	（三国·吴）支谦译
《慧印三昧经》	（三国·吴）支谦译
《菩萨本缘经》	（三国·吴）支谦译
《瑞应本起经》	（三国·吴）支谦译
《维摩诘经》	（三国·吴）支谦译
《义足经》	（三国·吴）支谦译
《撰集百缘经》	（三国·吴）支谦译
《普曜经》	（西晋）竺法护译
《生经》	（西晋）竺法护译
《修行道地经》	（西晋）竺法护译

《度世品经》　（西晋）竺法护译
《中阿含经》　（东晋）僧伽提婆译
《增一阿含经》　［旧提］（东晋）僧伽提婆译
《禅秘要法经》　（后秦）鸠摩罗什译
《大庄严论经》　（后秦）鸠摩罗什译
《旧杂譬喻经》　（后秦）鸠摩罗什译
《妙法莲华经》　（后秦）鸠摩罗什译
《出曜经》　（后秦）竺佛念译
《优婆塞戒经》　（北凉）昙无谶译
《百喻经》　（南齐）求那毗地译
《贤愚经》　（元魏）慧觉等译
《杂宝藏经》　（元魏）吉迦夜共昙曜译
《佛说立世阿毗昙论》　（陈）真谛译
《佛本行集经》　（隋）阇那崛多译
《起世因本经》　（隋）达摩笈多译
《景德传灯录》　（宋）道原纂
《宏智禅师广录》　（宋）宗法等编
《碧岩录》　（宋）圆悟克勤编　重显颂古·克勤评唱
《虚堂和尚语录》　（宋）妙源编

后　记

这本小书是据我的博士论文《汉语六组关涉肢体的基本动词发展史研究》修改而成的。毕业数年，我迟迟未敢将论文拿出来向大家请教。2012 年，拙文有幸入选《清华语言学博士丛书》第一辑，我这才开始断断续续修改，结果又拖了几年才交出书稿。由于本人才疏学浅，书中的诸多疏误只能期待来日补正。

2000 年，我师从四川大学伍宗文先生开始研习汉语史。从一个门外汉直至喜欢上汉语史研究，我永远感恩川大浓郁的学术氛围和诸多良师益友的帮助和引导。导师伍宗文先生让我深切地感受到他那威严外表下父亲般的关切和爱护。衷心感谢赵振铎、伍宗文、俞理明、雷汉卿、董秀芳、宋永培、李文泽、黄锦君、萧娅曼诸位先生在学术上对我的指教！感谢周俊勋师兄和顾满林师兄的真诚帮助。

2003 年，命运给予了我最大的眷顾，我有幸成了汪维辉老师的第一届博士生！经过第一年紧张的阅读和听课学习，我们很快进入学位论文的选题。在和老师反复讨论之后，我们最终确定研究基本词发展演变的历史。鉴于通史研究的难度以及自身学力有限，我们无意对汉语基本词从宏观上作系统考察，决定从个案做起。具体研究对象着眼于词汇形式都经历了竞争更替，且最终沉淀为现代汉语基本词的有关成员。

其实，基本词研究并非另起炉灶，它是词汇史领域常用词研究的继续。因此，像汪维辉、李宗江等前辈学者的研究成果，如"替换标准""纵横结合的研究思想""语言事实的描写思路"等就成了指导我们研究的基本方法。毋庸置疑，基本词史的研究是一块硬骨头。千头万绪不用说，最让人头皮发麻的是，其"工夫在诗外"！尽管阻力重重，但论文的撰写过程是愉悦而充满信心的。

这要特别感谢恩师汪维辉先生。在我们眼里，汪老师是真善美的化身。三年里，他对我们除了鼓励还是鼓励。老师是我们坚强的后盾。我们遇到任何问题，只要一个邮件过去，他几乎是秒回。一有时间，汪老师就会叫我和吕传峰（汪老师的另一个博士）去跟他交流。那时听汪老师畅谈读书、治学，介绍语言学史中的趣闻佳话，真是受益良多。还记得，初冬时节，南京的夜晚已经寒气逼人，我们的讨论有时结束得很晚。论文准备过程中，我常常遭遇瓶颈。这时只要给老师交流几句，他明察秋毫，三言两语，就令人茅塞顿开。比如，在梳理"扔类词"的语言事实时，我被那胡搅蛮缠的语言现象折腾得焦头烂额。老师一句"恐怕你还得分义位讨论"，令我欣喜不已。将"投掷"与"抛弃"二义分开讨论，情况便一目了然。

同门学术沙龙是我们的精神家园。一周或两周一次，老师既讲治汉语史的大道理，也讲治学与为人的关系。"要像鸟儿爱护羽毛一样爱惜自己的学术声誉""如果同门有人违背学术道德，你们可以鸣鼓而攻之"等，这些训诫已经烙在心里。其实，汪老师是一个惜语如金的人，沙龙讨论时，他往往是凝神静气地听，精当点拨。老师常常强调"识鉴"，着眼于培养我们的理论意识，词汇学领域的重要理论著作以及《中国语文》等刊物上新出的文章，都是我们讨论学习的材料。新出的论著，只要蕴含理论思考、有价值的研究视角，几乎第一时间就会在沙龙获得讨论学习。为了训练我们发现问题的眼光，老师提供的讨论材料既有知名专家的文章，也有我们崇敬的学长们的大作，研读下来，有时一篇文章往往会被挑出几十处甚至更多讹误。那种警示使人如履薄冰！

博士三年虽然辛苦，却是此生最值得回忆的快乐岁月。我要衷心感谢鲁国尧、李开、柳士镇、汪维辉、刘晓南、滕志贤、高小方、陈文杰、魏宜辉诸位老师！他们渊博的学识、谨严的治学态度、谦逊低调的为人，使我终身受教。感谢图书馆样本库的老师为我撰写论文提供了极大的帮助。大夏天，两位老师时常大汗淋漓地抱着一摞摞书从书库出来，没见她们有半点抱怨。双休图书馆闭馆，老师们也允许我将书提回宿舍。在那昏天黑地的日子，她们以实际行动鼓励我静心阅读写作。老师们还时常提醒我处理好找工作和写论文的关系。可我连她们姓什么都不知道。每每回到南大校园，我都会在图书馆前驻足仰望，以表达自己对她们的思念和感激。感谢南大给予我热忱帮助的诸多朋友。感谢李斐为我解答诗律问题，感谢何亮帮我分析相关语法现象。我要特别感谢蔡鸿和陆华两位学长。蔡鸿师姐当时正忙着撰写《魏晋河洛音注研究》，可是只要我有疑问，她就会非常耐心地和我讨论，帮我梳理思路，使我倍受启发。陆华师姐当时也正处于博士论文攻坚阶段，可她对我论文的进展尤其关心，给予了大量及时的帮助。在求职应聘途中，她还帮助我调查粤方言的相关内容。感谢密友陈叙、墙峻峰一路相伴，关爱有加。当年南大宿舍没有空调，四十度的高温常常肆无忌惮。有时我一大早就得往地板上倒上几十盆水，然后双脚泡在水里撰写论文。差点没把我热壮烈了！陈叙陪我上医院，嘘寒问暖，形影不离。

我要特别感谢哈尔滨师范大学的富金壁先生、海南大学方言研究所的辛世彪先生、青海民族学院的纳顺英先生，他们不辞辛劳通过邮件多次为我提供宝贵的方言资料。诸位先生的鼓励和无私帮助使我倍受鼓舞。

书稿修改过程中，我采纳了毕业论文评审专家王继如、李开、马景仑、董志翘、何亚南诸位先生提出的宝贵修改意见，吸取了博士丛书评审专家俞理明、李宗江两位先生的中肯意见。在此一并致以诚挚的谢意。

由于延迟太久，书稿中最初制作的语言地图已经模糊，加之制作软件也已失效。我的同事徐建博士，在百忙之中帮我完成了地图的重新绘制工作。其时徐老师正忙于安徽语保工程的中期检查工作。徐老师的鼎力相助令我感佩不已。在此致以深深的谢意。遗憾的是，因为种种原因，地图最终未能附上。

我要向我的同事，储泰松老师、詹绪左老师、崔达送老师、朱蕾老师、温志权老师、徐建老师、顾军老师致以最诚挚的谢意！因为你们的无私帮助，我才能乐观地渡过最艰难的时光。感恩有您！

家人的关爱和支持让我无以回报。特别向妹妹荣华博士致以深深的谢意。

杨荣贤

2017 年 6 月 20 日于南京游府新村

专家评审意见(一)

此文探讨六组表达肢体动作的基本动词的历史发展，属于汉语常用词演变研究。这类研究对建立科学的汉语词汇史，对词典编撰、古文献整理和词汇教学都有着重要的理论和应用价值，因而近十多年来得到了学界的重视，但由于研究的历史不长，且难度较大，在研究的理论和方法上也尚处于探索阶段，所以高质量的研究成果并不多见。杨荣贤的论文代表了同类研究的较高水平，其主要建树是：

1. 在大量占有材料的基础上，细致地描写了六组基本动词在几千年中的发展演变关系，在描写过程中较好地解决了字和词的关系、词位同一性的确定、义位的分合、双边替换关系的确定、通语词和方言词的分别、文言词和白话词的分别、主导词和非主导词的关系等常用词演变研究中的难点问题，且在具体问题的讨论中，敢抒己见，对前人之说多有匡正。为同类研究提供了较好的参照和范例。

2. 大量参考吸收了文字、音韵、训诂等传统语文学的研究成果，也较好地运用了现代语义学和认知语言学的有关理论和方法分析词义和词汇演变问题，解释演变的原因，并注重词汇演变规律的探究，体现了作者自觉的理论意识、正确的学术观念和研究导向。

3. 注重研究方法的创新，较好地运用了文献考证和历史比较相结合的方法，以及文献考查和方言验证相结合的方法，在词汇演变研究的系统性和科学性方面付出了自己的艰苦努力。

论文的不足之处是在词义分析中对词义和指称义的分别有不当之处，另外各章题目以字为纲，这似上与文章总题，下与各节内容的叙述角度不一致，具体修改建议详见原稿（WORD）的批注。总之尽管此文仍有不尽如人意之处，但仍不失为一篇高水平的博士论文，除了研究的建树外，语言表达准确流畅，写作文风朴实严谨也是此文的优点。该著作达到了出版水平。

李宗江

专家评审意见(二)

词汇成分众多，内部关系复杂，导致汉语词汇的历史研究中面临错综复杂、头绪纷繁、零星无序的局面，寻找恰当的切入点以强化汉语词汇研究的系统性，成为多年来词汇历史研究者多方思考和尝试解决的问题。

本书以语义场理论为基础，结合斯瓦迪什核心词研究的思路，选择汉语历史上六组有关肢体行为概念，作为本文的基本材料，并以此为主线，考察它们的不同表达形式产生和变化过程，以及在时间和空间分布方面的差异，以理清它们的历史脉络。

本书着力于从史的角度考察以这六组词为对象的六个概念在汉语历史上表达形式的变化，具体从以下方面展开：

1. 从形式和意义两个方面，追溯这六组词中现代代表用词的来源和演变；

2. 从语义场的角度全面搜集相关意义的用词，通过对同组用词在古文献中的分布，分时段描写它们的主次关系以及新旧替换过程；

3. 考察不仅从词汇的角度，注意词的使用率，辨析词的不同义项，通过义素分析探讨词义的演变，还从词的语法功能着眼，关注词的自由运用能力和组合能力，从中分析同组词的差异和盛衰；

4. 尝试从语义和语用等角度，探讨变化的发生原因；

5. 选择 47 个方言点观察现代汉语方言中同组各词的共时分布，

分析它们历史来源方面的差异。

本书充分吸收当今词汇研究中的各种有效手段，努力从系统的角度，以限定六组词为目标，从历代文献和现代方言中搜集了大量的材料，把纵向的历史考察和横向的共时考察紧密结合，努力发掘存在于历史文献和现代方言中的各种语料，考察各组词中各词的使用和流传情况，描写它们的产生和兴衰以及在现代汉语中的留存和分布，分析细致，用功甚勤，在促进词汇研究的系统性方面，作了十分有益的探索，成效显著。

受本书研究的启发，有一些想法，供作者和关心这个话题的同仁参考。

词汇在历史发展中不断有新质出现，包括新兴的词汇形式和在旧词基础上萌发的新义。词汇新质不但为表达新概念新认识而产生（即词汇创新），也为旧有的概念寻找新的表达方式而产生（即词汇翻新）。词汇翻新是词汇历史发展中非常重要的现象，一项抽样调查发现，一个时期的词汇新质中有将近一半是由词汇翻新产生的。由于词汇翻新的作用，一些概念的原有表达形式发生变化，形成词汇历史研究的重要方面。

本书基于斯瓦迪什的核心词表选择研究对象。斯瓦迪什制定词表的目的，是考察印欧亲属语言的亲疏关系，它的设想是：出于同一原始母语的各语言，最初有一批相同的词，后来随着时间的推移，语言发生分化，词汇有了差异，可以根据词汇的变化程度来确定语言分化的先后。核心词就是各亲属语言中在原始母语中假定共有的词。

斯瓦迪什词表在汉藏语系亲属关系的研究中也有借鉴，但汉藏语系各语言之间有大量古代的借词，混淆了同源和借用关系，所以很受限制。而汉语历史研究引进斯瓦迪什的词表，不以亲属语言分化为考察目的，而是汉语的古今演变关系的比较，这就改变了它的用途，这种变化对于这个词表在认识上需要有什么修正，有待斟酌。

另一方面，把斯瓦迪什核心词表翻译为汉语，词表中的词已经不是原词了,利用翻译的词表,采用的是词表所列举的概念,而不是词,“核心词”转化为“核心概念”。在词汇学研究中,词和概念是有差异的,二者的关系值得思考。

斯氏核心词表有两个版本,原本二百词似以核心度为序,从意义关系来看比较凌乱;后来改为一百词,把相关意义的词列在一起,相对规整,但其中概念缺位的现象也凸显了出来。

跟印欧语缺乏古代文献语料不同,汉语有丰富的古代语料,可以通过实际材料了解至少最近两三千年间的词汇情况,而不必用构拟的方法。因此,从语义场的视角,把百词表提及的概念跟汉语词汇的历史材料作一比较,颇有启发意义。百词表收录了“耳、目、口、鼻、舌”等五官概念,而五脏概念收录了“心、肝”(缺“脾、肺、胃”)。而汉语中五脏用词至今保持上古的单音形式,五官用词都复音化了,其中“目、口”还被新形式“眼睛、嘴巴”替换。五色(青、赤、白、黑、黄)概念用词中,“白、黑、黄”保持稳定,“赤”基本被“红”取代,“青”分化为“蓝、绿”等色,而百词表则列出 green 而没有 blue。汉语五畜概念中“马、牛、羊”保持了上古的单音形式,“豕、犬”已经说成了“猪、狗”,而百词表中五畜只提及 dog,显示了词表的文化偏差。核心词表的制作,并没有基于语义场描写的角度展开,二者是有距离的。

研究者通常把核心词与基本词相联系,基本词具有稳固性、普遍性和能产性,虽然观察发现,一些非基本词甚或昙花一现的流行词也可能有很高的普及度和能产性,但是,稳固性,或兼有稳固、普遍和能产三个方面,是基本词的重要特征。核心词表要通过词汇的分化显示语言亲属关系,因此,收词并不以稳固为唯一标准,须为变化留有适当的空间,以显示语言的亲疏关系。然而,变化显然是不稳固的表现,因此,我们或许不能否定核心词的基本词属性,但是,至少应该承认,核心词不一定是词汇中最稳定的部分,另有相当数量未列入核心词表的概念,它们的表达形式更为稳定。

由此我们看到,稳定性与常用性并不完全一致,一些在日常交际中涉及机会更多、使用率更高的概念，它们的稳定性未必更高，这方面的例子还有不少，比如“日、月、星”成为“太阳、月亮、星星”，最常用的“日”变化最大；“首”比“尾”常用但“首”却被“头”以及更新的“脑袋”取代了。当然，也有常用性与稳定性一致的情况，比如从“手、足”相对到“手、脚”相对，常用性高的“手”保持了稳定。

看来，我们对基本词的认识还不透彻，这种不透彻跟我们对词汇现象的了解不足有关，立足于现有的材料，从词汇的历史研究来看，有很多事实并未厘清，甚至还没有得到认真的观察，但有关这类事实的观念或结论，却已风行一时，这些缺乏事实根据的观念，常常让我们陷入迷惑。要克服这种迷惑，还得返璞归真，从基本事实的调查入手，重新做起。

本书参考斯氏词表选词，但作者很清醒地认识到了词表在词义场方面的不足，对此作了很好的也是很必要的补充，形成全书的架构。不过，从语义场的角度来看，仍然有一些方面考虑不够，书中所选的六组词涉及了手、背、脚行为的三个语义场，每个语义场各选两个有代表性的概念表达形式作为分析的对象。本书在各相关概念表达形式的分析中，非常坚决地贯彻了语义场的思路，值得赞许，但是，从整体来看，对于所涉的三个语义场，都是抽样性地选了部分作分析，有些从语义场角度看来，与所论概念关系密切的内容没有列入讨论范围，而列入讨论范围的六组词之间，在语义关系方面比较松散，影响了研究整体的紧密度，未免缺憾。

以上想法，有的跟本书关系不大，但或许对这个方面的深入思考和研究，多少会有启发，不揣浅陋，附骥于此。就本书而论，作者已经尽其所能，是已经看到的同类研究中的佼佼者，书稿达到出版的水平，建议提供出版支持。

俞理明

《清华语言学博士丛书》章程

（一）《清华语言学博士丛书》（以下简称《丛书》）是清华大学语言研究中心主持编辑的一套丛书，选择中国大陆、港澳地区和台湾两岸三地语言学博士高质量的学术著作，经同行专家匿名评审和编委会审定后，由上海中西书局出版。每年出版 1 至 5 种。

（二）《丛书》旨在使优秀的语言学博士的著作得以较快出版，并在学界传播，扩大影响。一方面帮助语言学领域的优秀青年学者迅速成长，另一方面也为语言学的发展注入新的活力。

（三）学术定位

1. 以扎实的语言材料为基础，有较深入的分析和理论思考。

2. 具有学术前沿性和创新性。

3. 符合学术规范。

（四）编委会

顾问：丁邦新、陆俭明

主编：蒋绍愚（清华大学）

编委：蔡维天（新竹清华大学），曹志耘（北京语言大学），陈保亚（北京大学），方一新（浙江大学），冯胜利（香港中文大学），何大安（台湾中研院），邢向东（陕西师范大学），张伯江（中国社科院语言所），张美兰（清华大学），张敏（香港科技大学）。

编委会负责邀请同行专家进行匿名评审，并召开编委会审阅和评定入选《丛书》的著作。

（五）申报条件

1. 作者为两岸三地已获得语言学博士学位的青年学者（年龄在 45 周岁

以下)。

2. 著作可以在博士论文或博士后出站报告的基础上修改而成,已获得语言学博士学位的青年学者的其他著作也可以申报。著作用中、英文撰写均可。

3. 著作内容符合本章程第(三)条所规定的学术定位。

4. 作者从取得博士学位的次年起即可申报,申报者需填写《申报表》,并有两位专家(不包括《丛书》编委和顾问)推荐。

(六) 申报时间

每年4月1日至5月31日。6至8月份由同行专家匿名评审。9、10月份编委会开会评定,10月31日前公布评定结果。申报和评审的具体办法另定。

(七) 申报著作通过评定后,作者应根据编委会的意见进行修改,并在两年内将定稿送交上海中西书局,逾期视同放弃出版。

《清华语言学博士丛书申报表》可登陆网站下载,网址:http://www.tsinghua.edu.cn/publish/cll/index.html。

地　址:清华大学人文学院新斋332

联系人:赵小英　电话:010-62773018

电子信箱:zwlxs@tsinghua.edu.cn

(2011年11月10日《丛书》第一次编委会讨论通过)